Icônes russes
Les saints

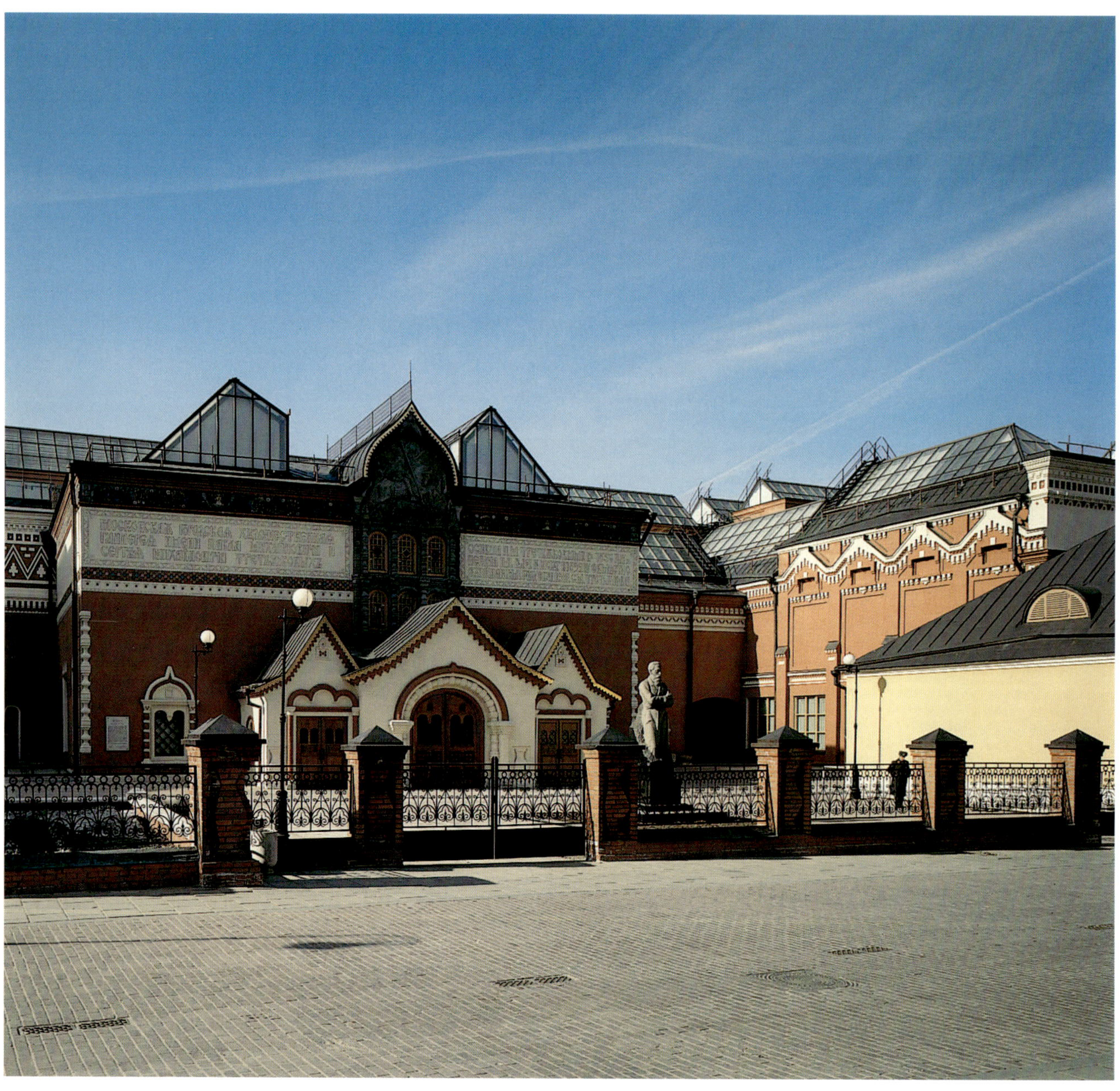

La Galerie Tretiakov à Lavrouchinski pereoulok, à Moscou.

Fondation Pierre Gianadda
Martigny Suisse

Icônes russes
Les saints

Commissaire de l'exposition: Lidia I. Iovleva

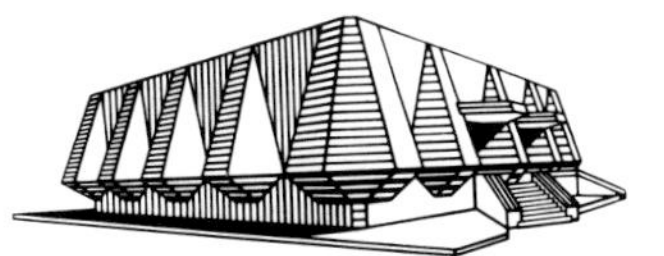

15 décembre 2000 au 17 juin 2001
Tous les jours de 10 h à 18 h

Cette exposition est placée sous le haut patronage de

Monsieur Adolf Ogi,
Président de la Confédération suisse

L'exposition Icônes russes - Les saints
a été réalisée grâce au soutien de la Délégation valaisanne
à la Loterie de la Suisse romande

Un nouveau maillon…

Au début de cette année, grâce à la Galerie nationale Tretiakov de Moscou, un feu d'artifice illuminait la Fondation Pierre Gianadda avec une exposition exceptionnelle, *Kandinsky et la Russie.*

Aujourd'hui, un nouveau maillon s'ajoute à cette série d'événements commencée il y a dix ans, en 1991, avec l'exposition *Chagall et la Russie.*

La présence à la Fondation du célèbre *Décor du Théâtre juif de Moscou* par Chagall avait étonné le monde entier, en étant exposé pour la première fois depuis les années vingt. Nous avions activement participé à sa restauration.

Quelques années plus tard, en 1997, la Galerie nationale Tretiakov créait à nouveau l'événement en acceptant de présenter à Martigny une exposition d'icônes provenant de ses collections.

Le succès fut immédiat, ce qui nous avait agréablement surpris. Des dizaines de milliers de visiteurs accoururent pour découvrir des chefs-d'œuvre qui, pour la plupart, sortaient pour la première fois de la célèbre institution russe. Touché par ces œuvres rares et émouvantes, somme toute proches de sa culture, le public manifesta un réel engouement. Malheureusement, la brièveté de cette manifestation empêcha un plus grand nombre de personnes de se rendre à Martigny. C'est la raison pour laquelle germa l'idée d'une nouvelle exposition, sur un thème différent, celui des saints russes. Cette suggestion fut très bien accueillie par nos amis de la Galerie Tretiakov, plus particulièrement par son directeur, M. Valentin Rodionov. Une fois de plus, ses collaboratrices et collaborateurs assumèrent avec savoir-faire et compétence la mise sur pied de cette exposition. Nous sommes fiers et heureux d'avoir à nouveau réuni une suite de chefs-d'œuvre aussi impressionnante, d'autant plus qu'aucune manifestation consacrée uniquement à ce thème n'a jamais été organisée en Russie. Il s'agit donc d'une première.

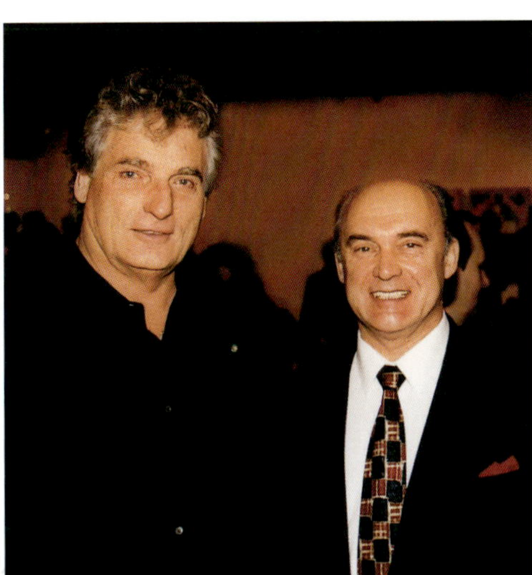

Léonard Gianadda et Valentin Rodionov.

L'histoire des saints russes commence avec le grand-prince Vladimir et ses fils Boris et Gleb, tués par leur frère Sviatopolk le Maudit, qui rêvait du pouvoir. L'exposition présente un sujet saisissant après l'autre, fait se succéder les chefs-d'œuvre, et plonge le visiteur dans l'histoire et l'art russes.

Nous aimerions remercier du fond du cœur M. Valentin Rodionov de la confiance qu'il nous renouvelle à cette occasion, ainsi que Mme Lidia I. Iovleva, vice-directrice scientifique de la Galerie Tretiakov et commissaire de l'exposition. Nos sincères remerciements s'adressent également à Mme Ekaterina Selezneva, chargée des relations extérieures.

Nous voudrions aussi exprimer notre gratitude à l'équipe des restaurateurs, qui a réalisé un immense travail pour nous permettre de présenter des œuvres «inédites». Nous remercions également les auteurs du catalogue qui nous font bénéficier de leurs recherches et témoignages. Nous sommes persuadés que les visiteurs, que nous espérons nombreux, sauront apprécier la richesse des collections de la Galerie nationale Tretiakov.

Léonard Gianadda
Président de la
Fondation Pierre Gianadda

Remerciements

La Fondation Pierre Gianadda et les organisateurs de l'exposition tiennent à exprimer leur vive reconnaissance à:

M. Valentin Rodionov
Directeur général de la Galerie nationale Tretiakov

Mme Lidia Romachkova
Conservateur en chef de la Galerie nationale Tretiakov

et également à:

Mme Nadejda Bekeneva

Mme Valentina Oukhanova

Mme Nadejda Rozanova

Mme Galina Sidorenko

Mme Nadejda Okourenkova

Mme Tatiana Goltseva

Mme Tatiana Tourtanova

Mme Lioudmila Izumova

Mme Tatiana Goubanova

Mme Svetlana Maslova

Mme Evguenia Gra

Mme Olga Stepanova

Mme Lidia Antonevitch

Mme Ekaterina Selezneva

Mme Nelly Hofmann

Mlle Lea Khananié

Mlle Anna Achkinazi

M. Roger Veluzat

M. Alain Michet

M. Alekseï Valiouchok

M. Aleksandr Charooukhov

ainsi qu'à:

M. Serge Sierro, Conseiller d'Etat, Chef du Département de l'Education, de la Culture et du Sport, Sion

M. Karl Salzgeber, Conseiller culturel, Département de l'Education, de la Culture et du Sport, Sion

M. André Morand, Juge cantonal, Martigny

Mme Valérie Fornage-Gianadda, Martigny

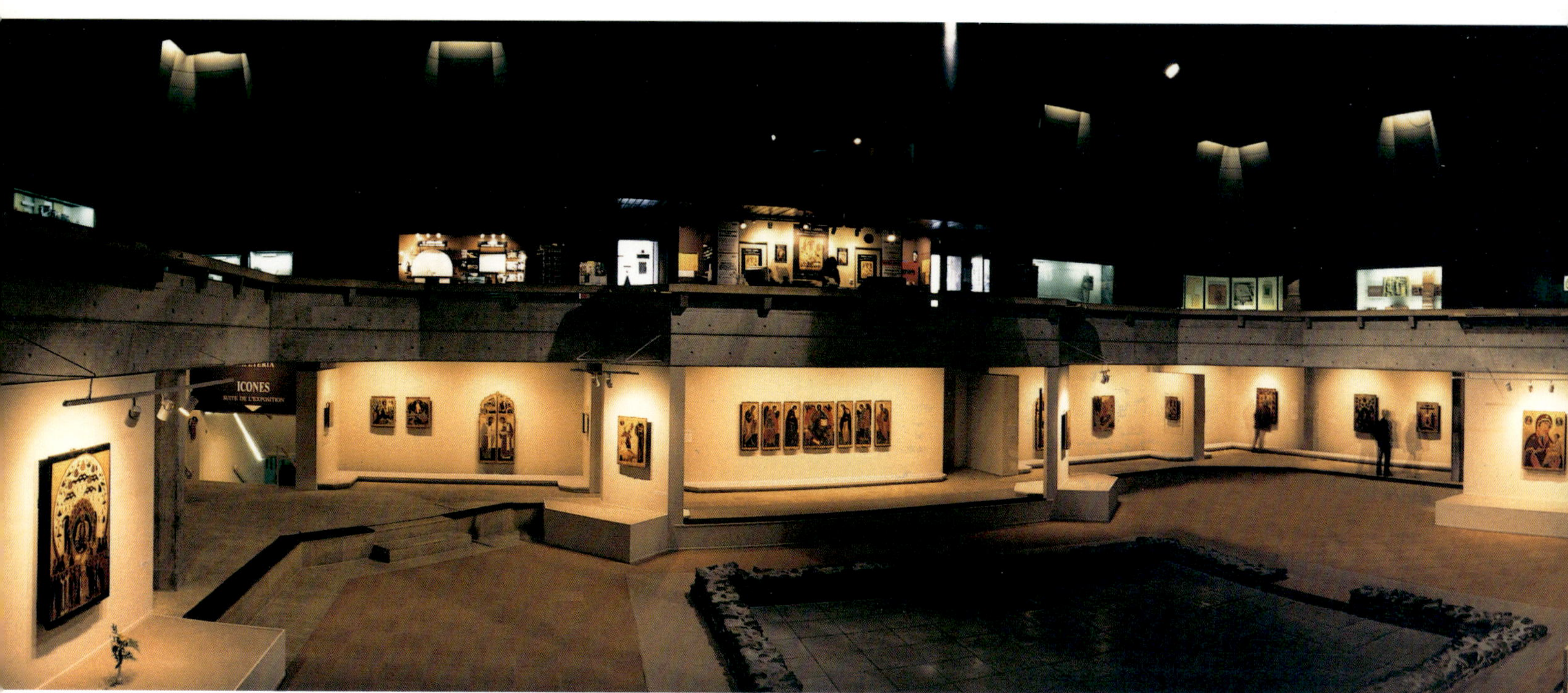

Vue de l'exposition de 1997 à la Fondation Pierre Gianadda.

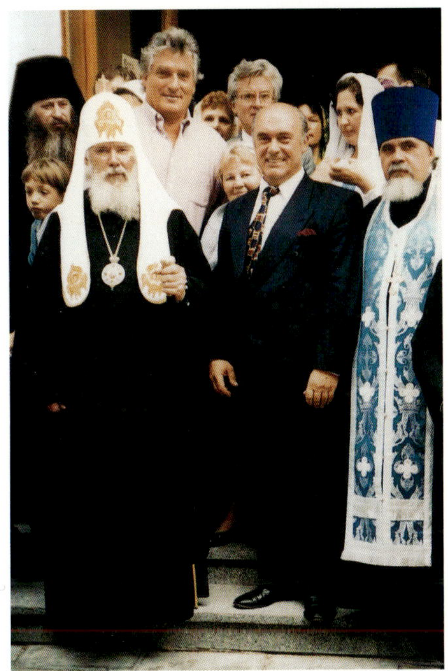

De gauche à droite: le Métropolite de toutes les Russies Alexis II, Léonard Gianadda, Margarita et Valentin Rodionov, le Père Nicolas, prêtre de l'église Saint-Nicolas de la Galerie Tretiakov.

Chers visiteurs,

En 1997, la Fondation Pierre Gianadda et la Galerie nationale Tretiakov présentaient déjà des icônes russes. En deux mois, plus de 40 000 visiteurs ont admiré des chefs-d'œuvre qui, pour la plupart, sortaient pour la première fois de notre musée. Très vite, il fallut procéder à une réédition du catalogue, et la seule critique négative à propos de cet événement culturel était sa durée, beaucoup trop courte! En effet, trop de personnes intéressées par l'exposition n'avaient pu faire le déplacement de Martigny.

Mais, dès la fin de cette exposition, qui avait pour thème les sujets iconographiques chrétiens traditionnels: Noël, les passages de l'Evangile ou les saints œcuméniques, il fut décidé de présenter une nouvelle série d'icônes, bien évidemment différentes de celles que nous avions montrées. Une thématique beaucoup plus complexe fut choisie, rattachée à tout un pan, unique et particulier, de la culture russe, aussi bien spirituel qu'iconographique: celui des saints russes.

Je suis certain que cette exposition, présentant de nombreux personnages russes canonisés, permettra aux amoureux de l'art et aux esthètes sensibles à la culture de notre pays de découvrir des épisodes de l'histoire russe avec ses contes, ses légendes, ses héros et ses martyrs.

De l'ensemble rare des icônes présentées se dégage une impression d'unité et d'harmonie inhérente, d'une part, à une peinture exceptionnelle, représentée par les différents centres iconographiques, et, d'autre part, à un très fort élan spirituel dont sont imprégnées les œuvres exposées. Les saints figurant sur ces icônes ont tous été les missionnaires de cette spiritualité et ont joué un grand rôle dans l'épanouissement de la Russie, notamment dans son devenir en tant qu'Etat.

La diversité des œuvres présentées continue à familiariser le visiteur avec une collection unique d'art russe ancien, précieusement conservée à la Galerie nationale Tretiakov. Et chacun, qu'il soit professeur, spécialiste de la Russie ou simple amateur, appréciera la découverte de nouveaux chefs-d'œuvre, d'autant plus que certains ont été spécialement restaurés pour cette exposition et qu'ils sortent pour la première fois de nos collections à l'occasion de cet événement.

Valentin Rodionov
Directeur général
de la Galerie nationale Tretiakov

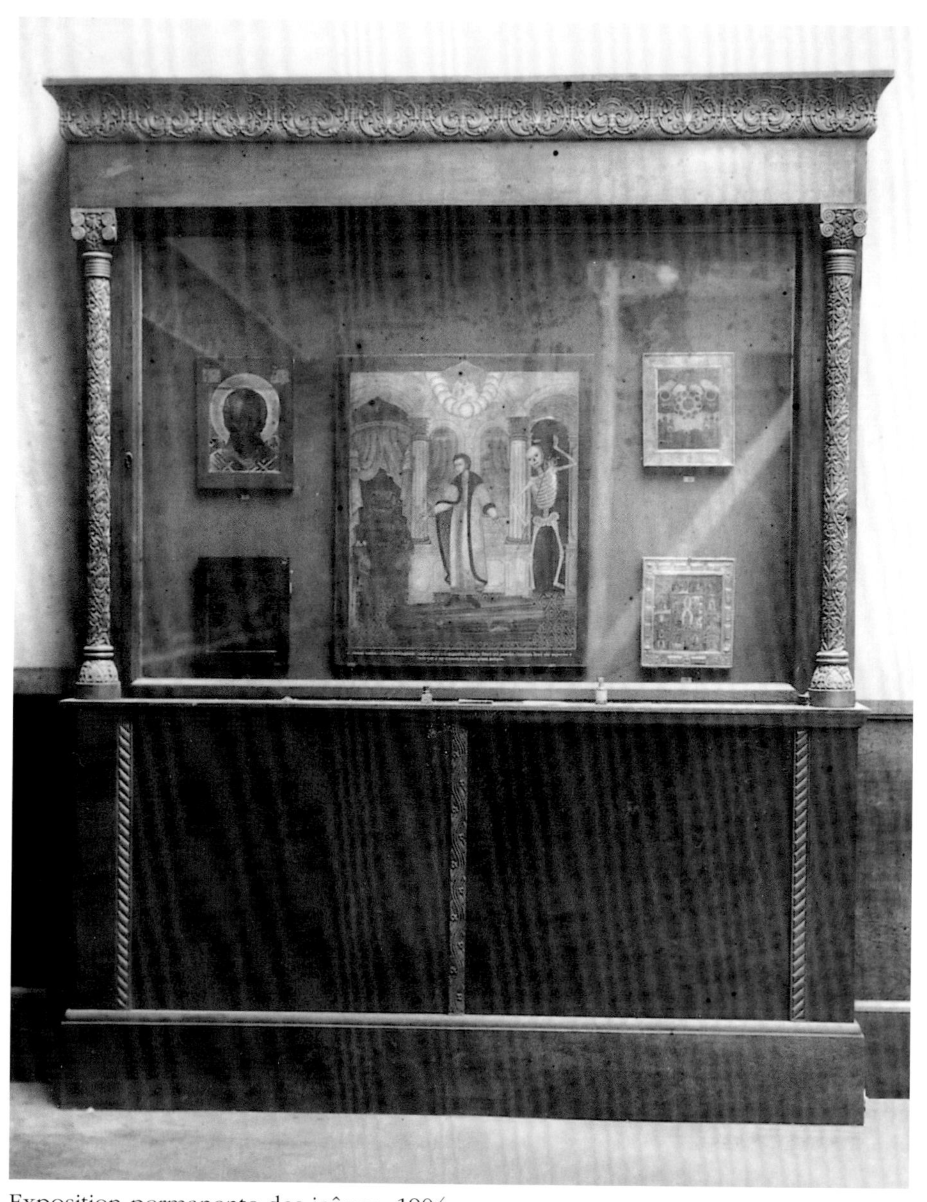

Exposition permanente des icônes. 1904.

La collection d'icônes à la Galerie Tretiakov

par Valentina Oukhanova et Nadejda Bekeneva
Traduit et adapté par Ekaterina Selezneva et Alain Michet

Ces œuvres luisaient de couleurs lumineuses comme des pierres fines. Du coup, on comprenait que cet art n'était ni ascétique, ni rigoureux, ni fanatique... Qu'il reflétait pleinement la création du peuple... Qu'il fallait le considérer comme une des manifestations parfaites du génie russe.

V. N. Lazarev[1]

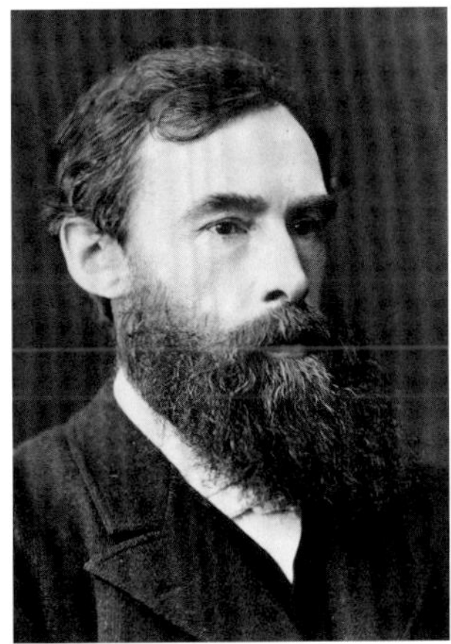

La Galerie Tretiakov – musée national de l'art russe – est un des plus grands musées du monde. Elle porte le nom de son fondateur, Pavel Tretiakov (1832-1898), dont la collection privée est devenue le noyau du futur musée. 1856, année de l'acquisition par Tretiakov de deux premiers tableaux, est la date que l'on retient comme celle de la fondation de la galerie. En 1892, Pavel Tretiakov offrit sa collection à la Ville de Moscou. Il restera jusqu'à sa mort responsable du musée qu'il avait créé.

Marchand réputé, homme d'affaires doué, propriétaire de manufactures de lin dans la ville de Kostroma, citoyen émérite de Moscou, Tretiakov fut le représentant de la nouvelle vague de l'intelligentsia russe. Dès le début de son activité de collectionneur, Tretiakov fit visiter sa galerie privée et détermina ainsi le concept du futur musée: accessible à tous, populaire, et dont la collection serait le reflet de la vie artistique russe contemporaine. Toute sa vie fut consacrée à la réalisation de ce rêve.

Ce n'étaient pas seulement le mécénat – bien que Tretiakov eût souvent aidé les peintres nécessiteux, non par vanité, mais par amour pour leur œuvre et par compassion – ni son authentique passion de collectionneur qui le guidaient, mais aussi et surtout une volonté de «service public», qui était bien dans l'esprit du temps et qu'il concevait à sa manière. Sans avoir fait d'études spéciales, il avait acquis en autodidacte de larges connaissances dans des domaines tels que littérature, peinture, théâtre et musique.

La largeur de vues de Tretiakov n'avait d'égale que l'ampleur de ses collections. Chaque année, des dizaines, voire des centaines d'œuvres affluaient dans sa galerie. Tretiakov acheta ses premières icônes dans les années 1890. En 1898, année de sa disparition, sa collection d'icônes comptait seulement 62 œuvres, mais elle était considérée par ses contemporains comme «précieuse et éducative» (N. P. Likhatchev)[2].

A cette époque, il y avait à Moscou d'autres collectionneurs d'icônes: I. L. Siline, N. M. Postnikov, E. E. Egorov, S. A. Egorov. Parfois, Tretiakov leur achetait des icônes. Mais comme le mentionne Igor Grabar: «Premier parmi les collectionneurs, il [Tretiakov] ne choisissait pas les icônes en partant du sujet, mais de leur valeur artistique. Il était le premier à les approuver franchement en tant qu'art authentique et important. Dans son testament, il précisa qu'il souhaitait ajouter cette collection à celle de la galerie.[3]»

En 1904, les icônes acquises par Tretiakov sont montrées pour la première fois à l'exposition permanente de la galerie – démarche originale car, à l'époque, aucun musée n'exposait ce genre d'œuvres.

Certes, quelques icônes furent exposées en 1862 à Moscou au Musée Roumiantsevskii, mais des icônes ternes, avec des pertes de la couche picturale, qui n'étaient ni restaurées, ni nettoyées, et qui se trouvaient là en tant qu'objets de dévotion et non pas en tant qu'œuvres d'art. L'organisateur de la première exposition d'icônes à la Galerie Tretiakov fut Ilya Ostrooukhov[4] (1858-1929), peintre, collectionneur, membre du Conseil de la galerie. Après sa mort, sa collection privée rejoignit celle de la Galerie Tretiakov. Pour arranger les nouvelles salles d'icônes, il invita N. Kondakov et N. P. Likhatchev, savants renommés, qui élaborèrent la première concep-

[1] D'après: *La peinture russe. Nouvelles découvertes.* Album. S. Iamstchikov, M., 1965, n° 35.

[2] Likhatchev N. P., *Description des icônes de P. M. Tretiakov*, M., 1905.

[3] D'après: *Galerie Tretiakov. Catalogue de la peinture russe ancienne du XIe au début du XVIIIe siècle. Essai de classification historico-artistique*, par V. I. Antonova, N. E. Mneva, M., 1963, t. 1, p. 25.

[4] A l'exposition de la Fondation Gianadda, quelques icônes de sa collection sont présentées: *«Toute créature Te glorifie», avec jours de fêtes*, inv. 12100, *Le Prince Vladimir, de la Déisis*, inv. 12021, *Les Princes Boris et Gleb, de la Déisis*, inv. 12022, 12023, *Saint Cyrille de Belozersk, avec sa vie, et saint Cyrille d'Alexandrie*, inv. 12065.

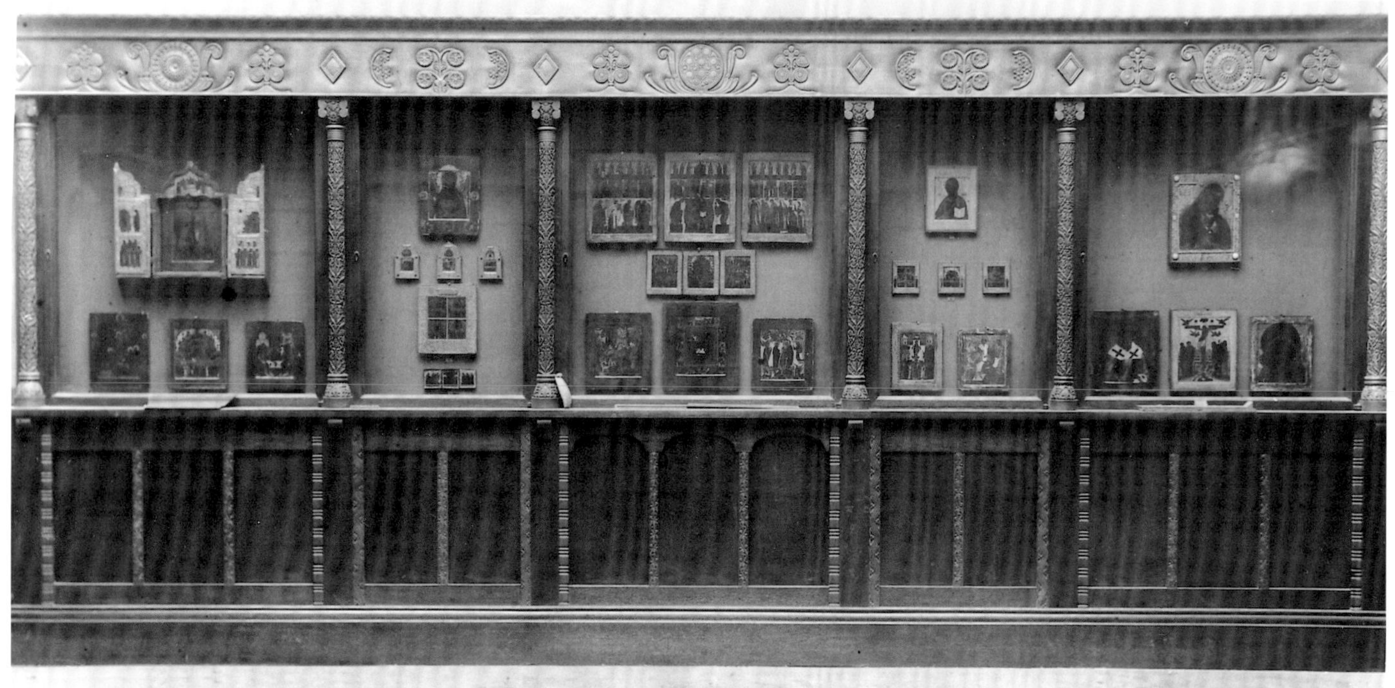

Exposition permanente des icônes. 1904.

tion scientifique de l'exposition, classèrent les œuvres par périodes et par écoles, et préparèrent l'édition du catalogue. Le «design» de l'exposition fut confié au célèbre peintre russe Viktor Vasnetsov[5]. Les vitrines imitant un décor d'église furent réalisées d'après ses esquisses. Les 62 icônes y étaient accrochées.

Le début du XXe siècle, l'âge d'or de la culture russe, se distingue par la diversité des mouvements stylistiques, la recherche de nouveaux thèmes et de nouveaux moyens d'expression dans l'art. Il est important de souligner que c'est à ce moment-là que l'on découvre les valeurs esthétiques des icônes russes anciennes. Les premiers procédés de restauration sont proposés. Nombre de chercheurs se penchent sur les origines de l'art russe.

Plusieurs expositions d'icônes sont organisées. Une des plus importantes fut celle des collections privées à Moscou, en 1913. Pour la première fois, on montrait des icônes débarrassées de l'*olifa* ternie et des couches de peinture ultérieures.

«[...] Comme si, brusquement, le bandeau cachant le visage véritable de la peinture russe était tombé des yeux des visiteurs de l'exposition. Au lieu des icônes sombres et tristes, recouvertes de la couche épaisse d'*olifa*, sont apparues des œuvres parfaites, qui auraient fait honneur à chaque nation...», écrivait plus tard l'historien d'art russe Viktor Lasarev.[6]

L'exposition produisit une grande impression et éveilla un nouvel enthousiasme envers les icônes. Si, auparavant, on ne les percevait que comme objets du culte, le public était maintenant ravi par leur beauté incomparable, par l'éclat et la pureté des couleurs. Enfin, le spectateur les considérait comme des objets d'art, les collectionneurs commençaient à les publier, à les restaurer et à les exposer. En 1914, l'idée de créer un musée dédié à l'art russe ancien est discutée dans la revue *L'icône russe*[7].

L'exposition de 1913 fournit le matériel nécessaire aux recherches des historiens d'art. Différentes publications virent le jour, dont l'édition fondamentale de *L'histoire de l'art russe*, parue en 1914 sous la plume d'Igor Grabar. En 1918, malgré les tragiques événements postrévolu-

[5] V. Vasnetsov ne s'est pas seulement illustré en tant que peintre, mais aussi en tant que décorateur d'églises. La façade de la Galerie Tretiakov a été construite d'après ses esquisses. A l'exposition de la Fondation Gianadda figure une de ses icônes, *La Princesse Anne de Kachine*, inv. DR-2287.

[6] Voir note 1.

[7] *L'icône russe*, Saint-Pétersbourg, 1914, p. 81.

[8] Voir catalogue: *L'Hiéromartyr Ignace et saint Ignace de Sar*, inv. DR-1948, *Saint Macaire Ounjenski, avec scènes hagiographiques*, inv. DR-837, *Saint Macaire de Jeltovodsk*, inv. DR-961, *Synaxe des saints russes («Image de tous les saints de la terre russe»)*, inv. DR-528.

tionnaires, une commission pour la conservation et la découverte des monuments russes anciens fut créée avec, à sa tête, Igor Grabar, alors directeur de la Galerie Tretiakov. Cette commission organisait des expéditions et des expositions dans le but de promouvoir l'art russe ancien.
Dans les années 1929-1930, après les premières expositions, la Galerie Tretiakov avait acquis plusieurs icônes d'origines différentes, y compris celles provenant des musées réorganisés et des collections privées. Ces acquisitions formèrent le corps actuel de la collection d'art ancien de la Galerie Tretiakov.
Au milieu des années trente, le Département de l'ancienne peinture russe et l'atelier de restauration furent constitués.
Une nouvelle exposition permanente, dont les œuvres étaient groupées autour des différentes écoles iconographiques et des centres historiques et culturels, montra les étapes et les mouvements dans l'art de la peinture d'icônes du XIIe au XVIIe siècle.
Au cours des années 1960-1970, on entreprit plusieurs expéditions scientifiques au nord de la Russie. Il en résulta l'acquisition, par la galerie, de quelques précieuses icônes anciennes.[8]
Actuellement, la collection d'art russe ancien compte plus de 6000 pièces: icônes, orfèvrerie et sculpture religieuse, fragments de fresques et de mosaïques. Grâce aux donations de différents mécènes, aux achats effectués par la galerie, la collection devient de plus en plus importante.
Celle-ci regroupe des œuvres de presque toutes les périodes. Sept siècles y sont représentés, montrant la genèse et le développement des principaux centres de peinture d'icônes (Novgorod, Pskov, Moscou, Rostov-

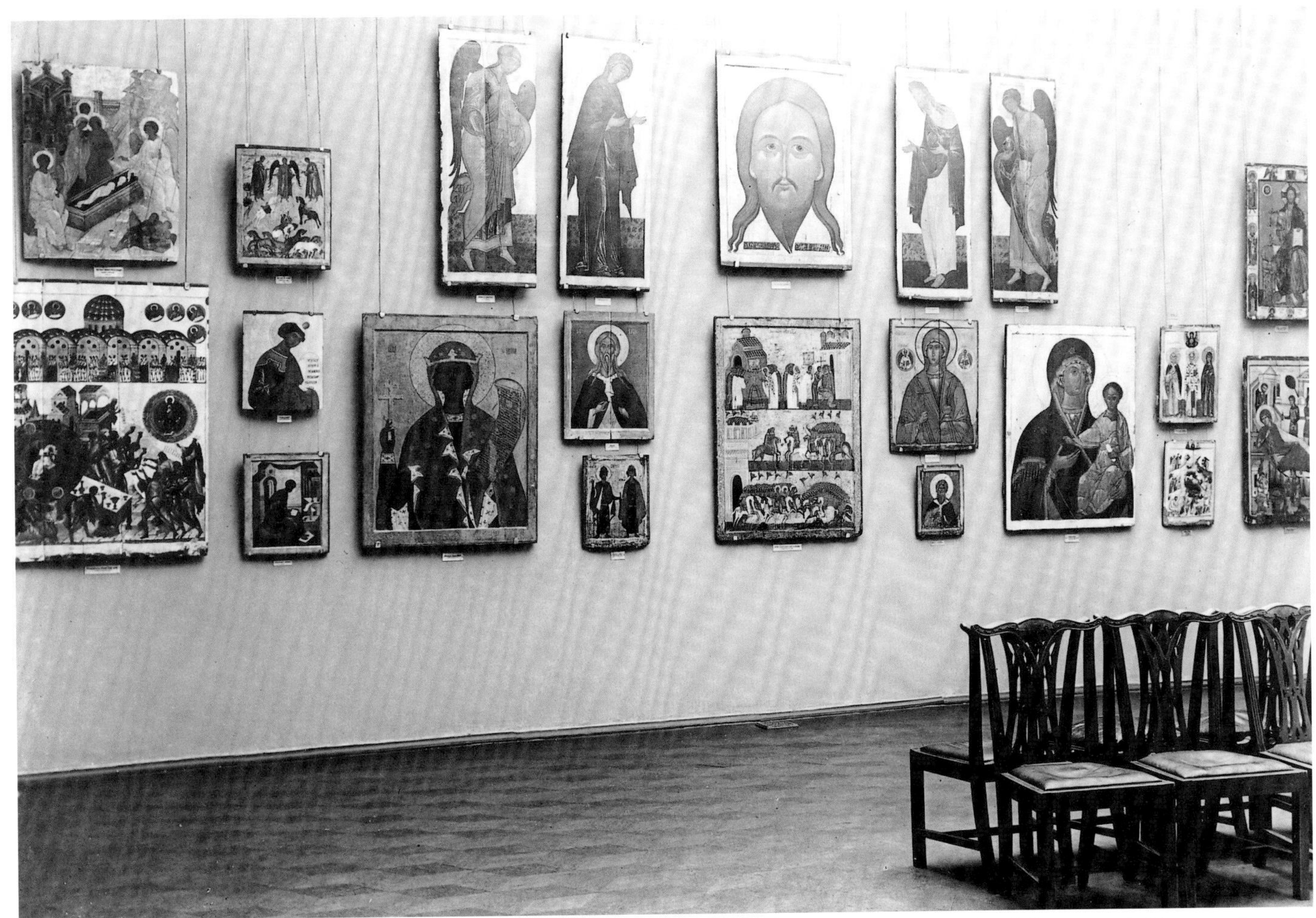

Exposition permanente en 1935, avec l'icône *Miracle de l'icône* La Vierge du Signe *(Bataille des défenseurs de Novgorod contre les Souzdaliens).*

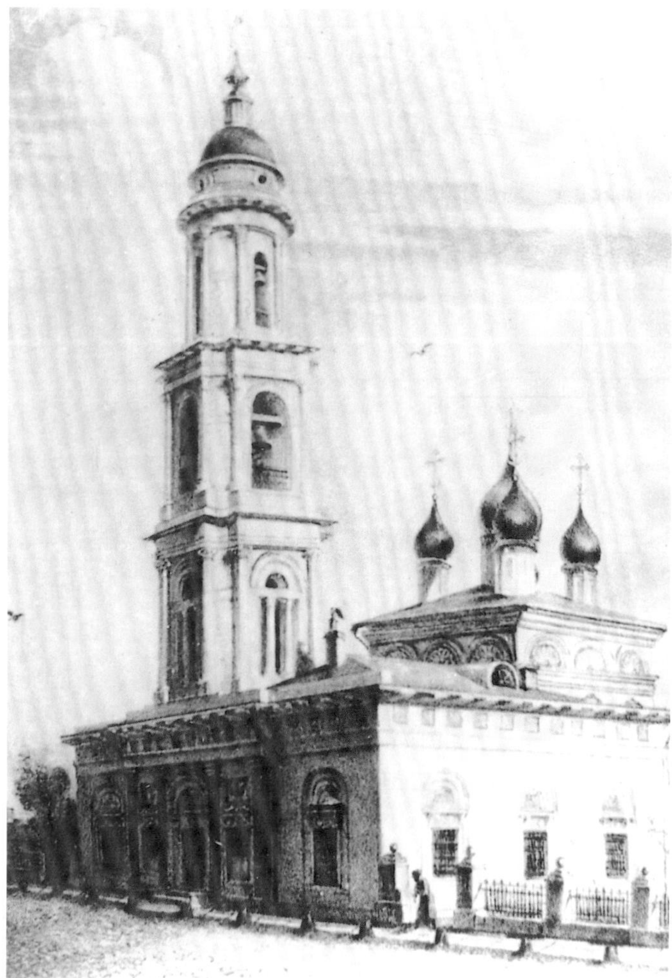

L'église Saint-Nicolas dans les années 1890, à Moscou.

Souzdal, Tver) et faisant découvrir l'œuvre des plus grands maîtres: Théophane le Grec, Andreï Roublev, Maître Denis et Simon Ouchakov. On pourra également admirer des reliques aussi célèbres que les icônes miraculeuses de la Vierge (la fameuse *Vierge Vladimirskaïa*, Notre-Dame du Don) et la plus belle icône russe connue du monde entier: *La Trinité* d'Andreï Roublev.
Vers le XVe siècle, Moscou devint le centre de l'Etat russe et de l'orthodoxie. Les ateliers spécialisés où l'on apprenait à peindre les icônes furent créés. On peut d'ailleurs affirmer que ce furent les premières écoles d'art.
Parmi les icônes des XVIe et XVIIe siècles, signées et datées, celles réalisées dans les ateliers de la famille Stroganov et par des zôgraphes du tsar attirent particulièrement l'attention. Le plus grand peintre de cette période est Simon Ouchakov (1626-1686).

La collection d'icônes de la Galerie Tretiakov conserve aussi des témoignages intéressants de l'iconographie tardive des XVIIIe, XIXe et XXe siècles. Ces icônes permettent de mieux comprendre le développement de la recherche artistique, et de cerner les nouvelles tendances, qui n'excluent cependant pas l'attachement aux canons traditionnels.
Aujourd'hui, des éléments nouveaux ont obligé la galerie à transférer une partie de ces icônes dans l'église Saint-Nicolas, à Tolmachi. Rénovée et restaurée, Saint-Nicolas a acquis le statut d'église, en vertu de quoi, tout en accueillant les fidèles, elle est devenue un but d'excursion pour les visiteurs de la galerie.
L'église Saint-Nicolas, connue depuis le début du XVIIe siècle, est une des plus anciennes du quartier de Zamoskvoretchie, à Moscou. La vieille église de bois fut remplacée en 1697 par un édifice en pierre à cinq coupoles, avec une avant-nef et une chapelle latérale à droite. Bâtie à l'occasion de la fête de la Descente du Saint-Esprit sur les apôtres le jour de la Pentecôte, elle fut dédiée à saint Nicolas, évêque de Myra en Lycie, patron de la

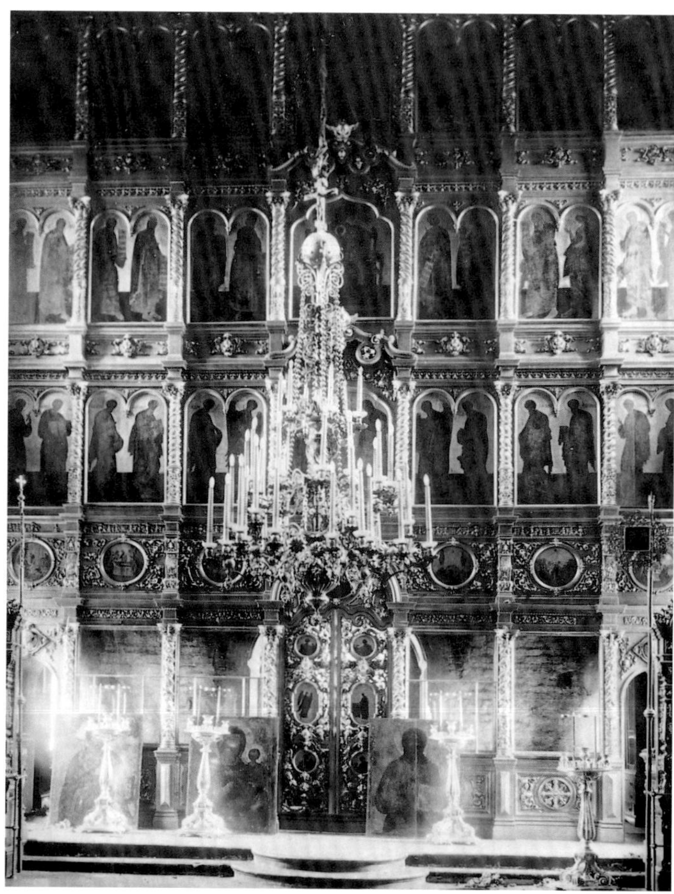

Iconostase de l'église Saint-Nicolas avant sa fermeture en 1929.

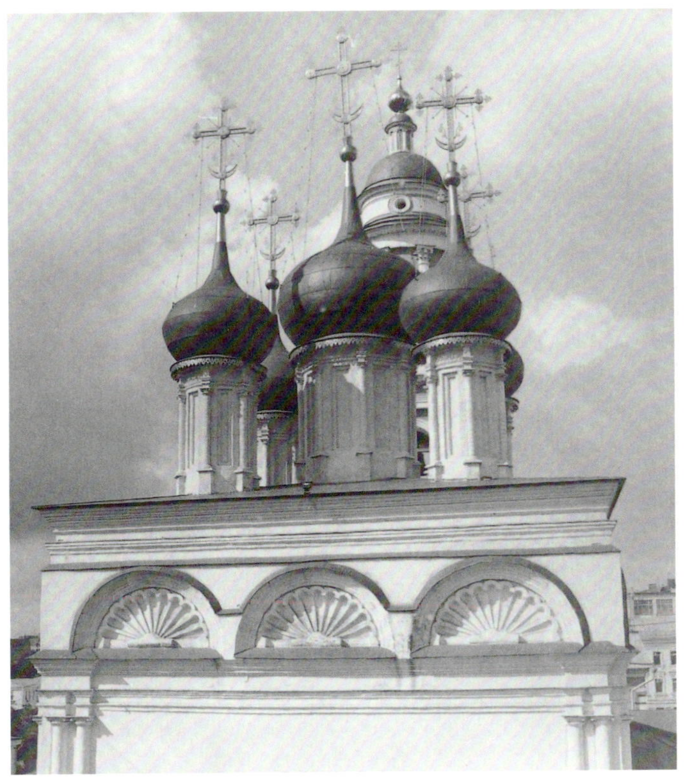

Eglise muséale de la Galerie Tretiakov en 1997, après restauration.

Russie. La chapelle de l'Intercession-de-la-Vierge, sur l'aile gauche, fut construite en 1769-1770. Entre 1833 et 1858, l'église et le clocher furent reconstruits d'après un projet du célèbre architecte moscovite F. M. Chestakov. En 1834, l'avant-nef fut rénovée et on installa de nouvelles iconostases dans les chapelles latérales. De 1846 à 1858, c'est l'iconostase principale qui fut remplacée, mais en prenant soin de conserver toutes les icônes, tandis que les murs de la nef furent recouverts de peintures. L'église Saint-Nicolas fut fermée en 1929. Elle devint ensuite le dépôt du musée et fut ainsi intégrée à l'ensemble de la Galerie Tretiakov.

Rendue au culte en 1992, elle demeure rattachée à la galerie.

L'église et le clocher rénovés sont apparus en 1997 tels que les avait conçus l'architecte Chestakov. L'iconostase et les peintures murales ont été entièrement restaurées et en partie refaites. On a par ailleurs placé dans l'église des icônes datant des XVIe et XIXe siècles, qui se trouvaient auparavant dans les fonds de la Galerie Tretiakov. De même, en 1999, la célèbre icône *La Vierge Vladimirskaïa* (premier tiers du XIIe siècle) a quitté la galerie pour l'église.

La collection d'art russe ancien ne cesse de s'agrandir et les chercheurs de la galerie travaillent à l'édition d'un catalogue raisonné dont un tome est déjà sorti.

V. O. et N. B.

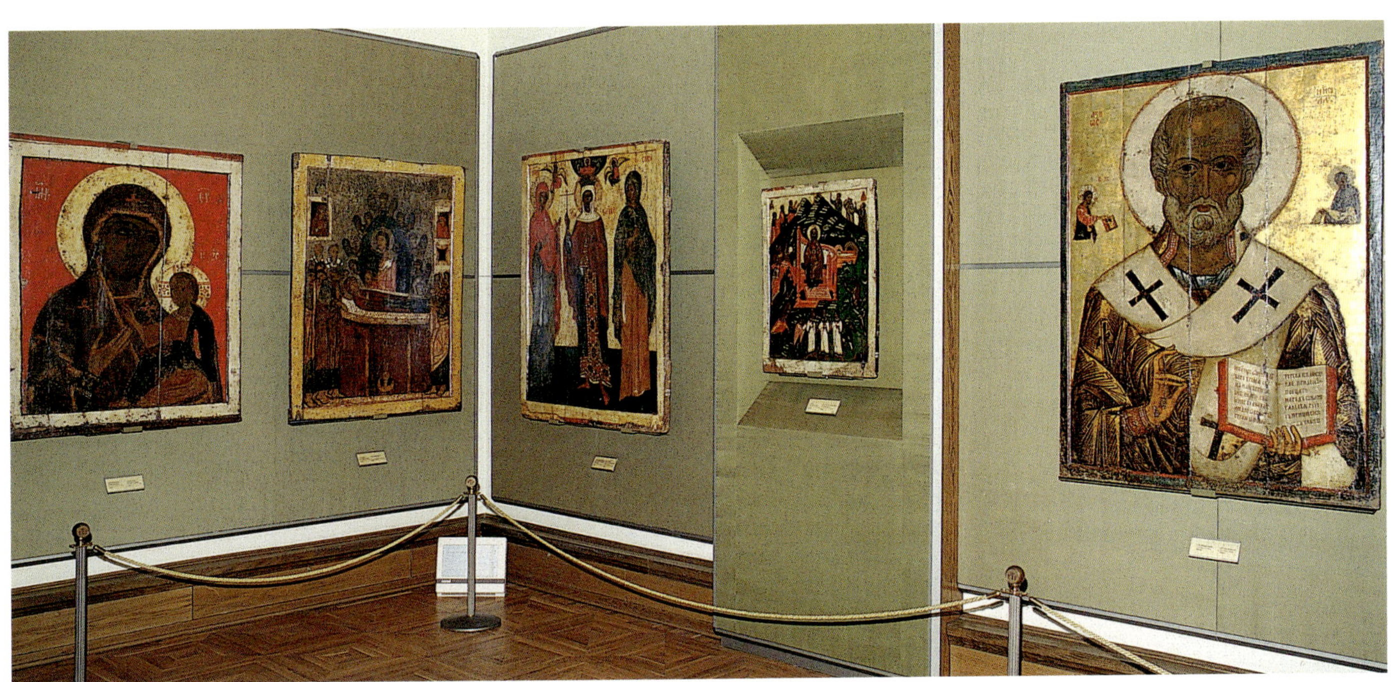

 Salle des icônes de Pskov. Exposition permanente de la Galerie Tretiakov.

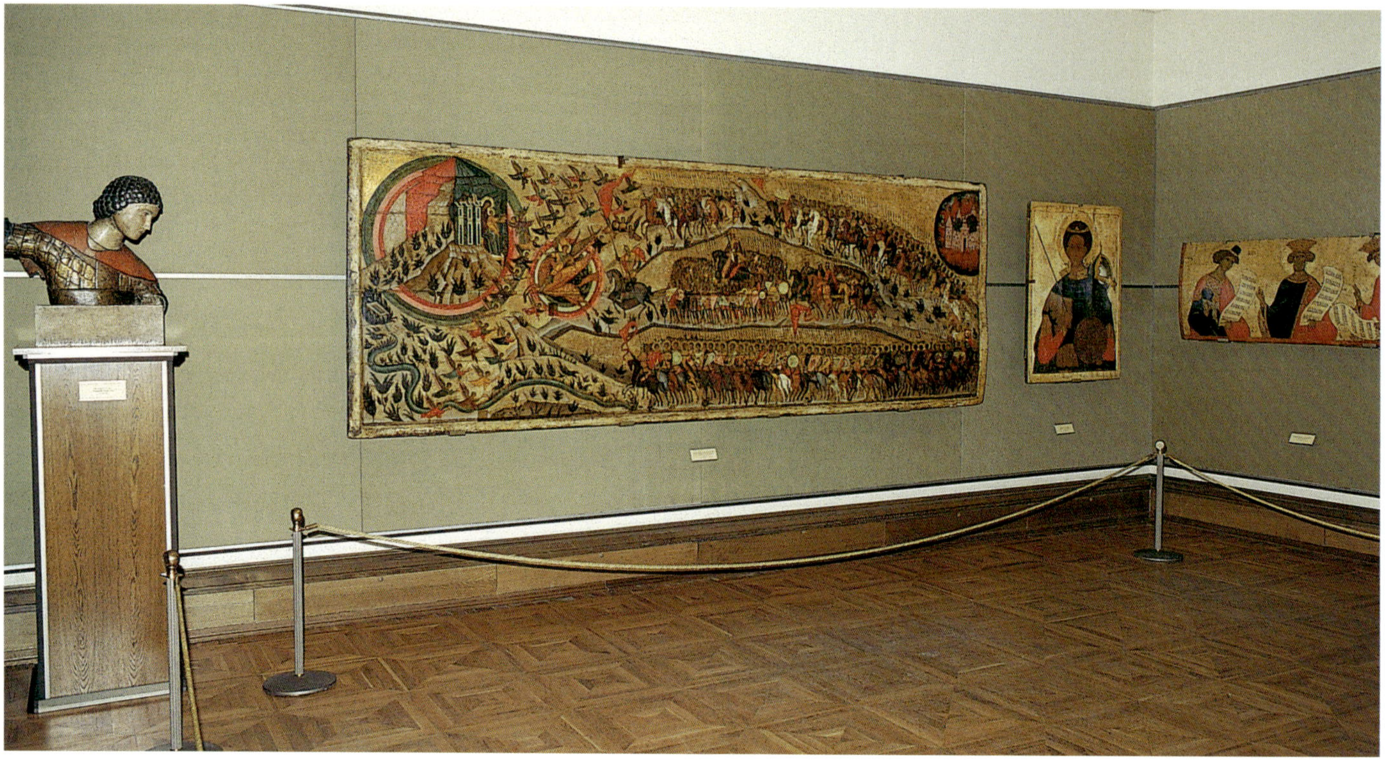

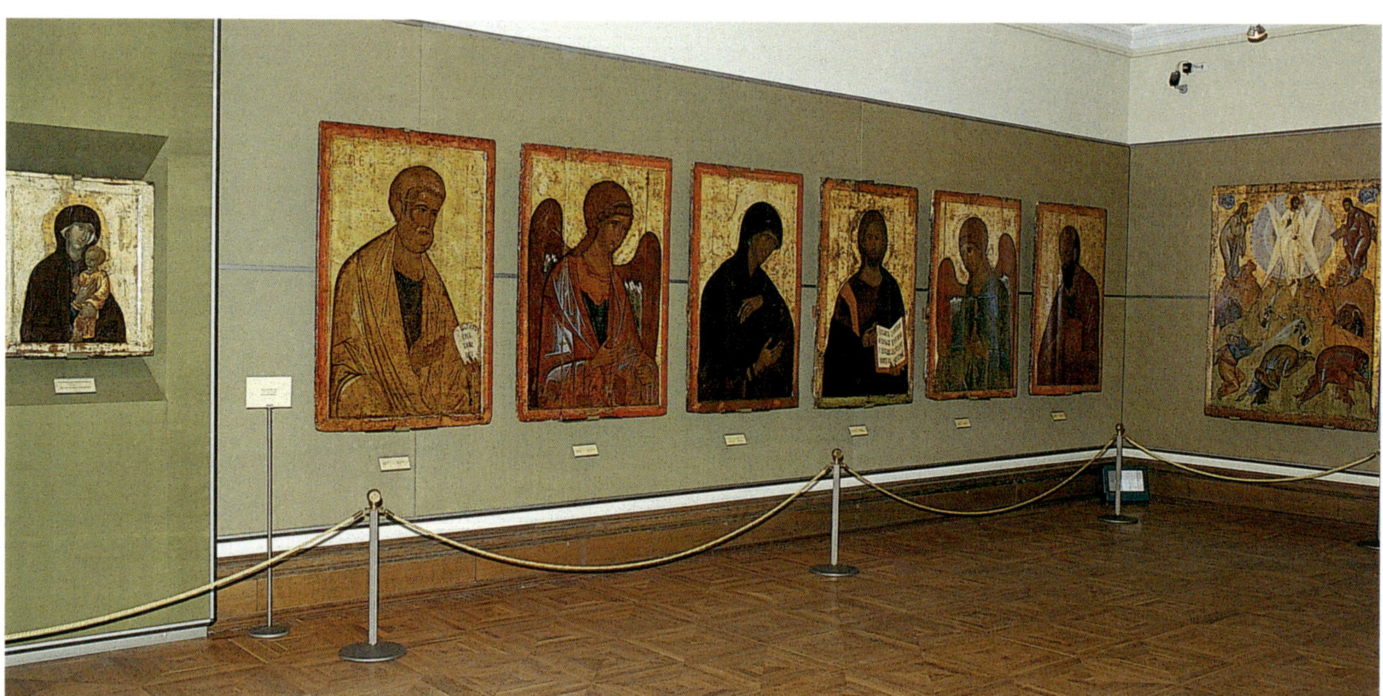

Les salles de l'exposition permanente de la Galerie Tretiakov.

Les saints de Russie

par Jean-Claude Marcadé

La vénération des icônes est dans l'Eglise un flambeau allumé dont la lumière ne s'éteint jamais. Il n'est pas allumé par une main d'homme et depuis qu'il est allumé, sa lumière ne s'est jamais épuisée [...] Et même quand tout ce qui est hostile à l'icône cherche à éteindre cette lumière, en vêtant cette dernière du voile des ténèbres, cette lumière ne se tarit pas et ne peut se tarir. Et quand les forces se tarissent dans la création des icônes faute de piété et que les icônes semblent perdre la gloire de leur dignité céleste, là aussi cette lumière ne se tarit pas, continue à vivre, est prête à apparaître à nouveau dans toute sa force et à donner la plénitude triomphale de la Transfiguration sur le Mont Thabor.

Moine Grégoire (G. I. Krug)[1]

Jubile, Thébaïde russe, paraissez dans toute votre beauté, déserts et profondes forêts d'Olonietsk, de Biéloiézesrsk et de Vologda, qui avez fait croître la sainte et glorieuse multitude des pères qui, par leur vie prodigieuse, ont enseigné de ne pas s'accrocher au monde, de prendre sur leurs épaules leur croix et de cheminer sur les traces du Christ [...] Réjouis-toi, désert, qui auparavant étais stérile et inhabité et par la suite as fleuri comme le lis des champs et as fait croître une multitude de moines!

Extrait du Canon en l'honneur
de Tous les saints qui ont resplendi sur la terre russe

L'icône a joué un rôle essentiel dans la vie liturgique, théologique et intellectuelle de la Russie, et ce au même titre que la musique.[2] Il est connu que l'Orthodoxie de la Rous' avant le XIVe siècle, puis celle de la Moscovie et de l'Empire Russe, a privilégié, développé, magnifié la liturgie qui fut la nourriture non seulement religieuse et mystique, mais également le lieu d'où partait la réflexion philosophique, où se vivait la beauté spirituelle et esthétique. La somptuosité de la liturgie orthodoxe russe est un fait auquel peu de nos contemporains restent insensibles. Rappelons-nous, entre autres, que Kandinsky, ce «moderniste» par excellence du XXe siècle, disait avoir connu existentiellement la synthèse des arts, ce qu'à la fin du XIXe siècle on appelait *Gesamtkunstwerk* ou synesthésie, dans les izbas de la région de Vologda et dans «les églises de Moscou, particulièrement à la cathédrale de la Dormition et à Saint-Basile-le-Bienheureux»[3]. Le choix de ces deux dernières églises moscovites n'est pas fait au hasard, car toutes les deux sont entièrement tapissées de fresques auxquelles s'ajoute la muraille des iconostases couverte d'icônes, donc de peinture, comme on peut le voir encore aujourd'hui. Dans ces lieux prestigieux du Kremlin se déroulaient la liturgie et les différents offices. Qui assiste à la liturgie de saint Jean Chrysostome dans le rite orthodoxe russe ne manque pas d'être frappé par le caractère de *théâtre total* qu'il a conservé. Nous y trouvons les mouvements processionnels des prêtres, des acolytes, des diacres qui se déroulent selon une symbolique immuable de chaque côté du mur de l'iconostase, autour de l'autel, passent, selon les moments, par une des portes latérales de l'iconostase, de l'église au sanctuaire et vice versa, débordent dans l'espace réservé aux fidèles. Ces évolutions

[1] Moine Grégoire (G. I. Krug), *Carnets d'un peintre d'icônes*, Lausanne, L'Age d'Homme, 1993, p. 34.

[2] Cf. Maxime Kovalevsky, «Chant liturgique – icône sonore», *in*: F. Boespflug, N. Lossky, *Nicée II 787-1987. Douze siècles d'images religieuses*, Paris, Cerf, 1987, pp. 393-396: «Créé de la terre, l'homme est animé par le *souffle divin* grâce auquel il est à l'image de Dieu. Du souffle naît le *son de la voix* qui, grâce à l'Incarnation du Verbe, peut porter la parole de Dieu lui-même: *la parole devient icône sonore* [...] La voix humaine portée par le souffle (synonyme de l'esprit) est seule jugée capable d'*exprimer directement l'être intérieur*, la pensée du cœur. La musique liturgique chrétienne sera donc *purement vocale*, sans aucune intervention d'instruments», p. 394.

[3] V. V. Kandinsky, *Stoupiéni* [Etapes], Moscou, 1918, p. 27; voir aussi: Père Paul Florensky, «La liturgie comme synthèse des Arts», *in*: *La Perspective inversée, suivi de l'Iconostase* (traduction et présentation de Françoise Lhoest), Lausanne, L'Age d'Homme, 1992, pp. 54-62.

sont accompagnées de la merveilleuse musique séculairement entretenue que l'on connaît. A cela s'ajoute l'utilisation généreuse d'encens, en particulier devant les icônes ou les fidèles qui sont, d'une certaine manière, des icônes archétypiques puisque «l'image et la ressemblance divines ont été mises par Dieu dans l'homme lors de sa création»[4]. Enfin, la foule des croyants bouge, elle aussi, puisqu'il n'y a pas de sièges au centre d'une église orthodoxe traditionnelle: on se déplace vers les différentes icônes devant lesquelles on met des cierges, on baise les icônes, on se signe mais pas en cadence, on se courbe pour toucher terre en demande de pardon et en signe de soumission à la volonté de Dieu, on se prosterne tête contre terre à certains endroits de la liturgie. Si la gestique des célébrants suit un cours immuable, la gestique des fidèles est plus aléatoire. Ainsi sont conciliés mouvement collectif et mouvement personnel.

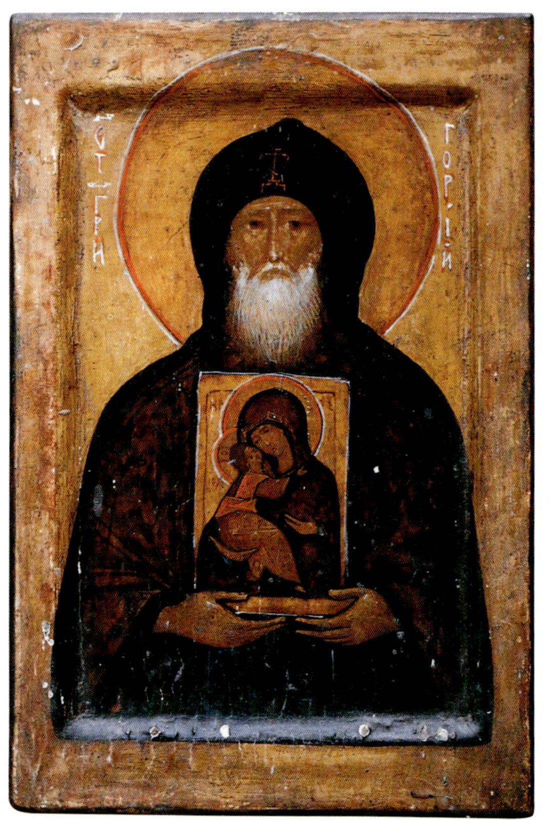

Icône de saint Grégoire, œuvre du Père Grégoire [Krug], iconographe des Grottes à Kiev, années 50.

La Rous' chrétienne fut plongée dès le commencement dans la culture théologique byzantine, donc dans sa culture iconographique intense qui a suivi le «Triomphe de l'Orthodoxie», c'est-à-dire le triomphe de la vénération des icônes sur l'iconoclasme, à la suite du VIIe Concile œcuménique, Nicée II, en 787 (le dernier concile œcuménique de l'Eglise Une). Les premiers maîtres iconographiques des Russiens furent grecs dont l'art marque profondément l'iconographie dans la Rous' du XIe au XIIIe siècle. Petit à petit, des caractères spécifiques slaves apparurent en filigrane des modèles canoniques byzantins. L'invasion tatare et la prise de Kiev en 1240 contribuèrent à la décadence de ce haut lieu de l'art.[5] Désormais se développent à l'Est les écoles de Vladimir-Rostov, alors que Novgorod «était devenu après la dévastation de Kiev le représentant du style byzantin dans la Rous'; c'est pourquoi on vénère comme la plus antique des écoles russes l'école de Novgorod»[6]. Quant à l'Etat moscovite, il connut dès les XIVe-XVe siècles une efflorescence de la peinture d'icônes. Y contribuèrent la situation politique (l'affaiblissement du joug tatar, le «rassemblement des terres de la Rous'»), l'extraordinaire renouveau religieux sous le signe de l'hésychasme avec saint Serge de Radonège à la fin du XIVe siècle ou encore la création inspirée, qui en découle, de saint André Roubliov. Comme l'écrit dans un beau texte Nikolaï Taraboukine: «La peinture d'icônes d'André Roubliov, moine du monastère Saint-Simon *[Simonov]*, représente l'expression de l'élan intérieur que vivait l'Eglise russe sous l'influence des promesses spirituelles du saint hiérarque de Radonège, ce monastère Saint-Simon, fondé par un parent de Serge de Radonège, Fiodor, que visita souvent l'higoumène du couvent de la Trinité. On peut sans risque de se tromper affirmer qu'en dehors de l'influence de l'illustre higoumène, André Roubliov n'aurait pas atteint les sommets d'embrasement spirituel dont est pénétré son art iconographique. Les XIVe et XVe siècles sont la concentration de l'ascétisme russe, des grands défenseurs de la foi et des docteurs de l'Eglise, comme le métropolite de Moscou Alexis, saint Cyrille, fondateur du couvent du Lac-Blanc *[Biélozerskaïa obitel']*, son ami Féraponte, également moine du monastère Saint-Simon, saint Nil de la Sora *[Nil Sorski]*, etc.[7]»

L'orthodoxie russienne restera fidèle aux indications de l'*Horos* du Concile Nicée II: «D'une façon presque égale au signe de la Croix vivifiante et à laquelle honneur est dû, les vénérables et saintes images sont consacrées: celles faites de couleurs, de mosaïques et de toute matière appropriée dans les saintes églises de Dieu, sur les vases et les vêtements sacrés, sur les murs et les planches, dans les maisons et les rues, aussi bien l'icône de Notre Seigneur Dieu et Sauveur Jésus-Christ que celle

[4] Cf. Moine Grégoire (G. I. Krug), *op. cit.*, p. 35.

[5] Cf. Valentine Marcadé, *Art d'Ukraine*, Lausanne, L'Age d'Homme, 1990, pp. 25-36.

[6] Fiodor Bouslaïev, *O rousskoï ikonié* [De l'icône russe] [1866], Moscou, 1997, p. 5.

[7] N. M. Taraboukine, *Smysl ikony* [Le sens de l'icône] [1916-1935], Moscou, 1999, p. 115.

de Notre Dame immaculée, la sainte Mère de Dieu [Théotokos], que celle des anges auxquels honneur est dû, et de tous les hommes saints et sanctifiés [...] L'honneur rendu à l'icône atteint le prototype et celui qui se prosterne devant l'icône se prosterne devant l'hypostase de celui qui est inscrit.[8]» L'icône n'est pas, comme le tableau religieux qui s'est développé en Occident, une œuvre d'individualisme même si chaque peintre d'icônes apporte sa note personnelle, faisant des choix dans le traitement des sujets et de la gamme colorée, tels que les proposent les modèles archétypiques canoniques. L'icône ne peut être créée que dans le consensus ecclésial, dans le mouvement prophétique et l'expérience spirituelle vécue à l'intérieur de la communauté ecclésiale. Il faut croire que la tendance à s'émanciper de cette communion, de cette *sobornost'*, en particulier en faisant sortir la peinture d'icônes du milieu monastique pour la confier à des corporations d'artisans laïques, fut assez forte à partir du XVIe siècle pour que les autorités ecclésiastiques de la Moscovie jugent nécessaire d'en faire des questions essentielles du Concile des Cent Chapitres, ou, en slavon, *Stoglav*, convoqué en 1551 à Moscou par le tsar Ivan le Terrible pour mettre de l'ordre dans les dévoiements qui s'étaient installés de façon générale dans la vie de l'Eglise. Le chapitre 43 du *Stoglav* manifeste le souci de voir les peintres d'icônes «garder la pureté de leur âme et de leur corps», de vivre pleinement la vie de l'Eglise en prenant conseil de leur père spirituel, de jeûner, de prier, d'être dans la continence, de ne pas commettre d'infamie ou d'inconvenances. L'icône réclame la connaissance du métier et le Concile recommande d'interdire les fabricateurs d'icônes «qui n'ont pas appris à les faire, qui les peignent selon leur bon vouloir et non selon l'image *[a nié po obrazou]*, qui les troquent à bon marché aux gens simples, aux villageois ignorants»[9].

Les préoccupations des autorités se portèrent également sur les questions des représentations, en particulier sur celle de la possibilité de représenter Dieu le Père à travers la Trinité de l'Ancien Testament (l'Hospitalité d'Abraham) ou la Trinité du Nouveau Testament (Paternité). Le Concile des Cent Chapitres rejette cette dernière représentation où le Père est montré sous la forme d'un vieillard à la barbe blanche (ce qui se justifiait par l'image de l'Ancien des Jours dans l'Apocalypse) portant le Christ Emmanuel sur son sein, tenant un cercle d'où s'envole une colombe. En revanche, il donne comme modèle l'illustre Trinité d'André Roubliov, alors qu'un siècle plus tard le Grand Concile de Moscou de 1655 rejette totalement la représentation de Dieu le Père «par crainte que l'image humaine de Dieu le Père puisse inspirer la pensée d'une ressemblance humaine de la Première Personne de la Sainte Trinité»[10].

Le problème de la représentation se posait moins pour les saints de la nouvelle nation chrétienne qu'était la Rous'. Un des premiers historiens à étudier sérieusement la peinture d'icônes vers le milieu du XIXe siècle, Fiodor Bouslaïev, notait que «l'adjonction des saints proprement russes dans le cycle général chrétien, emprunté à Byzance, introduisit peu de variété dans ce système aussi bien parce que les saints russes étaient peints sur les

Vassili Kandinsky, *Le Saint Prince Vladimir*, 1911, Hinterglas-Malerei, 29×25,6 cm, Städtische Galerie im Lenbachhaus, Munich.

[8] F. Boespflug, N. Lossky, *Nicée II 787-1987. Douze siècles d'images religieuses*, *op. cit.*, p. 33 (traduction, légèrement adaptée, de Marie-France Auzépy).

[9] Cf. Fiodor Bouslaïev, *O rousskoï ikonié*, *op. cit.*, p. 8; le texte du Concile de 1551 a été traduit en français: *Le Stoglav ou les Cent Chapitres* (traduction et présentation d'E. Duchesne), Paris, 1920. Sur le peintre d'icônes-copiste, «investi d'une charge particulière dans l'Eglise», ayant «un certain *grade* dans l'organisation sacrée du culte», voir: Père Paul Florensky, «L'iconostase», *in*: *La Perspective inversée, suivi de l'Iconostase*, *op. cit.*, pp. 159 sqq.

[10] Moine Grégoire (G. I. Krug), *op. cit.*, p. 58; le problème est remarquablement posé par le moine Grégoire avec une analyse d'une grande finesse théologique de la *Trinité* de Roubliov, cf. «Dieu le Père, la Sainte Trinité» et «A propos de la représentation de Dieu le Père dans l'Eglise Orthodoxe», *ibidem*, pp. 51-85.

modèles des types empruntés à Byzance, que parce que le cercle des saints russes se limite, à peu d'exceptions près, à des princes et des moines. Etant donné que selon l'usage médiéval les laïques se faisaient moines à la fin de leur vie pour le salut de leur âme, plusieurs princes et princesses sont honorés et représentés en tant que saints dans leur habit monastique, comme par exemple Alexandre Nievski, Pierre et Fébronie de Mourom.[11]» Cependant, nous avons fait observer plus haut que l'apparente uniformité de l'icône des saints est constamment battue en brèche, comme c'est le cas de façon générale pour toutes les représentations, par des traits chaque fois différents selon les iconographes les plus fidèles aux canons dans la composition du ou des sujets, dans le traitement de la gamme colorée. Et puis, comme le précise Bruno Duborgel: «Selon l'espace, ecclésial ou privé, auquel on la destine, selon le matériau et le style de sa mise en œuvre, selon les genres d'usages religieux auxquels on l'associe, etc., la ‹même› image (thématiquement parlant) représente des visages et des modes de vie diversement circonstanciés.[12]»

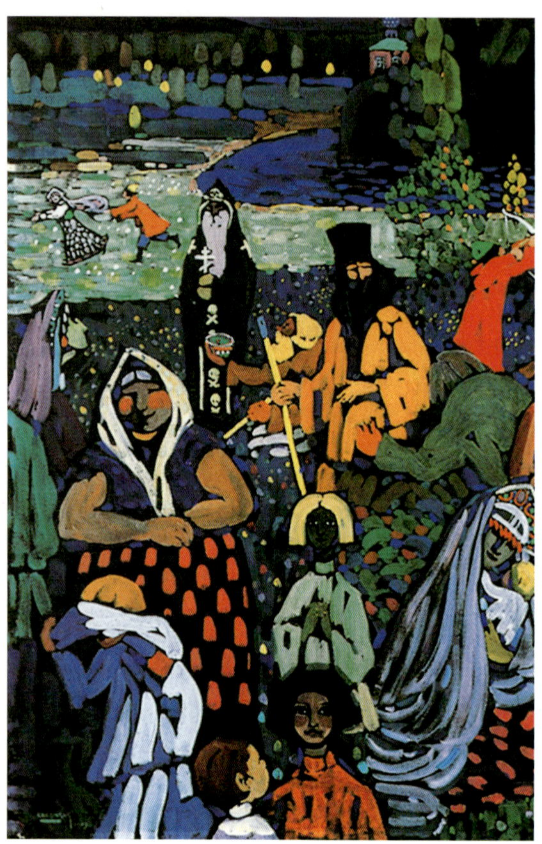

Vassili Kandinsky, détail de *Das bunte Leben* [La vie mélangée], 1907, tempera sur bois, 130×162,5 cm, Städtische Galerie im Lenbachhaus, Munich.

On le sait, la canonisation des saints n'a été officialisée en Occident qu'au Xe siècle et dans l'Eglise de Moscou au XVIe siècle seulement: «Avant le XVIe siècle, la canonisation était fondée seulement sur l'invention des reliques, les miracles et la foi du peuple dans la sainteté de l'ascète, tandis que la béatification officielle consistait dans la permission de faire des offices en l'honneur du saint.[13]» Les premiers saints à être officiellement canonisés furent les saints martyrs, *strastoterptsy*, c'est-à-dire ayant subi la Passion, Boris et Gleb, fils du Grand-Prince saint Vladimir, qui furent assassinés en 1015 par leur frère Sviatopolk le Maudit. Notons que l'on a donné à ces saints, qui portaient les noms de Romain et de David, des noms slaves. Boris et Gleb ne furent pas chronologiquement les premiers saints de la Rous', car par la suite furent canonisés leur arrière-grand-mère sainte Olga (fin du Xe siècle) et leur père saint Vladimir le Beau Soleil qui baptisa la Rous' en 988. Il est important de noter que dans le cycle hagiographique consacré à Boris et Gleb, on trouve des points communs avec le cycle consacré à saint Vladimir. Boris et Gleb «marquent le commencement de l'histoire russe qui est comprise, à l'instar de l'histoire juive, comme l'histoire sainte d'un peuple élu»[14]. Pour fonder la légitimité de l'élection de la terre russienne, les «parémies» (lectures des Saintes Ecritures lors des vigiles des grandes fêtes) consacrées à Boris et à Gleb du XIVe siècle se réfèrent à l'histoire biblique fondatrice de Caïn et d'Abel et introduisent l'idée que les saints Boris et Gleb sont des «personnes nouvelles», nouvelles en tant que témoins du Nouveau Testament mais aussi en tant que «nouveaux chrétiens»: «L'histoire de la Rous' est pensée comme l'histoire d'un pays chrétien, et Boris et Gleb, en tant que premiers saints russes, marquent le commencement de cette histoire: ils sanctifient ce pays, sont ses intercesseurs et dans un certain sens justifient son existence; c'est pourquoi, à proprement parler, ils sont perçus également comme des apôtres.[15]»

Le nouvel Etat moscovite en formation sera consolidé vers le milieu du XIVe siècle par trois saints dont la vie dépasse l'histoire religieuse et joue un rôle politique. C'est le début d'une symphonie naturelle, organique de l'ascétisme chrétien et du pouvoir politique. Ces trois saints sont: le métropolite de Moscou Alexis (venu d'Ukraine, de Tchernihiv), Serge de Radonège, glorieux

[11] Fiodor Bouslaïev, *O rousskoï ikonié*, *op. cit.*, p. 37.
[12] Bruno Duborgel, *L'icône, art et pensée de l'invisible*, Saint-Etienne, 1991, p. 37.
[13] «Kanonizatsiya» [Canonisation], *in*: *Polny pravoslavny bogoslovski entsiklopéditcheski slovar* [Dictionnaire théologique orthodoxe encyclopédique complet], Moscou, t. II, 1982, p. 1179.

[14] B. A. Ouspienski, *Boris i Glieb: vospriyatié istorii v drevnieï Roussi* [Boris et Gleb: la réception de l'histoire dans l'ancienne Rous'], Moscou, 2000, p. 21.
[15] B. A. Ouspienski, *ibidem*, p. 42.

fils de la Grande-Russie, et Stéphane de Perm' représentant le Nord finnois qui était en train d'être évangélisé. L'historien Klioutchevski écrit: «Cette trinité éternellement bienheureuse éclate comme une constellation à la vive clarté dans notre quatorzième siècle dont elle constitue l'aurore de la renaissance politique et morale de la Terre russe. Une étroite amitié et un respect mutuel les unissaient. Le métropolite Alexis rendait visite à Serge dans son couvent et prenait conseil de lui, désirait le voir lui succéder [...] Ces trois saints personnages qui, chacun dans son domaine, accomplirent une œuvre commune [...] – le renforcement de l'Etat russe pour l'établissement duquel travaillèrent à leur manière les princes moscovites du XIVe siècle [...] C'étaient des hommes russes de leur temps extrêmement cultivés.[16]»
L'image d'Epinal montrant saint Serge bénissant le prince Dimitri du Don *(Donskoï)* avant la victoire sur les Tatars au Champ des Bécasses *(Koulikovo polié)* en 1380 reflète l'importance que les saints moines eurent pour les destinées de la future Russie. L'Etat russe eut à d'autres occasions recours à la glorification d'un événement historique ou d'un saint dans une perspective à la fois religieuse et politique. Il en est ainsi de la célèbre icône représentant la *Bataille des défenseurs de Novgorod contre les Souzdaliens*, ou bien celle de la *Rencontre de l'icône de la Mère de Dieu de Vladimir*[17].
Ajoutons, à la sainte triade présentée par Klioutchevski, saint Cyrille du Lac-Blanc, lui aussi un des hommes les plus cultivés de son temps, écrivain de talent que visitait saint Serge de Radonège quand celui-ci se rendait au monastère Saint-Simon à Moscou. A la suite d'une vision, saint Cyrille partit de ce monastère et alla fonder en 1397 le célèbre monastère d'hommes Saint-Cyrille sur les rives du lac Blanc *(Kirillo-Biéloiézerski monastyr')*. Ce monastère fut un centre d'études qui rayonna pendant plusieurs siècles; il possédait une remarquable bibliothèque et une école pour les enfants. Comme le fait observer l'historien du monachisme russe Igor Smolitch, «c'est derrière les murs des monastères russes anciens que nous trouvons tous les commencements de la culture russe. En dehors d'eux nous ne saurions ni comprendre ni expliquer cette dernière. Notre culture a grandi sous l'égide de l'Eglise orthodoxe et lorsqu'elle a quitté le monastère pour entrer dans la vie laïque, elle n'a jamais oublié son origine. Le monastère russe fut la création du peuple tout entier. Il est né d'un besoin religieux et non de considérations politiques. Le monachisme n'a jamais été organisé en congrégations poursuivant un but déterminé.[18]»
Parmi les plus hautes réalisations de la sainteté russe, il y eut en 1429-1436 la fondation par les saints Guermane (Herman) et Savvati (Sabbatius) du monastère de la Transfiguration sur une des îles septentrionales Solovki; cet ensemble monastique connut par la suite des fortunes diverses (un schisme au milieu du XVIe siècle dut être maté par la troupe et après 1917 il devint un sinistre goulag par la volonté de Lénine). Le monastère des Solovki joua un rôle économique considérable grâce à la pêche sur la mer Blanche, au sel et à la navigation.

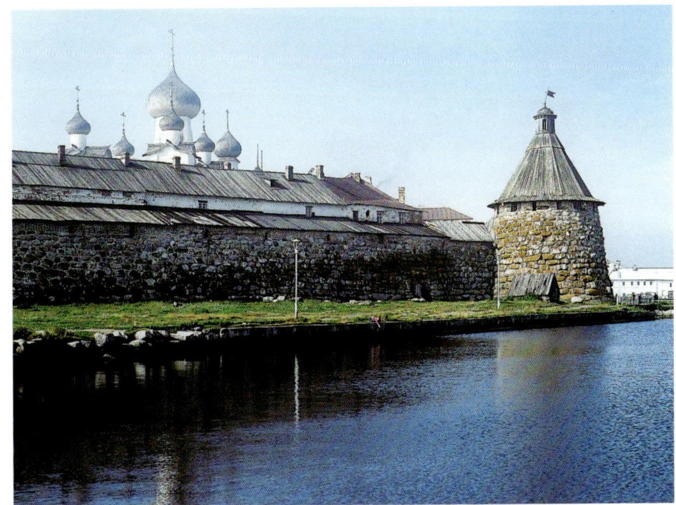
Monastère des Solovki.

A la fin du XVe siècle et déjà débordant sur le XVIe, la vie religieuse russe est dominée par la figure de deux saints en apparence antinomiques, celle de saint Joseph de Volok *(Iossif Volotski)*, supérieur du monastère Volokolamski, fondé par lui vers 1479 près d'une bourgade de la région de Moscou, Volok Lamski, et celle du starets Nil de la Sora *(Nil Sorski)*. Ce furent deux grandes personnalités de la vie russe qui, jusqu'à aujourd'hui,

[16] V. O. Klioutchevski, «Blagodatny vospitatel' rousskovo narodnovo doukha» [L'éducateur plein de grâce de l'esprit populaire russe], *in*: *Prépodobny Sergui Radoniejski* [Saint Serge de Radonège], Berlin, 1922, p. 34.

[17] Sur l'importance, pour la vision du monde russe, de l'icône de la *Mère de Dieu de Vladimir*, voir le catalogue de la Galerie nationale Trétiakov: *Bogomatier' Vladimirskaya. K 600-liétiyou Sréténiya ikony Bogomatiéri Vladimirskoï v Moskvié 26 avgousta (8 sentiabria) 1395 goda* [La Mère de Dieu de Vladimir. A l'occasion du 600e anniversaire de la Rencontre de l'icône de la Mère de Dieu de Vladimir à Moscou le 26 août (8 septembre) 1395, Moscou, 1995; voir également N. M. Taraboukine, *Smysl ikony*, *op. cit.*, pp. 144-159.

[18] Igor Smolitsch, *Leben und Lehre der Starzen*, Wien, 1936; en français: *Moines de la Sainte Russie*, Tours, 1967; cité ici d'après l'édition russe: I. K. Smolitch, *Rousskoïé monachestvo* [Le monachisme russe], Moscou, 1999, p. 375.

représentent deux orientations entre lesquelles oscille l'Eglise. Pour faire court, nous dirons que Joseph et les «joséphistes» étaient partisans de la possession par les monastères de terres et de biens, permettant de faire vivre la communauté, alors que pour Nil et les startsy des bords de la Sora, les moines doivent vivre du travail de leurs mains, ils ne doivent pas recevoir de dons des fidèles, au contraire ils doivent partager avec les pauvres ce qu'ils ont gagné de leurs mains.[19] Joseph de Volok et Nil de la Sora s'opposèrent fondamentalement sur la question de l'ascèse qui, pour le premier, était la stricte et formelle application de la règle monastique, alors que, pour le second, il fallait tenir compte des caractéristiques climatiques (qui ne sont pas les mêmes dans la Russie du Nord et en Palestine) et surtout personnelles («Les corps ont différents degrés de force et d'endurance, à l'instar du cuivre, du fer, de la cire», écrit le saint starets dans ses Recommandations *[Prédanié]* à ses disciples[20]). D'autre part, alors que saint Joseph de Volok était du côté de ceux qui, lors d'un concile à Moscou en 1490, voulaient «brûler tous les hérétiques», Nil de la Sora, tout en luttant fermement contre l'hérésie, refusa cette attitude barbare et réussit à ce que le concile se bornât à anathématiser trois prêtres hérétiques, à les priver de leur sacerdoce et à les reléguer dans un monastère. En somme, l'orientation de Joseph était tournée vers un formalisme et un ritualisme religieux, alors que Nil, qui avait été nourri par l'hésychasme athonite, préconisait la pratique de la prière de Jésus (la prière du cœur)[21], la garde du cœur et de l'esprit, la sobriété de l'intelligence. Le courant joséphiste semble avoir triomphé extérieurement, mais la voie intérieure tracée par Nil de la Sora se manifeste de façon éclatante à travers toute l'histoire de l'Eglise russe jusqu'à aujourd'hui. Leskov voyait dans l'écrivain Léontiev un descendant de Joseph de Volok: «Malgré l'exclusivisme national des joséphistes, ils sympathisaient, pareillement à M. Léontiev, avec l'inquisition romaine et trouvaient le châtiment cruel infligé aux esprits libres légitime et utile, tout d'abord pour l'édification personnelle des hérétiques et des esprits forts et ensuite pour le salut, par leur exemple, de toute l'humanité. Nil de la Sora et les startsy d'Outre-Volga prêchaient l'amour et enseignaient qu'il fallait atteindre le bien suprême dans l'intégration de l'‹esprit du Christ› dans les hommes, dans la haute nourriture de l'âme que procure la vraie compréhension du christianisme.[22]» Il ne faudrait pas que ces oppositions radicales masquent les aspects positifs de l'œuvre de saint Joseph de Volok, en particulier dans ses conceptions esthétiques (il est l'auteur, entre autres, d'une Epître à un peintre d'icônes).[23]

En tout cas, la tradition hésychaste se perpétua chez les saints russes qui continuèrent l'œuvre d'évangélisation des contrées non slaves. Cela se manifesta avec plus de force avec le renforcement de la Grande Principauté de Moscou devenue Empire moscovite *(Moskovskoïé tsarstvo)* et conquérant en 1552 le khanat tatar de Kazan'. Les XVIe et XVIIe siècles furent une époque fiévreuse de construction monastique (dans le seul XVIIe siècle, on fonda près de 200 monastères et, au début du XVIIIe siècle, il y avait en Russie 1201 monastères[24]). Beaucoup de saints de cette époque furent glorifiés localement, comme les saints du Nord russe Cyrille de Novoiézersk, Kornili de Komel ou Alexandre de la Svir'. C'est le cas aussi de saint Nil de Stolobno *(Nil Stolobienski)* qui ne fonda pas de monastère, se retira dans le silence sur l'île de Stolobno sur le lac Séliguère, mais dont le culte local s'est développé au point qu'aux XVIIIe-XIXe siècles cet endroit fut un centre de pèlerinage et donna lieu à une iconographie du saint sous forme de petites sculptures en bois (on sait que la sculpture en ronde bosse n'est pas dans la tradition de l'Eglise d'Orient même si elle n'est l'objet d'aucune interdiction canonique).

Le phénomène le plus éclatant de la sainteté russe est celui représenté par le *startchestvo*, le mouvement des *startsy* de la fin du XVIIIe au début du XXe siècle. On se souvient que la première partie des *Frères Karamazov* de Dostoïevski consacre tout un chapitre aux startsy et à leur importance dans la vie spirituelle russe. Le starets Zossime, dont le prototype est le célèbre starets, récemment canonisé, Ambroise du Désert d'Opta *(Optina Poustyn')*, est un des héros principaux du roman. «Starets» veut dire en russe «Ancien», mais il ne s'agit pas d'un grade supérieur dans la hiérarchie orthodoxe. Dans le monastère, le starets n'a la plupart du temps aucune fonction; il vit fréquemment à part de la communauté. Le starets est un moine chargé d'ans qui, grâce à des exercices spirituels et à une vie exemplaire, guide les jeunes moines et les laïques qui se donnent entièrement à lui. Nous l'avons vu, saint Serge de Radonège, puis Nil de la Sora ont redonné des forces nouvelles à l'Eglise russe grâce à la pratique hésychaste.

[19] Cf. I. K. Smolitch, *Rousskoïé monachestvo*, *op. cit.*, pp. 61-72.

[20] *Ibidem*, p. 68.

[21] Une histoire de la prière de Jésus est faite dans le petit livre: Un moine de l'Eglise d'Orient, *La prière de Jésus*, Chevetogne, 1951; sur la pénétration de la tradition hésychaste en Russie à travers Nil de la Sora, voir: Igor Smolitch, «Le Mont Athos et la Russie», *in*: *Millénaire du Mont Athos. 963-1963*, Chevetogne, t. I, 1963, pp. 279-318.

[22] N. Leskov, «L'âge d'or. Une utopie de réorganisation sociale. Tableaux vivants selon le programme de K. Léontiev», *in*: *Novosti*, 22 et 29 juin 1883, paragraphe XII.

[23] Cf. Métropolite Pitirim, «L'esthétique de saint Joseph de Volok», *in*: *Mille ans de christianisme russe. 988-1988*, Paris, 1989, pp. 163-175.

[24] Cf. I. K. Smolitch, *Rousskoïé monachestvo*, *op. cit.*, pp. 144 sqq.

Ce n'est qu'à la toute fin du XVIIIe siècle qu'une «école» de startsy prend naissance sous l'impulsion de saint Païssi Vélitchkovski[25]. C'est le starets Païssi qui redécouvre les écrits de Nil de la Sora, en tire un système et institue en quelque sorte le mouvement des startsy tel que nous le connaissons. Ce sera alors pendant plus d'un siècle dans toute la Russie une extraordinaire floraison spirituelle de laquelle se détachent saint Séraphin de Sarov, le starets Théophane, higoumène du monastère Kirillo-Novoiézerski[26], saint Théophane le Reclus, le saint starets Ignace Briantchaninov et les startsy du fameux Désert d'Opta[27] comme Macaire, Léonide et Ambroise.

La mentalité russe a donné une couleur particulière et unique au startchestvo. Les startsy sont au cœur de l'Eglise, tout en restant en marge de la hiérarchie, même s'ils occupent parfois des postes importants. Il est significatif que saint Serge de Radonège refuse la charge de métropolite et que saint Tikhon de Zadonsk[28] demande à être libéré de sa charge d'évêque pour se consacrer tout entier à Dieu et aux hommes. Car le starets est un libéré-vivant qui participe à la vie universelle en Dieu et fait participer les autres, dans la mesure du possible, à la plénitude de l'Amour divin.

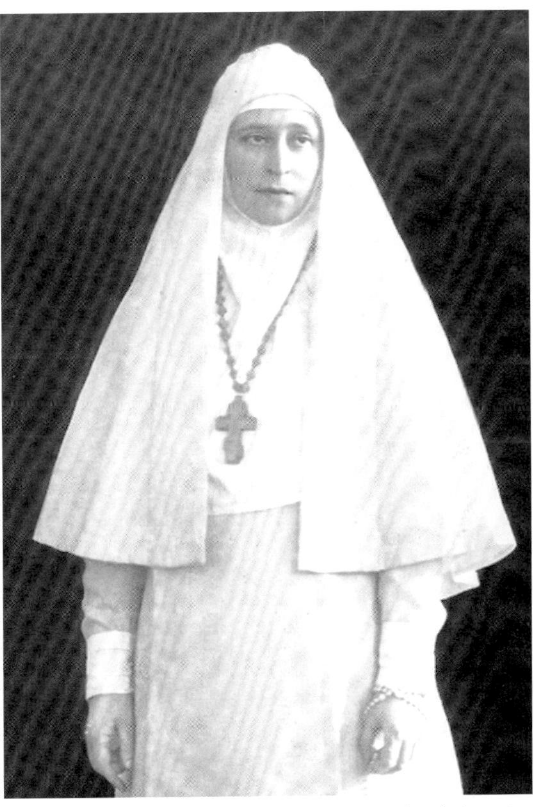

La Sainte Martyre, Grande Princesse Elizabéta Fiodorovna. Photographie du début du XXe siècle.

Avant de devenir starets, saint Séraphin de Sarov[29] (né le 19 juillet 1759) a parcouru les divers degrés de l'échelle qui mène à l'initiation suprême. Il s'éloigne comme ermite dans une cabane dans la forêt, puis se voue au silence total pendant trois ans, enfin il vit en reclus pendant quinze ans et demi. Cette réclusion volontaire de Séraphin de Sarov se termine en 1825. C'est alors que commence son activité de starets pendant huit ans, jusqu'à sa mort. Riches et pauvres, paysans et nobles, hommes et femmes, tous sont reçus avec la même sollicitude. A tous, il enjoint de pratiquer la prière de Jésus: «C'est en elle – disait-il – que doit consister ta vigilance; en marche ou assis, au travail, à l'église avant le début de la messe, conserve cette prière dans l'âme et le cœur. Dans l'invocation du nom de Dieu, tu trouves repos, purification de l'âme et du corps et l'Esprit Saint, source de tout salut, reposera en toi et te préservera dans la crainte de Dieu et la pureté.» Saint Séraphin est un exemple privilégié de starets initié aux mystères supérieurs. Le nombre de ses visions est très grand.

Certes, le cas de saint Séraphin reste exceptionnel, mais tous les startsy, à des degrés divers, ont atteint les régions suprêmes du monde, là où l'on distingue où est la sagesse, où est la force, où est la raison, où sont l'immortalité et la vie, la lumière du cœur et du monde. Beaucoup des meilleurs esprits de la Russie trouvèrent une source de renouveau ou de réconfort auprès des startsy: Ivan Kiréëvski, un des fondateurs du mouvement slavophile, le fils de pasteur luthérien Clément Söderholm, Dostoïevski, Vladimir Soloviov, Léontiev.

Dans le vaste océan de la sainteté russe, il a fallu faire des choix. Beaucoup d'autres saints que ceux dont il est parlé ici sont exposés dans l'ensemble prestigieux réuni par la Galerie nationale Trétiakov. Il aurait fallu faire mention aussi d'un type de sainteté qui a marqué l'histoire de l'Eglise russe, c'est celle des fols en Christ, ces

[25] Sur saint Païssi Vélitchkovski, voir I. K. Smolitch, *ibidem*, pp. 404-411, 416-419; S. Tchetvérikov, *Moldavski skhiarkhimandrite Païssi Vélitchkovski* [L'archimandrite moldave du Grand Habit Païssi Vélitchkovski], Estonie, Pout' Jizni, 1938 (2 volumes); Ivan Kologrivof, *Essai sur la sainteté russe*, Bruges, 1953, pp. 379-397. Saint Païssi Vélitchkovski est le responsable de la traduction en slavon de la Philocalie *(Dobrotolioubié)* qui parut à Saint-Pétersbourg dès 1793, alors que la première édition à Venise en grec ne datait que de 1782.

[26] Cf. I. K. Smolitch, *Rousskoïé monachestvo*, *op. cit.*, pp. 352-355, 414-419.

[27] Cf. S. Tchetvérikov, *Optina Pustyn'*, Paris, Ymca-press, ss d.; Ivan Kologrivof, *Essai sur la sainteté russe*, *op. cit.*, pp. 398-417; M.-J. Rouët de Journel S. J., *Monachisme et monastère russes*, Payot, 1952, pp. 151-166.

[28] I. Kologrivof, *Essai sur la sainteté russe*, *op. cit.*, pp. 329-378. Les startsy de Dostoïevski ressemblent davantage au saint starets Tikhon qu'à ceux du Désert d'Opta. Cela explique que ceux-ci ne se reconnurent pas dans la transposition romanesque des *Frères Karamazov*, cf. Léon Zander, «Le monachisme – réalité et idéal – dans l'œuvre de Dostoïevski», *in*: *Millénaire du Mont Athos*, *op. cit.*, pp. 353-372.

[29] Cf. *Sur la lumière du Saint-Esprit – Entretien avec Motovilov*, Paris, Saint-Irénée, 1957; I. Kologrivof, *Essai sur la sainteté russe*, *op. cit.*, pp. 418-440; Elisabeth Behr-Sigel, *Prière et sainteté dans l'Eglise russe*, Paris, Cerf, 1950, pp. 129-140.

yourodivyié que Moussorgski a rendu populaires en Occident dans son drame musical *Boris Godounov*. La folie dans le Christ, qui consiste à rejeter toutes les conventions sociales, à avoir une conduite déraisonnable, à être moqué et méprisé, permit à ces saints de dire leurs vérités aux puissants. Ainsi Basile le Bienheureux, mort en 1557, dont les reliques se trouvent dans l'église éponyme de la place Rouge à Moscou, ne craignait pas de dénoncer les méfaits d'Ivan le Terrible et de lui prédire un funeste destin, ce que fit également à Pskov Nicolas Salos le Bienheureux. Le tsar n'osa pas les châtier, car ils étaient aimés et respectés par le peuple parce qu'ils étaient contre l'iniquité, pour la justice, et les défenseurs des petites gens et des marginaux. C'est le cas des autres fols en Christ, comme Nicolas Kotchanov de Novgorod ou Jean le Chevelu de Rostov. L'Eglise russe a récemment canonisé une «folle en Christ», sainte Xénia de Saint-Pétersbourg, qui est très révérée dans le peuple.

Parmi les saints que l'Eglise russe canonisa à la fin du XXe siècle, il y a le célèbre prêtre de paroisse Jean de Cronstadt et les martyrs de l'athéisme léniniste militant, en premier lieu le tsar Nicolas II, son épouse et ses enfants, dont la mise à mort est comparée à celle des premiers saints russes Boris et Gleb; comme ces derniers, ils ont subi la Passion, comme des victimes expiatoires de la vie politique de leur pays. Pour tous ces nouveaux saints qui ont resplendi sur la terre russe sont créées des icônes qui reviennent, après le passage désastreux, théologiquement et esthétiquement, du XVIIIe au début du XXe siècle, par la sécularisation-italiénisation de la peinture d'icônes, aux traditions byzantines. Malgré un style parfois un peu raide et académique, on note dans ce renouveau une grande qualité de l'exécution et surtout une ferveur spirituelle intense.[30]

J.-C. M.

Remarque:
L'orthographe de certains noms propres diverge de celle adoptée dans les autres articles. Elle est du propos de l'auteur. Nous avons tenu à la respecter.

[30] Il existe un mouvement, dont le plus important représentant est celui du «Nouveau classicisme russe» ayant à sa tête l'artiste Timour Novikov à Saint-Pétersbourg, qui préconise l'utilisation comme icônes des photographies existantes des saints russes depuis le milieu du XIXe siècle. Timour Novikov affirme qu'une bonne photographie est mieux qu'une mauvaise icône peinte. Lui-même a créé sur des tissus précieux les images de Nicolas II, de la Grande Princesse Elisabeth ou de Jean de Cronstadt. Sur le rôle de la photographie dans l'art du XXe siècle, voir: Timour Novikov, *Novy rousski klassitsim* [Le nouveau classicisme russe], Saint-Pétersbourg, Musée national russe – Palace Edition, 1998.

Les saints russes

(L'art de l'icône du XIVe au début du XXe siècle dans la collection de la Galerie nationale Tretiakov)

par Nadejda Bekeneva

Traduit par Eléna Lavanant

Nous vénérons les saints russes pas seulement pour leur qualité de protecteurs célestes de la sainte et pécheresse Russie: nous cherchons en eux la révélation de notre propre voie spirituelle... Durant des siècles, leur idéal alimentait la vie du peuple; toute la Russie allumait ses veilleuses d'icônes à partir de leur rayonnement.

G. Fedotov[1]

Aujourd'hui, à la veille de la célébration du 2000[e] anniversaire de la naissance du Christ, au tournant des deux millénaires, tout être pensant, l'humanité tout entière se repasse en mémoire les événements des temps anciens et l'histoire de sa patrie. Le passé plus que millénaire de l'Etat russe et toute sa culture sont intrinsèquement liés à l'histoire de l'Eglise orthodoxe russe. En évoquant les saints russes révérés, G. Fedotov, philosophe russe connu en Europe (1886-1951), écrivait: «Si notre conviction que toute la culture d'un peuple est conditionnée en fin de compte par sa religion n'est pas fausse, nous trouverons dans la sainteté russe la clé expliquant beaucoup d'événements de la culture russe contemporaine, sécularisée... Nous devons trouver cette branche particulière du Cep qui est marquée de notre nom: la branche de l'orthodoxie russe.[2]»

Au début du XXe siècle, après la révolution de 1917, l'histoire de l'Eglise orthodoxe russe fut bouleversée par l'interdiction tragique de la religion et par la destruction de nombreuses cathédrales chrétiennes. Heureusement, l'interruption presque centenaire de l'histoire artistique religieuse russe n'a pas abouti à sa disparition. Dans l'évolution de l'art sacré, le mot «interruption» est une notion relative; plusieurs ateliers auprès du Patriarcat poursuivaient leur activité malgré ce contexte. Les églises et les monastères disparaissaient, mais les icônes et tout le patrimoine spirituel du passé faisaient toujours l'objet d'études approfondies de la part de scientifiques et de restaurateurs. Tel fut le paradoxe de notre siècle.

Actuellement, plusieurs églises et cathédrales sont enfin rendues au culte, restaurées grâce aux efforts de paroissiens et de spécialistes. L'art de l'icône renaît. Pour l'homme contemporain, la fin du XXe siècle est marquée par un renouveau de la religion chrétienne, les reliques sacrées sont retrouvées, l'histoire de l'Eglise orthodoxe russe et les vies hagiographiques des saints russes canonisés font l'objet d'une relecture. Pour de nombreuses personnes nouvellement converties, c'est la découverte des chroniques et des magnifiques légendes nationales.

L'historien V. Klioutchevski (1841-1911) considérait les textes des vies hagiographiques des saints de l'ancienne Russie comme une source historique parfaitement fiable.[3] Les icônes à l'effigie des saints peuvent être étudiées comme des documents extrêmement intéressants sur l'histoire de la peinture, et les légendes hagiographiques, sur la vie quotidienne du peuple.

Plusieurs ouvrages historiques, théologiques, philosophiques, littéraires et de critiques d'art ont été consacrés aux saints russes et à leur canonisation.[4]

L'histoire même de la canonisation des saints peut être considérée comme un complément substantiel à l'histoire de la Russie.

L'élévation au rang de saint commença en Russie presque aussitôt après sa christianisation. Les premiers à être canonisés en 1037 furent les princes Boris et Gleb, morts en martyrs de la main de leur demi-frère.

La canonisation des princes «souffre-passion» fut un événement capital de l'histoire de l'Eglise orthodoxe russe du XIe siècle. En premier lieu, elle témoigne de l'aspiration du peuple russe, dès les prémices de l'affermissement

[1] Fedotov G., *Les saints de l'ancienne Russie*, M., 1990, p. 27.

[2] *Idem.*

[3] Klioutchevski V., *Les vies hagiographiques des saints de l'ancienne Russie comme source historique*, M., 1871.

[4] De nombreux ouvrages d'historiens et de théologiens sont consacrés à l'histoire de la canonisation des saints russes. Le plus fondamental est incontestablement celui d'E. Goloubinski (1834-1912), *L'histoire de la canonisation des saints dans l'Eglise russe* (M., 1903). Au Concile des hiérarques de l'Eglise orthodoxe russe (1988) consacré au 1000[e] anniversaire de la christianisation de la Russie, le métropolite Juvénal lut l'exposé «Sur la canonisation des saints dans l'Eglise orthodoxe russe», qui présentait un bref historique de la question et les problèmes de la période actuelle, ainsi que le bilan de la pratique de la canonisation des saints (publié dans le recueil *La canonisation des saints*, laure des Catacombes de Kiev, 6-9 juin 1988).

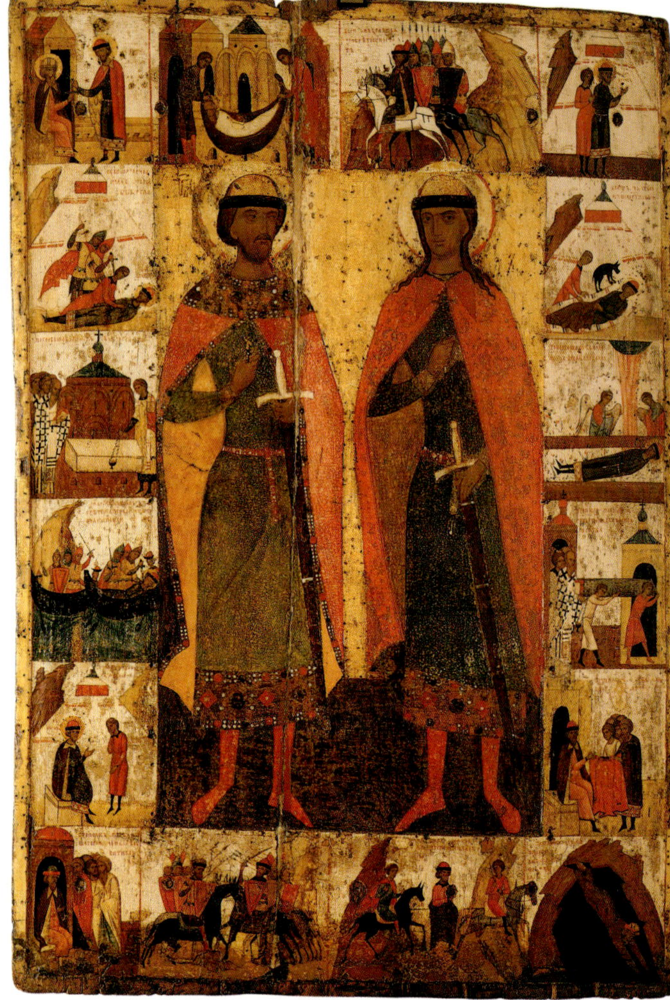

Saints Boris et Gleb, avec leur vie. Seconde moitié du XIVe siècle. Moscou. Inv. 28757.

du christianisme, à l'indépendance face à l'Eglise byzantine, bien que les Grecs (c'est ainsi que le peuple désignait à l'époque les Byzantins) et les saints grecs fussent toujours très vénérés en Russie.[5]
Deuxièmement, cette volonté de révérer les saints grecs ainsi que nationaux témoigne de la spécificité de l'esprit russe, déjà soulignée à la fin du siècle dernier par l'historien allemand Heinrich Rückert (1823-1875): «Le peuple russe se trouvait à découvert de tous les côtés et accessible à toutes les influences, à la suite des grandes migrations des peuples de l'Europe de l'Est... Malgré cette situation, le peuple russe, dont la densité de la masse physique et l'extrême élasticité étaient fort remarquables, n'a pu ni être emporté ni étouffé par le courant extérieur, quoique le danger fût parfois très grand... Ainsi, en un laps de temps relativement court, ses souverains étrangers devinrent des Slaves accomplis.[6]»
Comme on le voit, cette aptitude du peuple à apprendre sans se soumettre aux coutumes étrangères se manifesta dans une certaine conception du monde, dans les arts plastiques, ainsi que dans la vénération des saints dès les premiers siècles du christianisme en Russie.
Enfin, ce qui est très important, les premiers à être canonisés en Russie furent des saints «souffre-passion», s'étant offerts sans la moindre résistance à une mort atroce au nom du Christ. C'est ainsi qu'à la première époque du christianisme, l'Eglise occidentale canonisa plusieurs saints ayant accepté volontairement la Passion au nom de la foi.
Pour être canonisé aux XIe et XIIe siècles, il fallait, par exemple, que différents miracles jaillissent lors de l'invention des reliques; il n'existait aucune règle stricte et bien définie. Ainsi, le prince Vladimir égal aux apôtres (ayant baptisé le peuple russe et père de Boris et Gleb, frères martyrs déjà canonisés) fut élevé au rang de saint deux cents ans après sa mort, en 1240, lorsque le prince Alexandre Nevski remporta la victoire de la Neva contre les Suédois. C'était le 15 juillet, jour du décès du prince Vladimir, et le prince Alexandre considéra que la protection céleste du prince Vladimir avait avantagé les guerriers russes dans cette bataille.
Dans son rapport au Concile des hiérarques de 1988 (voir note 4), le métropolite Juvénal divise l'histoire de la canonisation en cinq périodes (y compris celle du XXe siècle). Durant la première période (depuis le XIe siècle jusqu'au milieu du XVe), la vénération de 68 saints fut instituée, parmi lesquels figurent une majorité de très chrétiens princes, d'évêques et de vénérables.
A l'époque d'Ivan le Terrible et du métropolite Macaire, les conciles de 1547 et de 1549 furent convoqués (dans l'histoire russe, on les appelle «conciles de Macaire»). Ce fut la deuxième période de la canonisation. A ces conciles, la célébration de 39 nouveaux saints russes fut établie, et la vénération de quelques saints, qui n'était auparavant que locale, reconnue comme nationale.
Après le règne d'Ivan IV le Terrible (mort en 1584) et le court mais «paisible» gouvernement monarchique de Théodore Ioannovitch (1584-1598), l'histoire de l'Etat

[5] Il faut se souvenir que la majorité des saints dont les noms sont mentionnés dans le calendrier de l'Eglise orthodoxe russe furent glorifiés par l'Eglise grecque (byzantine). Le calendrier dénombre 2605 saints, dont 433 sont révérés et canonisés en Russie, depuis le XIe siècle jusqu'à nos jours. Il est curieux de constater que l'Eglise orthodoxe russe vénère 356 saintes femmes, dont seulement 17 russes.

[6] Rückert H., *Lehrbuch der Weltgeschichte in organischer Darstellung*, Leipzig, 1857, vol. I, pp. 502-504. Cité d'après: *Réflexions sur la Russie et les Russes. Détails pour l'histoire du caractère national russe. Les ancêtres des Ier-XVIIe siècles*, établi par S. Ivanov, M., 1994, p. 64.

russe connut une époque encore plus difficile: le bref pouvoir de Boris Godounov (1598-1605) et l'époque trouble, jusqu'à l'accession au trône, en 1613, de Mikhaïl Fedorovitch, premier tsar de la dynastie des Romanov. A cette époque, une seule fête, celle du Triomphe de l'Orthodoxie en Russie, fut instaurée par le Patriarcat en 1589.

Le XVIIe siècle marque un brusque tournant dans l'histoire russe. Ce siècle, qui a généré l'avènement de Pierre le Grand et préparé le terrain pour ses réformes, fut le théâtre de plusieurs événements tragiques, dont le plus important et le plus significatif est le schisme de l'Eglise ayant entraîné des modifications radicales dans la spiritualité russe et les coutumes populaires. Pendant ces épreuves, l'Eglise russe enrichissait le calendrier de ses saints d'un nombre important de nouveaux canonisés (146), en majorité des vénérables, fondateurs de monastères. Ce fut la troisième période de la canonisation (seconde moitié du XVIe-XVIIe siècle).

Sous le règne de Pierre le Grand, l'Eglise fut réformée, avec la constitution du Synode en 1721. Seuls 25 saints furent canonisés durant la période synodale (qui durera jusqu'en 1917, année de la restauration du Patriarcat).

La canonisation des saints par l'Eglise russe est toujours d'actualité: des missionnaires des Eglises orthodoxes étrangères furent rangés parmi les saints. Le Concile des hiérarques de 1988, réuni lors de la célébration du 1000[e] anniversaire de la christianisation de la Russie, canonisa neuf nouveaux saints, dont le génial peintre russe d'icônes Andreï Roublev. La canonisation de «Tous les saints de la terre russe» (c'est ainsi que l'on appelle la fête célébrant tous les saints russes) continue, et l'on peut affirmer que l'élévation au rang de saint ne cessera pas à l'avenir.

Parmi les saints russes, on retrouve des vénérables, des martyrs, des hiérarques (évêques et métropolites), des moines de stricte obédience, des bienheureux, de très chrétiens princes et des saintes femmes.

* * *

La Russie fut christianisée en 988 sous le règne du grand-prince Vladimir qui, après sa canonisation au XIIIe siècle, fut proclamé égal aux apôtres et comparé à l'empereur Constantin de Byzance. A cette époque, la Russie de Kiev devint un Etat parfaitement formé, avec des artisanats et un commerce déjà bien développés. Dans son ouvrage consacré à la signification nationale et culturelle de la christianisation de la Russie, l'historien de l'Eglise russe A. Kartachov (1875-1960) écrivait: «Après de longues réflexions, le prince Vladimir [...] choisit en toute conscience la ‹cuve› baptismale de Byzance, et y plongea avec autorité le peuple russe tout entier... Conformément à la doctrine mystique de l'Eglise, le baptême est ‹un sceau indélébile›, et l'âme russe devint en fait ‹empreinte› de l'esprit de l'orthodoxie. Le prince Vladimir le Soleil rouge jeta ainsi les bases de la formation de l'âme historique collective du peuple et devint le vrai père, fondateur de notre culture nationale.[7]»

Le prince Vladimir fut adoré pendant sa vie et vénéré après sa mort; ce n'est pas un hasard si le peuple russe l'appelle le Soleil rouge. L'éminent historien, ethnographe et critique N. Kostomarov (1817-1885), auteur de *L'histoire russe à travers la vie de ses hommes illustres*, brossa un «portrait» très parlant du prince Vladimir: «[...] Selon l'idée du peuple, le prince Vladimir non seulement ne ressemblait pas à son père ni au grand-père, mais était même leur contraire. Les anciens princes ne faisaient qu'opprimer les gens et prélever le tribut; Vladimir, lui, était perçu comme celui qui donnait au peuple plutôt que comme celui qui essayait de le dépouiller»; et encore: «Les récits des festins de Vladimir, de sa miséricorde et de sa générosité, de son souci d'aménager la terre et de la protéger contre l'ennemi extérieur, sont très différents des louanges banales que prodiguent les chroniques aux divers princes... Les informations sur Vladimir sont vivantes, imagées, et sont devenues des chroniques originelles grâce aux légendes et aux souvenirs.[8]»

Le monument du premier tiers du XVe siècle présenté à cette exposition – l'icône *Le Prince Vladimir, de la Déisis* (n° 3) – fait ressortir l'attitude pieuse de l'artiste face à l'image du saint prince. Le peintre de l'ancienne Novgorod représente Vladimir le Soleil rouge vêtu d'habits princiers d'apparat aux délicats ornements raffinés, une couronne sur la tête. L'harmonie de la palette des tons éclatants et intenses de ce chef-d'œuvre rend bien le caractère festif et représentatif de l'image. Le style de l'icône est caractéristique de la peinture religieuse de Novgorod de la période classique (fin XIVe-XVe siècle).

La vénération des princes Boris et Gleb, fils du grand-prince Vladimir, date de l'époque de Iouri Dolgorouki (fondateur de Moscou au XIIe siècle), peu après leur supplice. Selon les *Chroniques typographiques*[9], en 1152 le prince Iouri Dolgorouki «se trouvait à Souzdal, et Dieu lui ouvrit les yeux, l'incitant à bâtir une église... Et il

[7] Kartachov A., *Le baptême de la Russie par le saint prince Vladimir et sa signification nationale et culturelle.* Cité d'après: *La diaspora russe dans l'année du 1000[e] anniversaire de la christianisation de la Russie*, établi par M. Nazarov, M., 1991, p. 32.

[8] Kostomarov N., *Légendes sur le règne de Vladimir après son baptême.* Cité d'après: *Réflexions sur la Russie et les Russes. Détails pour l'histoire du caractère national russe. Les ancêtres des Ier-XVIIe siècles*, établi par S. Ivanov, M., 1994, pp. 208-210.

[9] Les *Chroniques typographiques* datent de la fin du XVe siècle - début du XVIe; il se pourrait qu'elles aient été rédigées sur la base d'anciennes chroniques que nous ne connaissons pas.

érigea une église de pierre sur la rivière Nerl, consacrée aux saints martyrs Boris et Gleb.[10]»

L'exposition montre quelques icônes représentant les très chrétiens princes Boris et Gleb. En comparant ces monuments, on peut juger des différences de styles et de traditions des divers centres artistiques.

Les deux œuvres les plus anciennes (n°s 2-4) furent peintes par des maîtres de Pskov à la même époque, mais pour des commanditaires différents. L'icône réalisée pour l'église du village de Bolchoïe Zagorié, près de Pskov (n° 4), se distingue par une «lourdeur» des silhouettes, par des proportions «trapues». (Cela est propre, d'ailleurs, aux premiers monuments d'architecture de Pskov.)

L'icône *Les Princes Boris et Gleb à cheval* (n° 2) est l'œuvre d'un maître anonyme de Pskov, réalisée dans la seconde moitié du XIVe siècle pour la cathédrale de la Dormition-de-la-Vierge du Kremlin, à l'époque où Moscou s'élevait au-dessus des autres villes pour devenir la capitale de l'Etat russe.[11] Conformément à la commande du prince de Moscou, l'artiste de Pskov créa l'image des saints Boris et Gleb dans les proportions des silhouettes «moscovites», longilignes, mais avec des visages «de Pskov». La face est peinte selon la manière typique de l'école de Pskov, avec un contraste d'ombres foncées et de points de luminosité maximale soulignés de blanc. La gamme chromatique de l'icône est en harmonie incontestable avec la cathédrale de Moscou; le visiteur ressent l'illumination dont étaient empreints les premiers monuments de l'école moscovite. Les collines sur lesquelles «marchent» les chevaux sont une image symbolique: elles représentent l'«au-delà», l'élévation morale et la purification; les saillies pointues sont là pour souligner la difficulté de l'action spirituelle des saints et contribuent à créer un rythme très complexe dans la composition de l'œuvre.

Le maître de Novgorod du milieu du XVe siècle représenta les saints princes, pour la rangée de la Déisis, d'une manière diamétralement opposée (n°s 5-6). Les images de Novgorod se distinguent par les proportions raffinées des silhouettes, par la gamme chromatique enluminée et festive. En comparant l'icône de Pskov avec celles de Novgorod, on voit non seulement les différences stylistiques, mais également celles de l'essence même de la structure imagée des monuments. Sur l'icône de Pskov, les saints sont représentés en armure, des capes jetées sur les épaules; les couleurs identiques des vêtements, les poses similaires soulignent la consanguinité, l'unanimité, l'union des frères: c'est là le sens de l'œuvre, son idée directrice. En revanche, les icônes de la Déisis de Novgorod mettent l'accent sur la différence d'aspect de l'aîné et du cadet; ils sont représentés en habits d'apparat, vêtus de longues chemises lisérées, ornementées de pierres précieuses, et de manteaux de fourrure aux manches très longues. Les couleurs des vêtements de Boris, l'aîné, sont plus «denses», tandis que les habits de Gleb, le cadet, sont plus clairs, plus «légers». Il n'y a que quelques couleurs qui se répondent dans la tenue des princes-frères, pour suggérer l'unicité de leur sainteté.

L'icône moscovite du premier quart du XVIe siècle montre les princes Boris et Gleb avec leur père, le prince Vladimir (n° 8). Elle a un caractère représentatif (dans la partie centrale), mais on perçoit également son côté tranquille et posé que lui confère la narration très détaillée de la vie des saints (dans les compartiments). Tous les princes sont peints en habits d'apparat; le prince Vladimir porte une couronne royale (comme l'empereur Constantin). Malgré le côté statique apparent des silhouettes (plus précisément, l'«apaisement» du mouvement) dans la partie centrale, qui évoque une solennité toute particulière des images, l'icône est une narration vive et détaillée des événements qui marquèrent les derniers jours des frères martyrs. Ce n'est pas un hasard si cette légende racontant un fratricide et l'amour fraternel, tragique et imprégnée du souvenir rayonnant d'un haut fait d'humilité, se conclut sur une «note sombre»: un précipice, lieu de la vengeance, où se retrouve l'assassin Sviatopolk le Maudit. Le peintre glorifie le châtiment légitime de ce crime abominable, et c'est pourquoi le prince Iaroslav, sur son cheval moreau, a une allure si victorieuse au bord de cet abîme.

Dans la collection de la Galerie Tretiakov, une icône plus ancienne est conservée: *Saints Boris et Gleb, avec leur vie* de la seconde moitié du XIVe siècle (provient de l'église Saints-Boris-et-Gleb de la ville de Kolomna, à proximité de Moscou). A l'encontre de cette œuvre moscovite plus ancienne, les compartiments de l'icône présentée à l'exposition sont travaillés plus en détail: davantage «peuplés», ils sont «chargés» d'éléments d'architecture extrêmement complexes. Le plus intéressant est celui représentant la bataille des troupes de Iaroslav contre Sviatopolk le Maudit (compartiment 13): ce motif occupe la place la plus importante dans la rangée inférieure, à gauche (deux fois plus grande que les autres compartiments). Le choix même des dimensions de ce compartiment met en valeur le thème du châtiment mérité du frère-assassin.

[10] *Chroniques typographiques.* Cité d'après: *Récits des chroniques russes des XIIe-XIVe siècles.* Traduit du vieux russe. Etablissement, préface, traduction et explications de T. Mikhelson, M., 1973, p. 27. Cette église fut érigée dans le village de Kidekcha, dans les environs de Souzdal, où, selon la légende, se serait trouvé le campement des princes Boris et Gleb; depuis des temps immémoriaux, ce lieu est considéré comme saint (l'église existe toujours, mais elle a été reconstruite).

[11] Après la chute de la Russie de Kiev, la ville de Vladimir devint la capitale de l'Etat. Un centre artistique s'y forma, s'appuyant sur les canons de l'iconographie byzantine, raffinée et aristocratique. Durant la première moitié du XIVe siècle, la cathèdre fut transférée à Moscou, et, à la première étape de sa formation, l'iconographie moscovite s'imprégna des traditions des maîtres de la Russie de Vladimir et de Souzdal.

Le chef-d'œuvre incontesté présenté à la Fondation Gianadda est l'icône de Novgorod *Miracle de l'icône* La Vierge du Signe *(Bataille des défenseurs de Novgorod contre les Souzdaliens)*, qui date du milieu du XVe siècle (n° 7) et qui fait partie de l'exposition permanente de la Galerie Tretiakov. C'est une sorte de «tableau de genre historique» dans l'art de l'icône ancienne. Une place relativement modeste est réservée sur l'icône au saint national russe Jean, archevêque de Novgorod (voir également n° 16), alors qu'il fut le témoin de cet événement en 1170. Il est représenté deux fois, dans le registre supérieur, adressant une prière à l'icône miraculeuse dans la cathédrale de la rue Ilyine, et à la tête de la procession lors de la translation de la relique sacrée au *detinets (kremlin)* de Novgorod.

Le côté conventionnel du langage pictural iconographique est très présent dans cette œuvre. Ainsi, par exemple, des cathédrales et des bâtisses existantes représentées dans le registre supérieur sont à peine identifiables: les proportions géométriques de l'église du Sauveur rappellent plutôt une basilique byzantine, et non une ancienne cathédrale russe. Dans les registres moyen et inférieur, le *detinets (kremlin)* est montré comme un mur monolithe et plat, qui traverse les deux lignes horizontales. Dans la rangée du milieu, le peintre, faisant allusion au «volume» de la tour, en montre non seulement la paroi frontale, mais aussi la latérale, qui est comme suspendue dans l'air. Le prolongement du mur latéral vers le bas, dans le registre inférieur, aurait alourdi visuellement la construction linéaire de l'ensemble de l'icône. Le maître allège la composition du registre moyen – les négociations des ambassadeurs et le début des hostilités – en ne représentant pas les membres inférieurs des chevaux. Dans les deux scènes, le peintre supprime ces détails «inutiles»: en montrant six têtes de cheval dans l'épisode des négociations, l'artiste ne peint que deux croupes que l'on voit au premier plan. Au contraire, dans le registre inférieur, voulant suggérer la ruée de la cavalerie de Novgorod, l'artiste représente une multitude de pieds de cheval qui s'entremêlent dans la confusion.

Miracle de l'icône La Vierge du Signe *(Bataille des défenseurs de Novgorod contre les Souzdaliens)* est un brillant exemple de l'époque de l'épanouissement de l'art religieux de Novgorod au XVe siècle, traduisant le détachement des réalités terrestres et les signes d'événements historiques concrets.

* * *

Dans l'histoire de l'Etat russe, le XIVe siècle est celui du triomphe de cette puissance divinisée qu'est le destin. Il vit se produire l'événement le plus important de l'histoire russe: le rassemblement progressif autour de Moscou des principautés apanagées. Cette époque offrit à la terre russe trois grands hommes d'Etat: le métropolite Alexis, le vénérable Serge de Radonège et le vénérable Stéphane de Perm, dont V. Klioutchevski écrivait: «Cette trinité éternellement heureuse brille, telle une constellation éclatante, dans notre XIVe siècle, le transformant en l'aurore de la renaissance politique et morale de la terre russe… Les trois saints hommes, en exerçant leurs talents chacun dans son domaine, accomplissaient une œuvre commune qui s'étendait largement au-delà des limites de la vie ecclésiastique, englobant la situation politique du peuple tout entier. Cette œuvre fut la consolidation de l'Etat russe… Elle fut l'accomplissement du précepte laissé à la hiérarchie ecclésiastique russe par le métropolite Pierre, le plus grand des hiérarques de l'ancienne Russie.[12]» Ajoutons à ces mots de Klioutchevski que le métropolite Pierre (XIVe siècle) fait partie des personnages les plus éminents de l'histoire russe, élevé au rang de saint non seulement pour sa piété, mais également pour ses mérites au service de la patrie et de l'Eglise. Il fut le précepteur spirituel du prince Ivan Danilovitch Kalita, auquel il conseilla de transférer la cathèdre et le siège épiscopal à Moscou, en lui prédisant un destin glorieux ainsi qu'à ses descendants dans un avenir lointain.

Le vénérable Serge de Radonège introduisit le monachisme en Russie du Nord-Est. A la fin du XIVe siècle et au début du XVe, ses disciples fondèrent plusieurs nouvelles communautés. Le vénérable fut le père fondateur du monastère situé aux environs de Radonège (près de Serguiev Possad, non loin de Moscou), qui allait devenir très célèbre en Russie sous le nom de la laure de la Trinité-Saint-Serge. C'est dans ce monastère que se produisit le miracle de l'apparition de la Vierge au vénérable Serge (voir n° 10), considéré comme un signe de l'intercession divine, de la grâce accordée à l'hégoumène et à sa confrérie.

Le XVe siècle fut pour les Russes l'époque d'une importante avancée politique et morale, mais aussi culturelle: «Le père spirituel de cette génération fut le vénérable Serge de Radonège en personne.[13]» L'influence du saint sur le sort de la peinture russe d'icônes fut incontestable. «N'étant pas le fondateur de la ‹nouvelle école›, le vénérable Serge exerça sur l'art de l'icône une influence indirecte énorme, car il fut le générateur de l'atmosphère spirituelle dans laquelle vivaient les gens éclairés de la fin du XIVe siècle et du XVe… La peinture d'icônes n'acquit l'authenticité et le caractère national qu'après l'avènement de saint Serge, le représentant le

[12] Klioutchevski V., «La signification du vénérable Serge pour le peuple et l'Etat russes», *in: Portraits historiques. Les grands hommes de la pensée historique*, M., 1990, p. 67.

[13] Le prince E. Troubetskoï, «La Russie à travers son icône», *in: Trois essais sur l'icône russe*, M., 1991, p. 100.

plus éminent de toute une génération de grands ascètes russes», écrivait en 1917 le prince E. Troubetskoï, éminent philosophe et spécialiste de l'art de l'icône de l'ancienne Russie (1863-1920).[14] *La Trinité*, l'icône russe la plus célèbre devenue le symbole de l'art religieux russe, fut peinte par Andreï Roublev à la demande du vénérable Nikon de Radonège, disciple et successeur du saint, «en louange à Serge de Radonège»[15].
Sur l'icône créée au milieu du XVIe siècle représentant sa vie hagiographique, la figure du vénérable Serge de Radonège apparaît aux fidèles particulièrement lumineuse et sereine (n° 9). Dans la légende hagiographique, une grande place est accordée par le peintre aux miracles posthumes du vénérable (compartiments 17, 18, 19), comme s'il voulait mettre en valeur l'incessante intercession du protecteur céleste et grand dévot en faveur du peuple russe. Une autre œuvre réalisée à la même époque et consacrée au vénérable est *Apparition de la Vierge à saint Serge de Radonège* (n° 10). Dans le style des deux icônes – le dessin précis des contours, l'éclatante gamme chromatique, les proportions élégantes et longilignes des silhouettes –, on reconnaît immédiatement l'influence de Dionissi (Denis), célèbre maître russe d'icônes de la seconde moitié du XVe siècle, qui subjugua par la puissance et le charme de son art toute une génération de peintres du XVIe siècle.

* * *

Beaucoup de choses changèrent en Russie après l'époque du vénérable Serge de Radonège et de ses disciples. «[...] De grands saints ont passé sur notre terre; leur exploit spirituel, ayant contribué à la renaissance de la puissance populaire, a tout sanctifié et magnifié [...]: les églises russes, le type national russe, et même le mode de vie du peuple russe.[16]»
De plus en plus, sur les icônes des XVe et XVIe siècles, apparaissent les images des saints russes vénérés canonisés à cette époque. A partir du XVe siècle, les représentations des saints russes occupent une place de plus en plus importante, à côté des saints universels, dans la rangée de la Déisis de l'iconostase (voir n°s 3, 5-6, 11, 16, 26, 39), le martyrologe (n°s 13-14) et les sujets hymnographiques (n° 21). Des images réunissant des saints russes et grecs, réalisées probablement d'après des commandes spéciales (n°s 12, 18, 27, 31, 32, 34, 38), voient le jour.
La représentation de saints dont le culte était lié à un lieu géographique précis («saints locaux») se répandit largement au XVIe siècle. Une attention toute particulière doit être accordée aux icônes de ce type, telles que *Les Saints élus: Nicolas Thaumaturge, Nicétas de Novgorod, Jean de Novgorod, Alexandre de la Svira, avec des saints en bordure* (1560, n° 12), *Le Prince Dovmont (Timothée) et la princesse Marie* du XVIe siècle (n° 15), ainsi que *Saint Procope et saint Jean d'Oustioug* (n° 20).

* * *

L'icône de l'école de Novgorod (n° 12) avec les saints élus présente un intérêt tout particulier puisqu'elle est datée, fait rare en Russie. Sur la marge inférieure, une inscription est conservée, avec l'indication de l'année de sa réalisation et les noms des commanditaires, paroissiens de l'église Saints-Boris-et-Gleb des deux rues de Novgorod (Zapolskaïa et Konioukhova). Les poses même de tous les saints (dans la partie centrale et sur les marges) témoignent de l'orientation du maître vers des canons plus anciens: le saint à qui est adressée la prière intervient en sa qualité d'assistant et de protecteur.
Dans une autre variante, largement répandue à la fin du XVIe siècle, sur les icônes représentant les saints élus, les protecteurs célestes interviennent en qualité d'intermédiaires entre les fidèles et le Sauveur ou la Mère de Dieu; dans ces compositions, les saints patrons sont montrés tournés vers les cieux ouverts, les bras levés au niveau des épaules (n°s 15, 17, 20). Ainsi est représenté, sur l'icône du XVIe siècle, le couple de Pskov, le prince Dovmont et la princesse Marie (n° 15); outre sa grande valeur esthétique et son exceptionnelle qualité, cette icône a une très grande signification historique, car on y voit une représentation rarissime de saints locaux.

* * *

Dans l'art religieux russe, la fin du XVIe siècle fut marquée par l'apparition de la «peinture des Stroganov», c'est-à-dire d'icônes réalisées à la demande des Stroganov, riches marchands dont le domaine se trouvait à Solvytchegodsk[17]. Il y avait des ateliers d'icônes ou, comme on les appelait au XVIe siècle, des «chambres d'icônes», dont les chefs-d'œuvre ne furent découverts qu'à une époque relativement récente et qui n'ont pas fait l'objet d'études approfondies, restant parfois, même aujourd'hui, une énigme pour les scientifiques et les amateurs d'art. Nous savons que les peintres les plus en vogue, même les «zôgraphes du tsar» travaillant dans les ateliers moscovites du souverain et pour le palais des Armures (voir note 20), furent invités par les Stroganov pour transmettre leur savoir-faire aux artistes locaux.
L'exposition présente des œuvres réalisées par des maîtres des Stroganov, ou stylistiquement liées aux

[14] Le prince E. Troubetskoï, *op. cit.*, p. 101.
[15] Démina N., *Andreï Roublev et les artistes de son entourage*, M., 1972, p. 46 et note 1.
[16] Le prince E. Troubetskoï, *op. cit.*, p. 83.

[17] Solvytchegodsk, ville dans le sud de la région d'Arkhangelsk, sur la rivière Severnaïa Dvina.

peintures de cette école (nos 17, 20, 21, 23). Ces icônes se distinguent souvent par leur contenu théologique alambiqué, une composition très complexe (*Toute créature Te glorifie, avec jours de fêtes*, n° 21), le recours aux saints locaux (*Saint Procope et saint Jean d'Oustioug*, n° 20[18]) et aux protecteurs célestes des représentants de la famille Stroganov (*Saint Tsarévitch Dimitri d'Ouglitch, de la Déisis*, n° 17).

Ces œuvres ne peuvent être classées dans un seul groupe, puisqu'elles ont été réalisées par des artistes différents et qu'elles sont dissemblables dans leur exécution.[19] Elles ont néanmoins en commun le raffinement des couleurs, la finesse et l'élégance des ornements, la haute maîtrise de leur réalisation.

Apparition de la Vierge et de saint Nicolas au sacristain Iourych (n° 23) est un sujet extrêmement rare dans l'art russe; c'est pourquoi chaque monument de cette iconographie reste unique en son genre. L'icône est datée du premier quart du XVIIe siècle, l'«âge d'or» de l'école Stroganov, à laquelle elle peut être attribuée du point de vue stylistique. Le sacristain Iourych est peint comme un homme tout à fait ordinaire, et non comme futur saint; il eut l'honneur d'être témoin d'un miracle et de s'entretenir avec la Vierge qui lui était apparue. Dans son œuvre, l'artiste dut séparer le monde pur, céleste, de celui des pécheurs, terrestre. Il trouva pour sa composition une solution très simple, mais originale: le sacristain, tombé à genoux, se distingue par ses habits sombres sur le fond ocre clair de la lisière, lieu du miracle. Une simple bande foncée et unie représente la forêt, où l'on aperçoit à peine les troncs et les couronnes des arbres; sur ce fond tranche la splendeur lumineuse des vêtements argentés des habitants des cieux: la Vierge et saint Nicolas.

* * *

Le XVIIe siècle est une époque extrêmement complexe dans l'histoire de la Russie. Vers 1666-1667 éclata le schisme *(raskol)*, qui ébranla l'immuabilité et l'unité de la conception du monde par l'homme russe. Cet événement anticipa une importante démarche historique qu'allait accomplir la Russie pour rejoindre le processus culturel européen, qui fut accélérée par les réformes de Pierre le Grand.

Ce n'est pas un hasard si le XVIIe siècle est considéré comme un revirement dans l'histoire et la culture russes. N'ayant pas connu l'époque de la Renaissance européenne, l'ancienne Russie et sa culture artistique (y compris la peinture d'icônes) subirent alors des changements fondamentaux: la vieille théorie de la contemplation de la divinité laissa la place à une nouvelle conception du monde, plus «prosaïque», plus proche non pas de Dieu, mais de ses créatures – de la nature, des animaux, de l'homme (ainsi que de ce que l'homme créa avec l'aide de Dieu). Et tout naturellement l'interprétation artistique des procédés iconographiques et des images traditionnelles changea: à partir de ce moment, les icônes étaient peintes dans un style plus proche de la vie, plus particulièrement pour ce qui concerne la peinture des visages. La composition de l'icône voit apparaître l'espace, qui fut toujours évité par les maîtres anciens qui aplanissaient les volumes par tous les moyens; les paysages urbains deviennent reconnaissables, concrets; dans la représentation des intérieurs, les «décors» architecturaux abstraits sont remplacés par des «pièces intérieures» (qui souvent existaient).

Enfin, et c'est très important, le XVIIe siècle «autorisa» les maîtres à signer leurs œuvres, non au revers de la planche, comme le faisaient à la fin du XVIe siècle et au début du XVIIe les peintres et parfois les propriétaires d'icônes, en laissant des «aide-mémoire», mais sur sa face, le plus souvent, il est vrai, en caractères très petits. C'est la raison pour laquelle le premier peintre russe d'icônes dont la biographie peut être suivie année par année est Simon Ouchakov (1626-1686), l'un des grands maîtres du palais des Armures[20].

[18] La ville de Velikii Ustiug, où furent vénérés les saints Jean et Procope, se trouve non loin de Solvytchegodsk, dans le nord de la région de Vologda, sur la rivière Soukhona qui conflue avec la Severnaïa Dvina.

[19] Toutes les œuvres connues des «chambres d'icônes» de Solvytchegodsk se distinguent par l'individualité de la «main» de leurs auteurs, ce qui rend extrêmement difficiles leur étude et leur classification.

[20] Le palais des Armures fut construit à Moscou au début du XVIe siècle pour servir de dépôt d'armes. Au milieu du XVIIe, sous le règne d'Alexeï Mikhaïlovitch, deuxième tsar de la dynastie des Romanov, le palais des Armures, doté d'un atelier d'icônes créé vers 1621, devint en fait la première académie russe des arts, ayant réuni les meilleurs artistes chargés des commandes du tsar, et où des peintres pouvaient se former dans leurs spécialités respectives. Cette réorganisation fut la conséquence d'une nouvelle politique dans le domaine des arts, qui devait contribuer à développer une conception idéalisée de l'Etat de Moscou et du pouvoir du tsar. Nous savons que, dans la seconde moitié du XVIIe siècle, les maîtres du palais des Armures étaient divisés en deux catégories: «gratifiés» et «nourris». Les zôgraphes «gratifiés» travaillaient en permanence dans l'atelier de Moscou et percevaient un salaire, payé en argent et en produits alimentaires. Les maîtres «nourris» étaient choisis parmi les meilleurs artistes de telle ou telle ville, qu'on faisait venir à Moscou pour la réalisation d'importantes commandes du souverain ou du patriarche; pour ce travail provisoire, on leur versait une rémunération («nourriture»). Après l'achèvement de la commande, ils repartaient chez eux, où ils pouvaient continuer de peindre des icônes, mais aussi travailler la terre ou pratiquer d'autres métiers. Ces artistes étaient considérés comme inférieurs aux maîtres «gratifiés», mais ce sont eux qui jouèrent le rôle le plus important dans le développement de l'art religieux russe au XVIIe siècle: ils apportaient leur savoir-faire et leurs traditions dans la capitale, et, ayant travaillé dans le milieu des zôgraphes, ils repartaient chez eux, enrichis de nouveaux procédés artistiques, de nouvelles versions et de nouveaux thèmes isographiques, de nouvelles idées stylistiques. Le palais des Armures fut supprimé en 1711, sous le règne de Pierre le Grand.

Parmi les œuvres du XVIIe siècle présentées à l'exposition, deux icônes méritent une attention toute particulière: *La Déposition de la tunique du Christ à la cathédrale de la Dormition du Kremlin de Moscou* (nº 24) et *La Rencontre de l'icône* La Vierge Vladimirskaïa *à Moscou* (nº 28). Ces deux sujets traitent d'événements historiques réels, apparus plus récemment dans l'art religieux. Il est intéressant de remarquer que les deux œuvres témoignent de l'aspiration des artistes, qui tendent incontestablement à respecter les canons traditionnels, à «faire allusion» au lieu concret de l'événement. Ainsi, le maître de l'icône *La Déposition de la tunique*, avec la cathédrale de la Dormition du Kremlin de Moscou, donne une image conventionnelle de son intérieur, en recourant à une méthode largement utilisée dans l'art de la première moitié du XVIIe siècle: le premier plan est peint en tons clairs, et l'arrière-plan en couleurs sombres. Sur l'icône exposée, on voit au premier plan un mur très clair, presque blanc, et celui qui est à l'arrière est de couleur ocre, légèrement plus foncé, créant ainsi une impression de profondeur. Sur ce mur est placée la célèbre *Vierge Vladimirskaïa*, dont la représentation fait référence à l'intérieur «concret» de la cathédrale de la Dormition du Kremlin de Moscou.

En regardant *La Rencontre de l'icône* La Vierge Vladimirskaïa *à Moscou*, on reconnaît le Kremlin uniquement grâce à la couleur rouge du mur en brique, derrière lequel on aperçoit des églises blanches qui sont, il est vrai, bien loin de la réalité. Le haut rocher est l'attribut typique de l'art de l'icône conventionnel.

L'icône de Simon Ouchakov *L'Arbre de l'Etat de Moscou* (1668, fait partie de l'exposition permanente de la Galerie Tretiakov) est incontestablement l'une des représentations les plus magnifiques de Moscou dans la peinture religieuse russe du XVIIe siècle. Cette œuvre fut, en fait, à elle seule tout un programme artistique et politique à l'époque. Le but de Simon Ouchakov n'était pas de montrer un paysage moscovite; son dessein était de plus grande portée: raconter par la peinture l'histoire de Moscou sur une image de prière, avec l'«aide» de l'icône *La Vierge Vladimirskaïa*, vénérée par le peuple tout entier, de saints révérés et de personnages historiques non canonisés. Pour plus d'authenticité, Ouchakov peignit le mur du Kremlin de Moscou avec ses tours, le fossé et un petit pont, avec un réalisme jamais atteint avant lui.

La particularité de la seconde moitié du XVIIe siècle et du XVIIIe fut non pas l'évolution progressive de l'art de l'icône vers l'assimilation réaliste de la vie terrestre, mais la coexistence de différentes tendances, souvent contradictoires, dont témoignent tous les monuments qui nous sont parvenus. Regardons attentivement les icônes présentées à l'exposition, par exemple *Le Métropolite Alexis* (1689?), œuvre attribuée au zôgraphe du tsar Tikkon

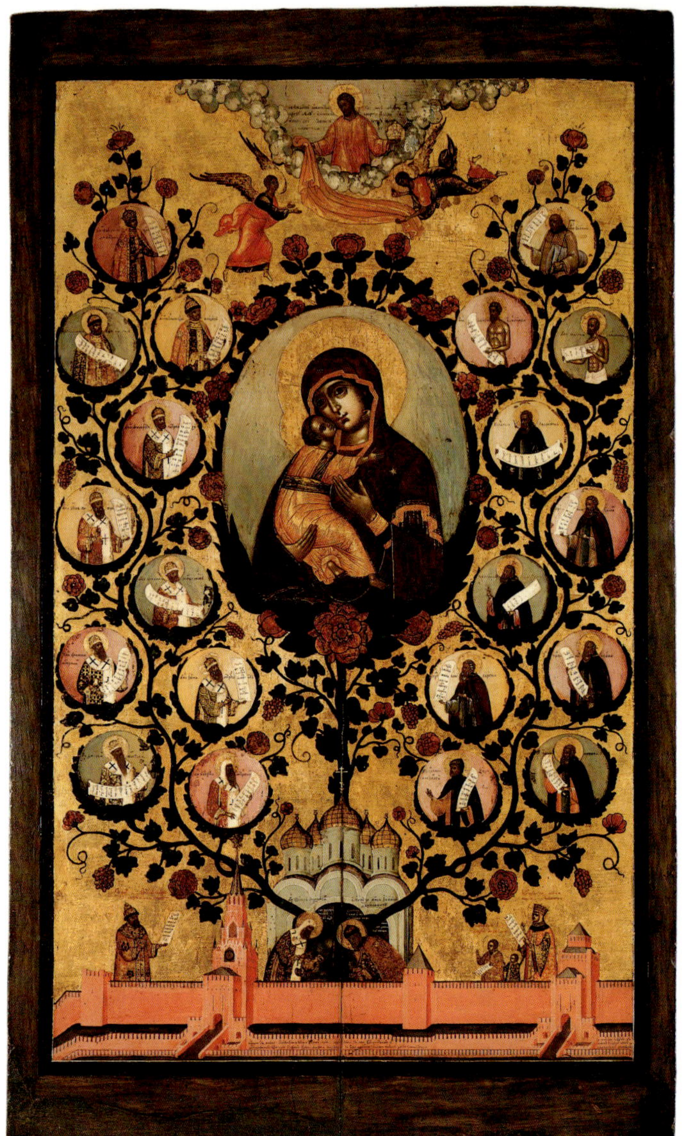

L'Arbre de l'Etat de Moscou. Simon Ouchakov. 1668. Inv. 28598.

Filatiev (nº 35), disciple de Simon Ouchakov, et *Maxime le Bienheureux*, de la fin du XVIIIe siècle (nº 50). On pourrait penser qu'au XVIIIe siècle, alors que la peinture profane (en particulier le paysage) se développait déjà en Russie, l'artiste, à l'encontre de son prédécesseur, aurait dû représenter le Kremlin avec plus de ressemblance. Néanmoins, le maître anonyme du XVIIIe siècle avait peint les bâtisses réelles d'une manière assez conventionnelle, tandis que, sur l'icône plus ancienne de Tikkon Filatiev, les deux «dessins», presque des esquisses (à droite et à gauche) s'intégrant de façon parfaitement organique à l'image de l'icône, sont parfaitement reconnaissables, réalisés avec une extraordinaire légèreté et une précision presque documentaire. Ici, le disciple a surpassé le maître: Simon Ouchakov n'a peint de manière réaliste que le mur du Kremlin (l'image de la cathédrale de la Dormition est sciemment conventionnelle), tandis que Tikkon Filatiev, respectant les règles de la perspective, a fixé pour la postérité le panorama de toute la place de la cathédrale (fragment de gauche). En revanche, sur l'icône *Maxime le Bienheureux*, le Kremlin, aux contours pourtant reconnaissables, est représenté dans le plan, avec des couleurs inexactes et une perspective faussée.

* * *

La seconde moitié du XVIIe siècle vit l'apparition de plusieurs genres dans les arts plastiques russes (portrait, paysage); il faut noter que ceux-ci prirent leur source dans l'image même de l'icône. *L'Arbre de l'Etat de Moscou* de Simon Ouchakov, mentionné plus haut, peut servir d'exemple de ces «portraits» dans l'icône: derrière le mur du Kremlin, on voit les figures du tsar Alexeï Mikhaïlovitch et de sa première épouse Maria Ilyinitchna Miloslavskaïa, avec leurs fils.

Parmi les œuvres avec des paysages, la petite icône *Saint Varus et saint Arthème de Verkola* (n° 31) mérite une attention toute particulière. Réalisée dans les années 1660-1670, elle est attribuée à Nikita Pavlovets, éminent artiste du palais des Armures. Le peintre connaissait peu ou pas du tout le genre du paysage, nouveau pour lui; néanmoins, malgré la petitesse du dessin, il crée une image avec une vue fabuleuse: des villes, des taillis, des champs, des églises, des rivières, des ponts…

* * *

A partir de la seconde moitié du XVIIe siècle, l'art de l'icône voit se multiplier les représentations de saints avec, à l'arrière-plan, les monastères qu'ils avaient fondés, peints en plongée, ou de saints tenant dans les mains une «maquette» de leur communauté (n°s 27, 44, 51). L'architecture monastique figurant sur ces icônes date, en règle générale, des XVIIIe et XIXe siècles, mais jamais de l'époque de la fondation de la communauté. L'image du saint y est le signe de la protection divine et de ses prières pour le monastère.

Parmi les œuvres aux vues architecturales prises dans le réel, un intérêt particulier revient à l'icône représentant la laure Saint-Alexandre-Nevski à Saint-Pétersbourg, datée du milieu du XVIIIe siècle (n° 46). Le tsar Pierre le Grand en personne fonda ce monastère. Le style de l'icône témoigne de l'influence de la peinture baroque d'alors: des cartouches aux somptueux cadres dorés, richement décorés, des figures allégoriques, un certain maniérisme dans les poses des saints. Réalisée à la suite d'une commande venue de la capitale, l'icône répondait parfaitement aux goûts et au ton de l'époque.

* * *

Le tournant des XVIIe et XVIIIe siècles marqua également une nette progression de l'art de l'icône vers la peinture profane dans les centres artistiques de province.

L'icône *Saint Macaire Ounjenski, avec scènes hagiographiques* (n° 38) fut réalisée par un peintre anonyme, à la fin du XVIIe siècle, dans un lointain village de la région de Kostroma. Exécutée dans le style iconographique traditionnel, son «écriture» picturale témoigne cependant de l'apparition de nouvelles tendances. Le peintre essaie de montrer les éléments de son quotidien paysan: une bassine en bois, où l'on baigne un nouveau-né (compartiment 1), des bancs couverts de peintures dans l'izba (compartiments 8 et 11), un cafetan coupé à la mode de l'époque (compartiment 5). Dans différentes scènes, il peint naïvement et en toute simplicité les divers aspects de l'intérieur de la maison paternelle (compartiments 8 et 11). Lorsque les parents pleurent leur fils disparu, on voit derrière eux des murs «inquiets», de différentes couleurs, un décor architectural saccadé et des toits pointus. En revanche, dans la scène montrant la joie des parents qui ont retrouvé leur fils, les lignes sont douces, arrondies. Dans les scènes du miracle avec l'élan (compartiments 12 et 13), le peintre est touchant de naïveté, montrant avec la même simplicité les bois et l'élan.

Dans *La Vision du sacristain Tarass* (début XVIIIe siècle), un autre artiste de province de la région de Novgorod peint l'architecture réelle et très diversifiée de la ville vue d'une petite hauteur, comme en élévation. L'icône est divisée en deux registres: le supérieur représente le monde céleste, lumineux et impassible, l'inférieur le monde terrestre, agité, assombri, presque sinistre. Sous la rangée droite et alignée des forces célestes (en haut), on voit une file un peu «floue» de saints priant pour la sauvegarde de Novgorod, placés sur des nuages, tantôt plus haut, tantôt plus bas. Les éléments déchaînés sont représentés d'une manière vive et dynamique.

L'icône *Saint Dimitri de Rostov* (seconde moitié du XVIIIe siècle, n° 46) fut réalisée indubitablement par un maître de province. Elle pourrait avoir été peinte par un artiste originaire du sud de la Russie (ou d'Ukraine), car les monuments de cette région se distinguent par l'association d'une gamme chromatique festive, animée, légèrement bariolée, et d'une certaine simplicité dans la structure imagée de la représentation. L'icône *La Vierge de Petchora*, peinte en 1728 par Ivan Alexandrov (n° 43), est une œuvre typique du premier tiers du XVIIIe siècle.

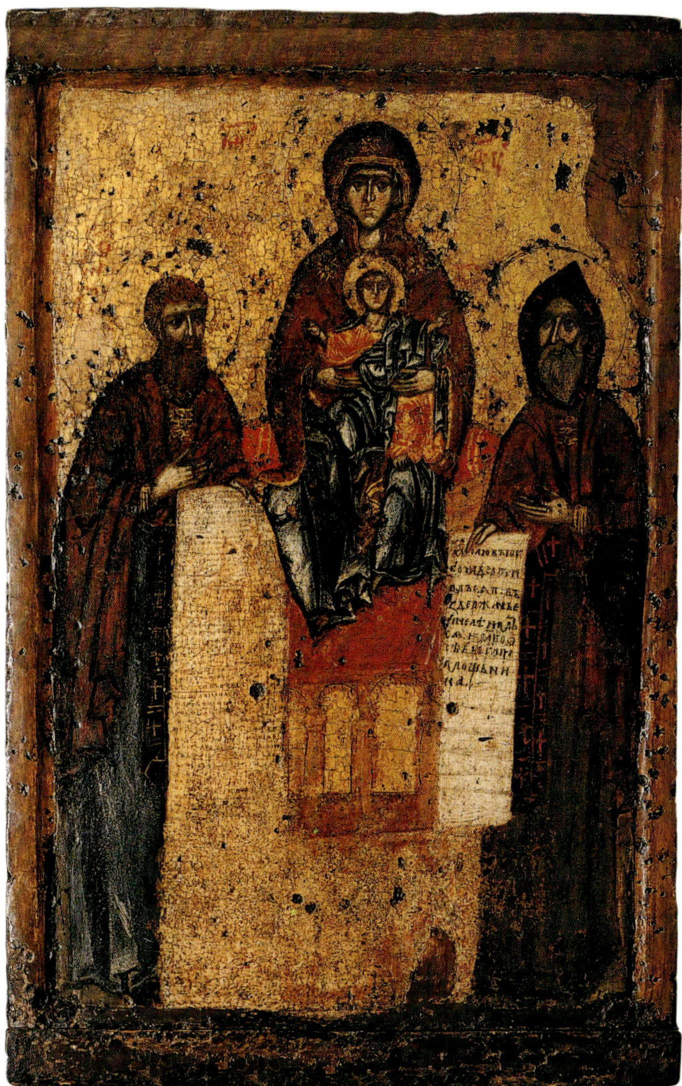

La Vierge de Petchora. Vers 1288 (?). Kiev. Inv. 12723.

Pierre le Grand imposa des réformes dans tous les domaines en Russie, y compris dans les arts plastiques. En 1711, le palais des Armures fut fermé, mais l'art de l'icône ne disparut pas pour autant. A l'époque de Pierre Ier, deux lignes parallèles se distinguaient dans le domaine de l'art sacré: l'orientation «officielle», pétersbourgeoise, et la tendance «populaire», provinciale.
La Vierge de Petchora est un exemple classique de l'art de la capitale, qui conserve encore des traces du savoir-faire des peintres du palais des Armures, surtout dans le dessin des visages; parallèlement, on y distingue nettement des éléments novateurs, notamment dans le traitement des plis des vêtements. L'icône représente les fondateurs de la laure des Catacombes de Kiev, les vénérables Antoine et Théodose, canonisés au XIe siècle parmi les dix premiers saints russes.
Au nombre des monuments les plus anciens, l'icône *La Vierge de Petchora (de Svina) avec les saints Théodose et Antoine intercédant auprès d'Elle* est parvenue jusqu'à nous. Dans les ouvrages des chercheurs, elle est datée d'une période allant du début du XIIe siècle jusqu'à 1288.[21] Indépendamment de l'année de sa création, cette œuvre très ancienne est l'unique icône de l'école de Kiev, peinte à l'époque précédant l'invasion des Tatars, que le temps avait épargnée. En outre, c'est la première œuvre représentant des saints russes.
La Vierge de Petchora présentée à l'exposition respecte, pour l'essentiel, l'ancien canon, à l'exception de quelques détails: les cieux ouverts et rayonnants, avec une colombe (symbole du Saint-Esprit), des anges avec des rouleaux de parchemin, ainsi que les images du vénérable Antoine, à gauche, et de Théodose, à droite (sur l'ancienne icône, ils sont inversés).

* * *

Au XIXe siècle, l'art de l'icône russe non seulement était toujours bien présent, tout en préservant le canon traditionnel, mais il donna naissance par surcroît à de nouvelles versions et à de nouveaux sujets iconographiques, dont les plus intéressants sont les nos 52 et 53: *Synaxe des saints russes («Image de tous les saints de la terre russe»)*. La glorification de l'histoire séculaire de l'Eglise orthodoxe russe et la sublimation de ses saints sont mises en relief dans ces compositions.
Notre siècle est celui de la renaissance de la peinture russe d'icônes et de l'apparition de nouvelles iconographies. L'histoire de la canonisation des saints russes n'est pas terminée, comme d'ailleurs celle de l'art de l'icône russe...

N. B.

[21] La très ancienne icône *La Vierge de Petchora* est également appelée *de Svina*, d'après le nom du monastère sur la rivière Svina (aux environs de la ville de Briansk) fondé par le prince Romain, à l'endroit même où il fut guéri. Selon la légende, c'est en 1288 qu'elle aurait été transmise par les moines de Petchora au prince Romain de Tchernigov, souffrant. Certains chercheurs considèrent que les ermites de Petchora n'envoyèrent au prince qu'une copie de cette icône, ce qui explique pourquoi elle est souvent postdatée.

De la restauration des icônes présentées à l'exposition

par Evguenia Gra
Traduit par Eléna Lavanant

Les icônes, œuvres d'art religieux très anciennes et extrêmement fragiles, doivent, avant d'être exposées, subir un examen approfondi au Département de restauration de la peinture d'ancienne Russie de la Galerie Tretiakov. Lors de la préparation de cette exposition, il s'avéra que certaines d'entre elles requéraient de petites interventions; pour d'autres, il fut nécessaire de poursuivre la restauration commencée dans les années cinquante mais non achevée. Les couleurs de quelques icônes apparurent pour la première fois à l'occasion de cet événement. Les visiteurs de l'exposition «Les Saints russes» seront les premiers à découvrir *La Vierge Bogolubskaïa, Saint Tsarévitch Dimitri d'Ouglitch, de la Déisis, L'Hiéromartyr Ignace et saint Ignace de Sar, Saint Procope et saint Jean d'Oustioug.*

En tenant absolument à ce que *La Vierge Bogolubskaïa* fasse partie de l'exposition, les restaurateurs ont relevé une sorte de défi et ont déployé tous leurs efforts afin d'accomplir la tâche extrêmement délicate de sa remise en état.
Le support de l'icône avait été rongé par des lime-bois puis déstructuré, se transformant en vermoulure (farine de bois). En 1963, le revers de l'œuvre avait été imprégné de formol, mais à faible épaisseur seulement. Cela provoqua la formation d'une «bulle» remplie de vermoulure, le revers étant constitué d'un panneau en bois imprégné durci, et la face d'une couche de *levkas*[1] et de peinture. Les planches n'adhéraient plus et bougeaient librement, la clavette inférieure (latte transversale servant à fixer les planches qui forment ainsi un panneau) avait disparu. Bien que l'icône ait été placée dans un cadre, la bonne conservation de celle-ci n'était pas garantie car, au moindre mouvement des planches, l'intégrité de l'enduit et de la peinture était compromise.

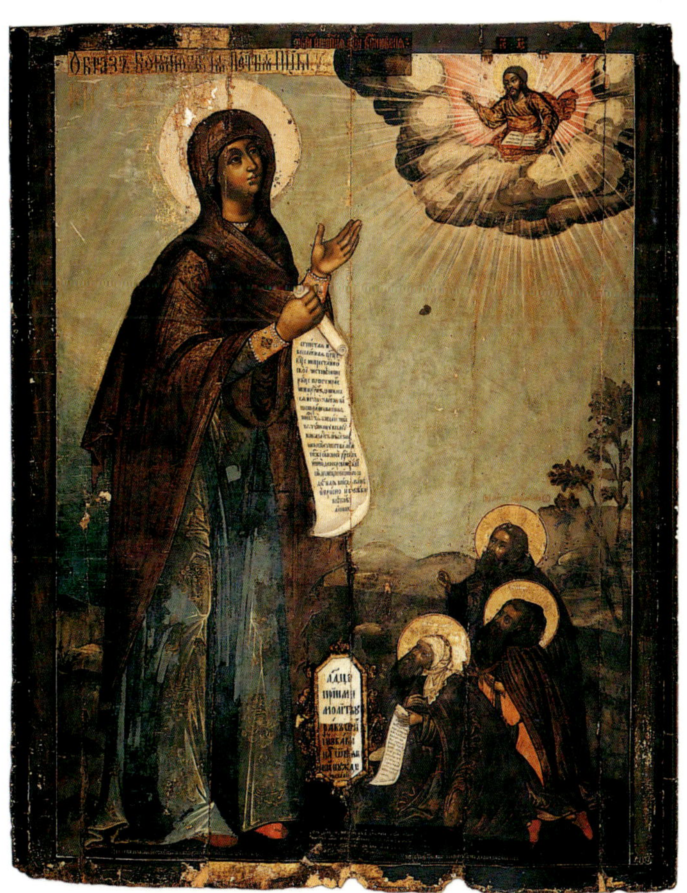

La Vierge Bogolubskaïa avant restauration.

Alekseï Valiouchok, l'un des plus éminents spécialistes du Département de restauration, s'attaqua à ce problème technique extrêmement complexe. Il démonta le cadre, posa l'icône, côté face, sur des barreaux souples, pour aménager un espace libre entre elle et la table de travail, permettant ainsi de surveiller la face de l'icône sans la bouger, et l'imprégna d'une colle synthétique spéciale, l'injectant à l'aide d'une seringue sur l'intégralité du revers, afin que le bois soit imbibé dans toute son épaisseur.

[1]Enduit blanc qui constitue le fond définitif de l'icône avant l'application de la couleur. Le *levkas* se compose de colle d'esturgeon et d'une fine poudre d'albâtre ou de «blanc de Meudon», qui doivent être mélangés selon des proportions très précises. Encore chaud, ce mélange est appliqué sur le panneau, avant d'être soigneusement poli.

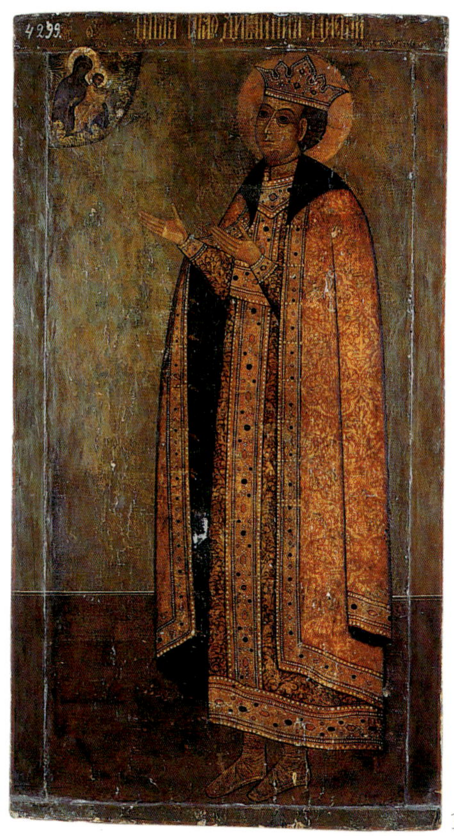
1

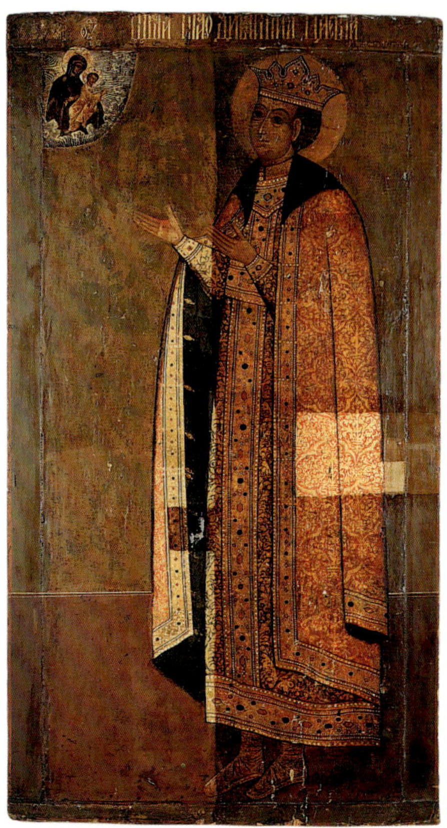
2

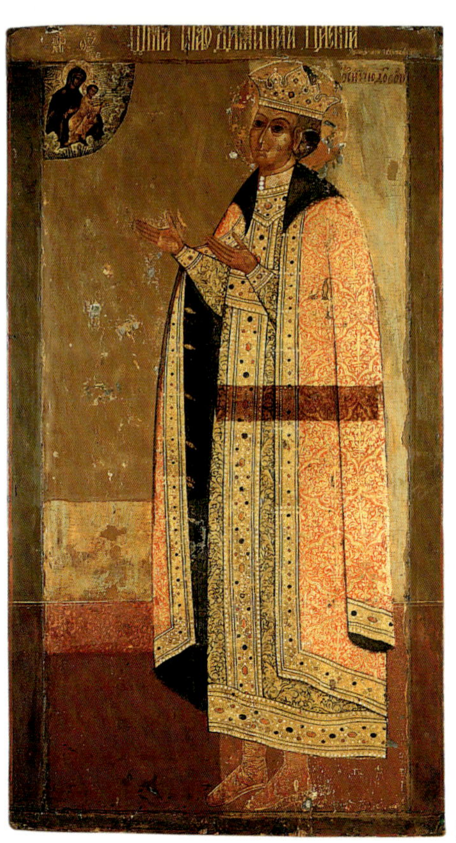
3

Une fois la colle séchée, Alexeï fixa les planches entre elles, remplit les vides avec de la pâte de bois qu'il avait préparée de la même manière que la colle synthétique, et de farine de bois. Il fit fabriquer la clavette inférieure perdue, et le support en bois de l'icône retrouva enfin sa stabilité.

Cependant, d'autres difficultés se présentèrent: la surface d'enduit et de peinture n'était pas lisse; par endroits, on y apercevait des renflements. Mais il était impossible de recoller la couche d'enduit imprégnée car, en dessous, il n'y avait pas de support en bois, rien que le vide.

L'aspect de la peinture avant restauration ne correspondait plus en rien à l'idée initiale de son auteur. Une grossière dorure épaisse et molle, qui «ornait» l'image depuis la fin du XIXe siècle, étouffait la beauté de cette œuvre. Après avoir enlevé cette dorure et sa sous-couche jaune, les spécialistes découvrirent le fond authentique du XVIIe siècle, d'un bleu-vert clair et lumineux. Et, surprise, apparurent de petits nuages blancs peints sur la partie supérieure du fond, et des lettres dorées.

Si, avant la restauration, cette peinture se présentait comme un agglomérat de styles et de siècles différents (comme, d'ailleurs, la peinture de presque toutes les icônes avant leur réfection), elle est redevenue un magnifique exemple de la peinture religieuse du XVIIe siècle.

La restauration de l'icône *Saint Tsarévitch Dimitri d'Ouglitch, de la Déisis* pour cette exposition a été réalisée par l'auteur de cet article, afin que les visiteurs puissent la voir dans toute sa splendeur originelle, dans la mesure où cela était possible.

Avant de la restaurer, on procéda à un contrôle méticuleux de l'icône. L'examen radiographique ainsi que les essais d'enlèvement, sur de petites surfaces, des retouches réalisées à une époque ultérieure montrèrent qu'en dehors de la figure et des vêtements en brocart de saint Dimitri, tout le reste avait été, aux XVIIIe et XIXe siècles, recouvert d'une nouvelle couche de peinture. Avant restauration, l'icône était en majeure partie brun foncé, non seulement à cause de la couleur brune et verdâtre, lourde et sombre, du fond et des champs, mais aussi à cause d'une couche épaisse d'*olifa*[2] qui avait bruni au fil du temps.

[2]Vernis protecteur appliqué sur la dernière couche de peinture. Il s'agit d'un vernis à base d'huile de lin cuite, mélangée à des résines et à des sels minéraux, dont la recette fut conservée pendant des siècles dans les monastères du mont Athos.

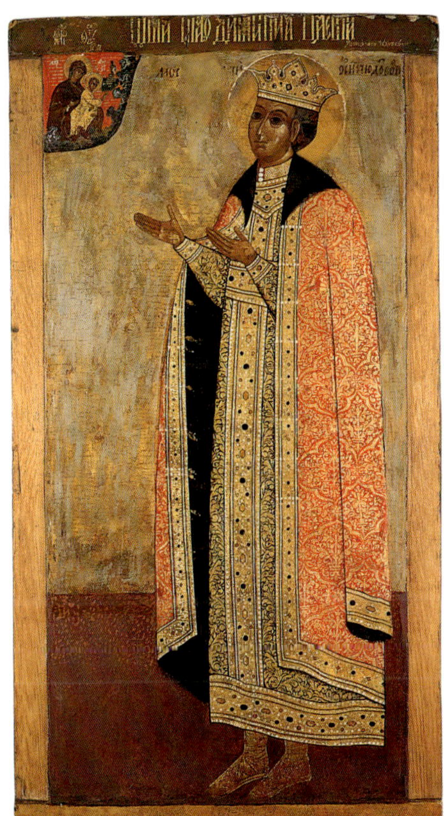

4

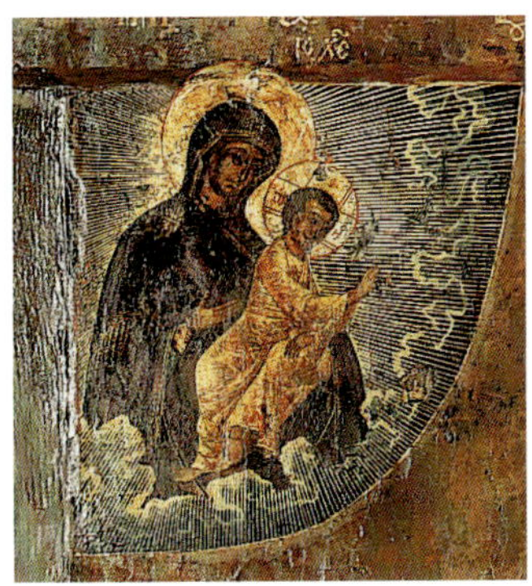

5

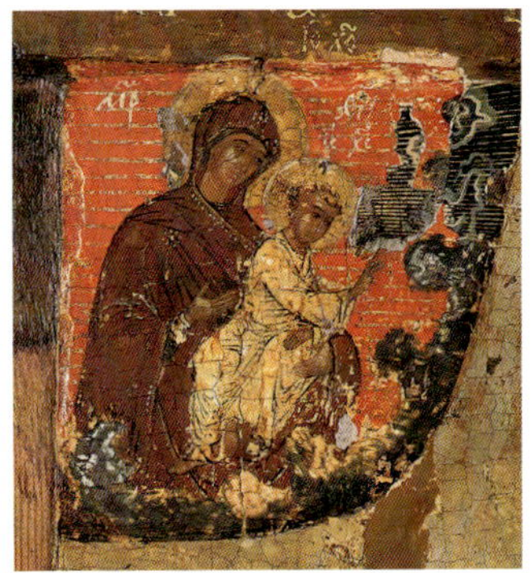

6

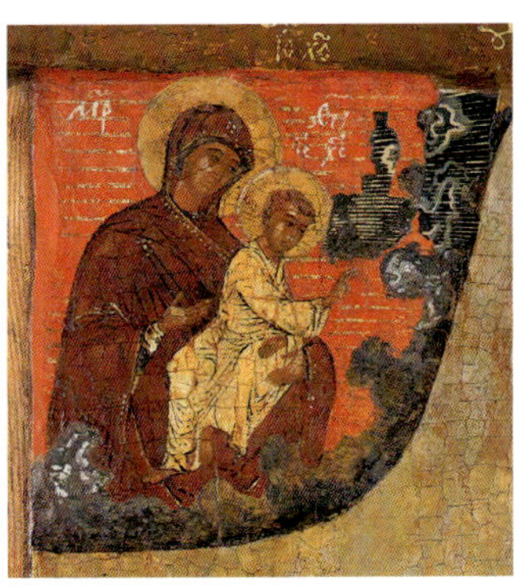

7

Etapes de la restauration de l'icône *Saint Tsarévitch Dimitri d'Ouglitch, de la Déisis*:

1. Avant restauration
2. La prétendue «fenêtre», essais d'enlèvement des retouches

3-4. L'enlèvement de l'*olifa* est en cours. Enlèvement des retouches

5-7. Fragment de l'icône en cours de restauration

8. Le visage de saint Dimitri après restauration

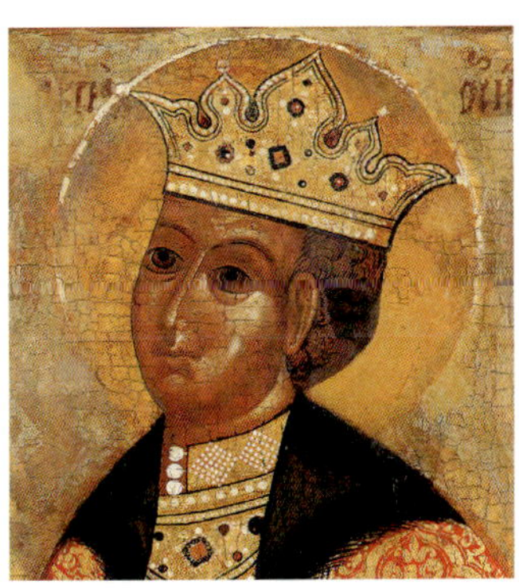

8

La figure de saint Dimitri, si l'on fait abstraction de la couche brune et irrégulière d'*olifa*, ressemble beaucoup, par son interprétation, le *plav*[3], les lumières et les ombres, et surtout par la composition du *sankir*[4], aux saints peints à la charnière des XVIe et XVIIe siècles par les maîtres qui travaillaient dans les «ateliers d'icônes» de la famille Stroganov, riches négociants et mécènes installés à Solvytchegodsk, petite ville du nord de la Russie située sur les bords de la rivière Vytchegda. Pourtant, un doute subsistait, car les icônes de l'école Stroganov sont célèbres pour leur fond doré ou ocre éclatant. Des découvertes ultérieures ont corroboré nos soupçons. Le fond initial avait été recouvert de trois couches de peinture plus récentes: l'une d'un brun verdâtre, les deux autres d'un brun fané et d'un gris clair verdâtre. Sous celles-ci, on découvrit l'ocre doré qui, malheureusement, n'était présent que par fragments, à gauche près du nimbe. Sur le reste de la surface, l'érosion l'avait détruit, sans parler du zèle du restaurateur du XVIIIe siècle, qui avait enlevé ses traces avant de procéder à son propre remaniement.

A la fin du XVIIIe siècle, l'icône fut placée dans un cadre trop mince et le bois des bordures latérales réduit jusqu'au niveau du *kovtcheg*[5], puis peint sans application d'enduit.

La chemise et le cafetan en brocart, aux manches très longues (ces cafetans aux manches démesurées faisaient partie de l'habillement des gens très riches n'ayant pas besoin de travailler), ne furent pas repeints lors des retouches successives, mais à chaque fois recouverts d'une nouvelle couche d'*olifa*. En conséquence, les vêtements devinrent tellement sombres que le magnifique motif du brocart était à peine visible.

Après avoir dégagé le nimbe des couches de repeints, on découvrit son auréole dans des tons allant du rougeâtre au vert olive, caractéristiques du style iconographique «du Nord».

[3] Technique utilisée pour peindre les visages des icônes, qui consiste à appliquer un incarnat de base (le *sankir*), recouvert de couches d'ocre de plus en plus claires, puis à modeler les traits en dégradé, de façon à créer l'impression d'une lumière émanant de l'intérieur du visage.

[4] Couleur de base de l'incarnat qui peut présenter différentes nuances et compositions selon les époques et les traditions. Il est généralement composé d'ocres et de terres vertes.

[5] Cavité creusée dans le panneau en bois d'une icône, au moyen de scalpels et de gouges bien affilés. Ce mot russe, qui signifie «arche», désigne l'espace sacré à peindre, en référence à l'Arche d'Alliance de l'Ancien Testament.

Le segment céleste, avec les figures de la Vierge et du Christ enfant, avait été retouché dans le style maniéré de la fin du XVIIIe siècle, contrastant avec l'image originelle. Lors de la restauration, on remarqua, aux endroits où le *levkas* d'origine avait disparu, une multitude d'inserts grands et petits, réalisés selon la technique du *levkas*, mais aussi très sombres, presque noirs.
Ainsi, l'image de saint Dimitri, son nimbe, le segment céleste, le *pozem*[6] et la bordure inférieure sont d'origine; le fond vert clair et l'inscription qui y figure datent du début du XVIIIe siècle; la bordure supérieure avec l'inscription est du XIXe, et les bordures latérales en bois ont été réduites à la fin du XVIIIe siècle.

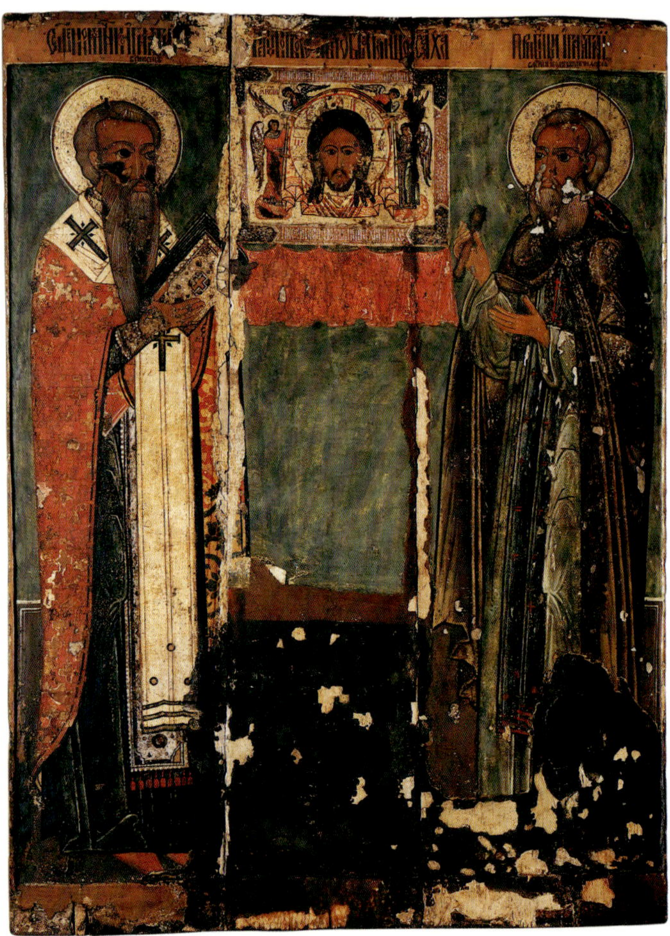

L'Hiéromartyr Ignace et saint Ignace de Sar avant restauration.

Olga Chitikova, jeune collaboratrice du Département de restauration, eut pour tâche de mettre au jour pour cette exposition la peinture de l'icône *L'Hiéromartyr Ignace et saint Ignace de Sar*.

[6]En iconographie, bande dans la partie inférieure de l'icône, généralement brune ou verte, symbolisant la terre.

Après les recherches préliminaires nécessaires (examen radiographique, analyses des composants de l'enduit et du film de couverture, essais de dégagement, par enlèvement des couches successives, de la peinture de l'auteur), la restauratrice commença par débarrasser la peinture originelle des remaniements postérieurs. Elle ôta tout d'abord l'*olifa* brunie, ensuite la couche de peinture la plus récente; finalement, après avoir enlevé une autre couche de recouvrement, la peinture telle que l'avait conçue son auteur apparut.
La découverte de la couche de peinture originelle révéla le concept du zôgraphe dans toute sa clarté: le voisinage des tons purs et sonores du vert et du rouge, le jeu de l'ornement argenté et des caractères rouges de l'inscription, l'harmonie des tons des vêtements des saints et la mise en relief de l'incarnat témoignent du génie de son auteur et nous mettent en présence d'un chef-d'œuvre de l'ancienne peinture russe.
Comme toujours, cette dernière couche, la plus ancienne, est très précieuse du point de vue historique, et son côté artistique est plus subtil, son style plus intègre, avec une gamme chromatique extrêmement fouillée et précise.

Le temps a rendu méconnaissable l'icône *Saint Procope et saint Jean d'Oustioug*. Autrefois, elle était ornée d'une *basma*[7] en vermeil. Les habits de Procope étaient de couleur vert olive, avec une multitude d'ombres et de dégradés.
Pour nous faire une idée de l'aspect de l'icône à son arrivée au Département de restauration, nous ne disposons aujourd'hui que de quelques photos. Cette icône avait déjà été restaurée. A l'époque, sa *basma* était encore intacte et le restaurateur travailla sans l'enlever, nettoyant la surface non recouverte, à savoir les images des figures, la demi-sphère céleste et le *pozem*. En 1999, l'icône fut admise à notre Département de restauration sans la *basma*, mais avec des milliers de petits clous, dont certains avec des morceaux de *basma*, et les trous laissés par ceux qui avaient disparu. Le fond et les bordures non touchées par le restaurateur précédent étaient cachés par une couche épaisse d'*olifa* noircie, mélangée à de la suie, à de la poussière centenaire et à d'autres particules étrangères (sable, débris de bois, insectes séchés). Tout cela s'était incrusté sous la *basma* durant des siècles et collait à l'*olifa*.
Enlever la couche superficielle d'*olifa* est habituellement considéré par les restaurateurs comme une tâche facile. Mais pas dans ce cas-ci: la couche d'*olifa* était extrêmement irrégulière, tantôt fine, tantôt épaisse, formant parfois des «caillots». Avec l'application de dissolvant orga-

[7]Revêtement métallique de l'icône, couverture la plus répandue jusqu'à la fin du XVIIe siècle. Celui-ci, travaillé au repoussé ou incrusté de nielle, encadrait l'icône et laissait l'image à découvert.

1

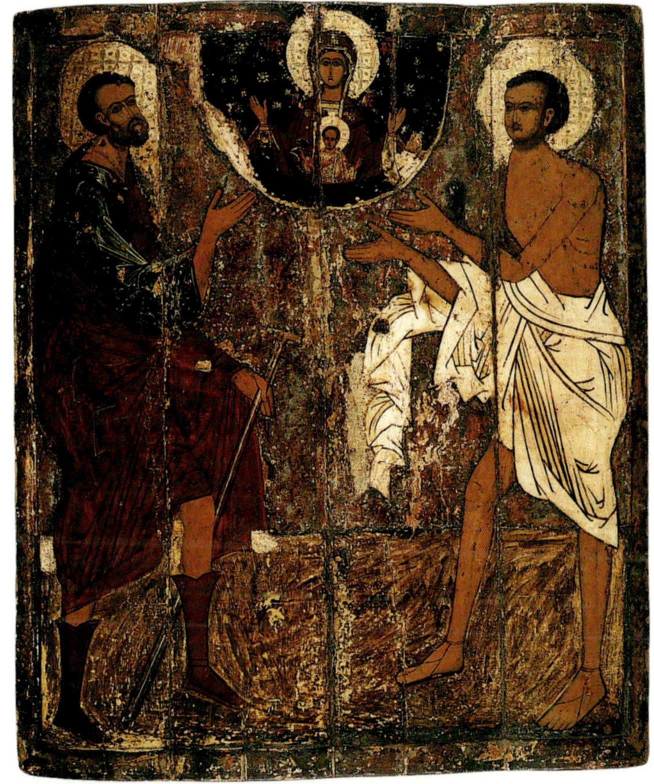

4

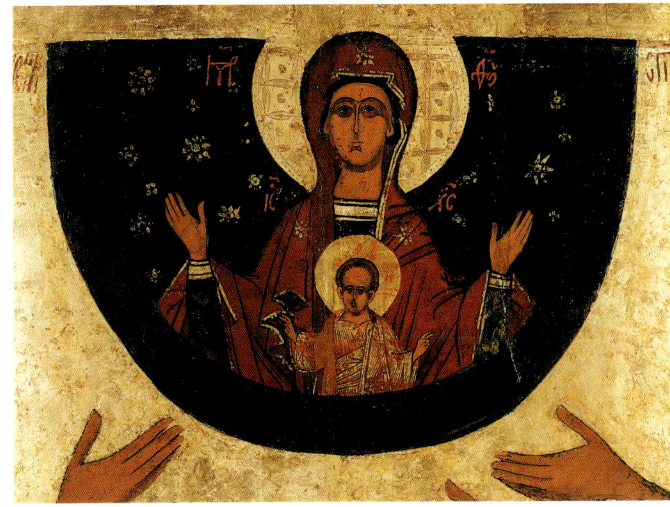

Etapes de la restauration de l'icône *Saint Procope et saint Jean d'Oustioug*:

1. Avant restauration
2. Enlèvement de l'*olifa*
3. Pose du *levkas* sur les lacunes
4. Fragment de l'icône après restauration

2

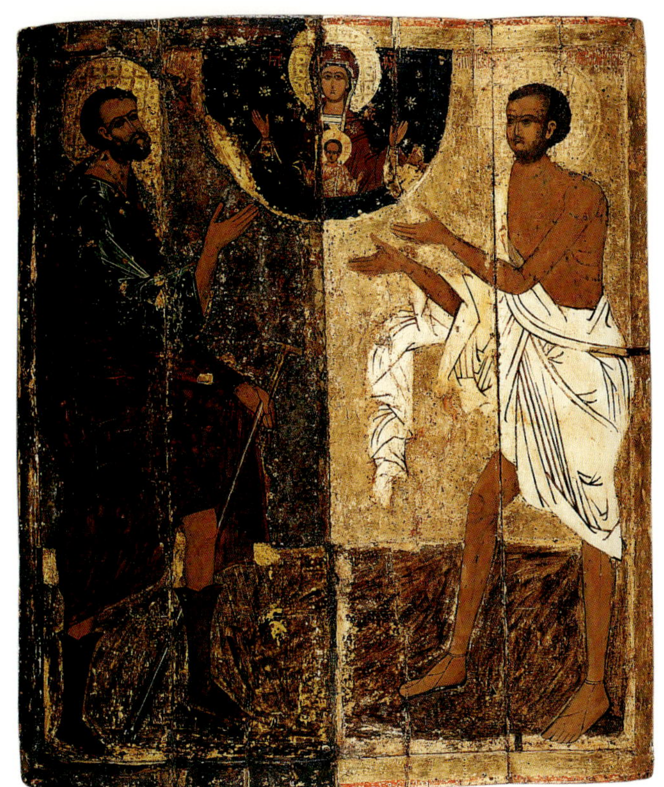

3

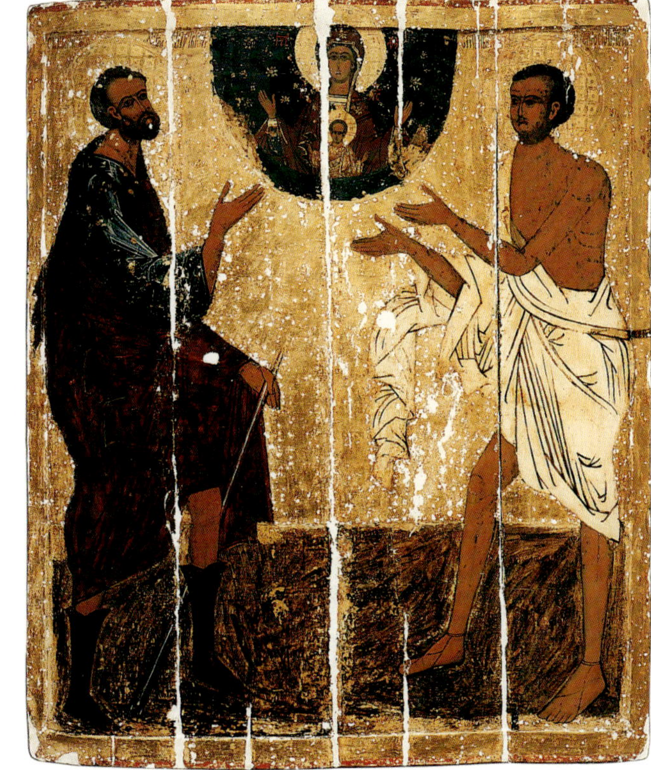

nique, l'*olifa* se ramollit, mais de façon irrégulière. Après avoir ôté l'*olifa* ramollie aux endroits à pellicule fine, il a été nécessaire d'humecter de nouveau les couches restantes, sans toucher à la dorure nettoyée recouverte d'un film protecteur afin qu'elle ne soit pas abîmée par les vapeurs du dissolvant. A un endroit, il a même fallu répéter cette opération trois ou quatre fois jusqu'à son dégagement complet. Et les clous gênaient considérablement les mouvements du tampon de nettoyage et du scalpel. L'*olifa* autour des clous étant ramollie par le dissolvant, il était donc possible d'en enlever certains (le métal s'oxydant avec le temps, il détruit le bois qui les entoure…).

Les inscriptions sur les bordures de l'icône avaient été réalisées sur un fond doré avec du vermillon finement broyé, et le fond doré et les bordures étaient constitués d'une multitude de minces feuilles d'or pur collées sur le *levkas*. Ce travail minutieux est si parfait qu'il est impossible de distinguer la délimitation de ces feuilles. Les nimbes ornementés des saints avaient été travaillés au burin, leur dessin étant appliqué sur le *levkas*, poli à la perfection et légèrement humidifié, avec cet outil spécial. Ensuite, la feuille d'or avait été appliquée pour remplir toutes les petites cavités de l'ornement ainsi dessiné.

Les vêtements de saint Jean ont l'air bien pauvres sur cette icône enluminée. Il ne s'agit en fait que de *levkas* blanc, avec le contour des plis, sans coloriage ultérieur, qui a disparu. Aujourd'hui, il ne reste qu'un fragment de la couleur de l'habit: cette partie a probablement été recouverte par la *basma* et donc protégée.

Dmitri Soukhoverkov, spécialiste en chef de notre département, reçut pour la restaurer l'icône *Le Miracle d'Alexandre de la Svira*, déjà débarrassée d'un remaniement du fond et des bordures en 1954 par I. Baranov. A de nombreux endroits, l'image avait été partiellement repeinte et des fragments de peinture postérieure mal enlevés subsistaient toujours sur le fond et les bordures. En outre, la peinture était recouverte d'une couche irrégulière d'*olifa* de rénovation, noircie depuis la restauration précédente et fondue avec la couche de peinture originelle. Cette œuvre, représentant plusieurs petites scènes très intéressantes, était donc parsemée de remaniements extrinsèques, ce qui empêchait son déchiffrage et diminuait sa valeur artistique.

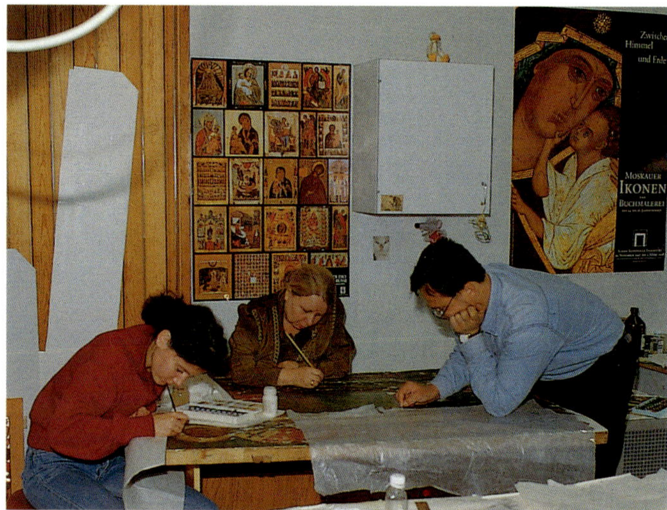

Atelier de restauration de la Galerie Tretiakov.

Le bois et la *pavoloka*[8] sur les bordures, aux endroits où l'enduit et la couche de peinture avaient disparu, étaient très encrassés, avec des grumeaux d'*olifa*, de suie, de poussière, etc.

Lors de la restauration précédente, la couche de peinture postérieure, comportant des textes, n'avait pas été enlevée de la partie supérieure de l'icône. Dmitri Soukhoverkov a laissé ces endroits pour une exfoliation ultérieure. En utilisant cette méthode, on préserve non seulement la couche de peinture de l'auteur, mais également la couche postérieure, qui est transposée sur un autre support (pour sauvegarder les textes).

Un travail de finalisation très minutieux, qui consistait à enlever les restes de peinture postérieure et d'*olifa*, a révélé la peinture d'origine, réalisée dans une gamme extrêmement aérienne, nacrée, avec une prédominance des tons clairs et tendres.

Dans la sphère céleste, sur les images de la Vierge et du Christ enfant, on trouve un insert d'enduit postérieur, avec un repeint que Dmitri a préservé, car il n'y a plus de peinture originelle à cet endroit.

Les usures de la couche de peinture initiale ont été recouvertes, teintes par le restaurateur dans les tons d'origine, et le bois et la *pavoloka* ébarbés aux endroits où le *levkas* et la peinture ont disparu.

Dans le cadre de la célébration du 2000e anniversaire du christianisme, il est prévu d'organiser à Moscou et à l'étranger plusieurs expositions présentant les icônes de la collection de la Galerie Tretiakov. Dans ce but, le Département de restauration de la peinture d'ancienne Russie doit accomplir un important travail de préparation. Il lui incombe également de rédiger des textes d'introduction à l'histoire de l'art de ces nouveaux monuments de la peinture religieuse russe. La première et la plus importante exposition de cette série est «Les Saints russes», préparée par un groupe de collaborateurs de la Galerie Tretiakov pour la Fondation Pierre Gianadda à Martigny.

E. G.

[8] Tissu collé sur la planche de l'icône avant l'application du *levkas* et servant à améliorer l'adhérence de celui-ci avec la surface de la planche.

Comment peindre une icône

par Nadejda Bekeneva et Valentina Oukhanova
Traduit et adapté par Ekaterina Selezneva et Alain Michet

Issu de Byzance, l'art des icônes se répandit en Russie avec la christianisation.

Plusieurs écoles voient le jour, recourant d'abord au langage pictural byzantin, puis acquérant leur propre tradition. Des centres locaux sont fondés. Pour les maîtres anciens, la peinture ou, comme on dit en russe, l'«écriture» de l'icône était non seulement l'acte de création, mais aussi l'art d'incarner les visages des saints. Lorsque Dieu créa le monde, il sépara tout d'abord la lumière de l'obscurité. Le peintre, à son tour, se doit d'imaginer un fond clair, symbolisant la lumière divine. Avant de créer l'homme, Dieu créa la végétation et les animaux. De son côté, le zôgraphe reproduit d'abord tout ce qui l'entoure: montagnes et paysages, vêtements, animaux, architectures... Le visage divin, lui, constitue le couronnement de son œuvre.

Avant de commencer leur tâche, les peintres menaient une vie pieuse, observaient une période de jeûne et imploraient la bénédiction du Très-Haut. Si l'icône était réalisée dans un monastère, tous les frères priaient afin qu'elle fût réussie.

Se penchant sur le métier de peintre d'icônes, l'homme de lettres du XVIe siècle, le vénérable Maxime le Grec (voir n° 36 du catalogue), écrivait: «Les zôgraphes doivent être propres, mener une vie spirituelle et avoir de bonnes mœurs. Ils ne doivent pas jurer, ni être ivrognes, ni menteurs, rester chastes et avoir un comportement irréprochable. S'agissant d'un saint travail, les pécheurs ne sont pas admis.[1]»

Les textes anciens russes sur les icônes sont connus depuis le XVIIe siècle, mais les réflexions philosophiques y relatives apparaissent bien avant dans les récits hagiographiques, dans les «épîtres» et les «paroles»[2]. La plupart de ces textes contiennent des indications sur la nécessité de vénérer l'icône, sur son contenu liturgique et l'image iconographique, sur son rapport avec les textes sacrés, ainsi que sur le *modus vivendi* du peintre d'icônes. Dans quelques ouvrages des XVIIe et XVIIIe siècles, sortes de manuels contenant des instructions pour les zôgraphes, on trouve aussi des renseignements sur les matériaux, les techniques et la manière de réaliser un dessin au pochoir.

Lors de fouilles archéologiques effectuées à Kiev en 1938 et à Novgorod entre 1973 et 1977, des ateliers de zôgraphes ont été mis au jour. Des couleurs, des fragments d'ambre, substance qui entrait parfois dans la composition de l'*olifa*, des outils pour travailler le bois, des pièces de bois prêtes à être utilisées, etc., témoignent du fait que le maître ne se contentait pas de peindre, mais qu'il assurait tous les travaux annexes, allant du choix des matières premières à la préparation des couleurs. I. Sakharov, l'un des premiers chercheurs russes à s'être intéressés à l'iconographie, écrivait en 1849: «La peinture d'icônes fut en réalité l'art classique par excellence, exigeant à la fois maîtrise et savoir-faire.[3]»

Traditionnellement, on peignait l'icône sur une planche de bois séché avec minutie, parfois pendant plusieurs années. Le zôgraphe était obligé de bien connaître les bois qu'il utilisait et leurs propriétés physiques. Les essences de prédilection des maîtres russes étaient le tilleul, pour la Russie centrale, et le pin, pour le nord. Les arbres devaient être abattus au printemps avant la montée de la sève. Les icônes de grandes dimensions étaient constituées de plusieurs planches collées entre elles, tenues par des traverses en bois (*chponkis* en russe) posées sur le dos ou sur les côtés de l'icône. La manière de les encastrer évoluant avec les époques, nous pouvons, en étudiant le verso de la planche, obtenir des informations supplémentaires quant à la datation. Sur ledit verso, dans sa partie centrale, le maître creusait une cavité (*kovtcheg* en russe). Les bords jouaient le rôle de cadre, séparant le «monde visible» du monde céleste. Sur les icônes du XVIIe siècle, le centre était isolé des marges par la couleur.

[1] Vénérable Maxime le Grec, «A propos des icônes saintes», *in: Philosophie de l'art religieux russe du XVIe au XXe siècle.* Anthologie établie par N. Gavriouchine, Moscou, 1993, p. 46.

[2] Vénérable Iossif Volotski, *Epître au zôgraphe et trois «paroles» de la vénération des icônes saintes* (XVIe siècle). Vénérable Maxime le Grec, *op. cit.*

[3] Sakharov I., «Recherche sur l'iconographie russe», *in: Restauration des icônes, recommandations méthodiques,* Moscou, 1993, p. 4.

1. Dans le cadre de la présente exposition et pour illustrer cet article, Alexeï Valiouchok, un des restaurateurs de la Galerie Tretiakov, a peint cette icône, *La Nativité*

Les étapes de réalisation d'une icône:

2. Le dos de l'icône avec les *chponkis*
3. 3a – le *kovtcheg* creusé sur le verso
   3b – la *pavoloka* collée
   3c – la *pavoloka* recouverte du *levkas*
   3d – la préparation finale pour la peinture
4. 4a – la ligne creuse *grafia* du dessin préparatoire
   4b – la ligne creuse, obtenue à l'aide d'un objet pointu, est mise en évidence par de la couleur noire
5. Peinture de fond
6. Peinture *a tempera*

1

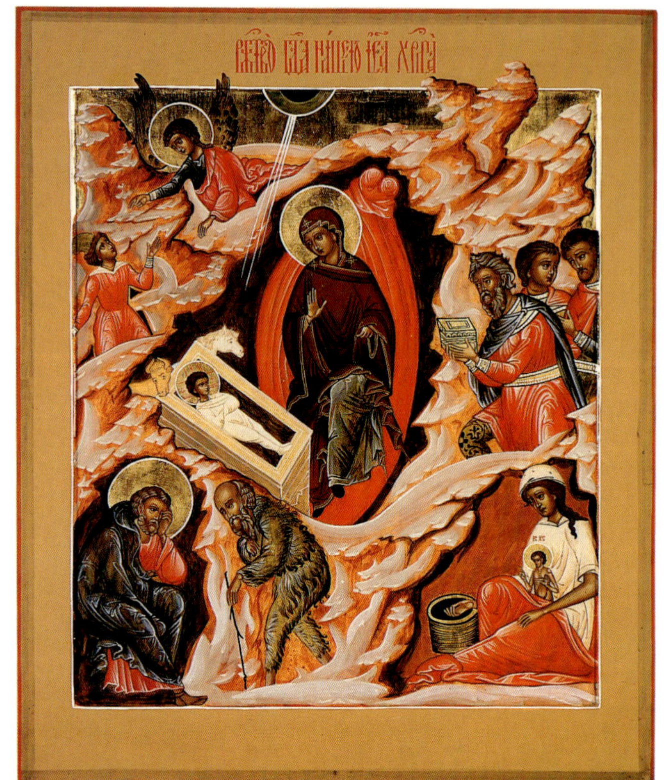

Sur la planche, on collait d'ordinaire la *pavoloka*, tissu de lin, de préférence usé, qui absorbait et tenait bien le *levkas*, couche de préparation ou enduit. Parfois, on ne recouvrait pas toute la surface de *pavoloka*, en la fixant sur les jointures des planches ou seulement au centre, où l'on était supposé peindre les visages des saints. Afin qu'elle adhère uniformément et solidement à la planche, on grattait le bois avec un objet pointu. Plus tard, au XVIIIe et au XIXe siècle, on utilisait souvent du papier à la place du tissu.

Le *levkas*, préparation à base de craie mélangée à de la colle d'esturgeon, était posé en plusieurs couches, puis poli à l'aide d'une dent d'ours. Pour plus de précision, en se servant d'un pochoir, on esquissait le dessin préparatoire soit avec un pinceau et de la couleur noire, soit en gravant une ligne creuse avec un objet pointu. Après avoir effectué tous les préparatifs nécessaires, les zôgraphes commençaient leur travail. Ils peignaient *a tempera*. Les couleurs, mélangées à un jaune d'œuf, se composaient de pigments naturels et de pierres finement broyées. Autrefois, pour peindre le fond, les nimbes et les assistes, on utilisait l'or mussif. (Plus tard, on se servira de ce métal dilué dans un agrégat naturel.) Les couleurs étaient posées couche après couche, selon un ordre strict convenu. Le moment crucial dans la peinture de l'icône est l'exécution du visage. La première couche s'appelle le *sankir*, pareil à une ébauche en peinture. On applique ensuite les couches d'ocre et on termine en posant le blanc de plomb, qui symbolise la lumière et qui rend l'image plus expressive. Les fines lignes d'or que l'on met sur les cheveux et les vêtements du saint traduisent la lumière divine. Autrefois, l'assiste, dont la mise en place était très compliquée, ne recouvrait que le Christ et les anges. Ayant terminé de peindre avec les couleurs, le zôgraphe esquissait le dessin de l'assiste avec du jus d'ail, puis y posait l'or naturel avec de la mie de pain. Vers le XVIIe siècle, l'assiste devint un élément purement décoratif, ornant les vêtements de

4

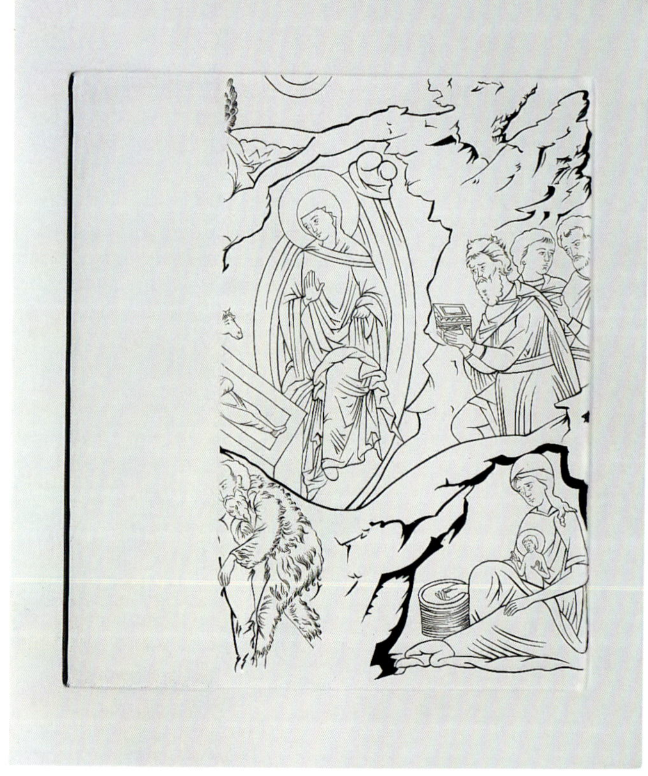

4a 4b

2

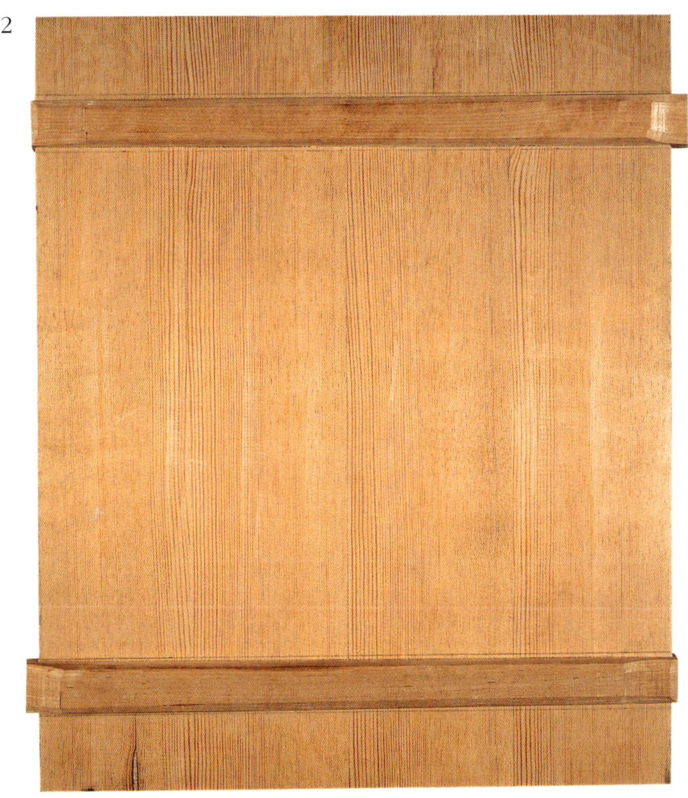

3

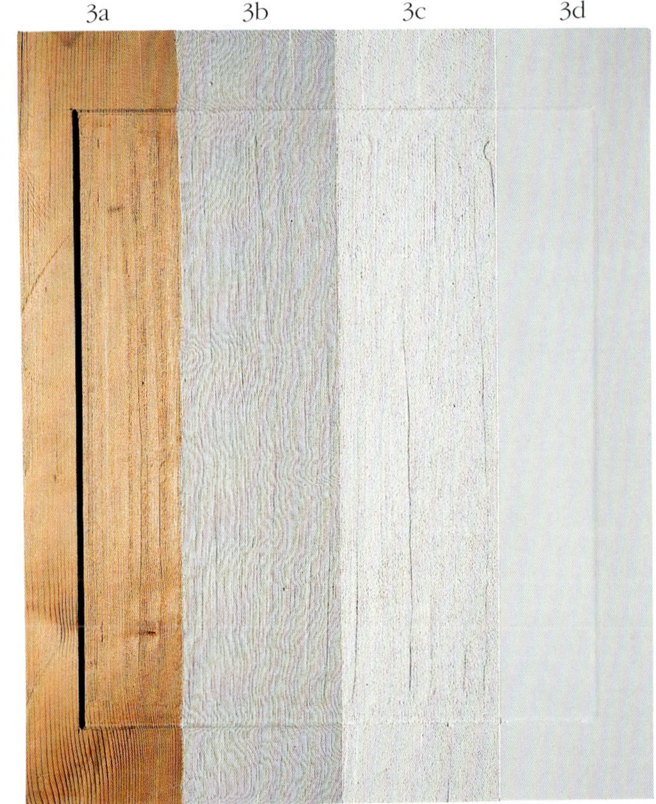

5

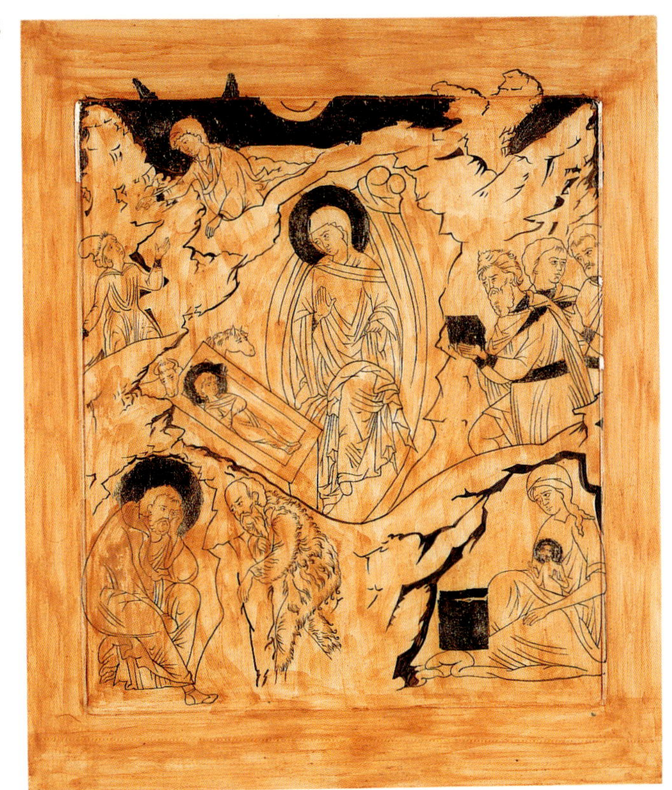

6

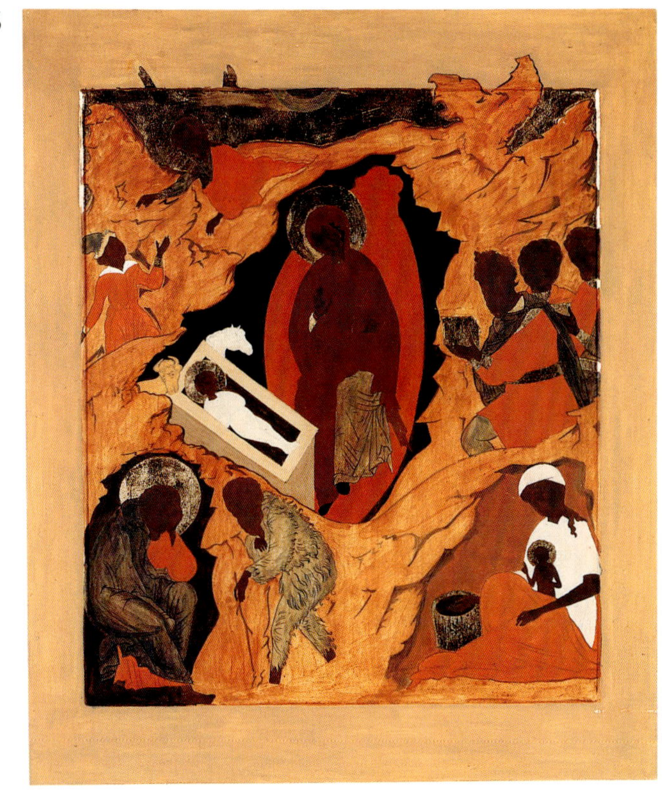

tous les saints, les arbres, l'architecture... La manière d'appliquer l'or avait aussi changé. Les maîtres l'utilisaient comme couleur, en se servant d'un pinceau.
Pour protéger la surface de l'icône, le maître la recouvrait, une fois achevée, de l'*olifa*, sorte de vernis composé de différentes huiles. «[...] commettre une grave erreur, c'est de voir dans l'*olifa* seulement le moyen technique de conserver les couleurs et de ne pas la considérer comme un des facteurs artistiques qui unissent toutes les couleurs et les approfondissent.[4]» Un des défauts de l'*olifa*, c'est qu'elle se ternit rapidement, en cachant les couleurs d'origine. Avec le temps, la fumée des cierges et la poussière noircissent l'*olifa*. On croyait autrefois que les couleurs foncées étaient une des particularités de l'icône russe ancienne. Une icône ternie était renouvelée presque tous les cent ans. On la repeignait parfois intégralement, en en changeant le sujet ou la composition. De nos jours, on parvient, grâce à des examens radiographiques, à détecter jusqu'à cinq couches de peinture, toutes d'époques différentes.

Au début du XXe siècle, on commence à éliminer ces «rajeunissements». On entame les premières recherches dans le domaine de la restauration des icônes en essayant de retrouver la peinture d'origine. Parfois, travaillant sur l'ordre d'un collectionneur privé et tenant compte de ses goûts particuliers, le restaurateur comblait les lacunes en utilisant sa propre peinture ou laissait sur la première couche les fragments d'une peinture plus récente. Une telle restauration satisfaisait souvent les clients, car l'icône avait l'air plus ancienne.[5] Ces travaux se distinguent beaucoup de la restauration scientifique d'aujourd'hui. Actuellement, la tâche principale du restaurateur est de revenir à l'œuvre d'origine et, partant, de la préserver dans la mesure du possible.[6]
Renouant avec l'iconographie de jadis, les peintres contemporains étudient non seulement les vieux manuels, mais aussi les œuvres authentiques des maîtres anciens, conservées dans les églises, collections privées et musées.

N. B. et V. O.

[4] Florenski Pavel, «Iconostase», *in*: *Philosophie de l'art religieux russe du XVI*[e] *au XX*[e] *siècle*. Anthologie établie par N. Gavriouchine, Moscou, 1993, p. 276.

[5] Comme exemple de restauration abusive, voir l'icône *La Déisis. Triptyque*, n° 11, du présent catalogue. En 1963, elle figurait dans un des catalogues de la Galerie Tretiakov avec, pour datation, l'année 1490. En 1971, on supposait qu'elle avait été peinte au début du XVIe siècle. En travaillant sur le catalogue de la présente exposition, les auteurs ont effectué des recherches. Les résultats obtenus doivent encore être analysés, mais on peut d'ores et déjà affirmer que ce triptyque a été presque entièrement repeint au XIXe siècle.
[6] Sur la restauration scientifique actuelle, lire l'article d'E. Gra dans le présent catalogue.

Œuvres exposées

Toutes les icônes présentées à cette exposition sont peintes à la tempera sur bois

1

La Nativité du Christ[1]

Premier tiers du XVe siècle. Cercle de Roublev
71×53 cm
Provient de l'église de la Nativité de Rojdestvenskaïa sloboda à Zvenigorod, près de Moscou
Acquis en 1934
Inv. 22952

Expositions:

IIIe exposition de la Restauration des Ateliers nationaux de la Restauration. Moscou, 1927 (cat. nº 23)

Denkmäler altrussischer Malerei. Ausstellung des Volksbildungskommissariats der RSFSR und der Deutschen Gesellschaft zum Studium Osteuropas in Berlin, Köln, Hamburg, Frankfurt. Berlin, 1929 (cat. nº 35)

Exposition-jubilé d'Andreï Roublev, célébrant le 600e anniversaire de sa naissance. Galerie nationale Tretiakov, Moscou, 1960 (cat. nº 69)

Russian Icons from Soviet Museums. National Museum, Delhi, 1988 (cat. nº 1)

Zwischen Himmel und Erde. Moskauer Ikonen und Buchmalerei des 14. bis 16. Jahrhunderts. Francfort, 1997-1998 (cat. nº 3)

The Art of Holy Russia. Icons from Moscow, 1400-1660. Royal Academy of Arts, Londres, 1998 (cat. nº 3)

Geburt der Zeit. Eine Geschichte der Bilder und Begriffe. Museum Fridericianum, Kassel, 1990-2000 (cat. nº 5.1.2)

Рождение времени (Naissance du temps). Galerie nationale Tretiakov, Moscou, 2000 (cat. nº 100)

Le sujet de la Nativité du Christ puise dans les Evangiles de Matthieu (1:18-23; 2:1-12) et de Luc (2:1-20).
Jésus vient au monde à Bethléem, où Marie et Joseph se rendent pour le recensement général décrété par l'empereur Auguste. Le nouveau-né, emmailloté, est couché dans une crèche, dans la chaleur d'une étable, où Marie et Joseph ont trouvé refuge.
L'icône présente l'Enfant au centre de la composition. Sa Mère, allongée à ses côtés, repose sur une couche pourpre. Les trois rayons de l'astre qui luit dans les cieux indiquent la présence divine. Un des anges annonce la bonne nouvelle aux bergers, les autres, en adoration, glorifient Dieu. L'étoile de Bethléem guide les Rois mages, qui apportent des présents au divin nourrisson. Une telle iconographie détaillée de la Nativité, traitant l'événement de manière élaborée et abordant tous les sujets concomitants (le voyage des Mages, la conversation de Joseph avec Isaïe, l'ablution du nouveau-né), s'appuie sur les icônes byzantines de l'époque des Paléologues et est propre à l'école moscovite de la fin du XIVe siècle et du début du XVe. On peut observer le même schéma dans les icônes de la rangée des fêtes de la cathédrale de l'Annonciation du Kremlin de Moscou et de celle de la laure de la Trinité, attribuées à l'école d'Andreï Roublev, ainsi que dans l'icône exposée. On pense que cette *Nativité* faisait partie de la rangée des fêtes de l'iconostase, dont la Déisis, célèbre entre toutes, avait été peinte par Roublev (trois icônes conservées de cette rangée se trouvent à la Galerie Tretiakov).

E. Gousseva

[1] Cette icône peut être considérée comme hors sujet dans le cadre d'une exposition consacrée aux saints russes. Elle est présentée en tête à titre d'épigraphe.

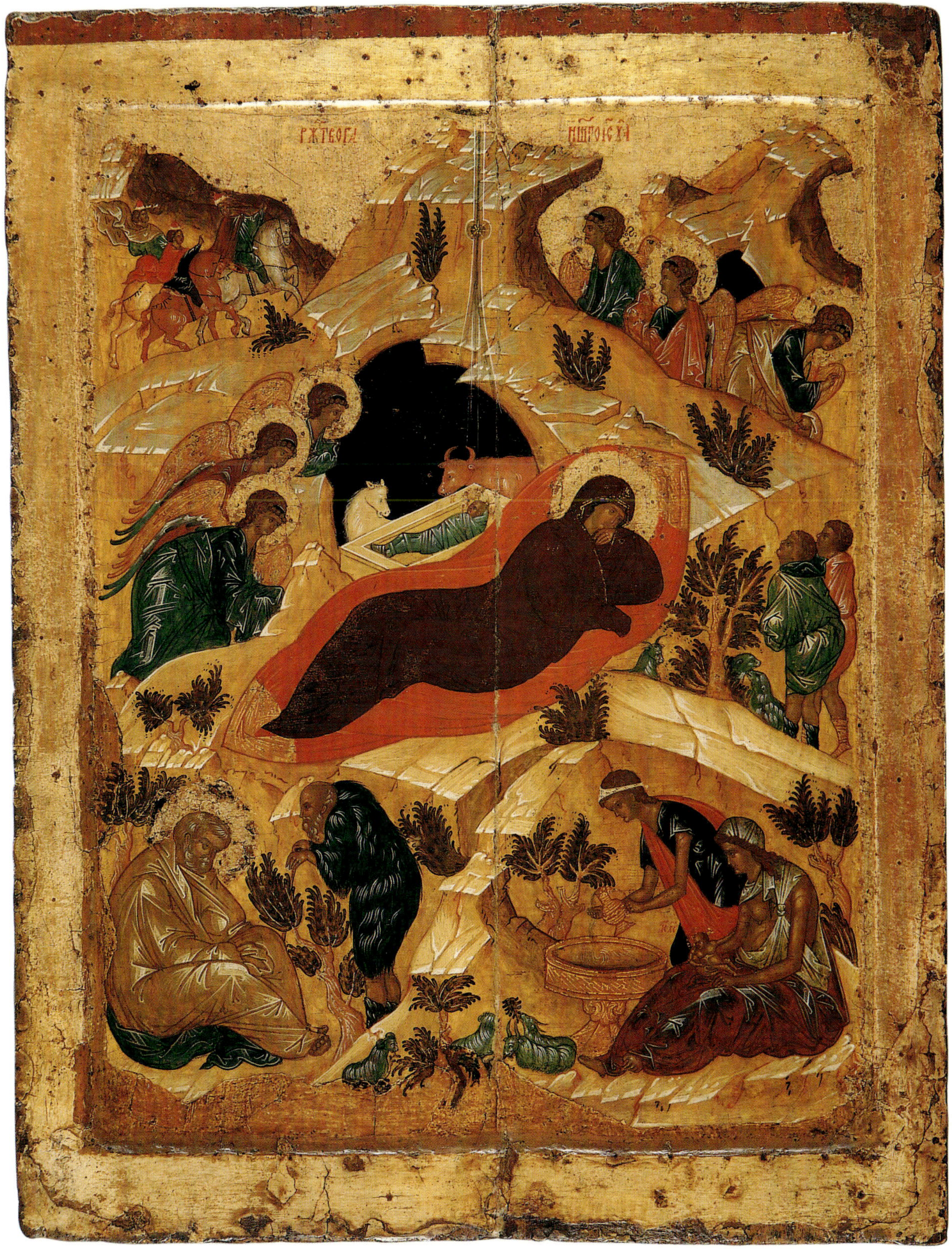

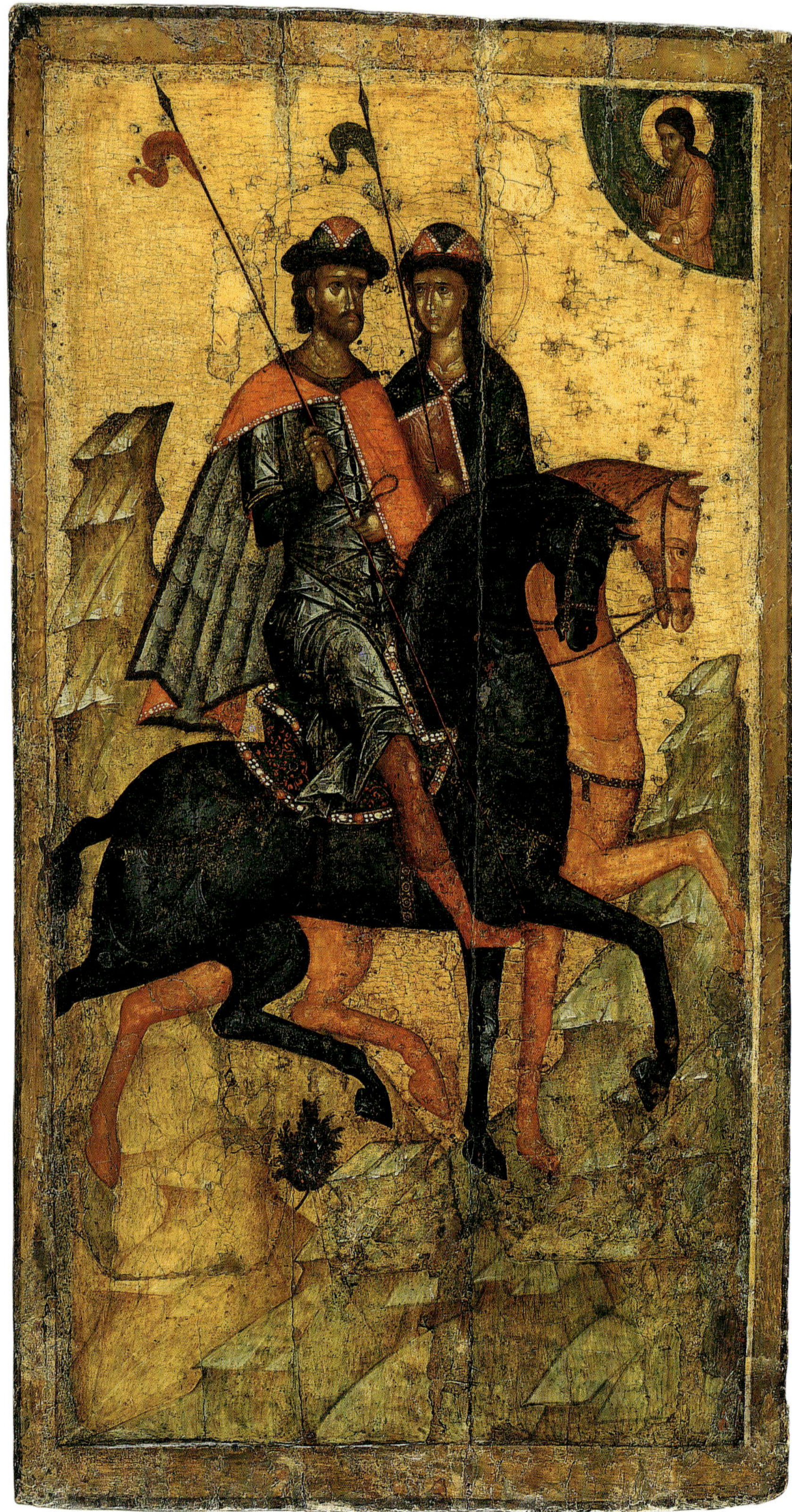

2

Les Princes Boris et Gleb à cheval
Seconde moitié du XIVe siècle. Pskov
128×75 cm
Provient de la cathédrale de la Dormition du Kremlin de Moscou
Acquis en 1940
Inv. DR-1129

Expositions:

Exposition-jubilé d'Andreï Roublev, célébrant le 600e anniversaire de sa naissance. Galerie nationale Tretiakov, Moscou, 1960 (cat. nº 11)

Peinture de l'ancien Pskov du Musée pskovien d'Histoire et d'Architecture, du Musée national russe et de la Galerie nationale Tretiakov. Moscou, 1970-1971 (cat. nº 10)

La peinture de Pskov du XIIIe au XVIIe siècle. Galerie nationale Tretiakov, Moscou, 1991 (cat. nº 6)

Byzance, Balkans, Russie. Les icônes de la fin du XIIIe siècle à la première moitié du XVe. Catalogue de l'exposition organisée dans le cadre du XVIIIe Congrès international des byzantinistes. Galerie nationale Tretiakov, Moscou, 1991 (cat. nº 37)

Exposée pour la première fois à l'étranger

Les images de guerriers à cheval apparurent dans l'art byzantin et russe à partir du XIe siècle. Les représentations de Boris et Gleb, premiers saints russes à avoir été canonisés, étaient assez répandues dans les icônes, les fresques et l'orfèvrerie. Dans le *Récit sur la vie et la mort de Boris et Gleb* (1070-1080), il est écrit que les prisonniers s'adressaient souvent à eux dans leurs prières en demandant leur aide.

Cette icône est la plus ancienne et la plus belle parmi celles que nous avons conservées et qui représentent Boris et Gleb à cheval. Sur fond de montagnes, les frères-princes semblent suspendus dans l'air sur leur monture. Ils sont vêtus de longs cafetans avec des agrafes et de manteaux courts; ils tiennent de grandes lances aux bannières flottantes. L'image des deux frères rappelle les nobles chevaliers du Moyen Age, des guerriers toujours prêts à apporter de l'aide, à défendre, à sauver.

Au début du XXe siècle, cette icône fut une des premières à avoir été nettoyées. Pendant plusieurs décennies, elle fut au centre d'une polémique acharnée. Une analyse détaillée permet de conclure qu'elle a été réalisée par le Maître de Pskov.

V. Oukhanova

3
Le Prince Vladimir, de la Déisis
Premier tiers du XVe siècle. Novgorod
97×37 cm
Ancienne collection I. S. Ostroukhov
Acquis en 1929
Inv. 12021

Expositions:
1000 ans d'art russe. Académie des Beaux-Arts, Moscou, juin-août 1988; 1000 Jahre russische Kunst. Schloss Gottorp, Schleswig-Holstein, août-octobre 1988; Museum Wiesbaden, novembre 1988 - février 1989 (cat. nº 87)

L'icône représente Vladimir Ier, grand-prince de Kiev, le père de Boris et Gleb, premiers martyrs russes canonisés; la Russie fut christianisée sous son règne.
La plus ancienne des représentations de Vladimir conservées fut celle de la fresque extérieure, réalisée en 1246, de l'église du Sauveur sur la Néreditsa (détruite lors de la Seconde Guerre mondiale).
L'icône exposée provient de la rangée de la Déisis[1]; c'est pourquoi le saint est représenté tourné à gauche, les deux bras levés dans un geste de prière. La tête du prince est ornée d'une couronne royale, avec perles et assiste[2] d'or. Ce genre de représentation est interprété par les scientifiques comme étant associé à l'image du roi David, à l'idée de sagesse royale et de majesté. Sur les icônes des XIVe et XVe siècles, on rencontre une autre image de Vladimir, portant une chapka princière. Le nimbe est décoré d'un ornement végétal travaillé en relief, représentant des fleurs pointues, caractéristiques de la peinture religieuse de l'école de Novgorod dès le XVe siècle. Les couleurs transparentes, aux dégradés très légers, sont d'une beauté extraordinaire. La tunique turquoise avec une large bande de couleur ocre a une assiste en bordure, l'himation[3] rouge doublé de jaune est décoré d'un exquis ornement doré. Des lignes gracieuses et élégantes dessinent la silhouette du saint: c'est la marque de l'art incomparable des maîtres iconographes de Novgorod.

V. Oukhanova

[1] Le pendant à l'icône du prince Vladimir a disparu.
[2] Minces hachures dorées qui recouvrent les vêtements des saints. Symbolise l'énergie divine qui anime la réalité terrestre. (NdT.)
[3] Vêtement se composant d'une pièce d'étoffe rectangulaire. Dans l'iconographie, sert la plupart du temps à identifier les personnages qui ont vécu à l'époque apostolique. (NdT.)

4

Saints Boris et Gleb

Fin XIVe - début XVe siècle. Pskov

164×116 cm

Provient de l'église du village de Bolchoïe Zagorié, dans les environs de Pskov

Acquis en 1939

Inv. 29557

Expositions:

Exposition d'icônes en l'honneur du IVe Congrès international des slavistes. Galerie nationale Tretiakov, Moscou, 1959 (sans catalogue)

Exposition-jubilé d'Andreï Roublev, célébrant le 600e anniversaire de sa naissance. Galerie nationale Tretiakov, Moscou, 1960 (cat. n° 29)

La peinture de Pskov du XIIIe au XVIIe siècle. Galerie nationale Tretiakov, Moscou, 1991 (cat. n° 14)

Exposée pour la première fois à l'étranger

Boris et Gleb, premiers martyrs canonisés de l'Eglise russe, étaient les fils de Vladimir Ier, grand-prince de Kiev. Au cours des querelles successorales, ils furent assassinés en 1015 par leur frère Sviatopolk. Grâce à leur foi inébranlable et au sacrifice de leur vie, ils sont devenus depuis le modèle de l'obéissance inconditionnelle et du martyre pacifiste, en représentant l'incarnation de l'idéal orthodoxe en Russie. Conformément à la tradition iconographique des XIe et XIIe siècles, ils sont présentés ici en pied et de face. Leurs silhouettes sont mises en valeur par le fond doré qui confère à l'icône un caractère d'apparat très particulier.

Boris, le frère aîné, a une barbe et des cheveux ondulés assez courts. Gleb, le cadet, est imberbe, avec de longues mèches de cheveux qui lui tombent sur les épaules. L'iconographie des images des princes réunit les traits des martyrs et ceux des guerriers. Dans les mains, ils tiennent des crucifix – symboles de leur supplice – et des glaives massifs dans leur fourreau, signes du pouvoir princier et attributs des guerriers-défenseurs, et aussi instruments de leur martyre. Ils sont coiffés de chapkas rondes bordées de fourrure et ornées d'or; la panoplie des princes guerriers est complétée de cottes de mailles dorées.

La particularité iconographique de cette icône est la présence d'une espèce de piédestals rouges décorés, en forme d'ovale, sur lesquels reposent les pieds des princes, que l'on peut voir sur de très anciennes icônes représentant Jésus-Christ, la Vierge ou les Archanges.

Au XVIIe siècle, l'icône avait subi une «restauration»: les habits des princes et les ornementations dorées furent soigneusement rénovés.

A en juger par ses dimensions, ce fut autrefois l'«icône du titulaire de l'église», mais les données sur l'édifice très ancien où elle se trouvait à l'origine n'ont pas été conservées. On sait seulement que le village de Bolchoïe Zagorié est situé sur une vieille route qui reliait Pskov à Novgorod.

V. Oukhanova

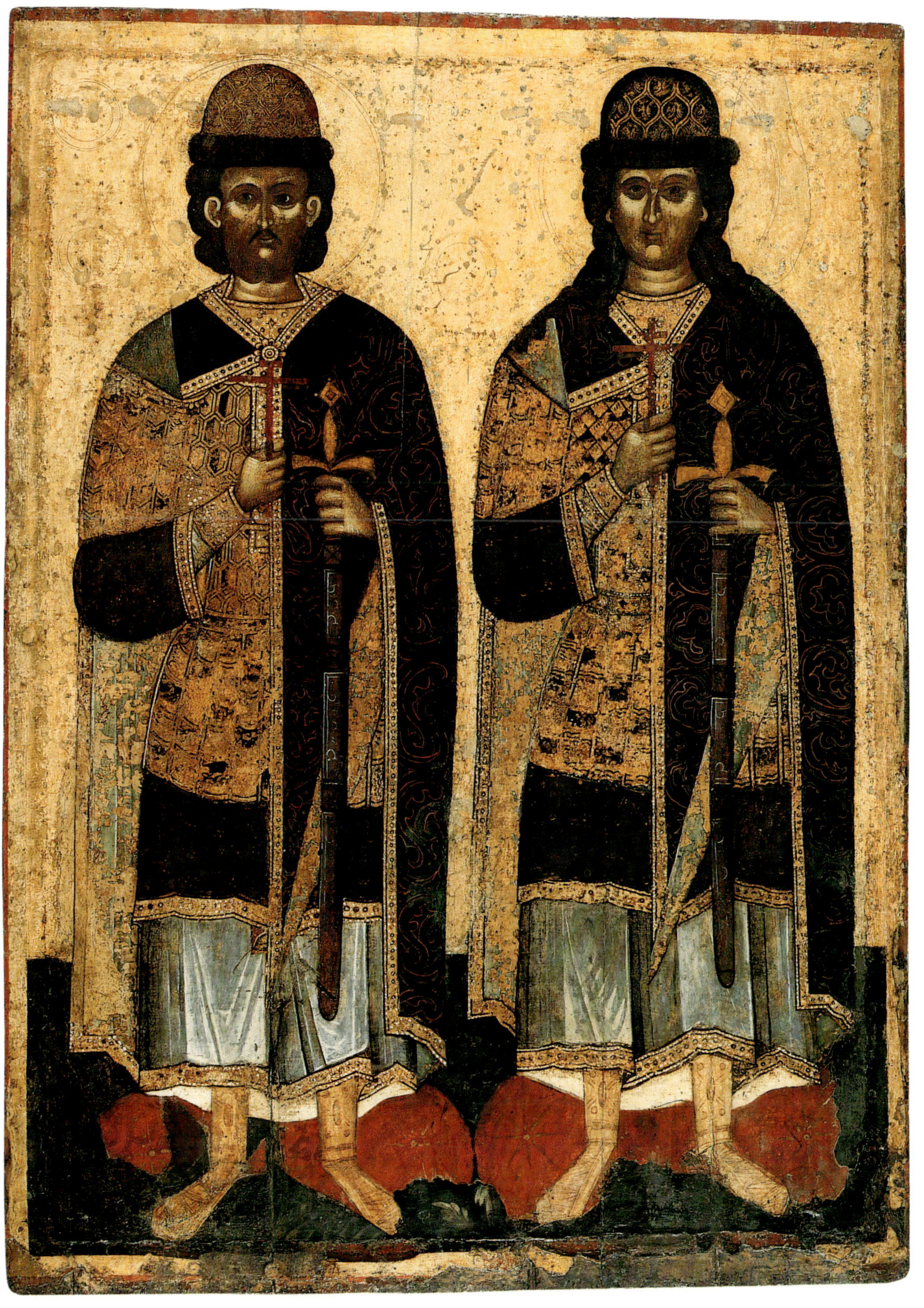

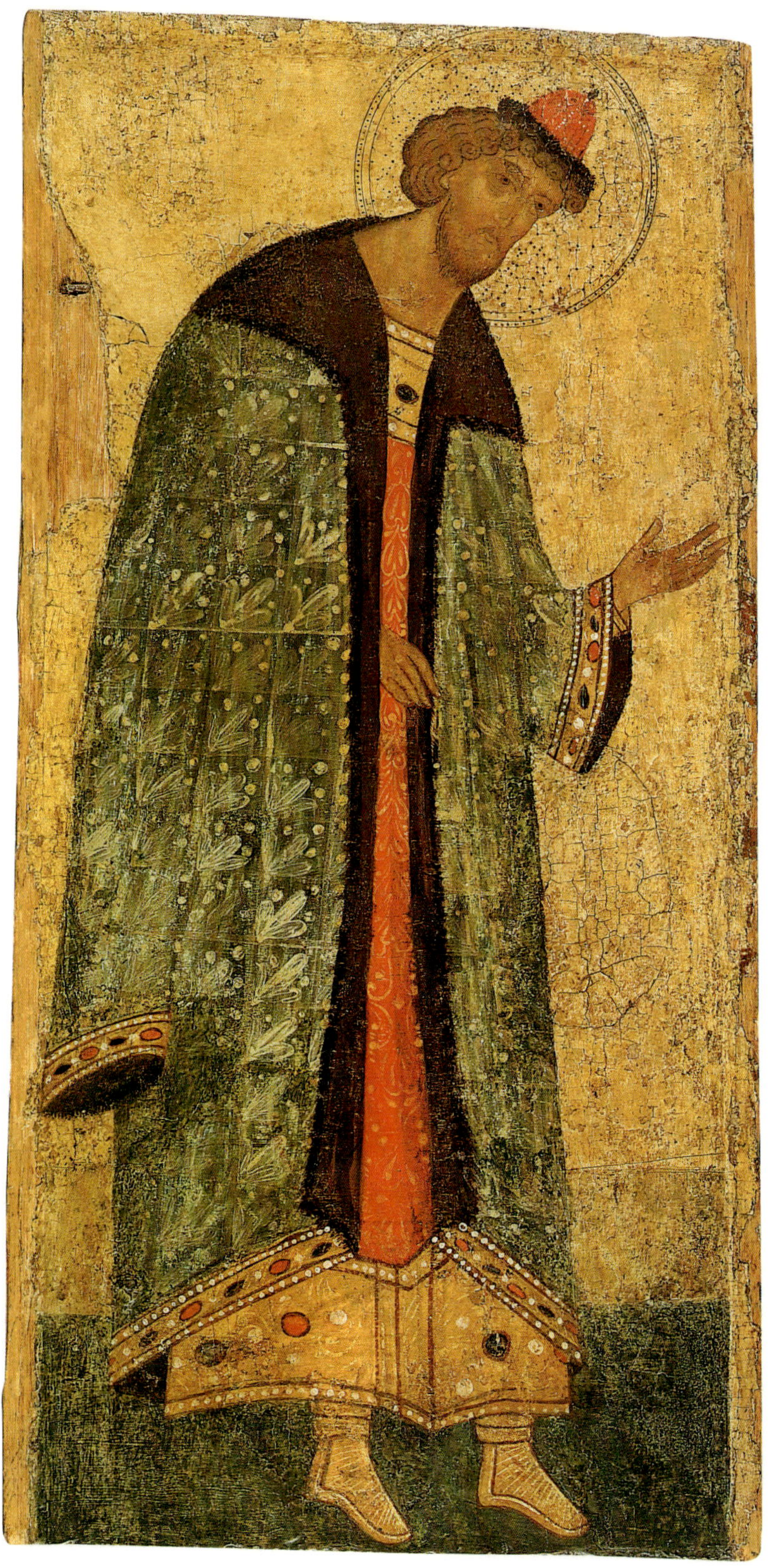

5
Le Prince Boris, de la Déisis
Milieu du XVᵉ siècle. Novgorod
97×48 cm
Ancienne collection I. S. Ostroukhov
Acquis en 1929
Inv. 12022

Exposée pour la première fois

Sur ces icônes, les figures des princes Boris et Gleb sont tournées de trois quarts: Boris à droite, Gleb à gauche. Une telle disposition des personnages est due au fait que les icônes proviennent de la rangée de la Déisis de l'iconostase.
L'iconostase – haute paroi décorée d'icônes séparant la nef, où prient les fidèles, de l'abside *(sanctuaire)*, où prêtres et diacres célèbrent la liturgie autour de l'autel, apparue dans les églises orthodoxes au tournant des XIVᵉ et XVᵉ siècles – est un phénomène spécifiquement russe. Cette division existait déjà dans les églises byzantines, sous la forme d'un mur ou d'une balustrade fermée par une grille et surmontée de colonnettes et d'une architrave, sur lesquels on commençait à accrocher les icônes destinées à la contemplation des fidèles. Dans l'iconostase, la rangée de la Déisis est la plus importante, en général la plus grande. Le centre de la composition est occupé par la figure du Christ en majesté, alors que de part et d'autre du trône s'avancent, selon un ordre bien précis, des

6
Le Prince Gleb, de la Déisis
Milieu du XVe siècle. Novgorod
97×49 cm
Ancienne collection I. S. Ostrooukhov
Acquis en 1929
Inv. 12023

Exposée pour la première fois

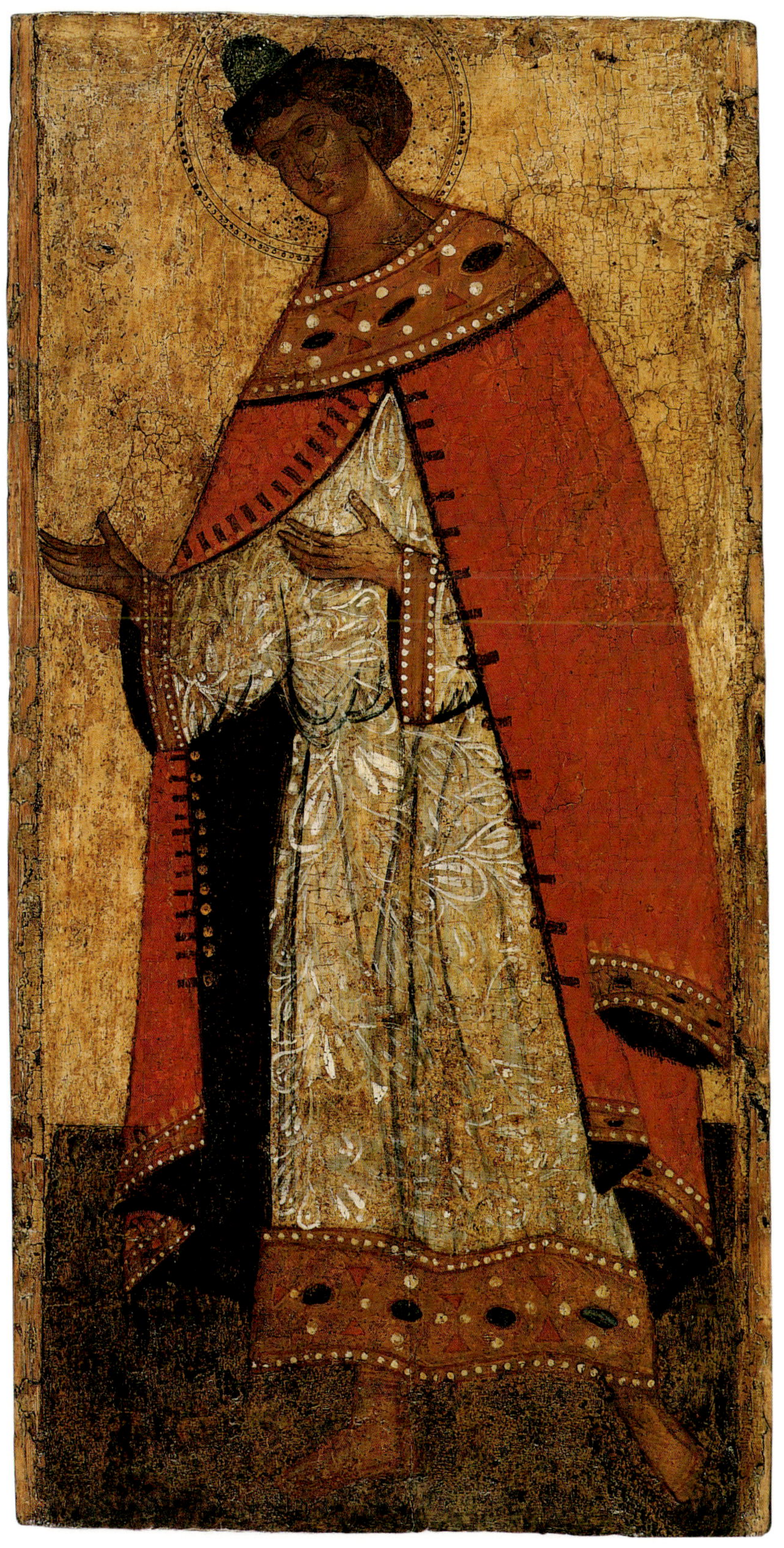

saints en prière intercédant devant Dieu pour l'humanité. Déjà au XVe siècle, en créant l'iconostase, les maîtres augmentèrent le nombre d'intercédants dans la Déisis. Si, dans les temps anciens, le Sauveur était entouré de la Vierge, de Jean le Précurseur, d'archanges et d'apôtres, sa composition inclut maintenant tous les rangs des saints: les bienheureux, les martyrs, les hiérarques. Les images glorifiant l'Eglise russe jouent dorénavant un rôle important dans la composition de l'iconostase. Les deux icônes présentées en sont une illustration éclatante. Le style des icônes est celui de l'école de Novgorod; en témoignent les ornements travaillés en relief sur les nimbes dorés des saints princes, typiques de la peinture religieuse de Novgorod dès le XVe siècle.
Les visiteurs de l'exposition pourront admirer les habits des princes, «coupés à la mode» de l'époque: les cafetans et les manteaux en fourrure richement ornementés, avec des rangées d'agrafes et les manches très longues – signe de leur dignité de boyards.

V. Oukhanova

7

Miracle de l'icône *La Vierge du Signe*
(Bataille des défenseurs de Novgorod contre les Souzdaliens)
Milieu du XVe siècle. Novgorod
133×90 cm
Provient de l'église de la Dormition du village de Kouritskoe sur le lac Ilmen
Acquis en 1930
Inv. 14454

Expositions:
Peinture de l'ancienne Russie. Musée national d'Histoire, Moscou, 1926 (sans catalogue)
La peinture russe historique. Galerie nationale Tretiakov, Moscou, 1939 (cat. n° 1)
La peinture de l'ancienne Novgorod et de ses terres. Musée national russe, Leningrad, 1971-1972 (cat. n° 61)
Russian and Soviet Painting. Metropolitan Museum of Art, New York, Fine Arts Museum, San Francisco
La peinture russe et soviétique. Mexico, 1978 (cat. pp. 58-59)

Le sujet de cette icône traite des événements historiques, devenus légendaires, de l'hiver 1169-1170. La ville de Novgorod fut attaquée et assiégée par les armées réunies de quelques principautés de Russie centrale, avec le prince souzdalien Mstislav, fils d'Andreï Bogolioubski, à leur tête. Mercredi, 25 février 1170, la bataille, qui durera toute la journée, éclata. C'est Novgorod qui triomphera de Souzdal. Les Novgorodiens se souvinrent pendant des siècles de cette brillante victoire. Ils attribuaient leurs succès guerriers à l'aide miraculeuse de la Mère de Dieu, aux merveilles produites par l'icône *La Vierge du Signe*. Sur celle-ci, la Vierge est représentée en buste, les mains levées en prière, le médaillon à l'image du Christ Enfant sur la poitrine. Ce genre iconographique était très populaire à Novgorod. *La Vierge du Signe* y fut peinte au XIIe siècle et était considérée comme miraculeuse. Après la défaite des Souzdaliens, son pouvoir magique ne fit qu'accroître. Cette œuvre est conservée depuis toujours dans la cathédrale Sainte-Sophie à Novgorod.
Le zôgraphe du XVe siècle divisa la narration de cet événement miraculeux en trois parties, réparties dans la composition sur trois rangées horizontales. La plus haute représente la procession solennelle qui transporte l'icône de l'église du Sauveur par le pont sur la rivière Volkhov vers Sainte-Sophie, cathédrale principale. L'archevêque Jean est en tête de la procession; le nimbe et les habits blancs avec les croix le font remarquer parmi les autres citoyens. Dans la partie médiane, l'icône est déjà fixée au mur fortifié, qui protège les défenseurs. On y assiste également aux pourparlers. Les représentants de Novgorod, résignés, nu-tête, sont partis de la forteresse à cheval pour rencontrer les parlementaires. Les Souzdaliens, le bonnet enfoncé jusqu'aux oreilles, sûrs de leur supériorité et de leur futur triomphe, se montrent insolents. Ils rompent les discussions et leurs guerriers commencent à tirer sur les défenseurs de Novgorod: les flèches pleuvent de partout et l'une d'elles frappe l'icône *La Vierge du Signe*. La dernière rangée montre la victoire des Novgorodiens dont les cavaliers sortent par les portes du donjon, Georges, Boris et Gleb, les trois saints guerriers, en tête (les nimbes les différencient). On a l'impression que les saints sont là pour encourager et protéger à la fois, à l'instar d'un bouclier magique qui défendrait les Novgorodiens contre les flèches et les lances ennemies. Leurs montures ont un aspect monolithique, ce que soulignent les lances verticales de leurs bannières ornées de croix. Et les Souzdaliens sont défaits, dans la confusion la plus totale, leurs drapeaux tombent, plusieurs cavaliers sont désarçonnés et périssent dans la débandade.
Peinte au milieu du XVe siècle, cette icône rappelait aux habitants de Novgorod leur passé glorieux, leurs triomphes sous la protection de la Vierge, les stimulait lorsque la guerre entre Novgorod et Moscou éclata, aux fins de rattacher la république indépendante novgorodienne à l'Etat de Moscou.
Cette icône est l'exemple parfait de l'art des zôgraphes de Novgorod de la période de l'épanouissement. Elle témoigne d'une puissante énergie spirituelle et sa composition extraordinaire frappe par sa clarté et son laconisme. Sa gamme chromatique où le vermillon domine est d'une profonde originalité.

J. Kozlova

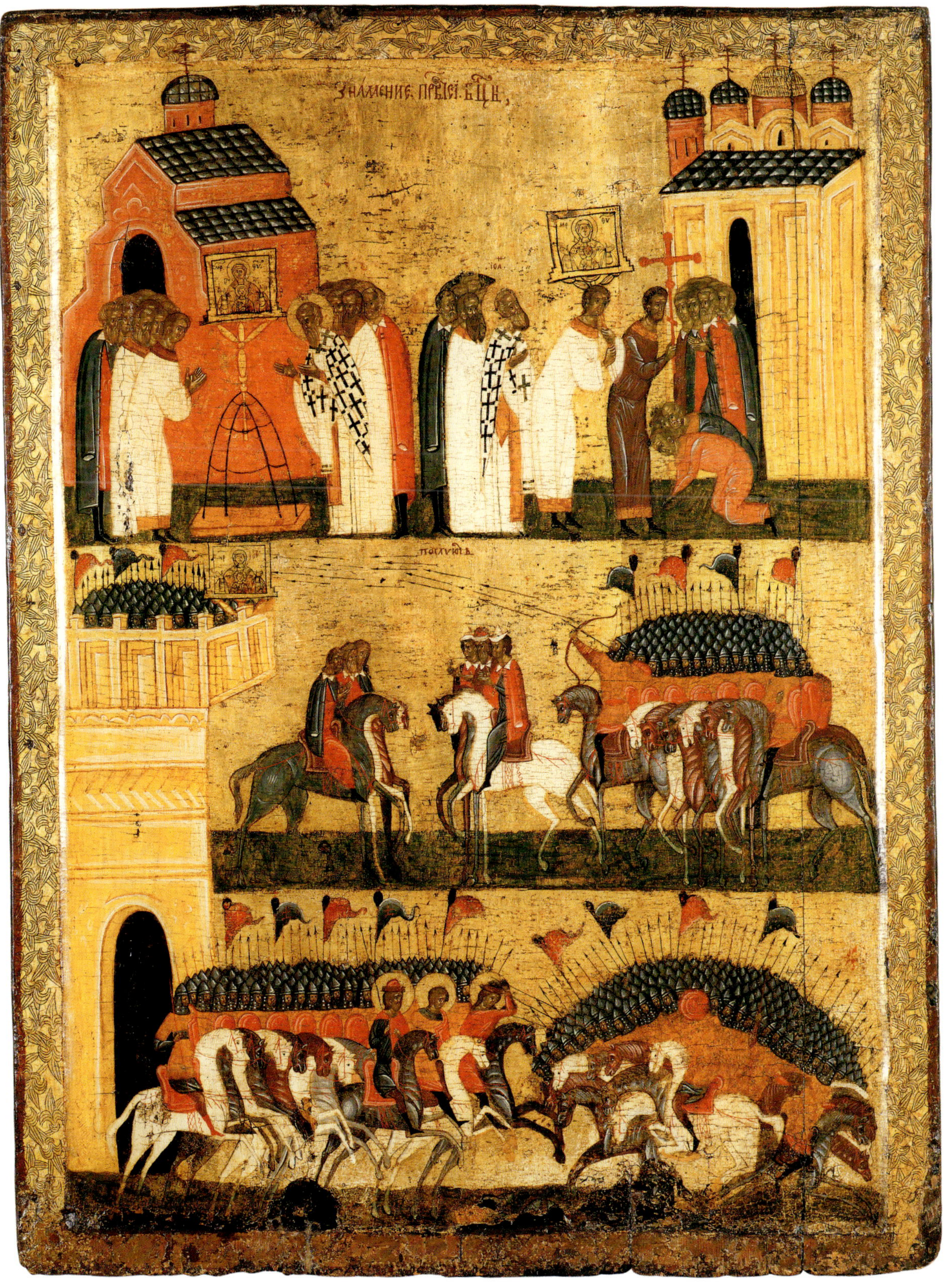

8

Les Princes Vladimir, Boris et Gleb, avec des scènes de la vie de Boris et Gleb
Premier tiers du XVIe siècle. Moscou
138×120 cm
Ancienne collection G. Filimonov, d'après E. Egorov
Selon la légende, proviendrait de l'église Jean-Lestvinitchek du Kremlin de Moscou
Acquis en 1930
Inv. 14247

Expositions:
Première exposition du Fonds national des Musées. Moscou, 1918 (cat. n° 20)
Peinture de l'ancienne Russie. Musée national d'Histoire, Moscou, 1926 (sans catalogue)
Maître Denis et l'art de Moscou des XVe et XVIe siècles. Musée national russe, Leningrad, 1976-1977 (cat. 1981, n° 74)

Exposée pour la première fois à l'étranger

Les premières icônes avec des scènes de vie apparaissent dans l'art russe au cours de la seconde moitié du XIIIe siècle. Elles seront plus largement répandues vers le XVIe siècle.
Le prince Vladimir, coiffé de la couronne de tsar, et ses fils cadets Boris et Gleb sont représentés dans la partie centrale, entourée de 16 compartiments:

1	2	3	4
5			6
9			7
10			8
11			12
13	14	15	16

1. Le prince Vladimir envoie Boris combattre les Petchenegues en lui donnant le glaive
2. Funérailles de Vladimir, mort en l'absence de son fils
3. Sviatopolk rassemble les habitants de Kiev (?)
4. Boris et son serviteur, pressentant des malheurs, prient dans la tente
5. Le serviteur de Boris essaie de protéger son maître lorsque des assassins pénètrent dans la tente
6. Assassinat de Boris. Sa dépouille est transportée à Kiev
7. Sviatopolk dépêche son serviteur à Gleb pour lui annoncer la maladie de son père
8. Le prince Gleb se rend à Kiev. En chemin, son cheval trébuche et se casse la jambe
9. Assassinat de Gleb dans une barque
10. Le corps du prince Gleb est posé entre deux billots
11. Transport des dépouilles de Boris et Gleb à Vychgorod
12. Apparition des princes Boris et Gleb au moine Martin
13. Bataille de Iaroslavl contre les troupes de Sviatopolk le Maudit
14. Le prince Mstislav de Tchernigov, malade, est conduit vers le cercueil de Boris et Gleb pour être guéri
15. Miracles dus aux reliques de Boris et Gleb
16. Mort de Sviatopolk le Maudit

Les compartiments sont ordonnés selon le *Récit sur la vie et la mort de Boris et Gleb*, paru à la fin du XIe siècle et attribué au célèbre chroniqueur Nestor. Plus tard, les récits sur la vie des princes Boris et Gleb s'enrichirent de nombreux détails. Sur cette icône par exemple, la guérison miraculeuse du prince Mstislav est relatée (compartiment 14).
Si les figures placées dans la partie centrale sont statiques et imposantes, celles des compartiments sont, en revanche, pleines de mouvement et reliées entre elles avec vivacité. L'enchaînement des compartiments est si réussi que l'on se croirait en présence d'une frise.

V. Oukhanova

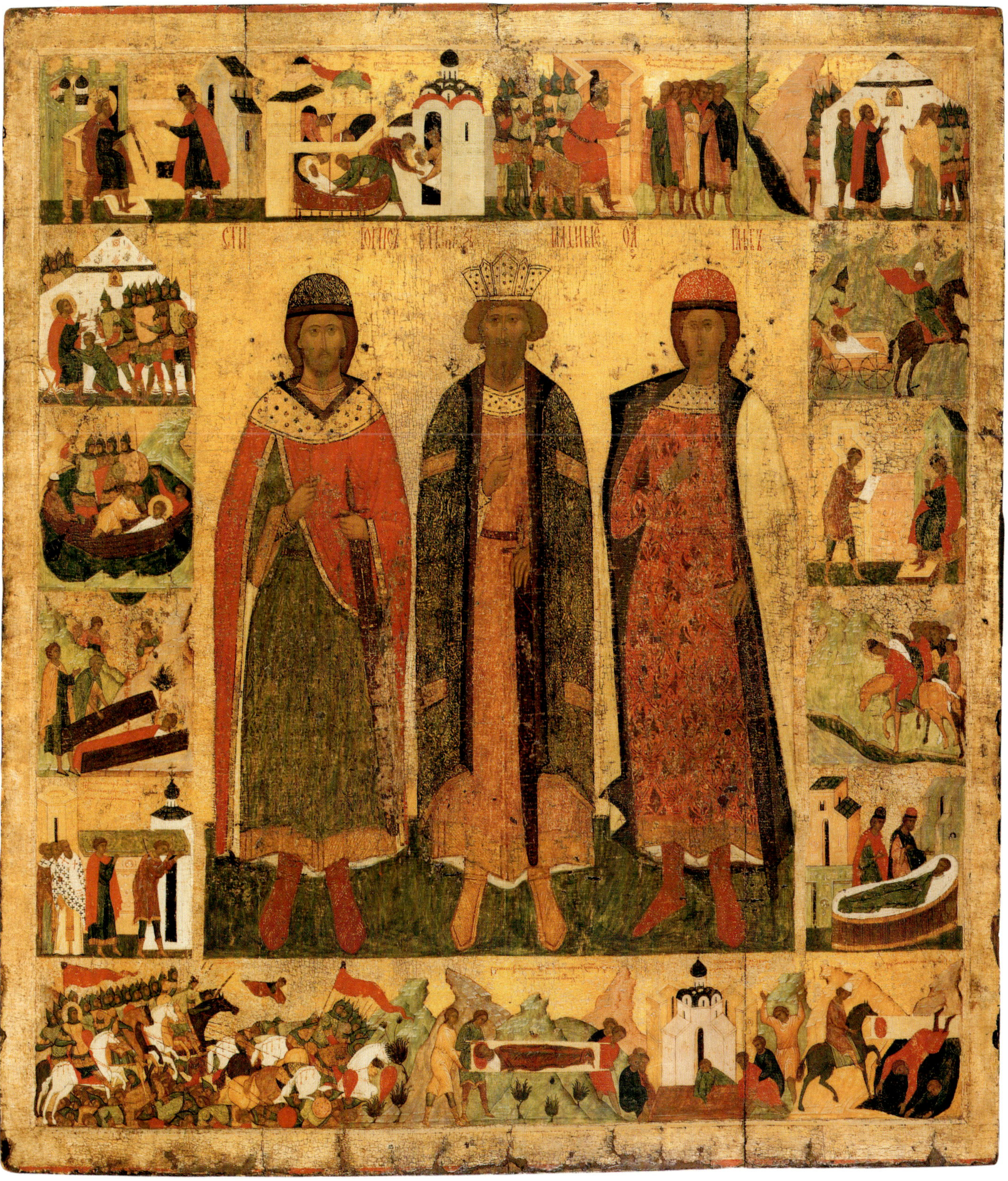

9

Saint Serge de Radonège, avec scènes hagiographiques
Milieu du XVIᵉ siècle
157,8×114,8 cm
Provient de la maison de prière des vieux-croyants *(schismatiques)*, située dans la ruelle Tokmakov à Moscou
Acquis en 1934
Inv. 20879

Expositions:
1000 ans d'art russe. Académie des Beaux-Arts, Moscou, juin-août 1988; 1000 Jahre russische Kunst. Schloss Gottorp, Schleswig-Holstein, août-octobre 1988; Museum Wiesbaden, novembre 1988 - février 1989 (cat. nº 93)

Moscow. Treasures and Traditions. Washington, Seattle, 1990 (cat. nº 3)

Exposition consacrée au 600ᵉ anniversaire de la mort de saint Serge de Radonège. Galerie nationale Tretiakov, Moscou, 1992 (sans catalogue)

L'or des tsars. Trésors russes. Icônes et arts décoratifs du XIᵉ au début du XXᵉ siècle des collections de la Galerie nationale Tretiakov et des Musées du Kremlin de Moscou. Retretti, Finlande, 1996 (cat. nº 57)

The Art of Holy Russia. Icons from Moscow, 1400-1660. Schirn-Kunsthalle, Francfort, 1997. Royal Academy of Arts, Londres, 1998 (cat. nº 26)

L'image du vénérable Serge de Radonège, placée au centre de l'icône, est entourée de 19 compartiments relatant les événements de la vie du saint.

Sujets des compartiments:

1. Naissance de Barthélemy, futur Serge
2. Vision à l'adolescent Barthélemy
3. Barthélemy amène l'ermite dans la maison de ses parents
4. Prise de l'habit sous le nom de Serge
5. Serge chasse les démons de sa cellule
6. Serge ordonné hégoumène par Athanase
7. Emergence de la source
8. Prière pour l'enfant défunt
9. Le père de l'enfant remercie Serge d'avoir ressuscité son fils
10. Histoire d'un laboureur
11. Arrivée des envoyés de Philothée Kokkinos, patriarche de Constantinople, apportant à Serge le scapulaire, l'habit monastique et la croix
12. Apparition de la Vierge à Serge
13. Vision du feu céleste lors de la liturgie
14. Guérison de l'évêque grec aveugle
15. Enterrement de Serge
16. Invention des reliques
17. Serge apparaît en songe à Zakhari Borozdine, haut dignitaire malade
18. Apparition de Serge et de Nikon à Semion Antonov, malade
19. Serge apparaît en songe à l'archimandrite Joasaph

Le dernier compartiment fut repeint lors d'un remaniement ultérieur de l'icône. La peinture originelle ne fut conservée que dans sa partie supérieure. Si l'on compare cette icône aux autres images hagiographiques de saint Serge, on peut supposer que le sujet originel du dernier compartiment fut la «Guérison d'un aveugle près du tombeau de Serge».
Cette icône, conservée à la Galerie Tretiakov, fut probablement réalisée pour le monastère de la Théophanie-de-la-Procure-de-la-Trinité du Kremlin de Moscou.

N. Rozanova

1 2 3 4 5 6
8 7
10 9
12 11
13 14
15 16 17 18 19

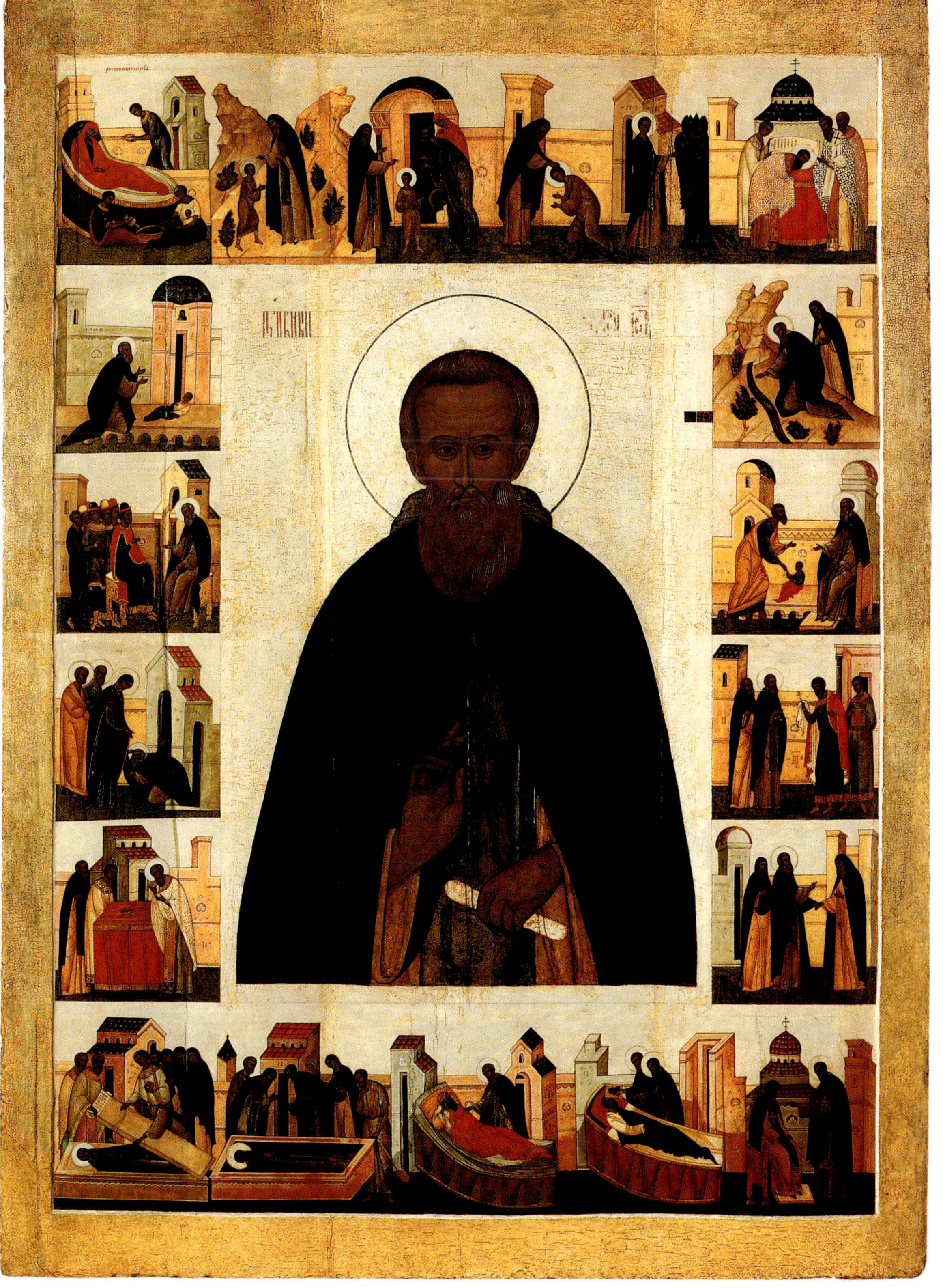

10

Apparition de la Vierge à saint Serge de Radonège

Milieu du XVIe siècle. Moscou
114×84 cm
Ancienne collection A. V. Morozov[1]
Acquis en 1930
Inv. 12808

Exposition:
Exposition consacrée au 600e anniversaire de la mort de saint Serge de Radonège. Galerie nationale Tretiakov, Moscou, 1992 (sans catalogue)

Le sujet «Apparition de la Vierge au vénérable Serge» est exposé dans le chapitre «De la visite de la Vierge» de la *Vie hagiographique* du saint. Cette partie du texte de la *Vie* est conservée dans la rédaction de Pacôme (milieu du XVe siècle), qui avait remanié le texte original dont l'auteur était le disciple le plus proche du vénérable Serge, Epiphanie le Sage, célèbre écrivain de l'ancienne Russie. Dans les *Chroniques moscovites* (de Nikon II et de sainte Sophie), il est précisé que cet événement eut lieu en 1384 ou 1385.

La visite miraculeuse de la Vierge au monastère de la Trinité-Saint-Serge signifiait qu'il était placé sous la protection des forces divines.

Le texte hagiographique raconte comment le vénérable Serge, après la prière vespérale devant l'icône de la Vierge dans sa cellule et la lecture de l'acathiste, s'assit pour se reposer et, ayant appelé Mikheï, son disciple et frère convers, lui ordonna de veiller car il fallait s'attendre à une visite miraculeuse. La Vierge apparut dans une lumière éblouissante, accompagnée des apôtres Pierre et Jean. Elle releva le vénérable Serge agenouillé, lui remit un bourdon et l'assura de sa présence instante et invisible auprès du monastère, en promettant de veiller sur lui durant sa vie, mais aussi après sa mort.

Dès le XVe siècle, ce sujet devient fréquent dans les images sur icônes, croix-reliquaires ciselées et voiles brodés, sur des crucifix sculptés et ciselés, surtout dans les œuvres liées au monastère de la Trinité-Saint-Serge. Il existe deux variantes de l'iconographie: «historique», relatant l'événement avec beaucoup de précision (le vénérable Serge à genoux, Mikheï, effrayé, se cachant la face, se réfugie dans la baie de la cellule) (voir n° 9, compartiment 12), et «symbolique» (derrière le vénérable Serge debout, on voit Nikon, son disciple et successeur au monastère, souvent avec un rouleau de parchemin dans les mains). L'icône présentée appartient à ce second type.

L'évolution des ouvrages architecturaux apparaissant au fond permet de classer les bâtisses peintes sur l'icône. Elles appartiennent par leur genre au milieu du XVIe siècle et sont propres au style de l'atelier du métropolite Macaire du Kremlin de Moscou. Il est probable que cette icône fût peinte pour le monastère de la Théophanie-de-la-Procure-de-la-Trinité du Kremlin de Moscou et destinée à l'église Saint-Serge consacrée par le métropolite Macaire en 1557. La Trinité figurant dans la demi-sphère du haut est l'emblème traditionnel du monastère de la Trinité-Saint-Serge. De telles petites images de la Trinité ornent la bordure supérieure de nombreuses icônes et ouvrages d'arts décoratifs dont l'origine est liée au monastère de la Trinité.

E. Gousseva

[1] Morozov Alexeï Vikoulovitch (1857-1934), industriel et collectionneur moscovite, né dans une famille de négociants, un des propriétaires de la Manufacture Morozov. Après la révolution de 1917, la collection fut nationalisée et son propriétaire en fut nommé conservateur. Après la mort d'A. V. Morozov, la collection fut dispersée dans différents musées nationaux, en fonction de la spécificité des objets. Celle des icônes fut transmise à la Galerie Tretiakov et au Musée historique d'Etat.

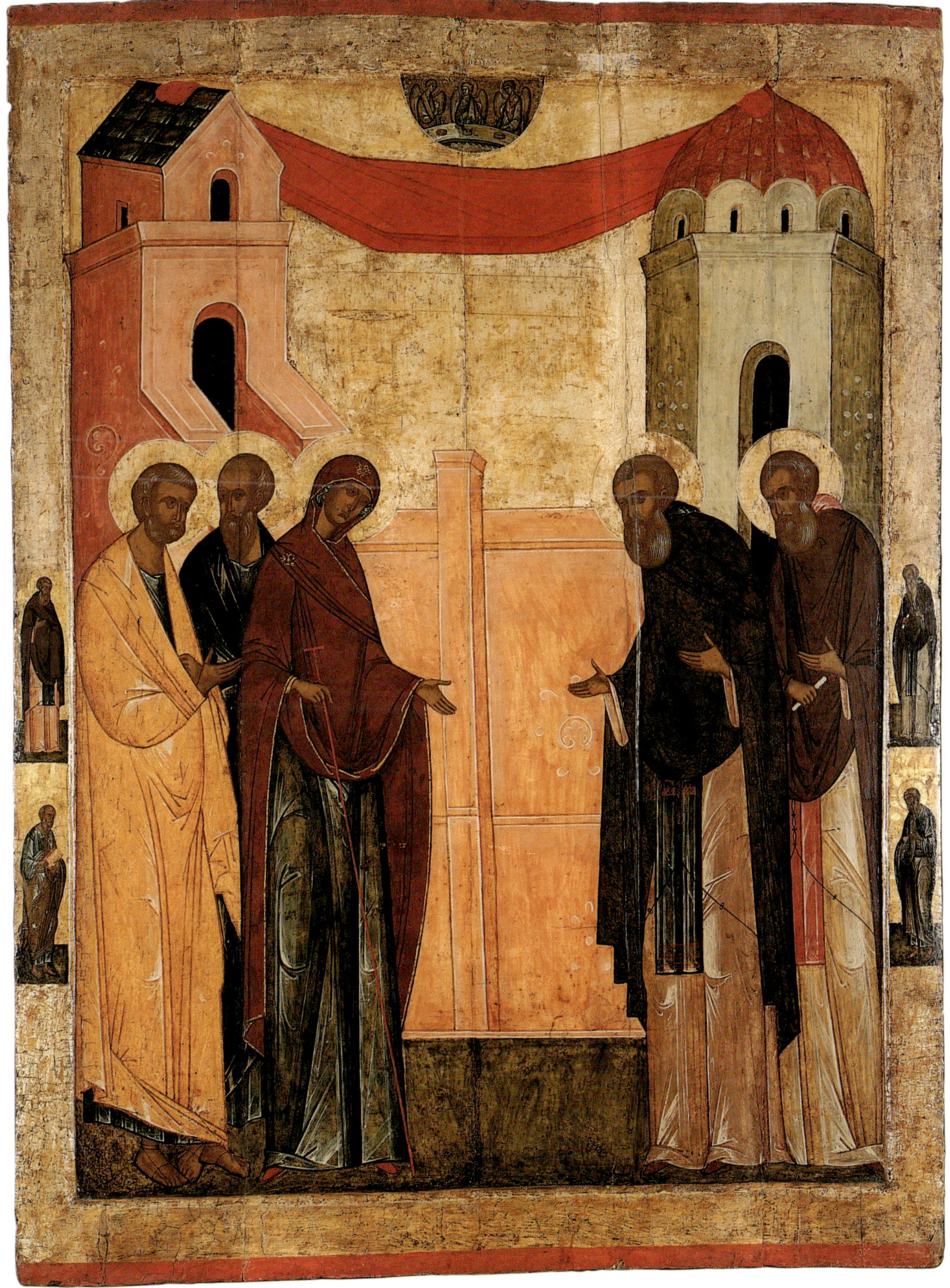

11

La Déisis. Triptyque

XVIe siècle (?) - XIXe siècle (?)
Panneau central: 75×63 cm
Chaque battant: 75×31 cm
Provient de l'ancienne collection I. Siline, Moscou,
puis de la collection I. Roukavitsyne, Simbirsk
Acquis en 1938
Panneau central: inv. 22206 / Battant gauche: inv. 22205 / Battant droit: inv. 22207

Expositions:
La peinture de l'ancien Pskov. Moscou, 1970 (sans catalogue)
La peinture de Pskov du XIIIe au XVIIe siècle. Galerie nationale Tretiakov, Moscou, 1991 (cat. n°s 86-88)

L'historique de ce triptyque présente quelques difficultés d'interprétation quant à son style et à son contenu. Sur le panneau central, les archanges sont placés derrière le Sauveur au lieu de figurer, comme il est habituel dans la rangée de la Déisis, après la Vierge et saint Jean le Précurseur. Par surcroît, l'un des archanges a les yeux fixés sur la Mère de Dieu et l'autre sur saint Jean. Dans les compositions traditionnelles, tous les regards des personnages de la Déisis convergent vers le Christ. En outre, sur les deux battants, les saints ne sont pas représentés dans un ordre hiérarchique.
Dans le catalogue raisonné de la Galerie Tretiakov, l'œuvre est datée de la fin du XVe siècle. L'analyse du support en bois de l'icône et la présence de certains personnages permettent de la situer à l'époque d'Ivan le Terrible. Toutefois, l'examen des couches de peinture effectué récemment porte à croire que l'icône aurait été restaurée ou repeinte au XIXe siècle par un imitateur de génie sur le support d'origine. D'autres investigations sont d'ailleurs en cours.

L. Nersessian, G. Sidorenko

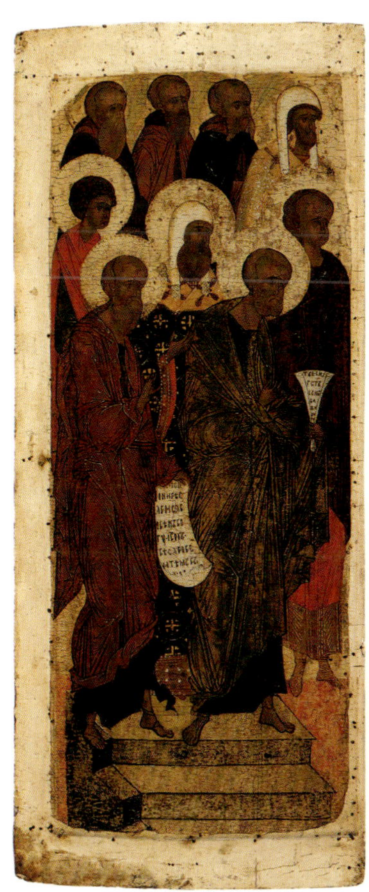
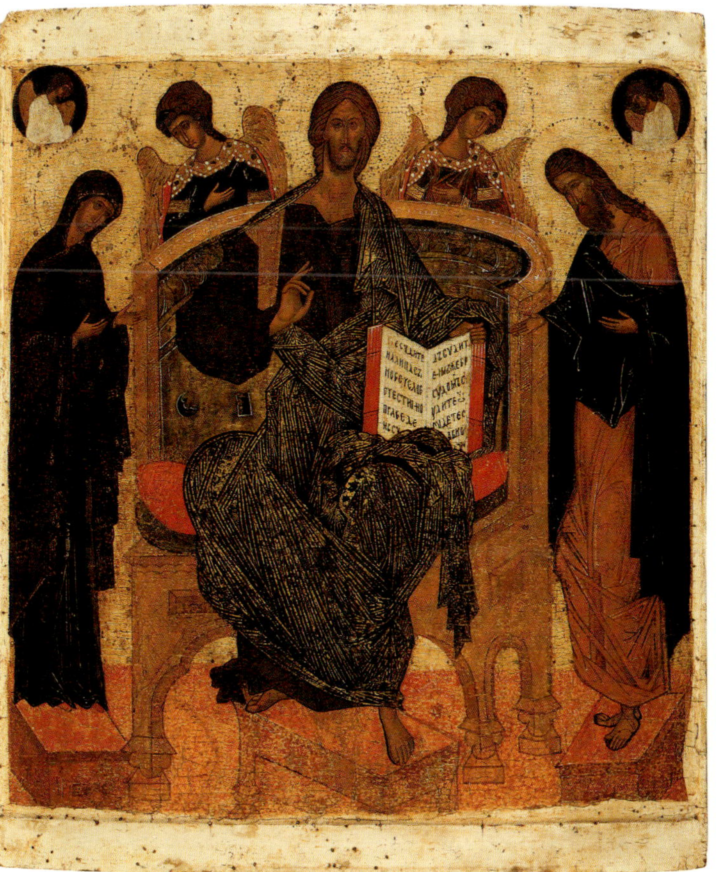
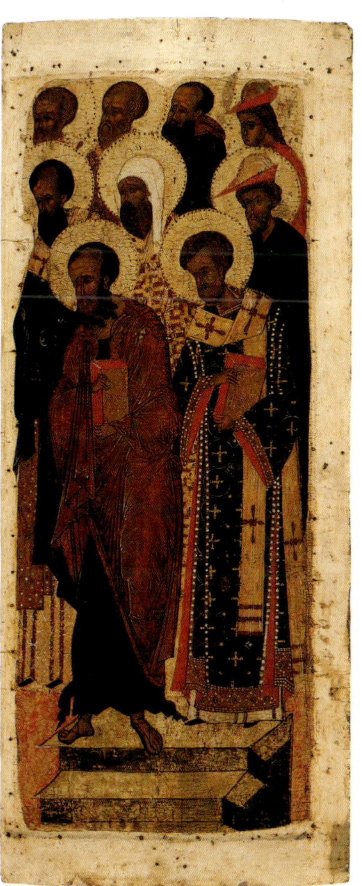

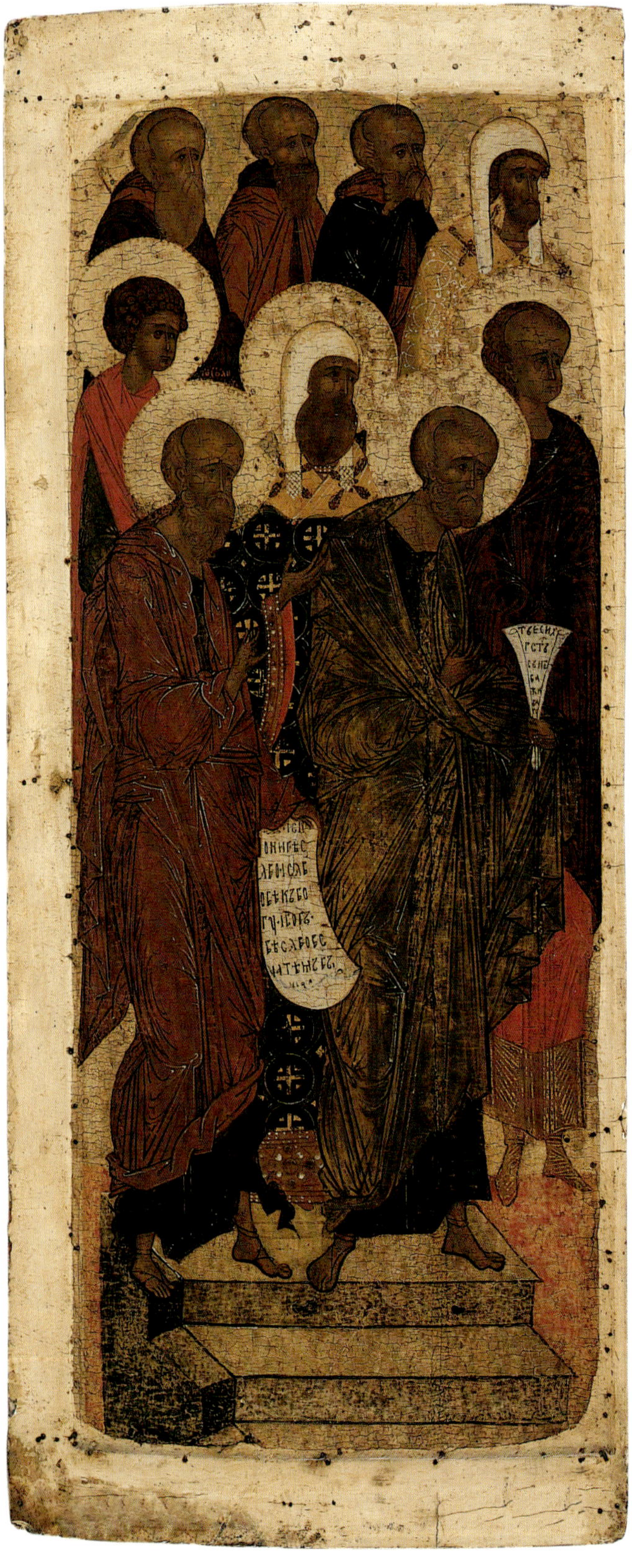

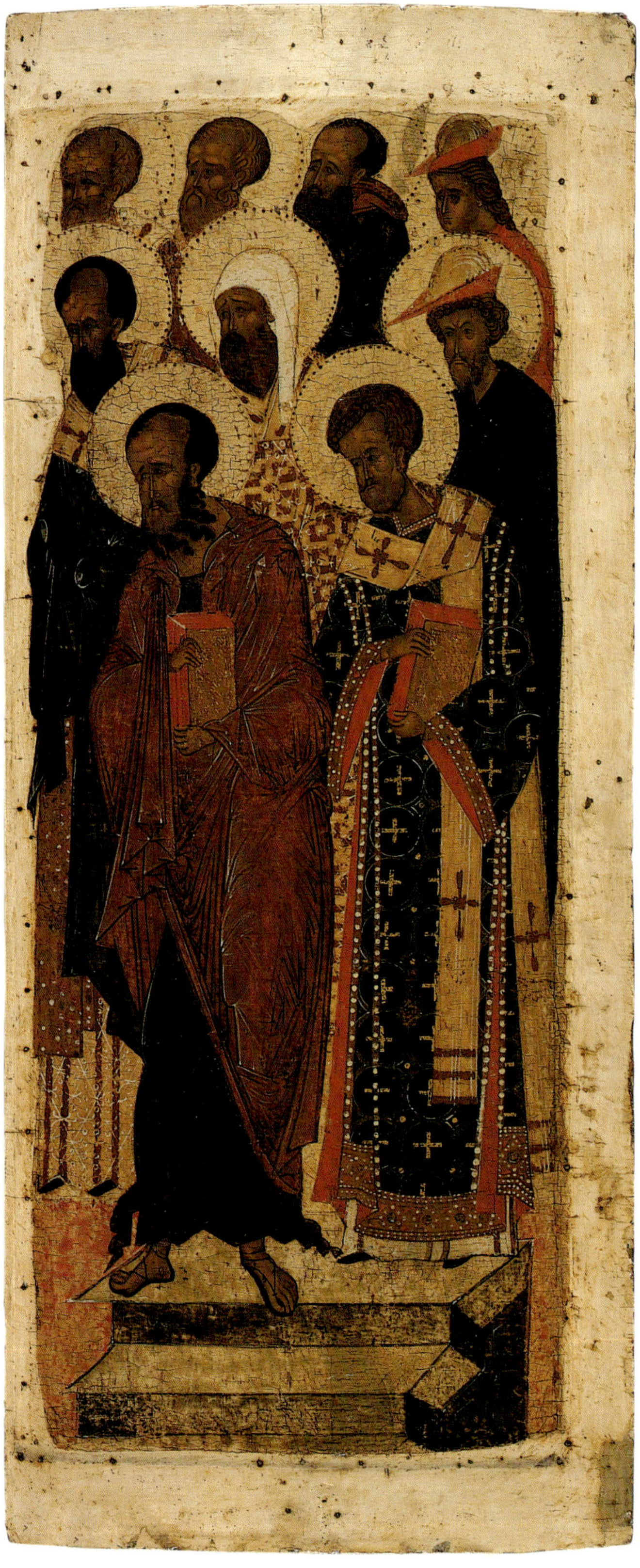

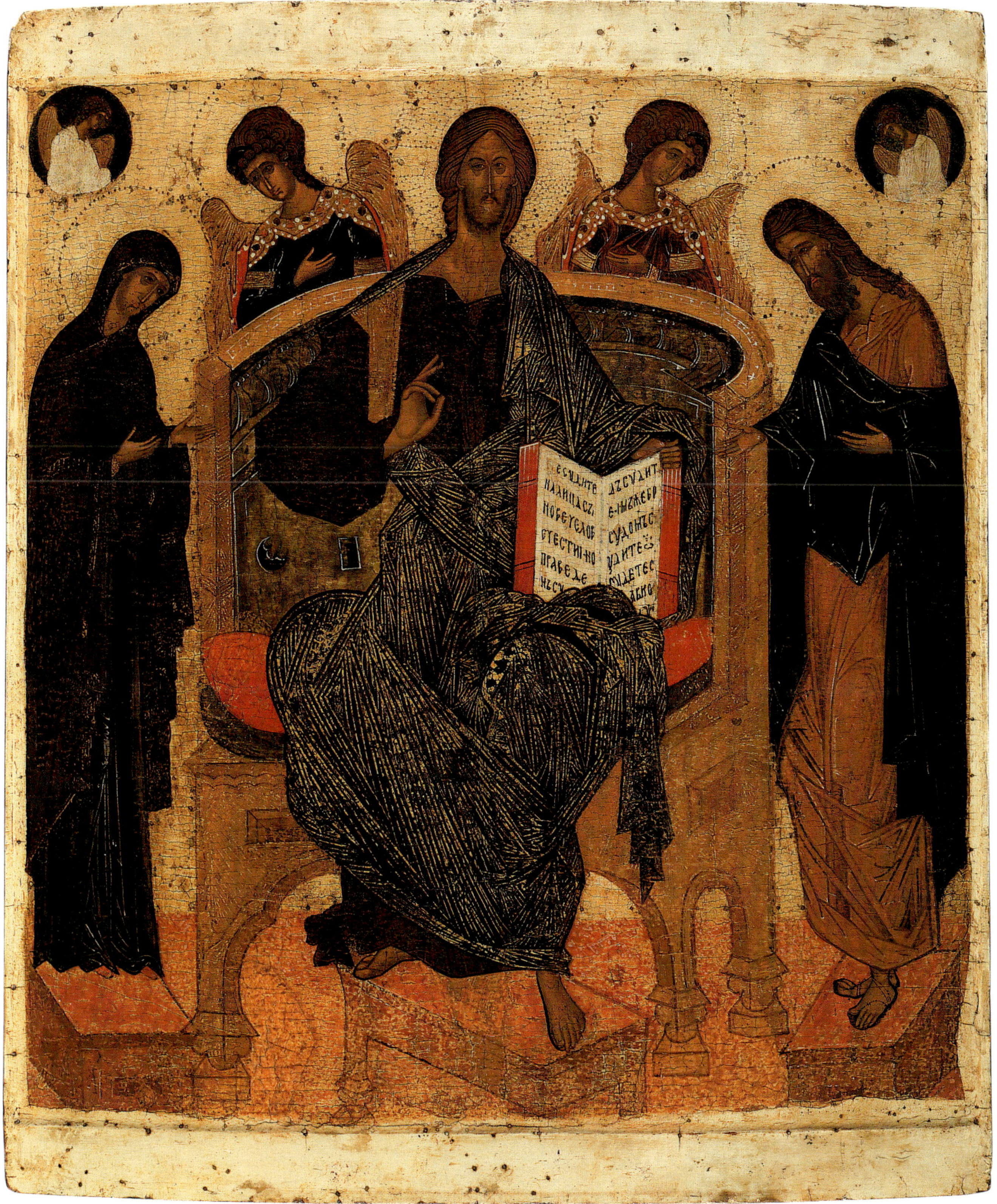

12

Les Saints élus: Nicolas Thaumaturge, Nicétas de Novgorod, Jean de Novgorod, Alexandre de la Svira, avec des saints en bordure

1560. Novgorod
78×64 cm
Ancienne collection P. I. Chtchoukine
Acquis en 1930
Inv. 14192

Exposition:
Les Saints russes. Maison centrale des artistes, Moscou, 1990

La bordure inférieure de l'icône porte une inscription indiquant qu'elle fut peinte le 15 octobre 1560 pour l'église Saints-Boris-et-Gleb.
La partie centrale de l'œuvre montre, en pied, les saints vénérés à Novgorod: Nicolas Thaumaturge, Nicétas de Novgorod, Jean de Novgorod et Alexandre de la Svira. Leurs mains droites sont représentées dans un geste de bénédiction. Saint Nicolas et l'évêque Nicétas de Novgorod tiennent dans la main gauche des Evangiles fermés, et les vénérables Jean de Novgorod et Alexandre de la Svira des rouleaux de parchemin. Au-dessus d'eux, au centre, on remarque une demi-sphère céleste bleue, sur le fond de laquelle est peinte l'image vénérée de la Vierge du Signe, palladium de la ville de Novgorod.
Des deux côtés de la Vierge du Signe, des vénérables en buste sont représentés: à gauche, Barlaam de Khoutyn et le grand saint russe Serge de Radonège, à droite, Zosime et Sabbatius des Solovki.
Sur les marges latérales sont placées, en pied, les images du prince Vladimir de Kiev, des princes Boris et Gleb, des anargyres Cosme et Damien, de Dimitri de Thessalonique et de saint Georges.
Les saints vénérés, comme protégés par la Vierge du Signe, sont caractéristiques d'un genre apparu dans l'iconographie de Novgorod au milieu du XVe siècle, à l'époque de l'archevêque Euthyme (1429-1458). La propagation de ce style iconographique témoigne de l'aspiration des habitants de Novgorod à invoquer la protection de la très ancienne et révérée icône de la Vierge du Signe et à glorifier de nouveau l'ancien palladium de leur ville.

J. Kozlova

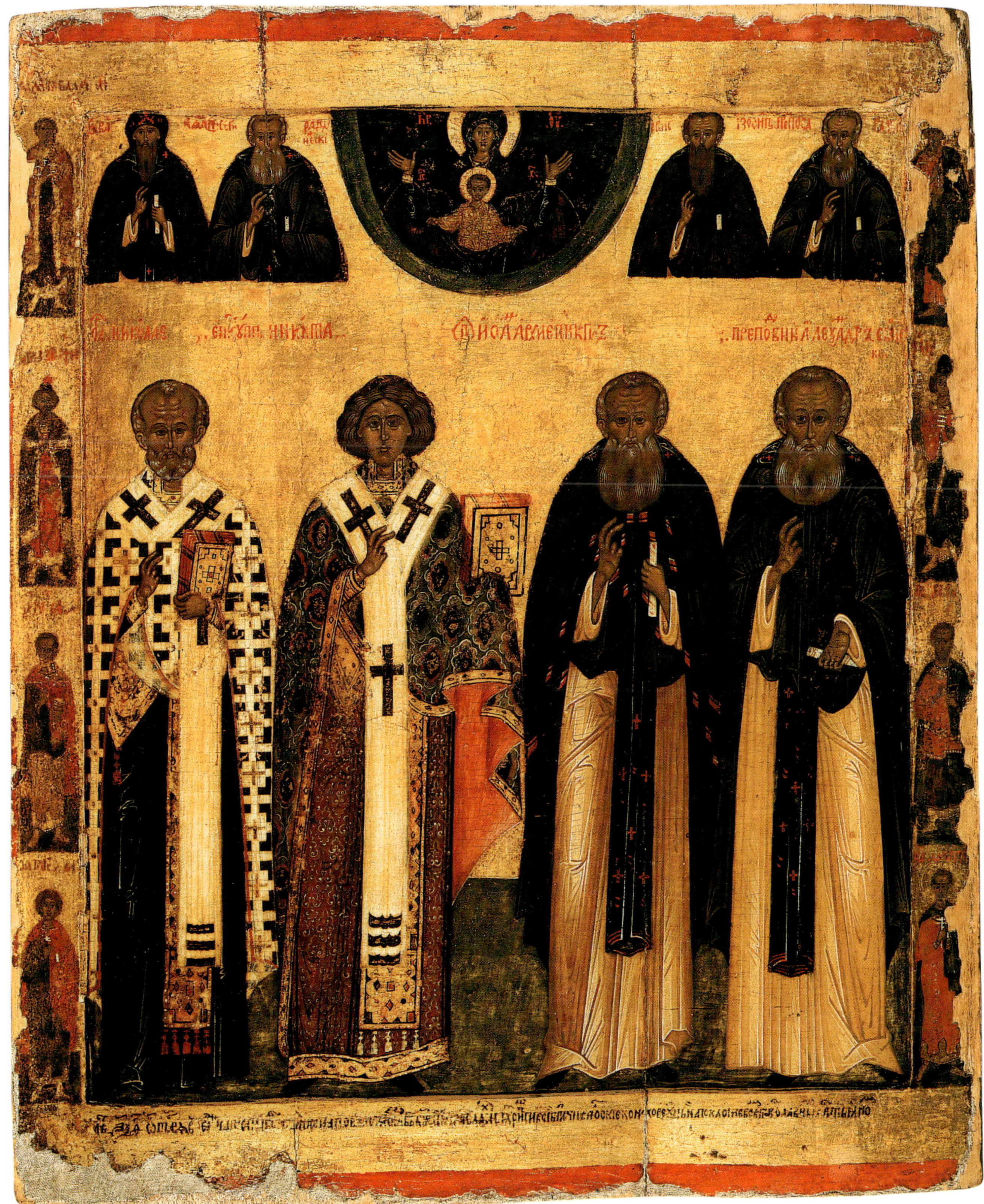

Les calendriers liturgiques sont habituellement présentés sous forme de livres contenant les psaumes et les prières des saints du jour dans l'ordre. Parfois, on trouve ces calendriers, qui peuvent être mensuels ou annuels, sous forme d'icônes ou de tablettes à deux faces. Ces dernières présentent sur plusieurs rangées les saints et leurs fêtes respectives.
Les ménées de septembre et novembre présentées ici faisaient partie d'un seul et même ensemble dont on ne conserve que cinq icônes.[1] Au dos de celle du mois de septembre, on trouve une inscription précisant la date de sa réalisation: 1569.

13
Icône-calendrier liturgique, Ménées[2], Septembre
1569
56×45,5 cm
Provient de l'église de la Dormition du monastère Iossifo-Volokolamski[3]
Acquis en 1934
Inv. 20103

Les saints sont peints en pied, disposés en quatre rangées, la «lecture» se faisant de gauche à droite et de haut en bas. Outre les saints œcuméniques, on trouve aussi les saints locaux russes. Les inscriptions en vermillon indiquant les noms des saints et leurs jours de fête sont mal conservées. On a cependant pu en déchiffrer quelques-unes:

2e rangée: 16/IX Cyprien le Thaumaturge, métropolite de Moscou et de toutes les Russies (dernier de la rangée)
3e rangée: 19/IX saint Féodor de Smolensk avec ses enfants, les princes David et Constantin, les thaumaturges de Iaroslavl (6es en partant de la gauche)
20/IX le prince Mikhaïl de Tchernigov, martyr, confesseur et thaumaturge, et son vassal, le boyard martyr Féodor le Thaumaturge (9e et 10e en partant de la gauche)
4e rangée: 25/IX mort de saint Serge de Radonège, le thaumaturge de toutes les Russies (au centre)

E. Bourenkova, V. Oukhanova

[1] Les ménées de septembre et novembre se trouvent dans les collections de la Galerie Tretiakov, et celles de décembre, juin et août au Musée russe de Saint-Pétersbourg.
[2] Livre liturgique du rite byzantin qui contient en plusieurs volumes les parties propres aux fêtes fixes de l'année liturgique. (Livre des mois.)
[3] Le monastère Iossifo-Volokolamski, fondé en 1479, a joué un grand rôle dans la centralisation et le renforcement de l'Etat de Moscou. Il devint le haut lieu culturel et artistique de l'ancienne Russie, fréquemment visité par les membres de la famille des tsars. Il accueillait souvent les hauts dignitaires tombés en disgrâce. Le monastère possédait aussi une des plus riches bibliothèques de l'époque. A la fin du XVe siècle, Maître Denis y a beaucoup travaillé.

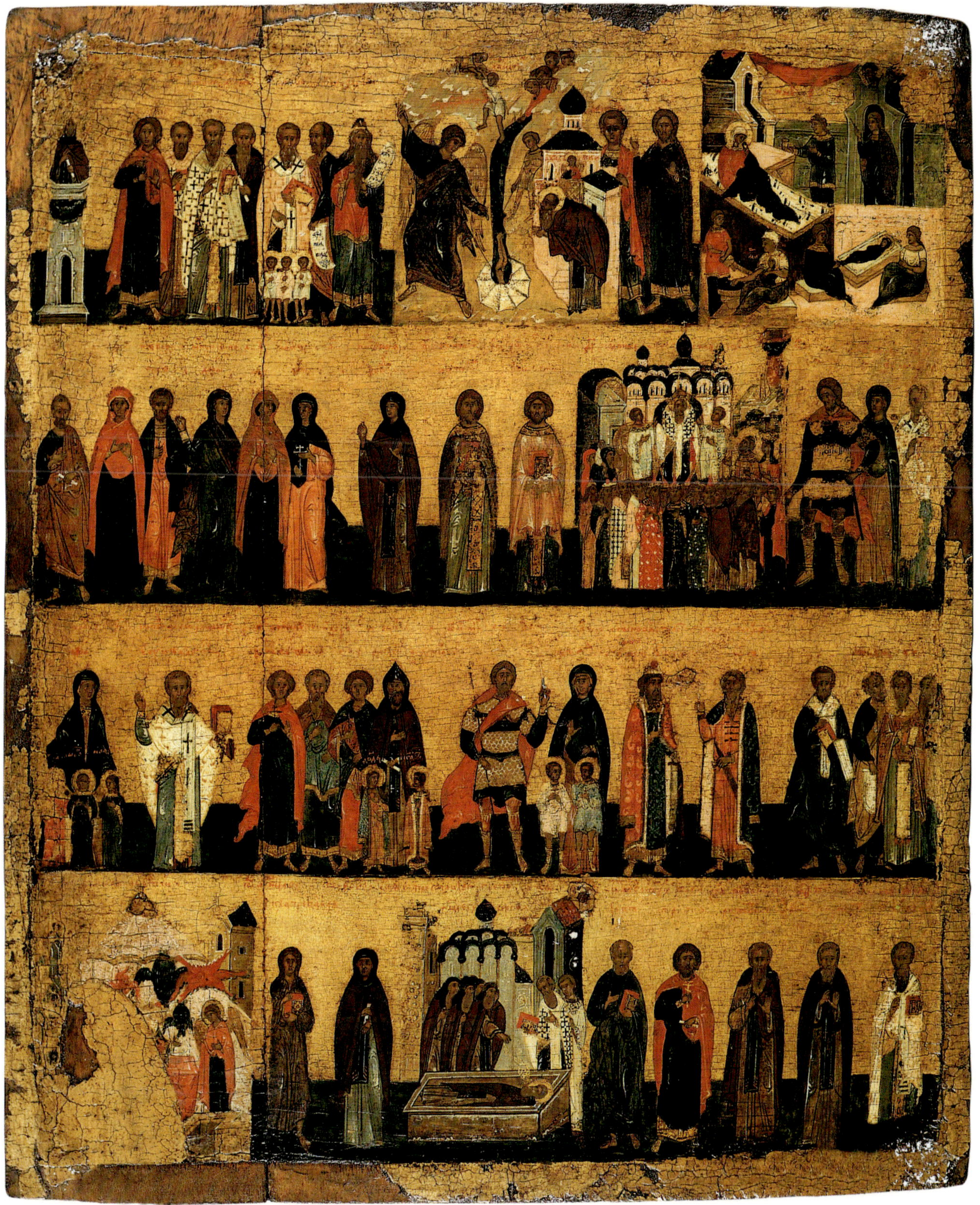

14

Icône-calendrier liturgique, Ménées, Novembre

1569

56×45 cm

Provient de l'église de la Dormition du monastère Iossifo-Volokolamski

Acquis en 1934

Inv. 21461

Expositions pour les deux icônes:

Denkmäler altrussischer Malerei. Ausstellung des Volksbildungskommissariats der RSFSR und der Deutschen Gesellschaft zum Studium Osteuropas in Berlin, Köln, Hamburg, Frankfurt. Berlin, 1929 (cat. n° 67)

Zwischen Himmel und Erde. Moskauer Ikonen und Buchmalerei des 14. bis 16. Jahrhunderts. Francfort, 1997-1998 (cat. nos 31-32)

The Art of Holy Russia. Icons from Moscow, 1400-1660. Schirn-Kunsthalle, Francfort, 1997. Royal Academy of Arts, Londres, 1998 (cat. nos 31-32)

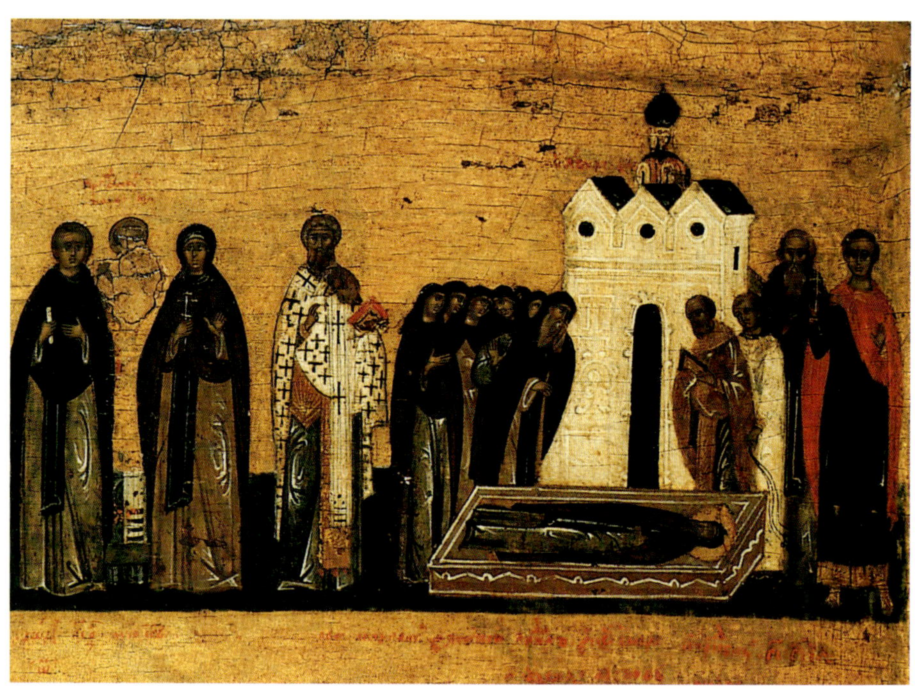

Détail de la 1re rangée:
6/XI mort de saint Barlaam de Khoutyn
(avec, à l'arrière-plan,
une cathédrale en pierres blanches).

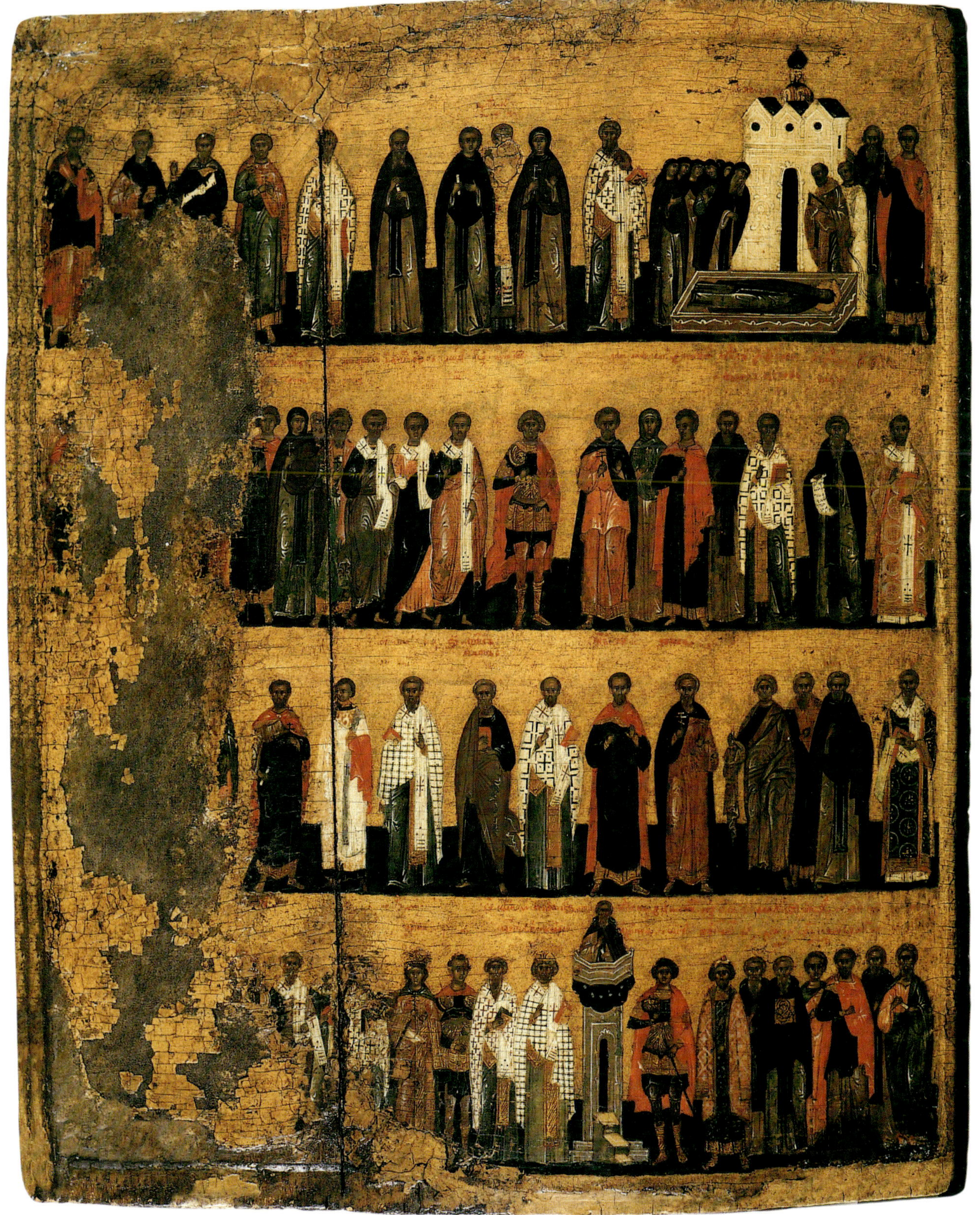

15

Le Prince Dovmont (Timothée) et la princesse Marie

XVIe siècle. Pskov
92×72,4 cm
Ancienne collection A. I. Anissimov
Acquis en 1931
Inv. 20856

Expositions:

La peinture de Pskov du XIIIe au XVIIe siècle. Galerie nationale Tretiakov, Moscou, 1991 (cat. n° 98)

La restauration des trésors des musées russes. Académie des Beaux-Arts, Moscou, décembre 1993 - février 1994

L'icône représente le prince de Pskov, Dovmont, et son épouse, la princesse Marie, invoquant la Trinité dans leur prière. Converti au christianisme, le prince Dovmont fut baptisé Timothée, qui signifie «pieux», «vénérant le Seigneur».

Lituanien d'origine, le prince Dovmont fut intronisé par les Pskoviens sans l'accord de Novgorod, dont Pskov était à l'époque un des faubourgs. En défendant Pskov contre la Livonie et les chevaliers Porte-Glaive, Dovmont passa sa vie en campagnes militaires et, en trente-trois ans de règne (1266-1299), il n'avait pas perdu une seule bataille. Il gagna l'affection des Pskoviens et son nom devint un symbole de valeur et de courage. En s'adressant à ses guerriers, le prince Dovmont prononça ces paroles, conservées dans la mémoire populaire, que nous connaissons grâce aux textes hagiographiques: «Frère Pskovien! Si tu es vieux – sois mon père, si tu es jeune – sois mon frère. J'ai parcouru le monde entier, partout on exalte votre courage. Aujourd'hui, la vie ou la mort vous attendent. Mes frères, combattons pour la Maison de la Sainte Trinité et les saintes églises, pour notre Patrie.» Les Pskoviens appelaient Maison de la Sainte Trinité la principale église de la ville, où fut baptisé le prince Dovmont (c'est là qu'il fut également inhumé). La ville de Pskov elle-même fut souvent surnommée la «Maison de la Sainte Trinité», en l'honneur de cette église. C'est pourquoi on voit sur l'icône, en haut à gauche, l'image de la Trinité.

Après le décès de son époux, la princesse Marie, veuve de Dovmont, petite-fille d'Alexandre Nevski, prit le voile sous le nom de Marthe et entra au couvent de Saint-Jean-le-Précurseur; elle est peinte en robe de religieuse. Le prince Dovmont, en habit d'apparat, porte un manteau dont les plis forment, en tombant, une sorte de bouclier, nous rappelant que nous voyons ici un guerrier, un chef de la droujina[1].

Le style de l'icône est un exemple éclatant de l'iconographie de Pskov à la charnière des XVe et XVIe siècles, dont le fond d'or, la combinaison du vert et du rouge dans les habits du prince tissés de motifs végétaux dorés sont les couleurs caractéristiques. Les nimbes dorés sont rehaussés d'un ornement également en or, et cette technique de l'or sur l'or crée l'effet d'un délicat tressage d'orfèvre, admirablement travaillé.

V. Oukhanova

[1] Communauté de guerriers rassemblés autour d'un chef de tribu, qui existait essentiellement à l'époque du transfert continuel des lieux d'habitation ou de l'oppression d'une population agricole vaincue dans sa région d'origine. Lorsque ces grandes migrations disparurent en Europe, une noblesse féodale sédentaire se développa, puisque possédant des biens fonciers.

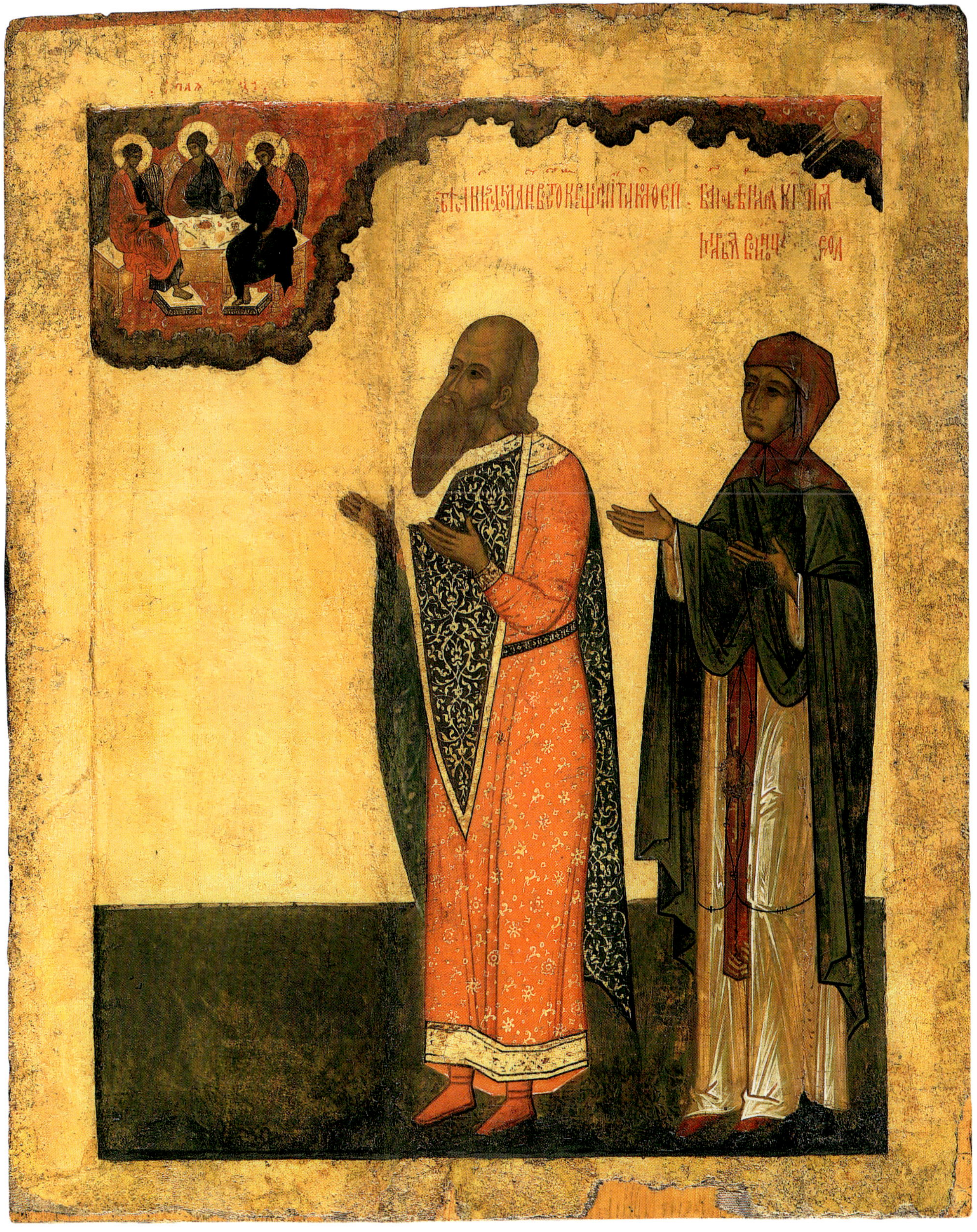

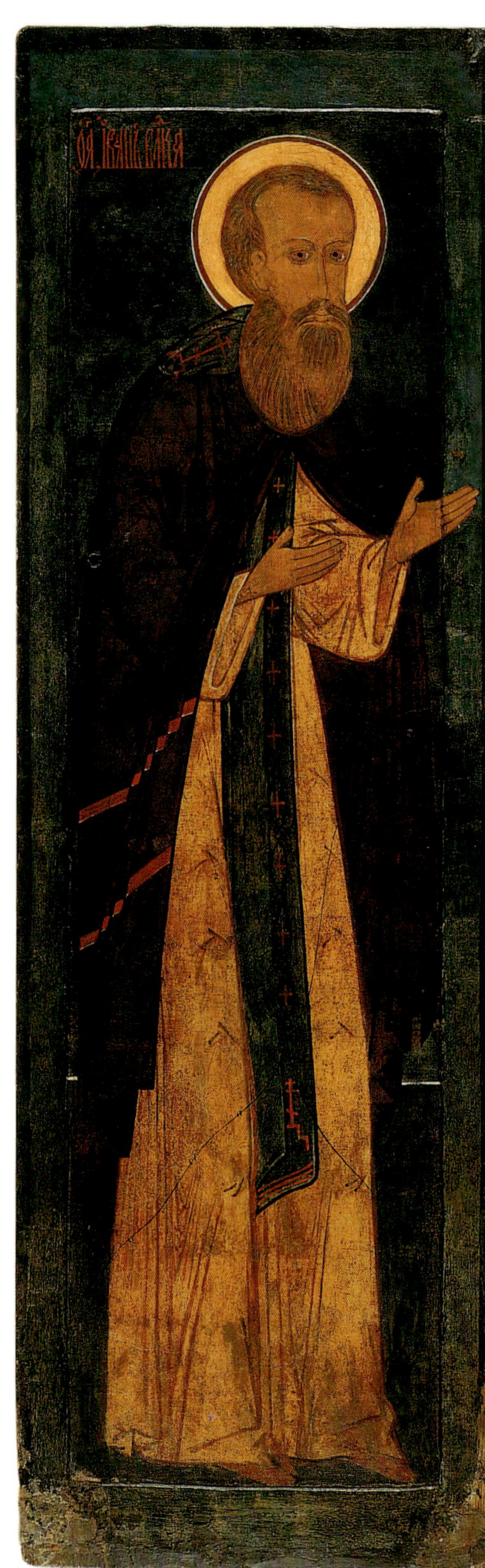

16

Saint Jean de Novgorod, de la Déisis

XVIe siècle

155,2×49 cm

Acquis en 1966

Inv. DR-239

Exposée et reproduite pour la première fois

Le nom de ce saint – premier archevêque de Novgorod – est conservé dans les chroniques anciennes et dans les contes folkloriques. Etant prêtre, Jean décida de prendre l'habit sous le nom d'Elie, pour s'appeler de nouveau Jean à la fin de sa vie lorsqu'il se résolut à vivre en cénobite. Sacré archevêque en 1165, il érigea plusieurs églises et monastères. L'église de la Nativité d'Arkaji, construite à Novgorod en 1179 sur son ordre, existe encore de nos jours.

L'Eglise orthodoxe célèbre l'archevêque Jean-Elie à cause de la bataille des Novgorodiens contre les Souzdaliens (1170) (voir cat. n° 7), où il apparaît comme le sauveur de la ville. L'archevêque Jean-Elie est mort en 1186. Ses reliques furent découvertes en 1439. En 1547, le Concile choisit le 20 septembre pour vénérer sa mémoire.

Cette icône provient de la rangée de la Déisis, qui symbolise dans le système de l'iconostase russe la prière des saints devant Jésus-Christ pendant sa deuxième apparition. L'archevêque est peint en habit monastique. Saint Jean figure rarement dans la rangée de la Déisis, ce qui permet de supposer que l'icône a été réalisée à Novgorod.

G. Sidorenko

17

Saint Tsarévitch Dimitri d'Ouglitch, de la Déisis

Les maîtres Stroganov
Première moitié du XVIIe siècle
143×77,6 cm
Acquis en 1931
Inv. 20504

Exposée et reproduite pour la première fois

Cette icône, dont la *basma* a été enlevée, a été restaurée par E. Gra en 1999 pour la présente exposition dans les ateliers de la Galerie Tretiakov

Les icônes à l'image du tsarévitch Dimitri apparurent après sa canonisation en 1606. La première fut probablement une icône-voile brodée de fils d'or, réalisée par sa mère Maria Feodorovna Nagaïa. La particularité de cette icône est la représentation de la Mère de Dieu avec l'Enfant Jésus sur fond de nuées rouges, symbole du paradis céleste qui envoie sa bénédiction à saint Dimitri priant devant elles. Cette image reprend l'iconographie de la peinture qui se trouvait dans la cathédrale des Archanges du Kremlin de Moscou, au-dessus des reliques du tsarévitch, ainsi que celle d'une œuvre commandée par Andreï Stroganov à Nazari Savine (Dimitri était le patron céleste du fils de Stroganov, qui portait le même nom). Ainsi s'explique le recours fréquent à ce thème au milieu du XVIIe siècle par les maîtres Stroganov.

L. Kovtyreva

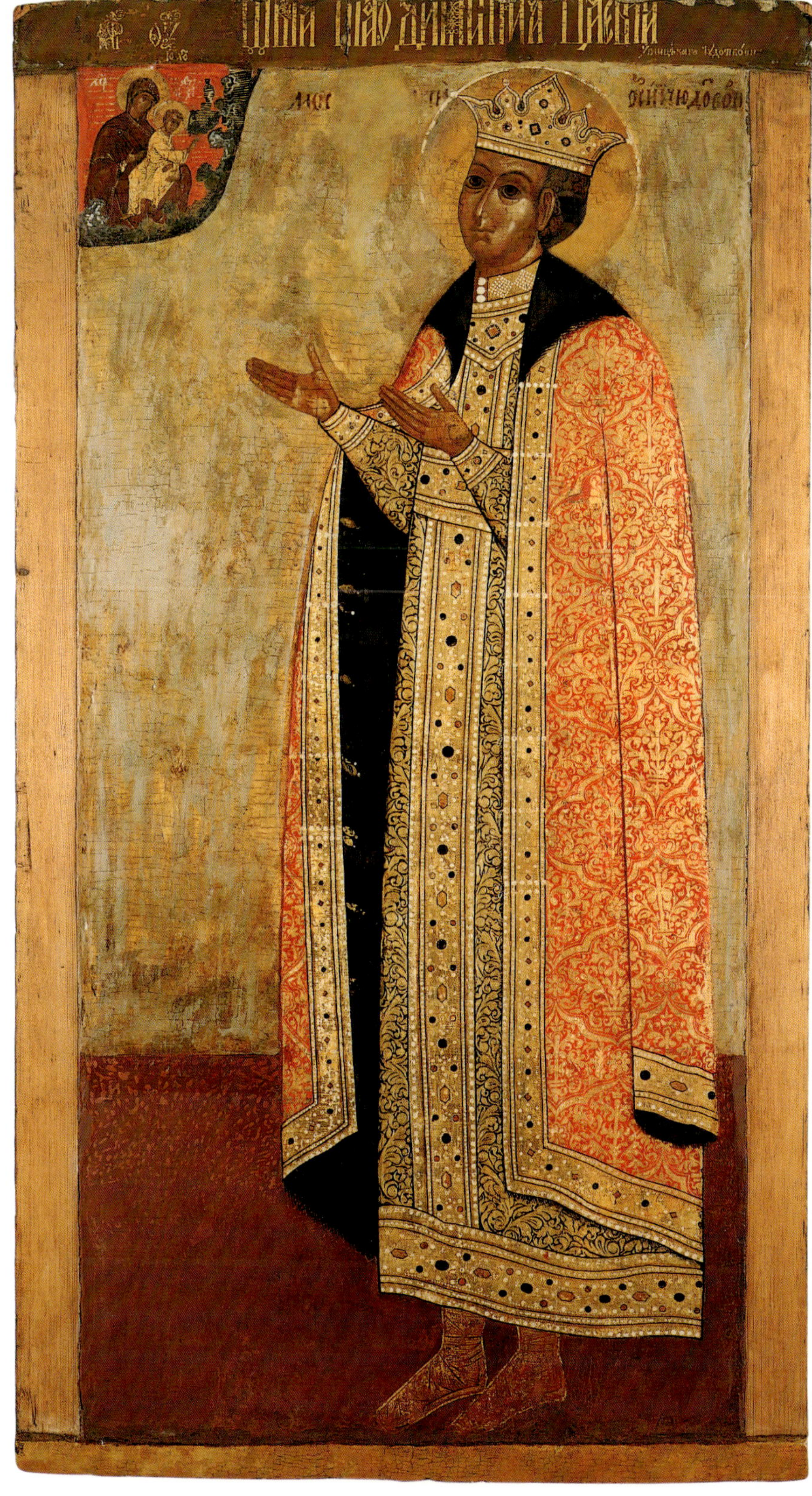

18

Miracle de saint Alexandre de la Svira

XVIe siècle

108×88 cm

Provient de l'église de l'Ascension de la ville de Belozersk

Acquis en 1934

Inv. 22048

Exposée pour la première fois

La première restauration, inachevée, de l'icône a été réalisée par I. Baranov en 1954. Tout spécialement pour cette exposition, elle a été restaurée par Dmitri Soukhoverkov dans les ateliers de la Galerie Tretiakov (voir l'article d'E. Gra)

Parmi les icônes dédiées au vénérable Alexandre de la Svira, celle de la Galerie Tretiakov occupe une place à part, attirant l'attention par le mysticisme de son sujet et par sa composition peu ordinaire.

De son importante et richement détaillée *Vie hagiographique* (voir cat. nº 40), on a extrait le sujet relatant sa vision de la Mère de Dieu. La légende dit que, peu avant sa mort, Alexandre aurait commencé à ériger une nouvelle église dans son monastère et qu'il aurait prié sans relâche pour mener à bien son travail. Une fois, après la lecture de l'acathiste, il aurait parlé à son voisin de cellule Athanase de la «future Visitation miraculeuse et apeurante», et qu'il aurait vu, ayant quitté sa cellule, une lumière éblouissante au-dessus du monastère et sur la partie de l'autel de l'église en construction: la Mère de Dieu avec l'Enfant Jésus sur les mains, entourée des anges.

Le thème principal de la composition est la représentation de l'apparition miraculeuse de la Vierge. A droite et à gauche figurent les événements qui, d'après le texte hagiographique, annonçaient la vision et se produisaient peu après. Trois épisodes, qui précèdent la Visitation, sont disposés verticalement le long de la marge gauche de l'icône: Alexandre lisant l'acathiste avec Athanase, Alexandre prévenant son élève de la future vision miraculeuse, Alexandre entraînant avec lui son élève apeuré. Du côté gauche, on voit les scènes relatant l'arrivée d'Isaïe et sa conversation avec Alexandre. Sous les fondations de l'église, au centre de l'icône, le vénérable Alexandre est représenté deux fois: agenouillé et écoutant les paroles de la Vierge. En bas, à droite, on voit les moines qui portent les briques et le mortier; au centre, la caisse pour le mortier avec les outils. Le long du bord inférieur de l'icône est peinte l'enceinte en bois du monastère avec les portes en pierre. Près de chaque image, un texte correspondant extrait de l'hagiographie (il n'en reste parfois que des fragments).

Le thème – rare – de la construction et de la décoration du monastère permet de dresser un parallèle entre le sujet extraordinaire de l'icône et les faits historiques. On sait que, dès sa fondation, le monastère était placé sous la protection du métropolite Macaire et des tsars, qui faisaient de nombreuses donations au monastère de la Trinité d'Alexandre de la Svira aux XVIe, XVIIe et XVIIIe siècles. Notre icône pourrait précisément avoir été un don.

N. Cheredega

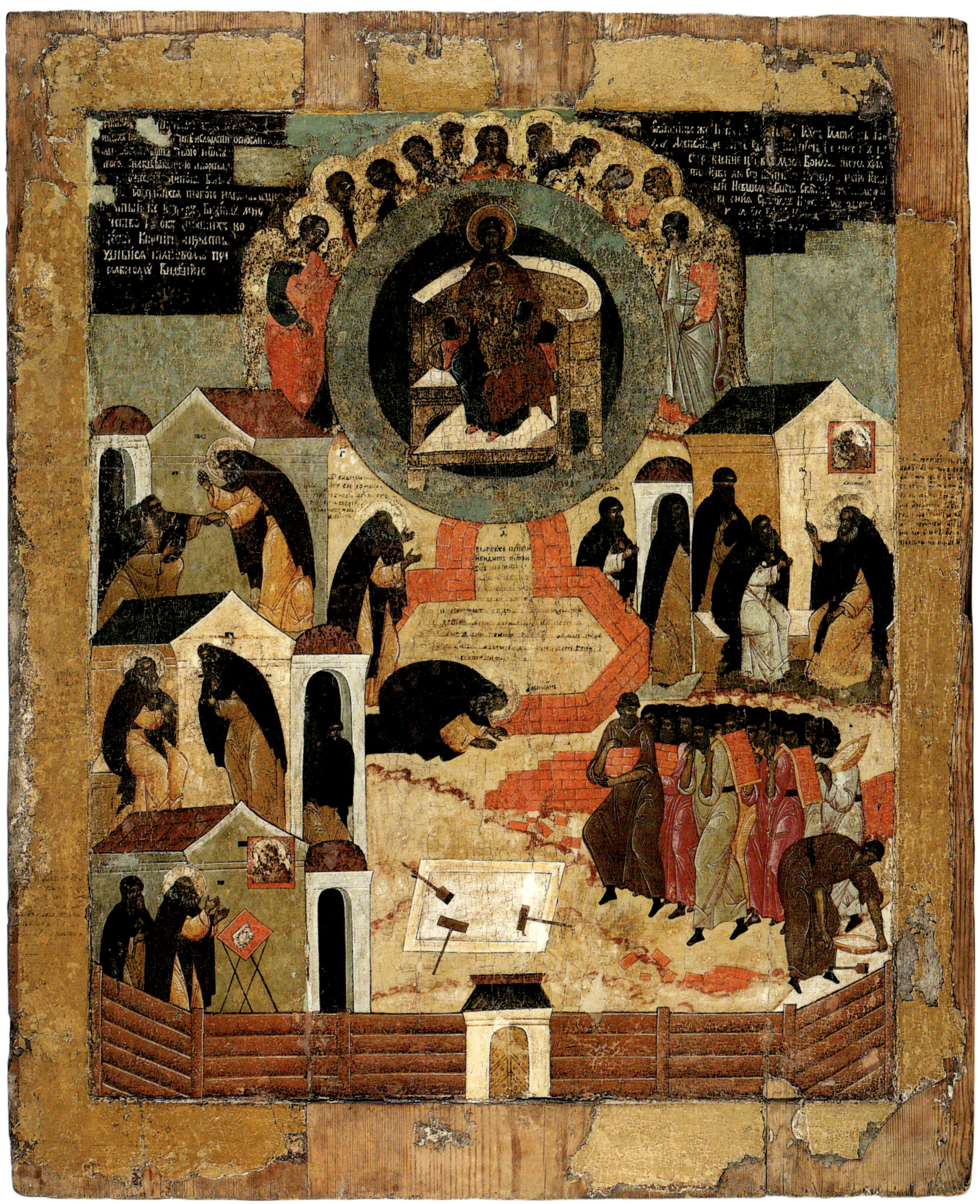

19

Saint Cyrille de Belozersk, avec sa vie, et saint Cyrille d'Alexandrie

Seconde moitié du XVIe siècle. Moscou
98×75 cm
Ancienne collection I. S. Ostrooukhov
Acquis en 1929
Inv. 12065

Expositions:

L'école de peinture de Moscou. Moscou, 1973

Peinture ancienne de la collection de la Galerie nationale Tretiakov. Musée national d'Art, Tbilissi, Géorgie, 1982 (cat. n° 33)

1000 ans d'art russe. Académie des Beaux-Arts, Moscou, juin-août 1988; 1000 Jahre russische Kunst. Schloss Gottorp, Schleswig-Holstein, août-octobre 1988; Museum Wiesbaden, novembre 1988 - février 1989 (cat. n° 98)

Exposition consacrée au 600e anniversaire de la mort de saint Serge de Radonège. Galerie nationale Tretiakov, Moscou, 1992 (sans catalogue)

Zwischen Himmel und Erde. Moskauer Ikonen und Buchmalerei des 14. bis 16. Jahrhunderts. Schirn-Kunsthalle, Francfort, 1997 (cat. n° 34)

The Art of Holy Russia. Icons from Moscow, 1400-1660. Royal Academy of Arts, Londres, 1998 (cat. n° 34)

Au centre de l'icône sont représentés saint Cyrille de Belozersk et son patron, l'archevêque Cyrille d'Alexandrie, intercédant auprès de la Sainte Trinité figurée dans un demi-cercle, en haut. En bas, une montagne avec un arbre à trois branches, symbole de la Trinité, et une source avec des poissons, symbole du Christ. Le centre est entouré de 18 compartiments relatant des épisodes de la vie de Cyrille de Belozersk. En haut sont représentées la période moscovite du saint et, en bas, sa vie à Belozersk.

Sujets des compartiments:

1. Naissance de Cosme, futur Cyrille de Belozersk
2. Education de Cosme et arrivée au Kremlin, dans la maison de Timothée Veliaminov, boyard de la cour du prince Dimitri Donskoï
3a. Cosme prie devant une icône de la Vierge dans la maison de Veliaminov
3b. Veliaminov fait de lui son majordome et lui remet les clefs de sa maison
4a. Stéphane Makhrichski lui fait prendre l'habit sous le nom de Cyrille
4b. Veliaminov le reproche à Stéphane
5a. L'épouse de Veliaminov supplie son mari de se réconcilier avec Stéphane
5b. Veliaminov demande pardon à Stéphane
6. L'archimandrite Féodor du monastère Simonov, neveu de Serge de Radonège, fait prononcer ses vœux d'ermite à Cyrille en présence de Stéphane
7. Serge de Radonège arrive au monastère Simonov, discute avec Cyrille dans la boulangerie du monastère, où ce dernier travaille
8. Cyrille devient l'hégoumène du monastère, mais il quitte ses frères pour prier en solitaire dans le vieux monastère Simonov
9. Dans le vieux monastère, la Vierge apparaît à Cyrille priant devant une icône. Elle lui ordonne de partir pour le lac Blanc
10. Cyrille et son compagnon Féraponte (futur fondateur du monastère de la Nativité) posent une croix sur le mont Maura et creusent des cellules au bord du lac
11. Cyrille évite un arbre coupé par le Diable, qui manque de le tuer
12. Un ange écarte Cyrille du feu allumé par le Diable
13. Le villageois Andreï, qui voulait incendier le monastère, demande pardon à Cyrille
14. Le boyard Féodor, ayant tenté de voler le monastère, se repent devant Cyrille
15a. Cyrille prie pour que le feu s'arrête dans le monastère
15b. Guérison du prince de Mojaisk
16. Cyrille accomplit un miracle: il permet au prince Mikhaïl et à son épouse Marie d'avoir des enfants. Il leur apparaît en songe avec trois récipients, qui symbolisent la venue de trois enfants
17. Cyrille adresse des reproches aux pêcheurs
18. Mort de saint Cyrille

La vie de saint Cyrille fut rédigée au XVe siècle par l'hagiographe serbe Pacôme Logophète. Nous pensons que l'icône provient de l'église Athanase-et-Cyrille du Kremlin de Moscou. Cet édifice en pierre fut construit en 1571 par Ivan IV le Terrible. Apparemment, l'icône aurait été peinte à la même époque. Son style particulier permet de l'attribuer aux ateliers du Kremlin: visages sombres peints à l'ancienne, symbolique complexe de l'image, dynamique des corps, raccourcis, postures de trois quarts et formes architecturales sophistiquées.

E. Gousseva

1 2 3 4 5
6 7
8 9
10 11
12 13
14 15 16 17 18

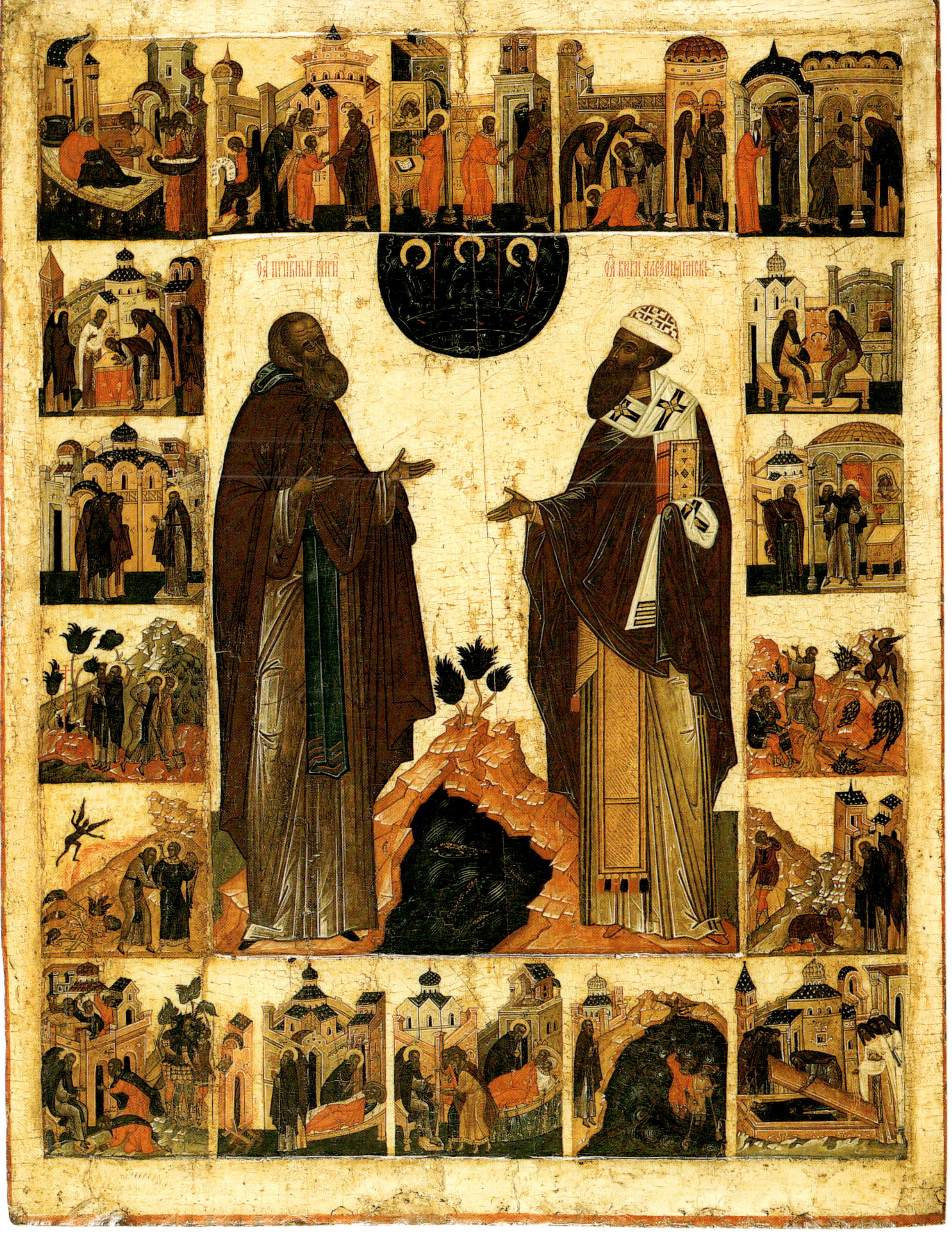

20

Saint Procope et saint Jean d'Oustioug

Seconde moitié du XVIe siècle

130,2×108,5 cm

Acquis en 1930

Inv. 14463

Exposée et reproduite pour la première fois

Cette icône a été restaurée par E. Gra en 1999 pour la présente exposition dans les ateliers de la Galerie Tretiakov

D'après son hagiographie, saint Procope était un marchand appartenant à la Hanse, et qui menait ses affaires à Novgorod. C'est dans cette ville qu'il se baptisa chrétien orthodoxe, s'éloignant de Velikii Ustiug, fondée peu avant dans le nord de la Russie. Procope choisit un exploit difficile à accomplir: être fol en Christ. Le lieu de son habitation fut la paroisse de la cathédrale. Devenu «fou», Procope restait nu pendant les grands froids, exposé aux dangers, aux railleries, aux coups. La légende dit qu'une fois un ange serait arrivé et aurait touché son visage avec une branche pour le réveiller et l'empêcher de mourir de froid. Procope pouvait prédire l'avenir, accomplissant des miracles: il a sauvé la ville d'une nuée crachant des pierres de feu, en priant devant l'icône de la Mère de Dieu. Il portait toujours sur lui trois râbles, qu'il brandissait en annonçant le mauvais temps, un été sec ou une bonne récolte.

Jean le Bienheureux (mort en 1494) perpétua l'exploit de Procope. D'après son hagiographie, Jean imitait la vie de Procope et celle de Job.

Les deux saints d'Oustioug, fols en Christ, furent canonisés par le Concile de Moscou en 1547 et étaient vénérés comme les patrons célestes des troupes du tsar.

Cette icône fut peinte probablement peu de temps après leur canonisation. On y voit Procope, du côté gauche, tenir ses trois râbles, vêtu comme un pèlerin, avec une chemise et un manteau, et chaussé de grandes bottes. Jean est à droite, nu, couvert d'un morceau de tissu. Tous deux sont debout devant l'image miraculeuse de la Vierge du Signe avec l'Enfant Jésus, très vénérée dans la principauté de Novgorod.

A. Loukachov

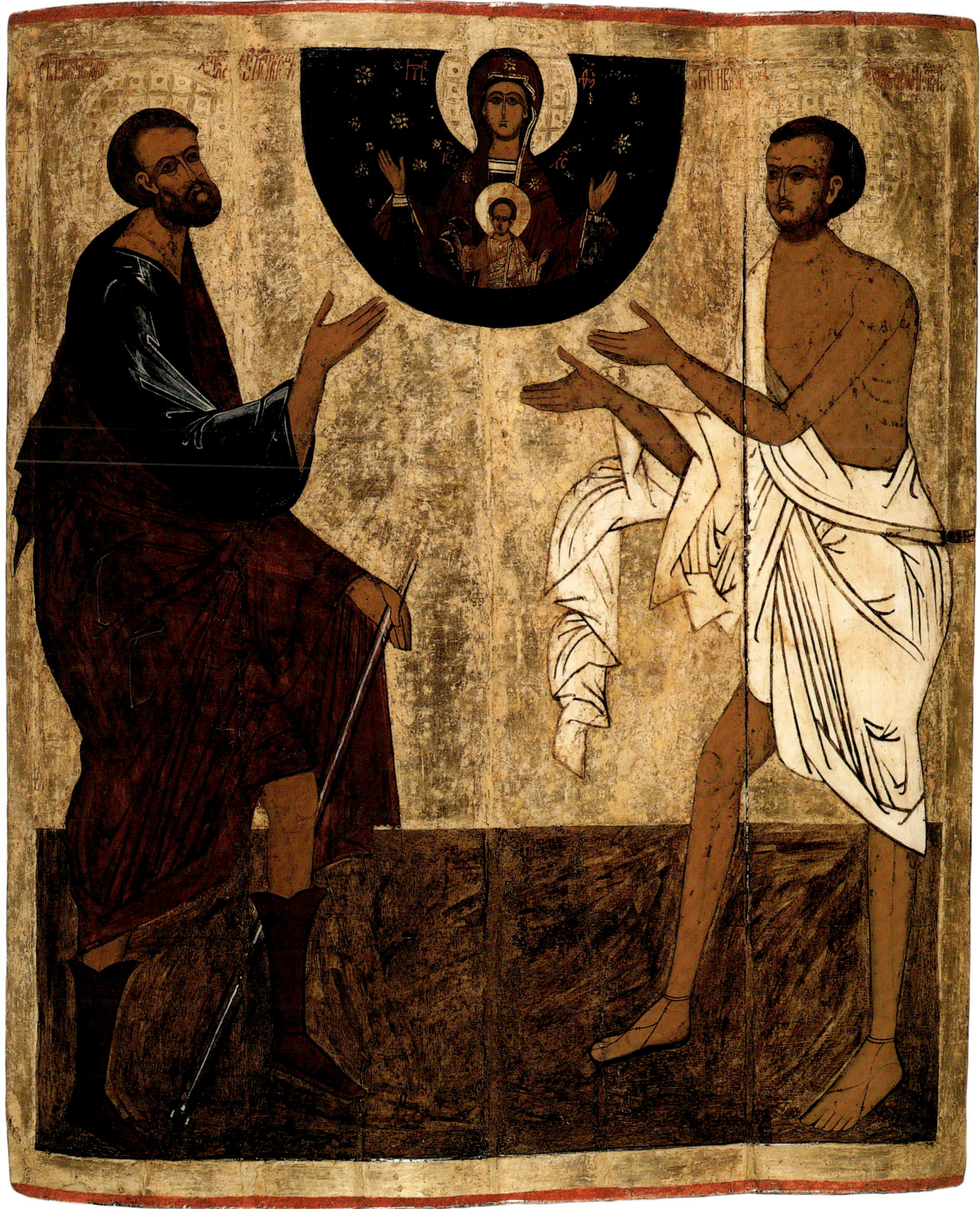

21

«Toute créature Te glorifie», avec jours de fêtes

Les maîtres Stroganov
Fin XVIe - début XVIIe siècle
178×148 cm
Ancienne collection I. S. Ostroukhov
Acquis en 1929
Inv. 12100

Exposition:
Geburt der Zeit. Eine Geschichte der Bilder und Begriffe (n° 5.4.1). Kassel, 1999-2000, Moscou, 2000

Cette icône est la transposition en images du texte des cantiques glorifiant la Vierge: «Toute créature Te glorifie, pleine de grâce…» L'auteur en serait Jean Damascène (vers 675 - vers 753), théologien et hymnographe byzantin.
L'ordonnancement des principaux éléments de la composition correspond aux vers du cantique: l'image de la Mère de Dieu sur le trône avec «les cohortes des anges», «le genre humain» en bas de l'icône, représenté comme le concile de tous les saints présidé par saint Jean le Précurseur, ainsi que l'image majestueuse du temple-paradis aux multiples coupoles («l'église sanctifiée et le paradis du logos»). Dans la tradition iconographique russe, la composition «Toute créature Te glorifie» était perçue non seulement comme une illustration de l'hymne à la Vierge, mais surtout comme une métaphore en images de la Jérusalem céleste. En témoignent les images des justes, placés par ordre d'importance, et qui participeraient à une liturgie éternelle dans le royaume des cieux, ainsi que l'image même du temple-ville érigé sur un mont et entouré d'un jardin de paradis. Ces motifs correspondaient à la description de la Nouvelle Jérusalem dans l'Apocalypse (Apoc. 21-22).
L'iconographie de «Toute créature Te glorifie» apparaît en Russie à la fin du XVe siècle. L'image de la liturgie des justes dans la Jérusalem céleste était incontestablement liée à la conception du «royaume sacré»: Moscou prend la suite de Constantinople et devient le rempart de l'Eglise, la capitale du royaume de la vraie foi chrétienne, et la principauté de Moscou, par l'intermédiaire de cette dignité spirituelle, est pour toujours le chef incontesté de la dorénavant «sainte Russie».
Dès le milieu du XVIe siècle, une rangée particulière de saints princiers rejoint les sujets de «Toute créature Te glorifie». Sur l'icône que nous exposons, ils sont présentés dans le rang supérieur, à droite, vêtus de cafetans traditionnels et de chapkas princières. Plus bas, dans le même rang que saint Constantin égal aux apôtres, sont placées les images de saints Vladimir, Boris et Gleb, ce qui devait figurer le thème de la succession apostolique de l'Eglise russe. Dans le groupe des hiérarques, à gauche, après les dignitaires œcuméniques Basile le Grand, Grégoire le Théologien et Jean Chrysostome, sont présentés les métropolites russes en *klobuks*[1] blancs. On retrouve également des images de saints russes dans les groupes des bienheureux et des saintes femmes, mais leur identification est difficile, car les inscriptions ne se sont conservées que par fragments.
Outre la composition centrale «Toute créature Te glorifie», l'icône inclut sept sujets de fêtes. A gauche et à droite, dans six compartiments, sont représentées six fêtes correspondant à six jours de la semaine: «La Résurrection et la Descente aux Enfers du Christ» (dimanche), «La Synaxe des Archanges» (lundi), «Le Festin d'Hérode et la Décollation de saint Jean-Baptiste» (mardi), «L'Annonciation» (mercredi), «La Cérémonie du lavement des pieds» (jeudi) et «La Crucifixion» (vendredi). La sélection des sujets sur l'icône correspond à la traditionnelle consécration liturgique des sept jours de la semaine à la mémoire de personnages ou d'événements de l'histoire sainte.
La structure de sept jours de la liturgie chrétienne était symboliquement liée aux sept jours de la Création (Gen. 1:1-31). Et conformément à la tradition de l'Ancien Testament, préchrétienne, les six premiers jours de la Création et les jours de la semaine qui leur correspondent étaient considérés comme le prototype des six mille ans de l'histoire du monde. Le septième et dernier jour était celui du délassement, où Dieu «[…] se reposa […] de toute son œuvre qu'il avait faite» (Gen. 2:2). Il était perçu comme l'instant du calme, de la béatitude du repos, de la réunification des justes avec Dieu, qui devrait s'installer à la fin des temps historiques. C'est pourquoi la composition de «Toute créature Te glorifie», comme image symbolique de la ville céleste avec les justes triomphants, occupe la place centrale dans la conception générale symbolique de l'icône.
L'attention toute particulière accordée ici aux saints russes reflète les tendances générales de la culture russe du XVIe siècle: la réunification et la glorification des objets sacrés et des reliques, la canonisation massive d'ascètes locaux vénérés, qui affirmait aux yeux des contemporains la signification de la sainteté russe comme partie intégrante de la tradition spirituelle de l'Eglise œcuménique.

L. Nersessian, N. Cheredega

[1] Coiffure ecclésiastique, équivalent approximatif du capuchon monastique occidental, symbole du renoncement religieux.

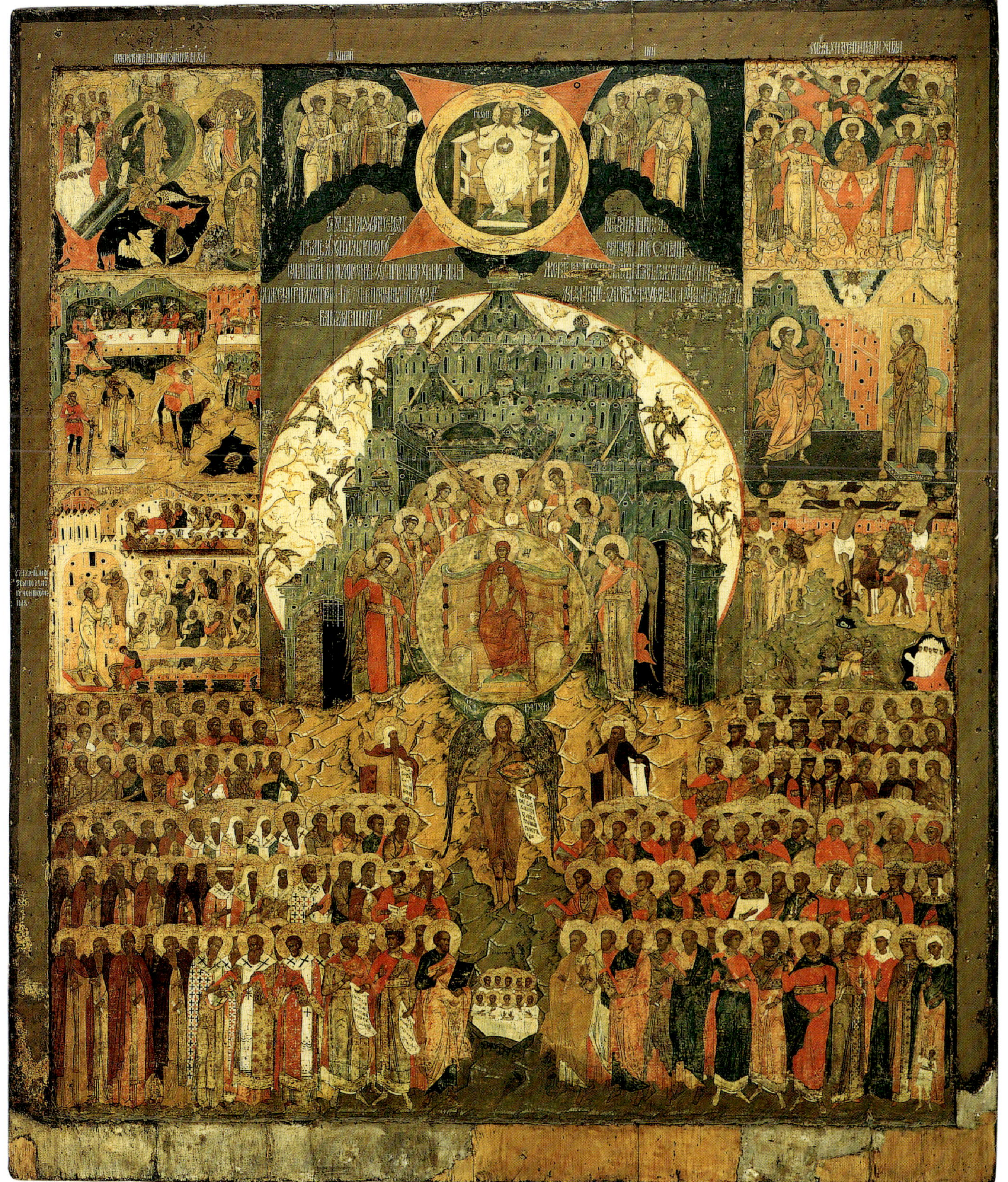

22
Le Monastère de saint Zosime et de saint Sabbatius des Solovki
Début XVIIe siècle
31,2×27,5 cm
Provient de la collection E. Egorov
Acquis en 1930
Inv. 24859

Exposée et reproduite pour la première fois

Cette icône a été restaurée par M. Chitov en 1999 pour la présente exposition dans les ateliers de la Galerie Tretiakov

Sur cette icône, le monastère des Solovki est représenté comme une imposante forteresse. Au-dessus de la porte d'entrée, on remarque l'église de l'Annonciation, construite en 1601. Le centre de l'œuvre est dominé par la cathédrale de la Transfiguration à cinq coupoles (en réalité, l'édifice en compte sept), érigée en 1558 par l'hégoumène Philippe, futur métropolite de Moscou. A droite se trouvent l'église Saint-Nicolas et à gauche celle de la Dormition, dont on aperçoit les hauts clochers et dont les façades sont décorées des images des saints respectifs. Les châsses contenant les reliques de saint Zosime et de saint Sabbatius sont peintes côte à côte, à gauche de l'image. Elles furent transportées dans la cathédrale, peu après sa consécration en 1566.
Cette icône se distingue de celles traitant du même sujet par sa composition: d'ordinaire, les deux saints sont représentés en pied, tournés l'un vers l'autre, tenant dans les mains la «maquette» du monastère qu'ils avaient fondé. Ici, au contraire, le monastère occupe la place principale.

G. Sidorenko

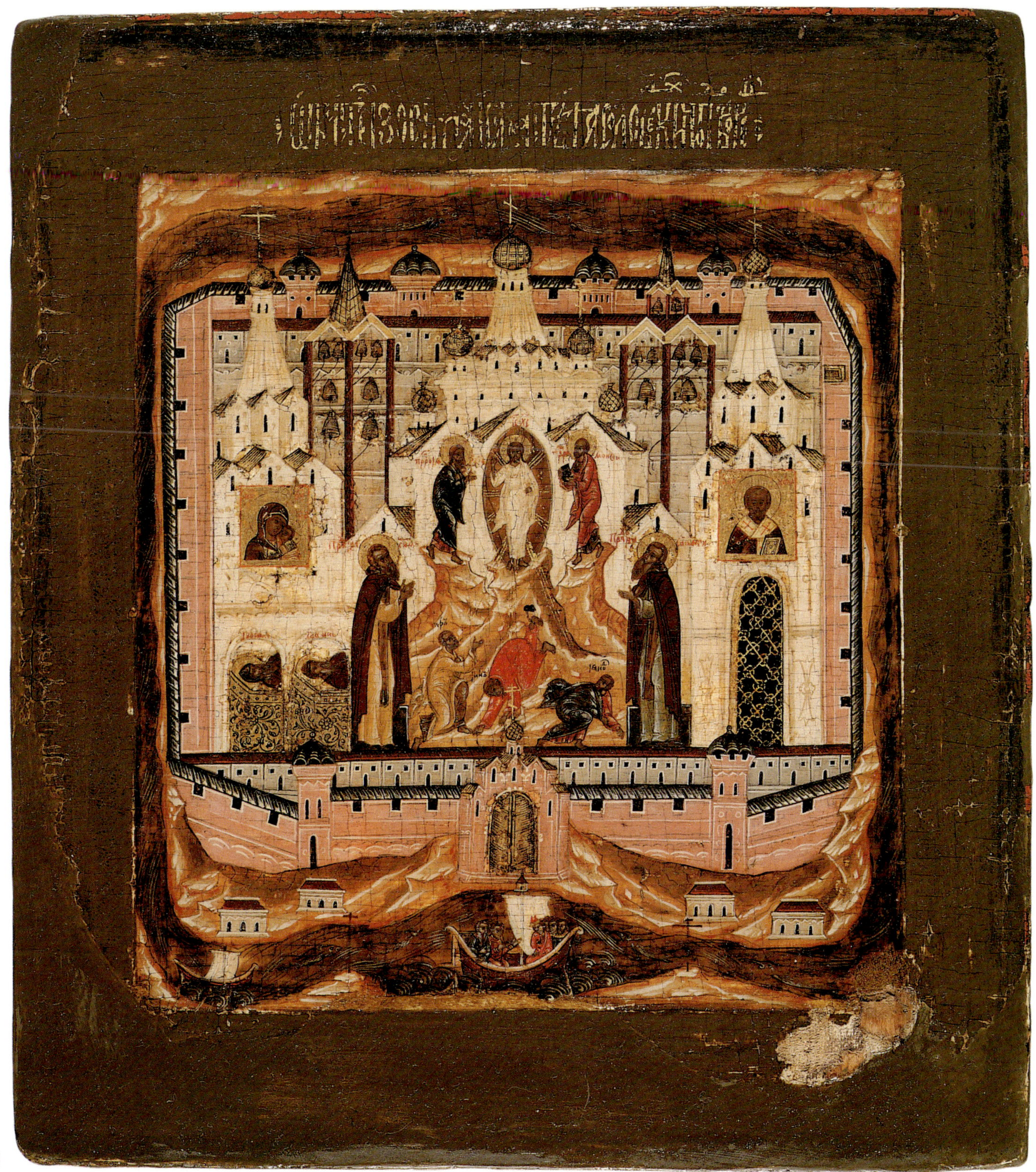

23

Apparition de la Vierge et de saint Nicolas au sacristain Iourych

Premier quart du XVIIe siècle
32×26 cm
Acquis en 1931
Inv. 20858

Exposition:
La Madre di Dio nelle Icone Russe. Dalla Galleria Tretyakov di Mosca. Loreto, Aula Paolo VI, décembre 1999 - mars 2000 (cat. n° 23)

Cette icône a été restaurée par E. Gra en 1999 dans les ateliers de la Galerie Tretiakov

La légende dit que la Vierge serait apparue au sacristain Gueorgui (dans le langage courant Iourych) le 14 août 1383.
Ce jour-là, le sacristain devait annoncer aux habitants des villages voisins la consécration de l'église de la Dormition, construite à l'endroit de l'apparition d'une icône de la Vierge. En rentrant à Tikhvine, le sacristain vit dans la forêt la Vierge assise sur le tronc d'un pin. Elle s'appuyait sur un bâton et, à ses côtés, se tenait saint Nicolas le Thaumaturge.
La Vierge s'adressa à Iourych. Elle lui ordonna de dire au clergé d'orner l'église de la Dormition d'une croix de bois, car son fils avait été crucifié sur une telle croix et non pas sur une croix de fer (l'inscription en haut de l'icône relate ce fait). Les prêtres ne crurent pas le sacristain et installèrent la croix de fer qu'ils avaient déjà préparée, mais celle-ci fut emportée par une tempête.
Peu de temps après, une chapelle consacrée à saint Nicolas fut bâtie à l'endroit de l'apparition. La croix qu'on y installa avait été taillée dans le tronc sur lequel la Mère de Dieu était assise.
En 1510, sous le règne du grand-prince Vassili III, un monastère y fut fondé, consacré à ce miracle.
Les icônes traitant de ce sujet sont rares. L'œuvre présentée ici est typique du style des zôgraphes des ateliers du tsar du début du XVIIe siècle. Dorée avec magnificence, elle se caractérise par son élégance et la simplicité de ses couleurs.

N. Bekeneva

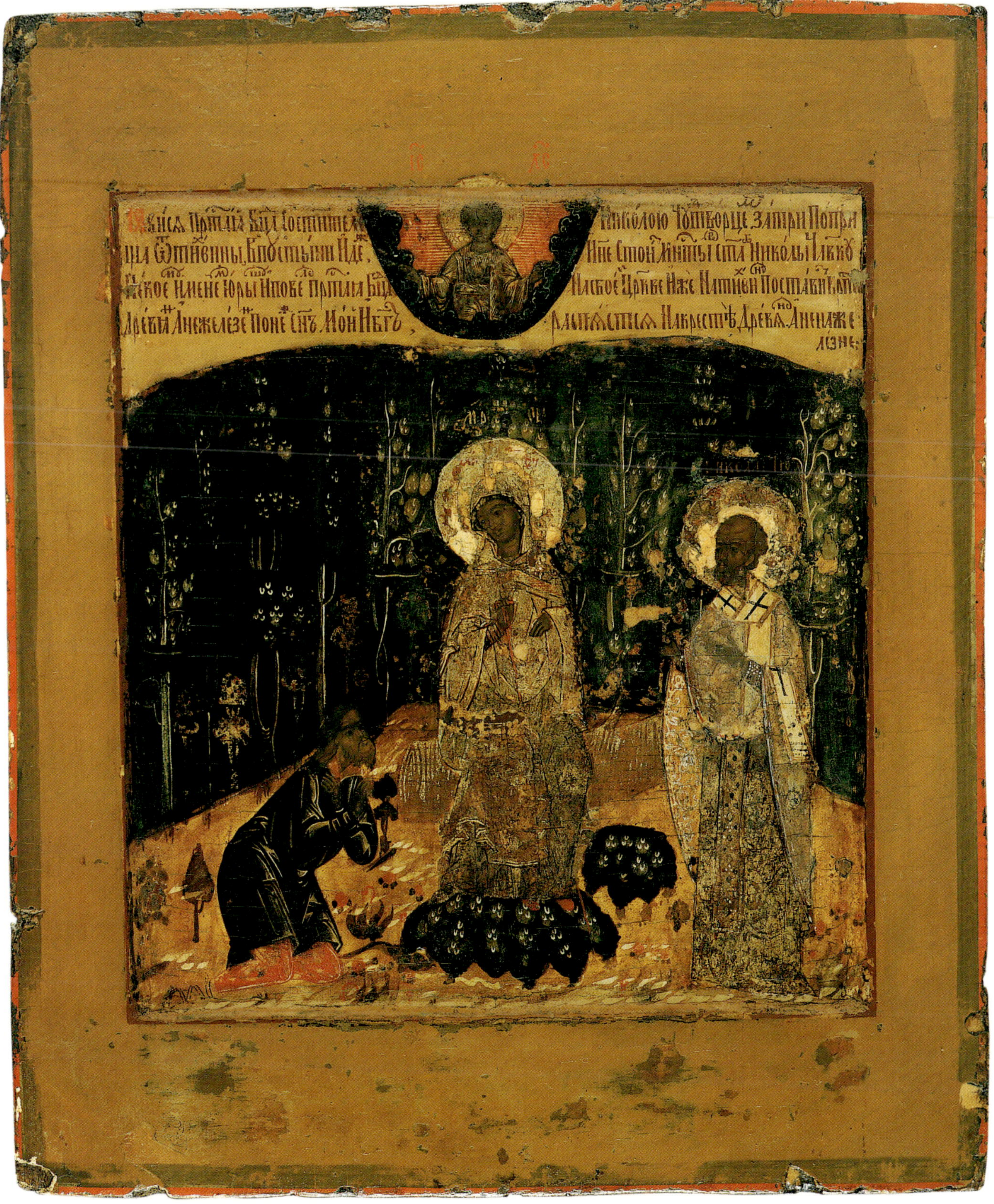

24
La Déposition de la tunique du Christ
à la cathédrale de la Dormition du Kremlin de Moscou
Deuxième quart du XVIIe siècle. Russie du Nord
67×45 cm
Acquis en 1920
Inv. 6174

Exposition:
Anniversaire commémorant le déplacement de l'icône de la Vierge Vladimirskaïa à Moscou en 1395. Galerie nationale Tretiakov, Moscou, 1995 (cat. n° 34)

En février 1625, le schah de Perse Abbas Ier le Grand offrit au tsar Mikhaïl (1596-1645) et au patriarche Filarète (1554/5-1633) la tunique du Christ, transportée dans un coffre d'or orné de pierres précieuses. Le tsar donna l'ordre d'exposer la tunique et le coffre dans la cathédrale de la Dormition du Kremlin de Moscou. En 1626, une fête fut instaurée pour célébrer cet événement.
L'icône exposée à la Fondation Gianadda nous montre la cérémonie de la déposition avec, à droite de l'autel, le tsar et, à gauche, le patriarche Filarète et le métropolite Cyprien. Le tsar et le patriarche tiennent la tunique aux deux extrémités, qui se présente sous la forme d'un ruban rouge.
Bien que l'architecture de la cathédrale et des tours ait été rendue d'une manière conventionnelle, les personnages, en revanche, sont représentés selon la tradition picturale du XVIIe siècle.

G. Sidorenko

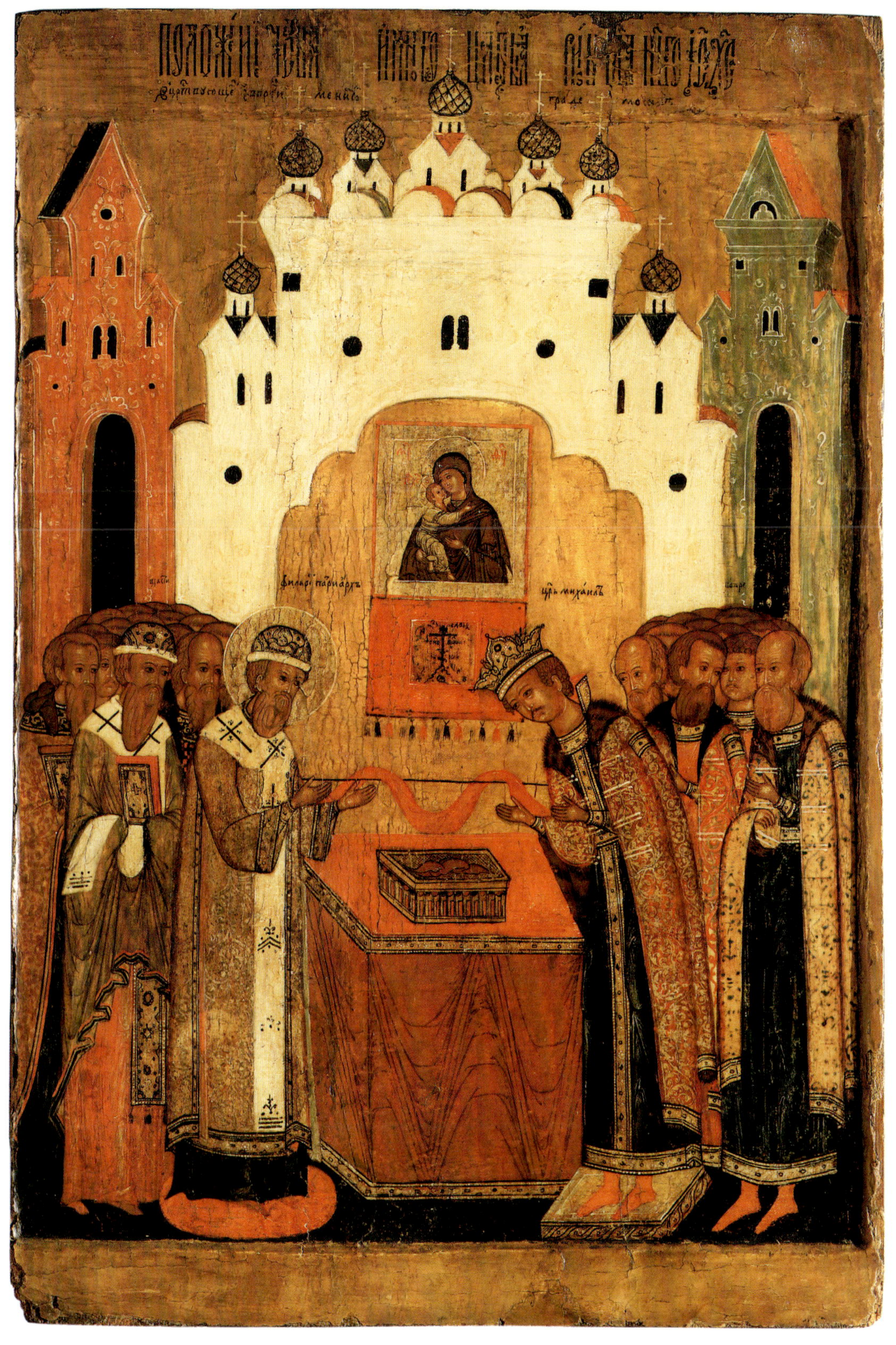

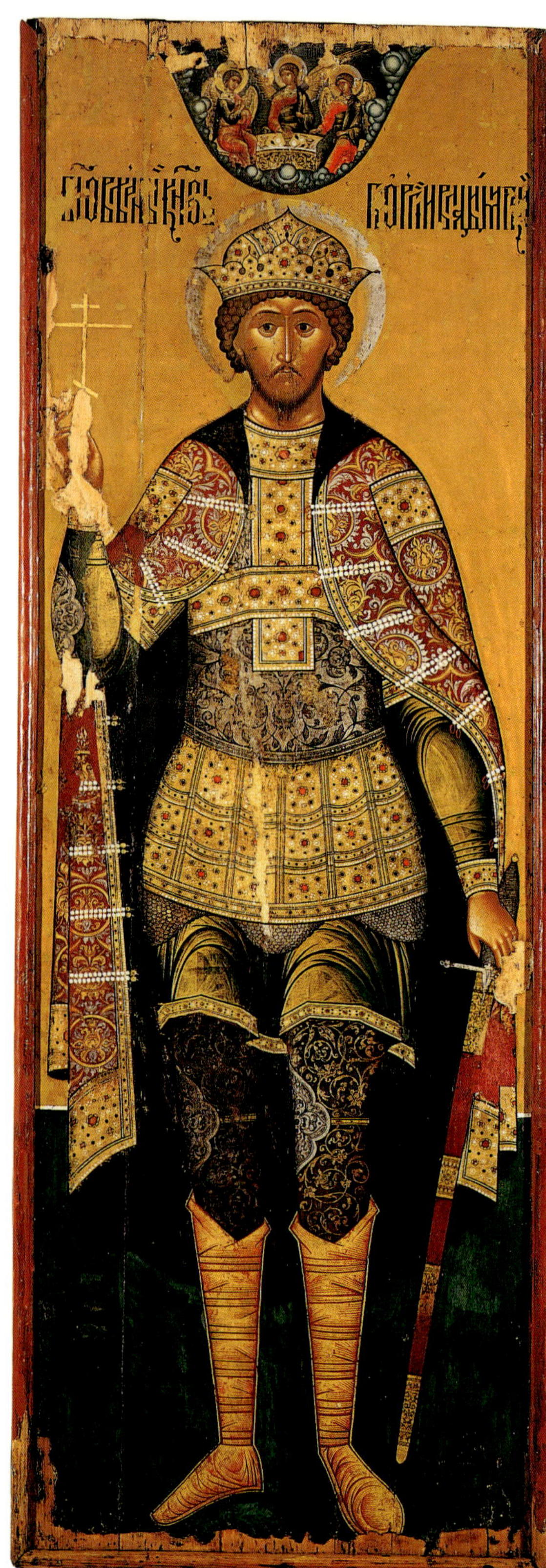

25
Le Prince Gueorgui Vsevolodovitch
Zôgraphes du tsar. Moscou
Vers 1645
192,5×67 cm
Provient de la cathédrale de la Dormition, à Vladimir
Acquis en 1934
Inv. 28641

Exposée et reproduite pour la première fois

Cette icône a été restaurée par A. Valiouchok en 2000 pour la présente exposition dans les ateliers de la Galerie Tretiakov

Cette œuvre était posée sur la châsse en argent du prince Gueorgui, pour être placée, par la suite, dans la rangée de la Déisis de l'iconostase de la cathédrale de la Dormition, à Vladimir.
Gueorgui, petit-fils du prince de Kiev Iouri Dolgorouki, fondateur de Moscou, naquit en 1188 ou 1189. En 1212, il devint grand-prince de Vladimir et de Souzdal, selon les dernières volontés de son père. Au cours des invasions tatares, après la chute des principautés de Riazan et de Mourom, la ville de Vladimir fut, en 1238, mise à feu et à sang. Le grand-prince Gueorgui perdit la bataille et mourut le 17 mars. Ses reliques furent transférées en 1239 de Rostov-le-Grand à la cathédrale de la Dormition, à Vladimir, où elles se trouvent actuellement.
Sur cette icône, le grand-prince apparaît en guerrier martyr chrétien, le glaive dans la main gauche et la croix dans la droite. Au-dessus de sa tête est représentée la Sainte Trinité. Sa couronne symbolise à la fois le pouvoir princier et l'insigne reconnaissance par le Très-Haut de ses exploits.

A. Loukachov

26

Saint Tsarévitch Dimitri d'Ouglitch, de la Déisis

Seconde moitié du XVIIe siècle. Russie centrale
103×39,3 cm
Ancienne collection V. Alexandrov
Acquis en 1975
Inv. DR-990

Exposition:
Les Saints russes. Maison centrale des artistes, Moscou, 1990

Cette icône provient de la Déisis, rangée centrale de l'iconostase russe.
L'introduction des saints russes dans la rangée de la Déisis est le témoignage de la vénération toute particulière dont ils sont l'objet dans la région où est érigée l'église. Ainsi, le tsarévitch Dimitri était extrêmement populaire dans les villes de Russie centrale. Ce fils puîné du tsar Ivan IV le Terrible fut assassiné à Ouglitch le 15 mai 1591, à l'âge de 9 ans, dans de mystérieuses circonstances. Boris Godounov était alors régent et tuteur de Dimitri, mineur et épileptique, ainsi que de son frère, faible d'esprit, le tsar Fédor. Après la mort de Boris Godounov, on accusa celui-ci de l'assassinat de Dimitri, qui fut bientôt proclamé saint. On lui vouait un véritable culte dans les villes d'Ouglitch, de Rostov et de Pereslavl-Zalesski, à travers lesquelles le cercueil avec ses reliques fut promené, avant de le transporter à Moscou pour les cérémonies de canonisation en 1606.

L. Kovtyreva, N. Bekeneva

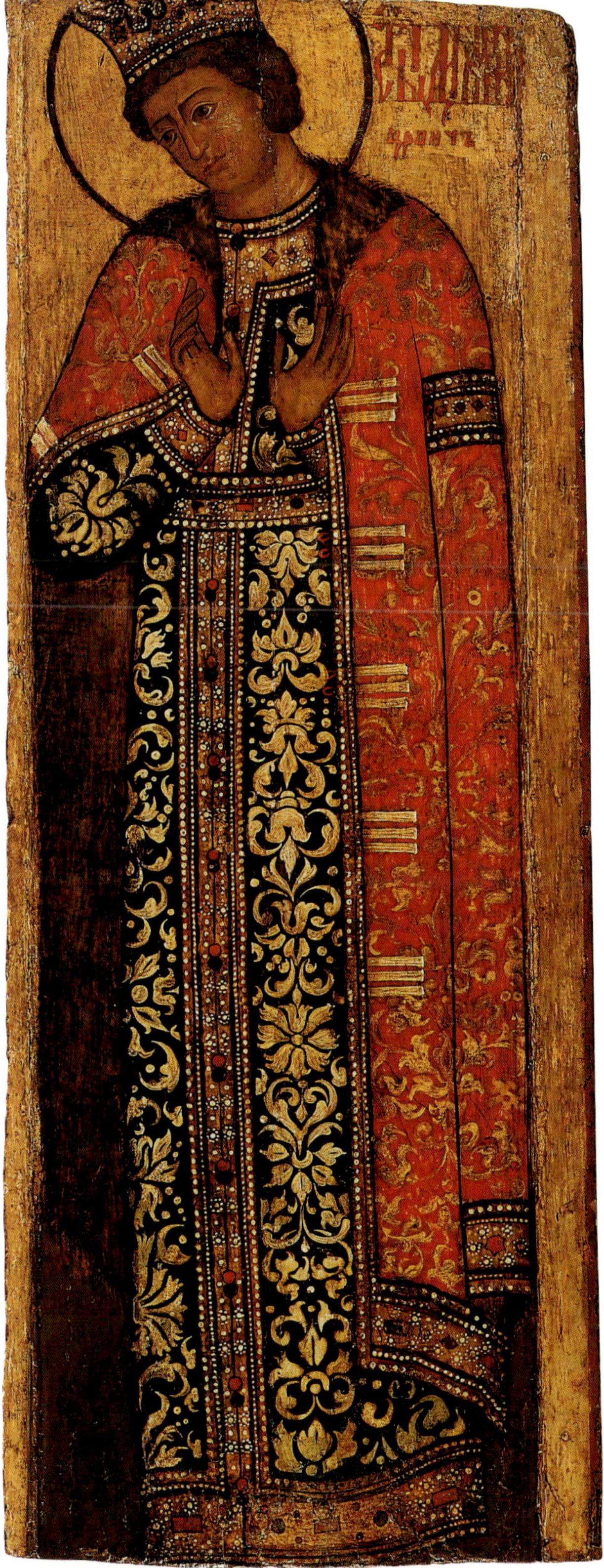

27

Les Saints élus:

Zosime des Solovki, Eléazar d'Anzer, Jean le Grand Bonnet et le prophète Elie

Première moitié du XVIIe siècle. Rostov-le-Grand
181 × 114 cm
Provient du monastère Saints-Boris-et-Gleb, dans les environs de Rostov
Acquis en 1937
Inv. 28750

Expositions:
1000 ans d'art russe. Académie des Beaux-Arts, Moscou, juin-août 1988; 1000 Jahre russische Kunst. Schloss Gottorp, Schleswig-Holstein, août-octobre 1988; Museum Wiesbaden, novembre 1988 - février 1989 (cat. n° 157)

Cette icône a été restaurée par I. Averina en 1999 pour la présente exposition dans les ateliers de la Galerie Tretiakov

Sur cette icône figurent les saints Zosime des Solovki, Eléazar d'Anzer, Jean le Grand Bonnet et le prophète Elie, priant devant une icône de la Vierge du Signe.

Habituellement, on représente Zosime avec Sabbatius mais, sur cette icône, il est peint aux côtés d'Eléazar d'Anzer.

Le vénérable Eléazar fut le fondateur, au XVIIe siècle, du monastère sur l'île d'Anzer, située au milieu de la mer Blanche, à cinq kilomètres des Solovki. Ce monastère était réputé pour ses mœurs rigides et l'érudition de ses moines. D'après les hagiographes, Eléazar naquit à la fin du XVIe siècle dans une famille de marchands. Il était lettré et pratiquait le métier de tailleur de bois. Dans sa jeunesse, Eléazar se retira aux Solovki. Il y travailla à l'ornementation de l'iconostase de la cathédrale de la Transfiguration et, au bout d'un certain temps, prit l'habit. En 1612, il se rendit sur l'île d'Anzer, où il se fit ermite en 1616. Ses élèves et disciples le suivirent sur une île, où ils fondèrent un monastère. Parmi eux se trouvait le futur patriarche Nikon (1605-1681).

Eléazar était connu jusqu'à Moscou, où le tsar Mikhaïl Romanov (1596-1645) l'appela afin qu'il intercédât auprès du Très-Haut pour la naissance d'un héritier. Le saint prédit au tsar la venue d'un garçon. Celui-là demanda au moine de rester au monastère Tchoudov et de prier sans relâche jusqu'à l'accomplissement de sa prophétie. En 1629, le couple mit au monde le futur tsar Alexeï (†1676), qui fut dès lors considéré comme le fruit des prières de saint Eléazar. A cette époque, le nom d'Eléazar devint célèbre et très populaire au sein de la famille Romanov. On ne connaît pas la date de sa canonisation. Cependant, il était déjà très vénéré de son vivant.

Saint Jean de Moscou et de Rostov, d'après des sources du XVIIe siècle, était connu pour ses miracles; il mourut en 1589 et fut inhumé dans l'église Basile-le-Bienheureux sur la place Rouge. Saint Jean avait deux surnoms: «Le Porteur d'eau» et «Le Grand Bonnet». Natif de la province de Vologda, il travaillait comme saunier. Il quitta sa ville natale pour Rostov-le-Grand, où il devint fol en Christ.

Le prophète Elie était très considéré en Russie dans le milieu monacal.

Cette icône montre l'île de deux manières intéressantes: en bas, la partie non habitée, déserte, et, au milieu, deux autres parties de l'île, l'une avec le grand monastère des Solovki, l'autre avec un petit ermitage.

Le monastère est fidèlement reproduit: on reconnaît la cathédrale de la Transfiguration et ses cinq coupoles, l'église Saint-Nicolas, l'église de la Dormition-de-la-Vierge et l'ermitage avec ses cellules.

G. Sidorenko

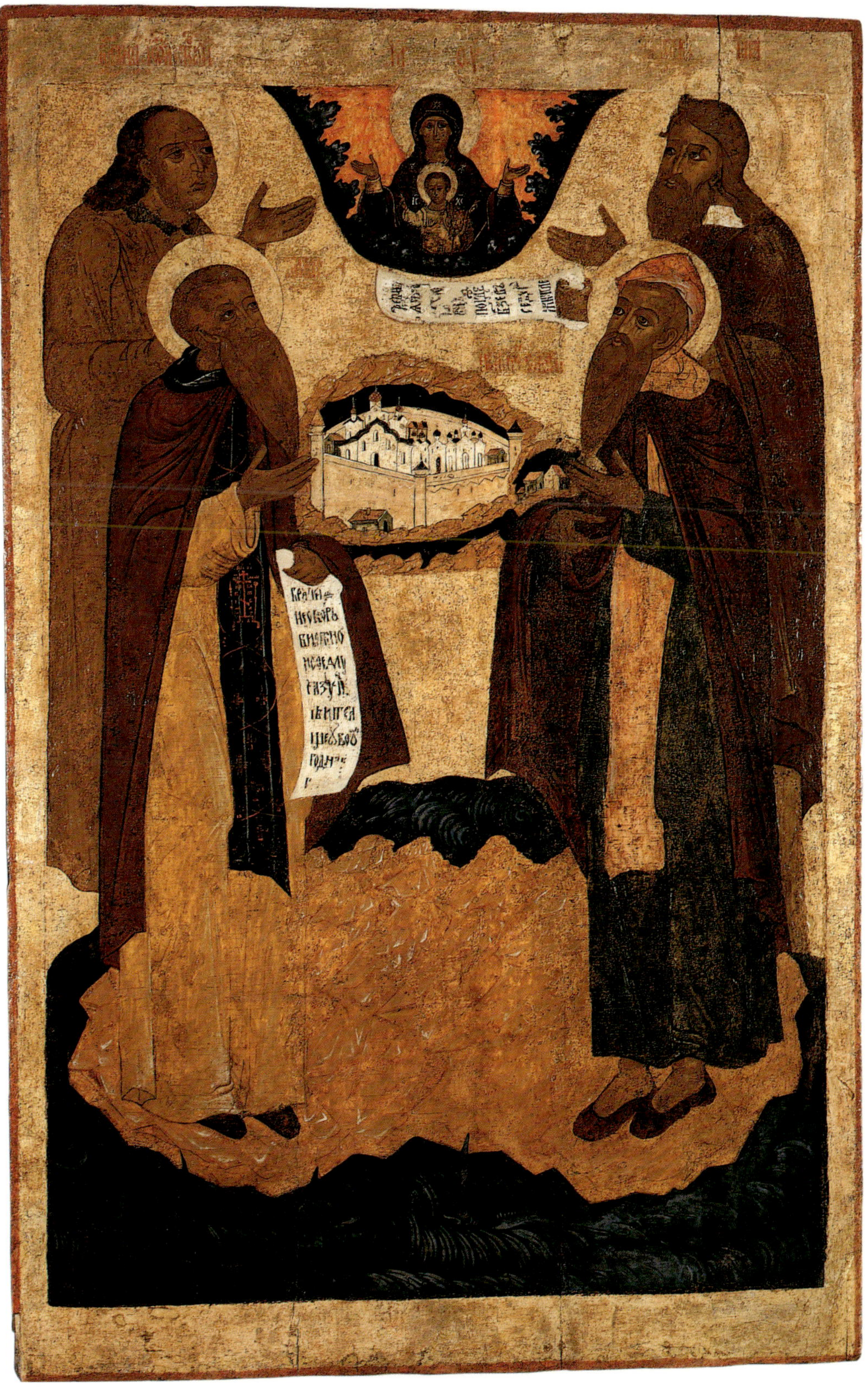

28

La Rencontre de l'icône *La Vierge Vladimirskaïa* à Moscou

Milieu de la seconde moitié du XVIIe siècle
128×99 cm
Provient de l'église Alexis-Métropolite sur Glinichi, à Moscou
Acquis en 1935
Inv. 23095

Exposition:
Anniversaire commémorant le déplacement de l'icône de la Vierge Vladimirskaïa à Moscou en 1395. Galerie nationale Tretiakov, Moscou, 1995 (cat. n° 28)

Depuis 1237, la Russie dépendait politiquement et économiquement de la Horde d'Or. En 1395, craignant une nouvelle invasion du khan Tamerlan, le grand-prince Vassili fit transporter de Vladimir à Moscou l'icône miraculeuse de la Vierge. Le 16 août de la même année, arrivé à la frontière avec son précieux fardeau, le prince fut surpris de constater que les troupes du khan avaient fait demi-tour. La concomitance de ces deux événements fut perçue par le peuple comme un miracle.

La Vierge Vladimirskaïa fut installée dans la cathédrale de la Dormition du Kremlin de Moscou. Au point de rencontre, une église fut construite. Sur l'ordre du prince Vassili, un monastère fut fondé en 1397, qui prit le nom de Sretenski, signifiant en russe «rencontre». Le 26 août fut proclamé jour de fête.

Parmi les nombreuses icônes traitant du même sujet, celle de la Fondation Gianadda se distingue par la beauté de la composition, la fraîcheur des coloris, la grâce des formes, sans parler de l'intérêt historique qu'elle suscite.

G. Sidorenko

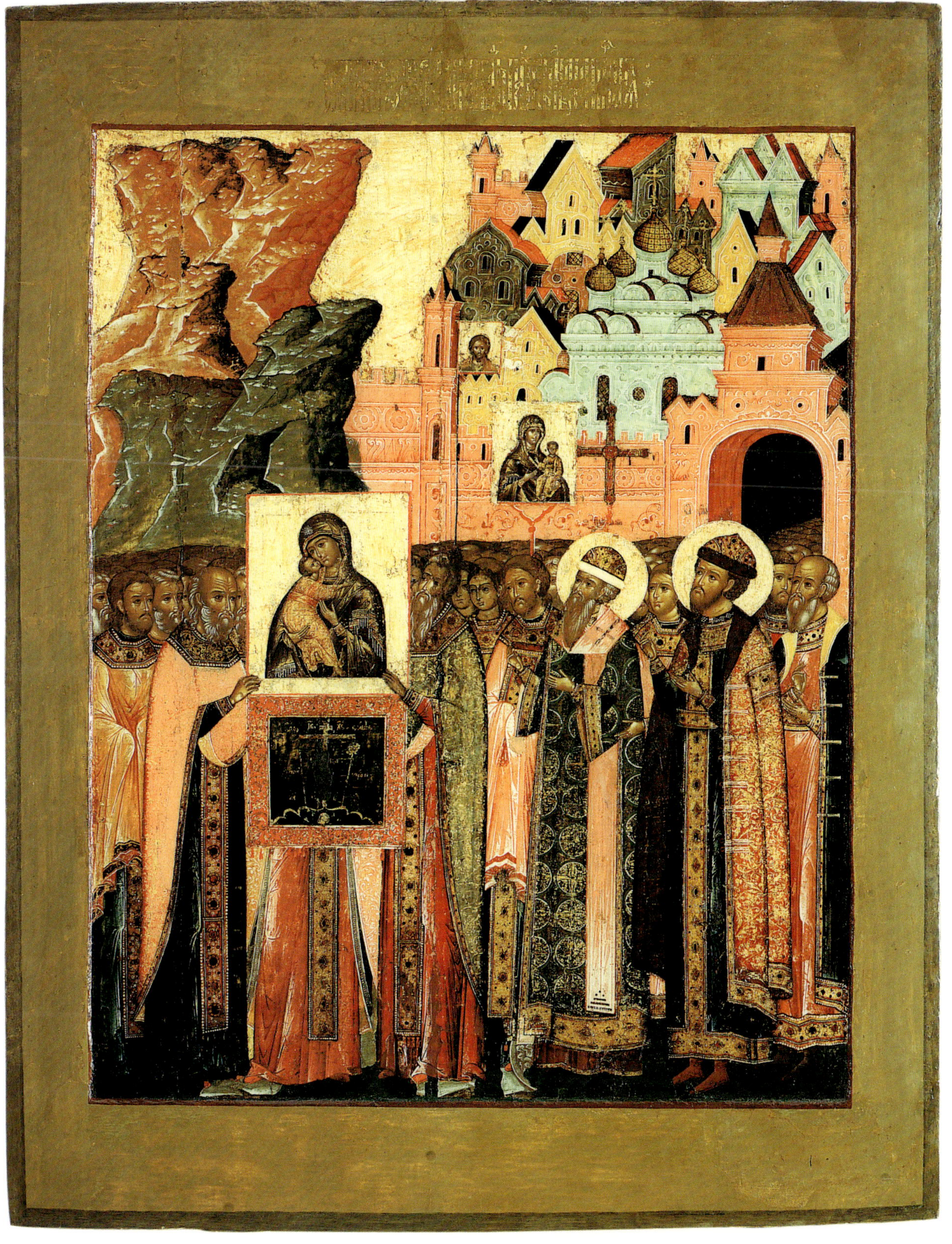

29
Le Prince Mikhaïl Iaroslavitch (Michel de Tver)
XVIIe siècle
31,7×26,1 cm
Acquis en 1930
Inv. 14630

Exposée et reproduite pour la première fois

Le prince Michel de Tver (1271/2-1318) est mentionné pour la première fois dans les chroniques en 1285. Son nom est lié à la fondation de la première église en pierre de la Transfiguration, à Tver.
En 1305, le prince Michel reçut des Tatars l'autorisation d'administrer les principautés de Vladimir et de Souzdal. Il se trouva alors en concurrence avec le grand-prince Iouri de Moscou, dont il se fit un ennemi. Etant par conséquent au centre de la lutte pour le pouvoir, il fut assassiné le 22 novembre 1318 dans la Horde.
Peu après sa mort, il fut admiré par le peuple, qui voyait en lui un martyr, prêt à se sacrifier par amour de la patrie. Dès lors, son nom apparaîtra fréquemment dans les chroniques et les légendes.
En 1411, ses reliques furent découvertes. Le Concile de Moscou de 1549 fixa au 22 novembre le jour de sa fête.
Sur cette icône, le Christ bénit Michel, que l'on voit dans ses atours princiers, mais sans sa couronne pour mieux souligner son tragique destin.

A. Loukachov

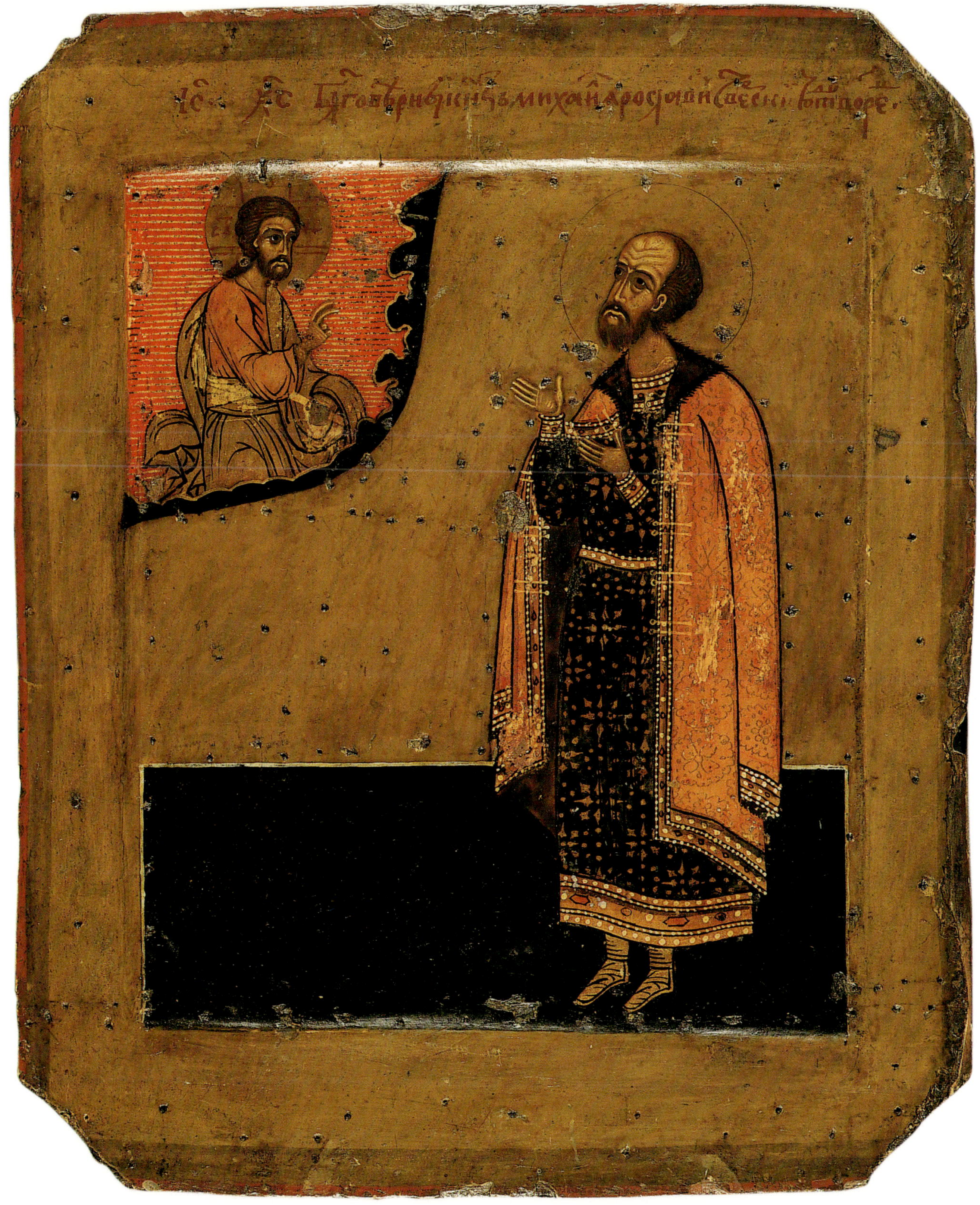

30
Le Prince Pierre et la princesse Fébronie de Mourom
XVIIe siècle
33,5×29,5 cm
Acquis en 1962
Inv. DR-105

Exposée et reproduite pour la première fois

Le Concile de Moscou de 1547, consacré à la canonisation des nouveaux saints russes, fixa la date de la fête des saints de Mourom (le prince Pierre et la princesse Fébronie).
La légende écrite au XVe siècle sur l'amour romantique des inséparables Pierre et Fébronie – qui vivaient à la fin du XIIe et au début du XIIIe siècle – relate l'histoire mystérieuse de la séduction de la belle-sœur de Pierre, épouse de son frère Pavel, par un serpent, qui prenait l'apparence de son mari. Pierre trouve une épée miraculeuse et tue le serpent. Il tombe malade, son corps se couvre d'escarres là où le sang du serpent avait coulé. Cherchant les moyens de se soigner, il dépêche ses valets partout dans les principautés voisines pour se procurer des remèdes. Enfin, on trouve une jeune paysanne de Riazan qui peut aider Pierre, mais à une seule condition: elle veut qu'il l'épouse. Pierre accepte, mais, une fois guéri, il rompt les fiançailles. Entre-temps, son frère Pavel meurt et Pierre devient prince. Il tombe de nouveau malade; c'est alors qu'il décide d'épouser Fébronie, mais, pendant le festin nuptial, les boyards, vexés par la présence de la vilaine Fébronie, lui proposent de quitter le prince et la ville. Ils lui assurent qu'elle peut emporter tout ce qui lui plaît. Cependant, de tout ce qu'on lui propose, Fébronie choisit Pierre qui, à son tour, semble enclin à préférer Fébronie à sa principauté. Ils quittent la ville. Les émeutes et les différends qui commencent à secouer Mourom obligent ses habitants à prier le couple de revenir. Pierre et Fébronie ont vécu heureux ensemble jusqu'à un âge avancé. C'est alors qu'ils décident de prendre l'habit: le prince reçoit le nom de David, Fébronie celui d'Euphrosine. Pierre se retire dans un monastère, sa femme dans un couvent. Ils souhaitent mourir le même jour et prient Dieu d'exaucer leur vœu. Ils veulent être ensemble après leur mort et se font préparer un sépulcre pour deux. Pierre et Fébronie meurent le même jour, mais les gens croient qu'il ne faut pas enterrer ensemble le moine et la nonne, et préparent deux sépulcres séparés dans deux églises. Le prince repose dans la cathédrale et Fébronie dans une église située aux environs de la ville. Le jour suivant, on aperçoit les deux corps reposant ensemble dans le sépulcre du prince. On les sépare et replace la dépouille de Fébronie dans l'église. Le miracle se répète, on retrouve les deux corps dans la même bière. On décide alors de les laisser ensemble, unis dans la mort.
Dans le cantique dédié à la mémoire de Pierre et de Fébronie, on les appelle «les anges terrestres et les gens célestes». L'image sur l'icône exposée s'inspire de la même veine poétique. Les deux saints sont représentés avec, en toile de fond, le *kremlin* de Mourom et le *terem* princier. Derrière le mur aux portes ouvertes, on voit la coupole de la cathédrale de la Nativité-de-la-Vierge, où se trouvaient les reliques intactes de Pierre et de Fébronie. Les deux saints, devenus patrons de Mourom, prient devant l'Enfant Jésus. Ils portent les habits monastiques. Derrière eux sont placés les anges gardiens. En Russie, les saints Pierre et Fébronie sont vénérés comme les patrons de ceux qui veulent se marier.

G. Sidorenko

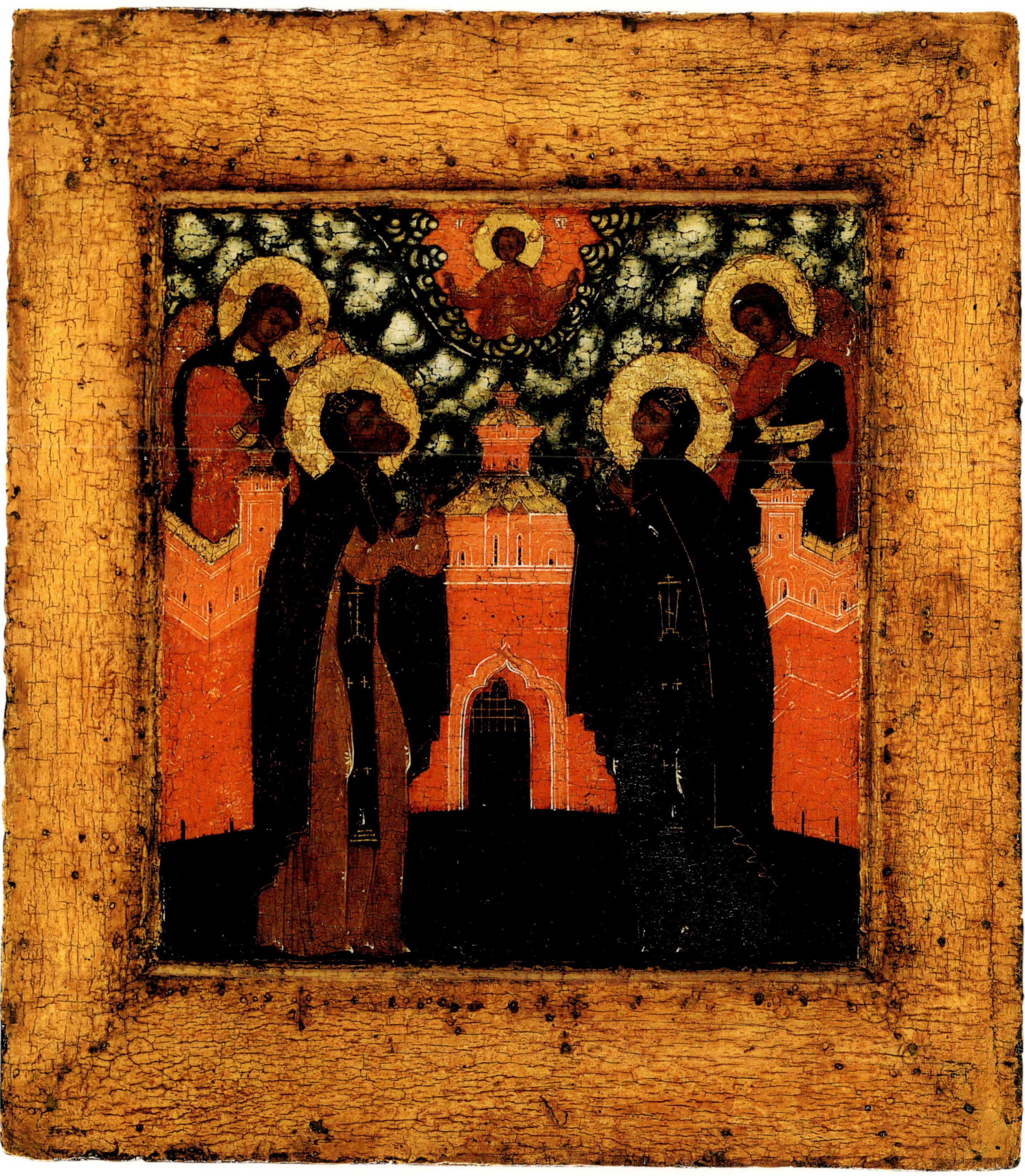

31

Saint Varus et saint Arthème de Verkola

Nikita Pavlovets (?)
1660-1670
32×28 cm
Acquis en 1939
Inv. 24879

Exposée pour la première fois à l'étranger

Varus était un saint grec, guerrier, martyrisé pour sa foi chrétienne. L'adolescent Arthème de Verkola, fils de paysans, était le saint russe qui avait été foudroyé tandis qu'il travaillait dans les champs avec son père.
Réunir ces deux saints sur cette icône peut être expliqué, d'une part, par le fait que Varus était vénéré comme le patron de ceux qui meurent jeunes et, d'autre part, par le fait que les jours de fête des saints sont proches (Varus: le 1er novembre, Arthème: le 2 novembre).
Le *pozem*[1] est traité comme un paysage en miniature. Derrière la figure de Varus, on voit la ville, derrière Arthème, les champs et les bois. Sur la ligne d'horizon imaginaire, dans le fond de l'icône, Arthème, adolescent, est étendu sur le sol.
Le plus souvent dans les icônes russes représentant les saints en pied, le *pozem* était figuré de manière conventionnelle par une bande monochrome ou bicolore. Le «*pozem*-paysage» apparaît au début du XVIIe siècle et, vers les années 1660-1670, il devient de plus en plus réaliste. Sur le bord, au bas de l'icône, sont conservés les fragments presque illisibles d'une phrase écrite en lettres d'or avec le nom probable du peintre: Nikita Pavlovets.
Le nom complet du zôgraphe est Nikita Ivanov Eropheiev de Pavlovets (?-1677). En 1668, il fut embauché dans les ateliers du palais des Armures à Moscou. Ces ateliers, fondés par le tsar, étaient à l'époque le haut lieu de la peinture d'icônes. Chaque maître qui y était admis était capable de peindre aussi bien des miniatures que des fresques. Nikita Pavlovets est connu uniquement pour ses icônes de petit format. On trouve ses œuvres dans différents musées tels que la Galerie Tretiakov, le Musée russe de Saint-Pétersbourg, le Musée-domaine Kolomenskoïe de Moscou. Il travaillait souvent avec le grand maître de cette époque, Simon Ouchakov, qui appréciait et cautionnait son œuvre.

N. Bekeneva

[1] En iconographie, bande dans la partie inférieure de l'icône, généralement brune ou verte, symbolisant la terre.

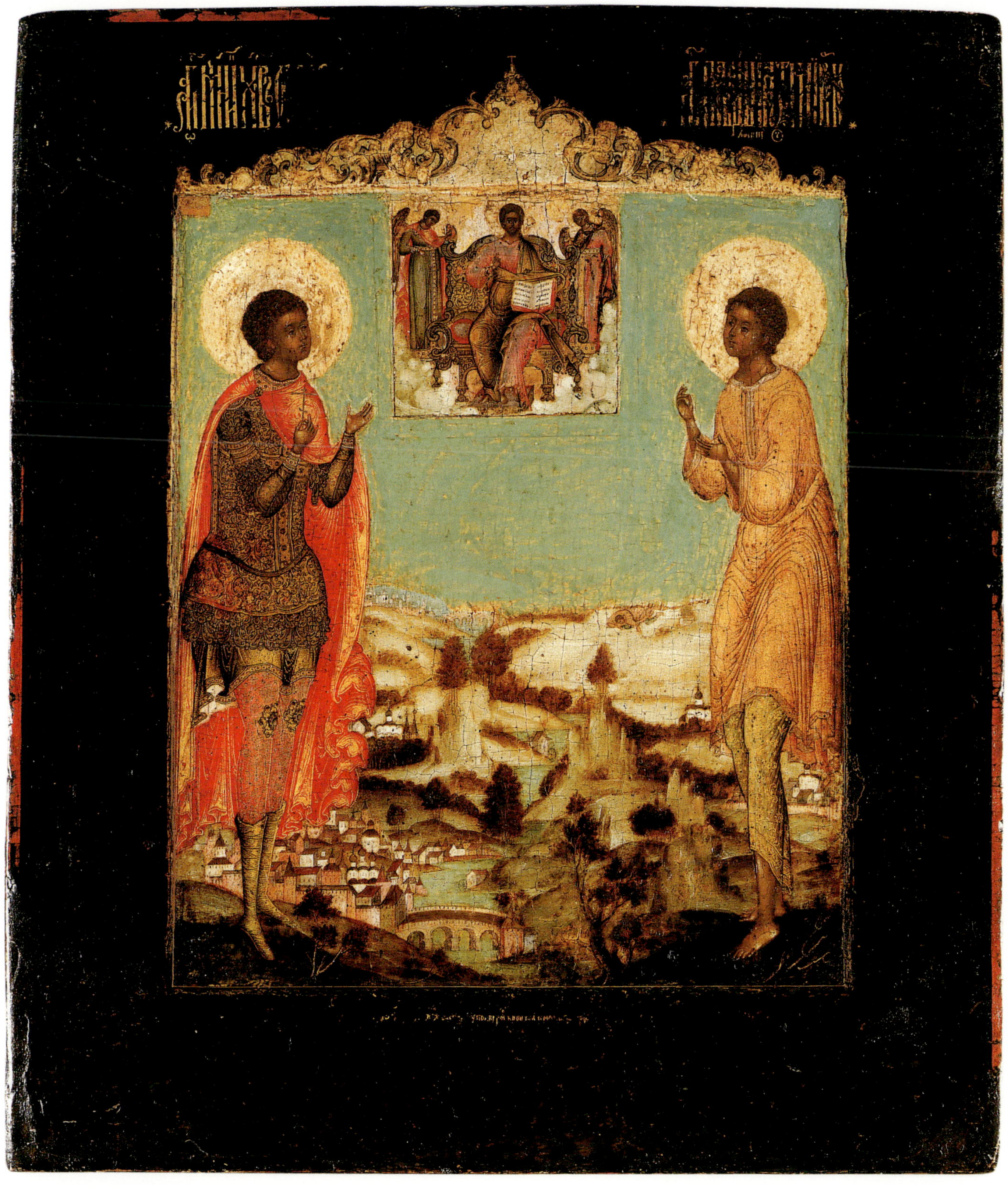

32

Le Métropolite Alexis, avec sa vie
Seconde moitié du XVIIe siècle
36×31 cm
Acquis en 1930
Inv. 14531

Exposée et reproduite pour la première fois

Cette icône a été restaurée par A. Sobarchova en 1999 pour la présente exposition dans les ateliers de la Galerie Tretiakov

Alexis naquit à Moscou en 1292 et fut baptisé sous le nom d'Elevferiï. Son père était un des boyards du grand-prince Ivan. Selon la légende, un ange lui serait apparu, lui prédisant un grand avenir dans la spiritualité. C'est à ce moment-là qu'Alexis décida de prendre l'habit. Il fut sacré archevêque de Vladimir en 1350, devint métropolite de Kiev en 1354, puis de Moscou. Alexis fonda le monastère Tchoudov en 1365, où il fut inhumé en 1378.

V. Chirokov

1	2	3	4
5			6
7			8
9	10	11	12

Sujets des compartiments:
1. Naissance
2. Baptême
3. Education
4. L'ange réveille l'enfant et le nomme Alexis
5. Alexis prend l'habit
6. Alexis devient métropolite
7. Alexis guérit Taïdoula, l'épouse du khan
8. Alexis fonde le monastère Tchoudov
9. Alexis converse avec le vénérable Serge de Radonège
10. Alexis célèbre l'office peu avant sa mort
11. Avant de mourir, Alexis bénit le prince Dimitri Donskoï
12. Funérailles d'Alexis

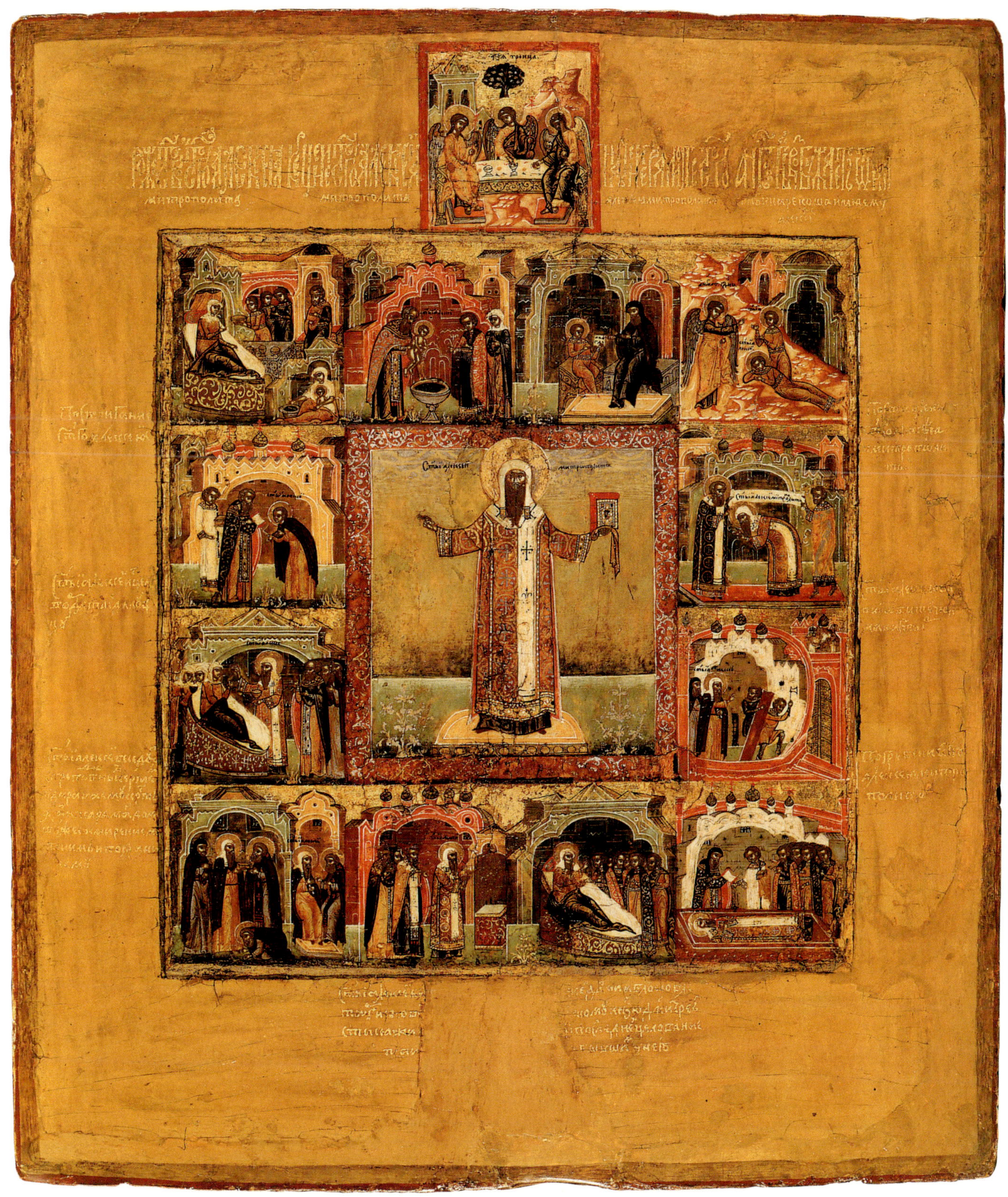

33

Le Sauveur de Smolensk, avec les fêtes et les saints élus

Seconde moitié du XVIIe siècle (?). Iaroslavl (?)
129,5 × 111,3 cm
Acquis en 1930
Inv. 14716

Exposée et reproduite pour la première fois

Cette icône a été restaurée par E. Gra en 2000 pour la présente exposition dans les ateliers de la Galerie Tretiakov

En 1514, après avoir conquis Smolensk, le grand-prince Basile III ordonna, pour commémorer cet événement, de placer sur la tour Frolovskaïa (aujourd'hui Spasskaïa) du Kremlin de Moscou une icône représentant le Sauveur en pied.
L'œuvre exposée reprend l'iconographie peu usuelle du Sauveur en pied. En revanche, le choix des saints et des scènes relève du goût personnel du commanditaire. La manière de traiter les sujets, le choix des couleurs, la frise richement ciselée font plutôt songer au style de l'école de Iaroslavl.

N. Bekeneva

1	2	3	4
5			6
7			8

Sujets des compartiments:
1. Présentation au Temple
2. Procession à Constantinople vers la source miraculeuse
3. Décollation de saint Jean le Précurseur
4. Les princes Boris et Gleb, accompagnés de Simon le Stylite
5. Constantin le Grand et sa mère, l'impératrice Hélène
6. Les vénérables Zosime et Sabbatius des Solovki
7. Sainte Parascève, mégalomartyre, saint Blaise de Sébaste, hiéromartyr, Basile le Bienheureux, Piotr, métropolite de Moscou
8. Antipas de Pergame, évêque, mégalomartyr, saint Procope d'Oustioug (?), Théodore Stratilate d'Hêraklion, hiéromartyr, Anastasie Mégalomartyre

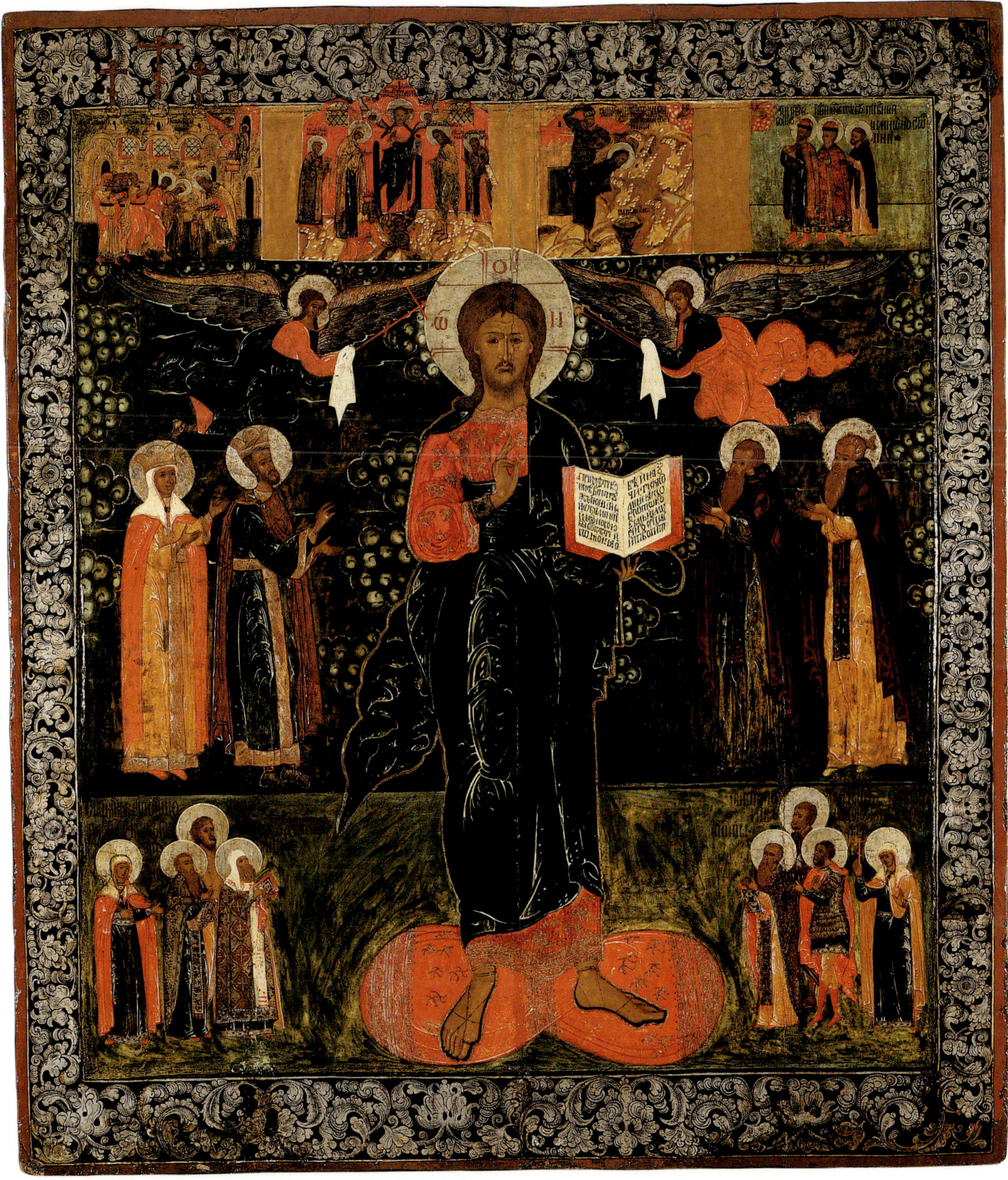

34

La Vierge Bogolubskaïa

Piotr Semenov, Nikolaï Solomonov, Maxime Ivanov, Piotr Korov
1689
157×121 cm
Provient de l'église de la Résurrection à Kadachi, Moscou
Acquis en 1934
Inv. 22725

Exposée et reproduite pour la première fois

Cette icône a été restaurée par E. Gra en 2000 pour la présente exposition dans les ateliers de la Galerie Tretiakov

D'après la légende, la Vierge serait apparue devant le prince Andreï Bogolubski, tandis qu'il transportait, de Vychgorod, près de Kiev, à Vladimir, l'icône miraculeuse de la Vierge Eleousa, appelée plus tard Vierge Vladimirskaïa. Le prince l'aurait vue, un manuscrit dans la main gauche, intercédant devant le Sauveur, et il aurait ordonné au zôgraphe de la représenter telle qu'il l'aurait aperçue. Cette première version existe toujours et se trouve à Vladimir. Dès le début du XVe siècle, la Vierge Bogolubskaïa était vénérée comme patronne des princes de Moscou. L'œuvre exposée à la Fondation Gianadda reprend l'iconographie souhaitée par le prince Andreï avec quelques ajouts: saint Serge de Radonège, le vénérable Barlaam de Khoutyn, saint Jean Damascène.

L'icône a été peinte au palais des Armures de Moscou. Nous ne possédons que peu de renseignements sur les quatre auteurs présumés: Piotr Semenov était un des élèves du célèbre Simon Ouchakov. Dès 1693, on le trouve au palais des Armures. Nikolaï Solomonov, fils de Bourgarov, de nationalité grecque, était un disciple de Gueorgui Zinoviev, lui-même étudiant auprès de Simon Ouchakov. La Galerie Tretiakov possède deux œuvres de Solomonov datant des années 1690. Maxime Ivanov est plutôt connu comme enlumineur, travaillant parfois pour le palais des Armures. Le nom de Piotr Korov n'est pas mentionné dans les écrits. Une de ses œuvres se trouve au Musée Ostankino, à Moscou.

N. Bekeneva

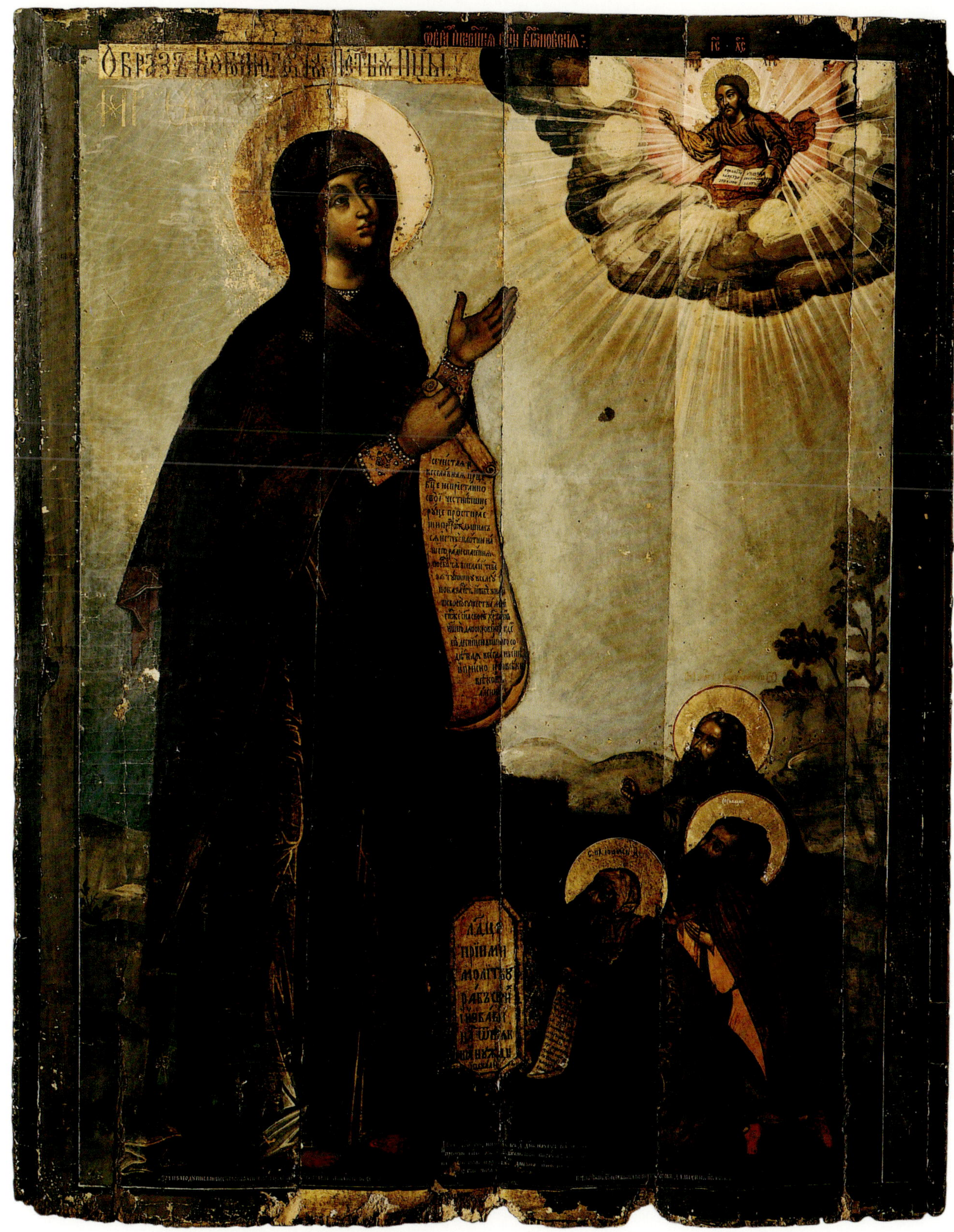

35
Le Métropolite Alexis
Tikkon Filatiev (?)[1]
1689 (?)
172×107 cm
Provient de l'église Alexis-Métropolite sur Glinichi, à Moscou[2]
Acquis en 1935
Inv. 14955

Expositions:
Moscou dans la peinture russe et soviétique. Galerie nationale Tretiakov, Moscou, 1980 (cat. n° 20)

1000 ans d'art russe. Académie des Beaux-Arts, Moscou, juin-août 1988; 1000 Jahre russische Kunst. Schloss Gottorp, Schleswig-Holstein, août-octobre 1988; Museum Wiesbaden, novembre 1988 - février 1989 (cat. n° 151)

L'iconographie de l'œuvre exposée est proche de celle représentant le métropolite Alexis, peinte par Maître Denis, éminent zôgraphe russe ayant vécu à la charnière des XVe et XVIe siècles. Les deux icônes, qui se trouvent par ailleurs à la Galerie Tretiakov, présentent plusieurs similitudes: saint Alexis est représenté en pied, bénissant de la main droite et tenant dans la gauche les Evangiles.

La particularité de l'œuvre de Filatiev est d'avoir silhouetté, à l'arrière-plan, l'ensemble du Kremlin tel qu'il devait se présenter à la fin du XVIIe siècle. Tikkon Ivanov Filatiev (?-1732), fils du peintre d'icônes Ivan Filatiev, de Iaroslavl, était, comme son père, un des zôgraphes réguliers du palais des Armures de Moscou. Son nom est mentionné dès 1675 dans les écrits. Il prendra la place de son père à la mort de celui-ci en 1678.

V. Chirokov

[1] L'auteur et la datation de l'icône peuvent être déterminés grâce à l'analyse des particularités stylistiques de Filatiev. L'examen de l'icône *Saint Jean le Précurseur*, qui provenait aussi de l'église Alexis-Métropolite et qui se trouve actuellement à l'Ermitage de Saint-Pétersbourg, signée et datée par Filatiev, permet de supposer que l'œuvre en question est du même auteur.
[2] L'église Alexis-Métropolite sur Glinichi a été construite en 1654. Entre 1685 et 1690, l'architecture de l'édifice a été modifiée et l'intérieur redécoré.

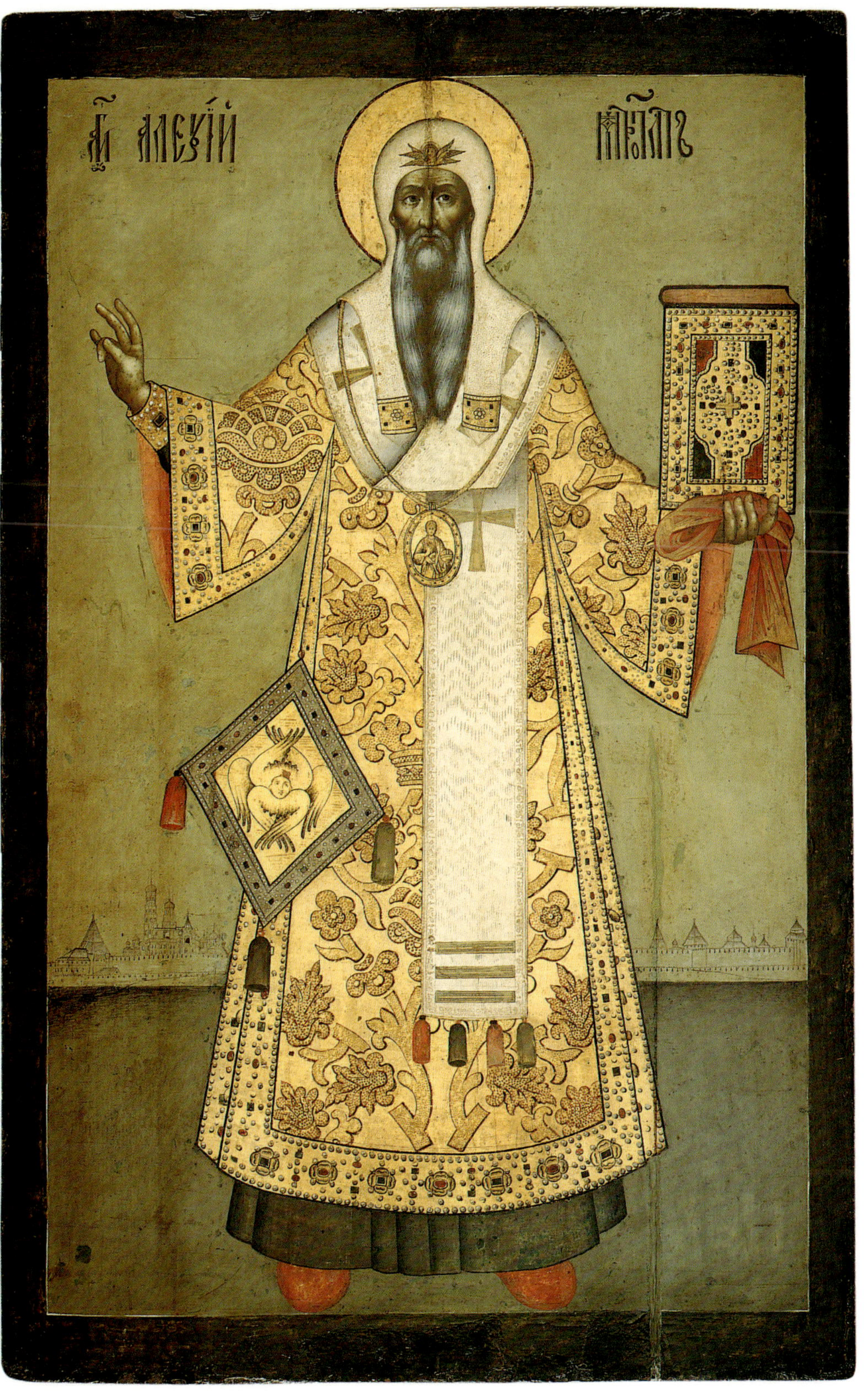

36
Le Vénérable Maxime le Grec
Fin XVIIe siècle. Moscou
31×27 cm
Acquis en 1930
Inv. 20887

Exposée et reproduite pour la première fois

Le vénérable Maxime (Mikhaïl Trivolis avant la prononciation des vœux) naquit en Grèce vers 1470. Il demeura en Italie, étudiant aux universités de Bologne, de Padoue et de Milan. Dès 1496, on le trouvait à Venise, où il fit la connaissance des humanistes de l'époque, Marsile Ficin et Pic de La Mirandole, prenait des leçons chez Jean Lascaris, envoyé du roi de France, et écoutait les sermons de Jérôme Savonarole. En 1502, il prit l'habit au monastère dominicain San Marco, à Florence, où il restera deux ans. Peu après, il se rendit dans un des monastères du mont Athos, où il prendra le nom de Maxime. Devenu célèbre par son érudition et sa vaste culture, il travailla, dès 1515, comme traducteur de grec en slavon.
Pendant sa période russe, de 1518 à 1556, Maxime, surnommé le Grec, accomplit une tâche énorme en traduisant et en corrigeant les ouvrages religieux. Grâce à son savoir encyclopédique, il rédigea plusieurs «épîtres» et «paroles» sur les événements de la vie spirituelle de son temps.
Homme de lettres polémiste, «militant» actif, Maxime s'attira de nombreuses inimitiés. Il passa six ans dans la prison du monastère Iossifo-Volokolamski et fut exilé pour une vingtaine d'années au monastère d'Otrotch, à Tver. Pour avoir propagé des idées perçues comme hérétiques, Maxime fut ostracisé et mis au ban de la société. En 1551, il fut transféré du monastère d'Otrotch à la laure de la Trinité, dans les environs de Moscou, où il mourra en 1556.
Peu après sa mort, un culte se développa autour de sa personne. Sa fête est fixée au 3 février. En 1988, lors du Concile de l'Eglise orthodoxe russe, Maxime a été canonisé comme saint œcuménique.

A. Loukachov

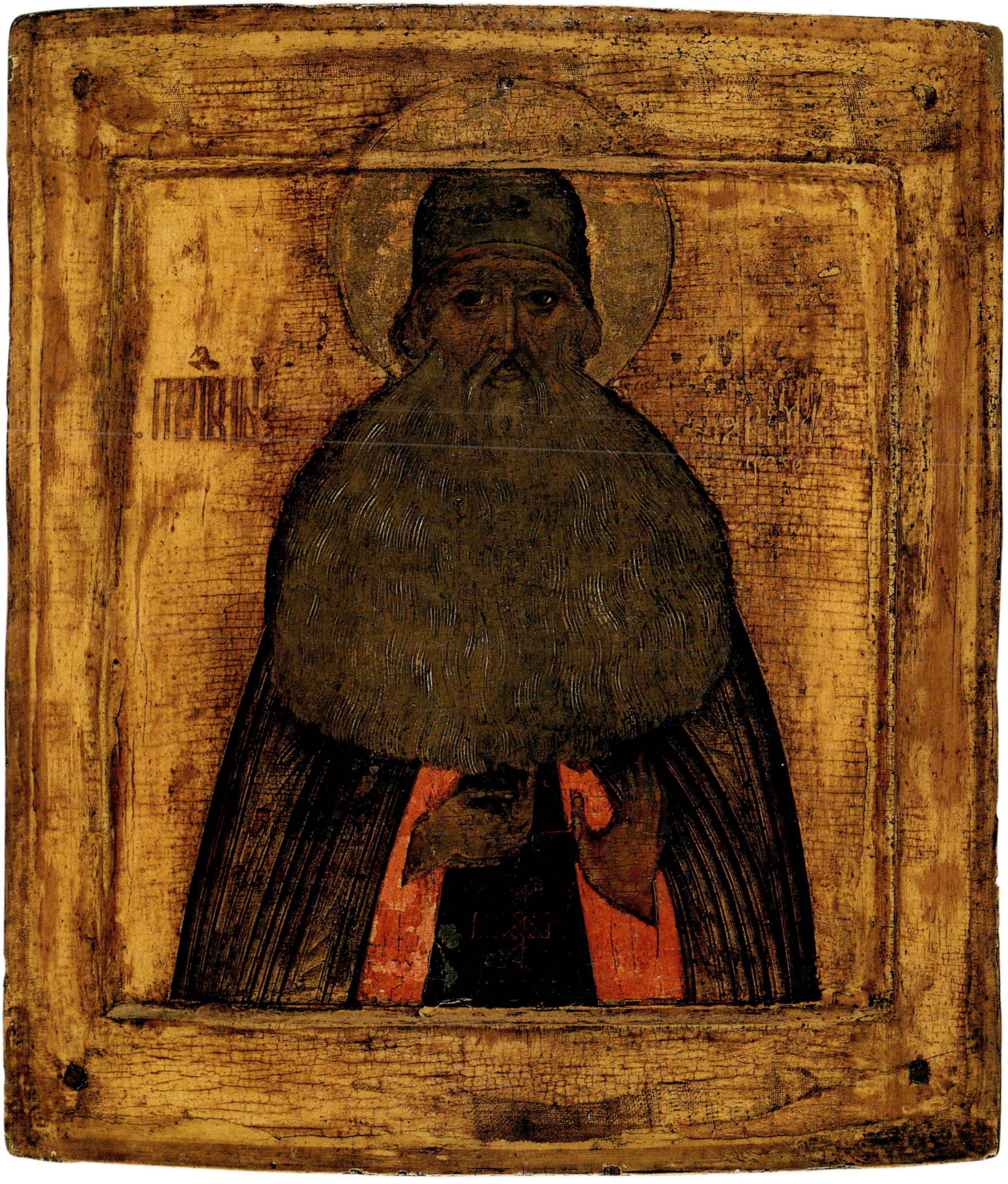

37
L'Hiéromartyr Ignace et saint Ignace de Sar
Fin XVIIe siècle
141 × 103 cm
Trouvée en 1966 lors de l'expédition de la Galerie Tretiakov au village de Klioutchi, région de Nijni-Novgorod
Acquis en 1966
Inv. DR-1948

Exposée et reproduite pour la première fois

Cette icône a été restaurée par O. Chitikova en 2000 pour la présente exposition dans les ateliers de la Galerie Tretiakov

Les deux saints sont tournés vers l'icône de la Sainte Face, image acheiropoïète.
L'hiéromartyr Ignace, en habits hiératiques, l'Evangile en main, est à gauche. La légende dit qu'il serait un des enfants que Jésus-Christ tenait dans ses bras, et c'est pour cela qu'on le nomme «Portant en lui Dieu». A droite, le vénérable Ignace de Sar, disciple de Cyrille de Belozersk, fondateur de la Spasskaïa Poustyn près de la ville de Vologda[1], qu'il quittera pour se retirer au monastère Vadojski, situé sur la rivière Sarra. Il prit alors le nom d'Ignace de Sar. C'est dans cette chartreuse qu'il mourra en 1591.
On suppose que l'icône présentée provient du village de Spas-Lom, dans la région de Vologda. Il est donc fort probable qu'en haut, au centre de l'icône, soit représentée la Sainte Face, qui ornait le monastère Spas-Lomovski, fondé par le vénérable Ignace.

V. Oukhanova

[1]La Spasskaïa Poustyn fut transformée et devint le monastère Spas-Lomovski, d'où la seconde nomination de saint Ignace Lomovski. Le monastère fut détruit en 1764.

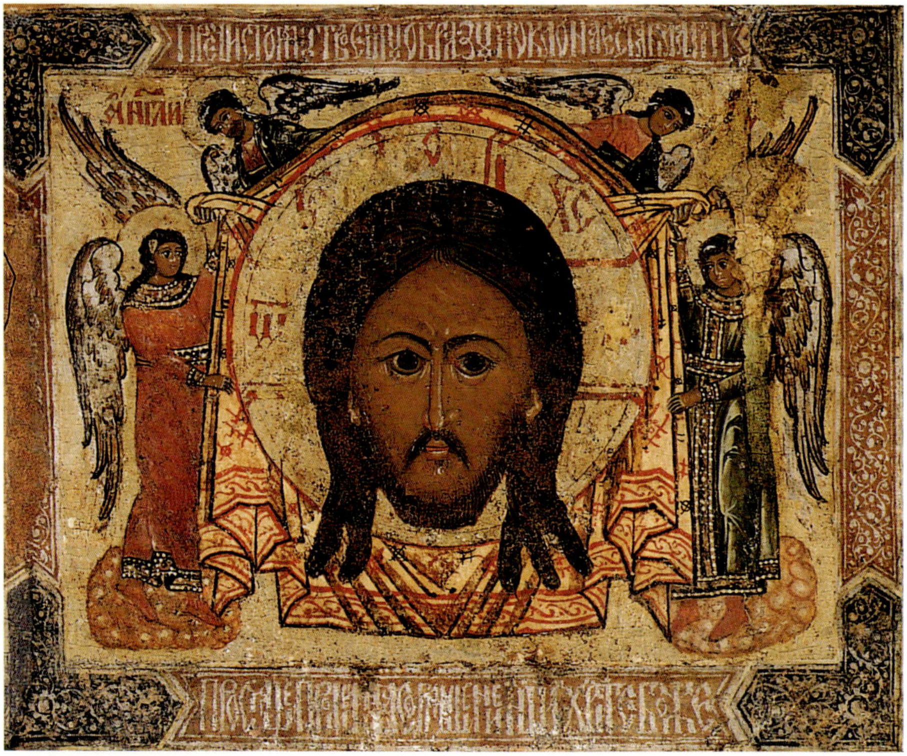

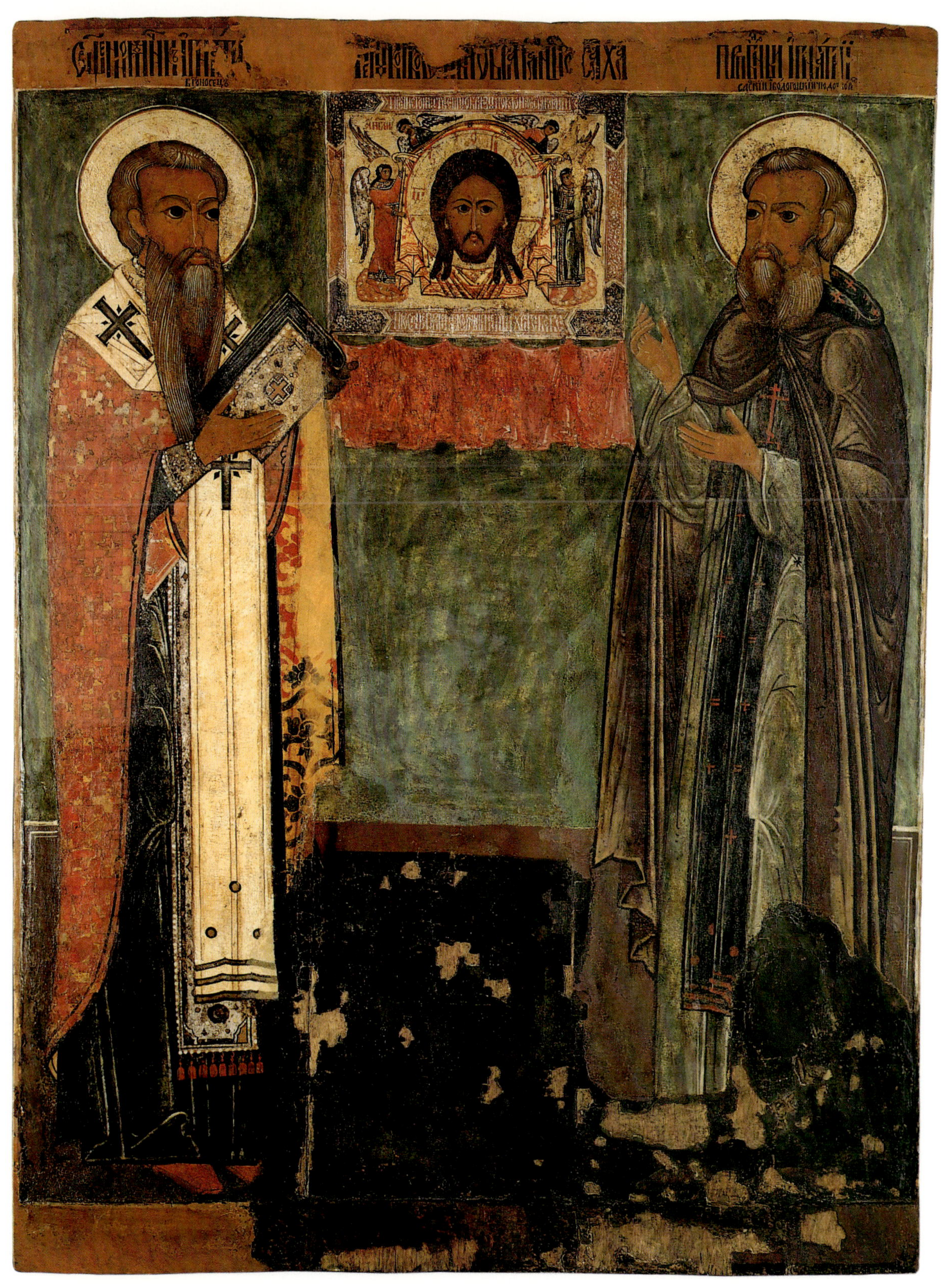

Œuvre en cours de restauration.

38

Saint Macaire Ounjenski, avec scènes hagiographiques
Fin XVIIe - début XVIIIe siècle. Kostroma
102×88 cm
Trouvée en 1965 lors de l'expédition de la Galerie Tretiakov au village de Potchinok, région de Kostroma
Inv. DR-837

Expositions:
Peinture ancienne de la collection de la Galerie nationale Tretiakov. Musée national d'Art, Tbilissi, Géorgie, 1982 (cat. n° 39)

1000 ans d'art russe. Académie des Beaux-Arts, Moscou, juin-août 1988; 1000 Jahre russische Kunst. Schloss Gottorp, Schleswig-Holstein, août-octobre 1988; Museum Wiesbaden, novembre 1988 - février 1989 (cat. n° 194)

Icônes russes. Fondation Pierre Gianadda, Martigny, Suisse, 1997-1998 (cat. n° 52)

La légende nous dit que Macaire aurait été pieux dès son plus jeune âge. Enfant, quand il pleurait, ses parents l'emmenaient à l'église pour le calmer (compartiment 3). A l'âge de 12 ans, Macaire quitta sa maison et se rendit au monastère Petchorski, où il prit l'habit (compartiment 7). Ses parents, désespérés, le cherchaient; un des moines qu'ils rencontrèrent leur dit que Macaire était au monastère. Le père s'y rendit pour le voir. Macaire, qui avait fait vœu de silence, ne put pas venir voir son père; il lui tendit seulement la main par la fenêtre. Mais les parents furent déjà heureux de retrouver leur fils sain et sauf (compartiments 8-11). Le peintre ne donne aucun détail sur la longue vie dévote de Macaire au monastère et passe directement aux événements des dernières années de sa vie. Après le pillage du monastère de Jeltovodsk, dont Macaire fut le fondateur, le chef tatar, voyant sa sagesse et sa piété, le laissa partir avec les autres frères, en leur conseillant de se réfugier dans la grande forêt de la région de Kostroma. Les moines étaient fatigués et affamés. C'est alors qu'ils aperçurent un élan. Macaire leur ordonna de ne pas toucher à l'animal et de respecter le carême (compartiment 12). Quelques jours après, coïncidant avec la fin du carême, le même élan réapparut devant les frères (compartiment 13).
Cette icône fut réalisée par un peintre de province, qui avait pu s'inspirer des magnifiques exemples que sont les œuvres des zôgraphes moscovites. La maîtrise du peintre est manifeste dans l'équilibre de la composition chromatique, dans l'«écriture»-esquisse du visage, dans la fine transposition, en miniature, des paysages et de l'architecture dans les compartiments.

N. Bekeneva

1	2	3	4	5
6				7
8				9
10				11
12	13	14	15	16

Sujets des compartiments:

1. Naissance de Macaire
2. Baptême de Macaire
3. Les parents de Macaire emmènent leur fils qui pleure à l'église
4. Instruction de Macaire
5. Macaire quitte clandestinement sa maison. En chemin, il échange ses vêtements avec un mendiant
6. Macaire arrive au monastère Petchorski à Nijni-Novgorod
7. Macaire prend l'habit
8. Les parents de Macaire pleurent leur fils disparu
9. Le père de Macaire reçoit d'un moine des nouvelles de son fils
10. Le père de Macaire vient voir son fils au monastère Petchorski
11. Les parents de Macaire sont heureux de retrouver leur fils

12-13. Miracle de l'élan

14. Macaire emmène les frères à la ville d'Ounja
15. Mort de Macaire
16. Guérison d'une jeune fille près du cercueil de Macaire

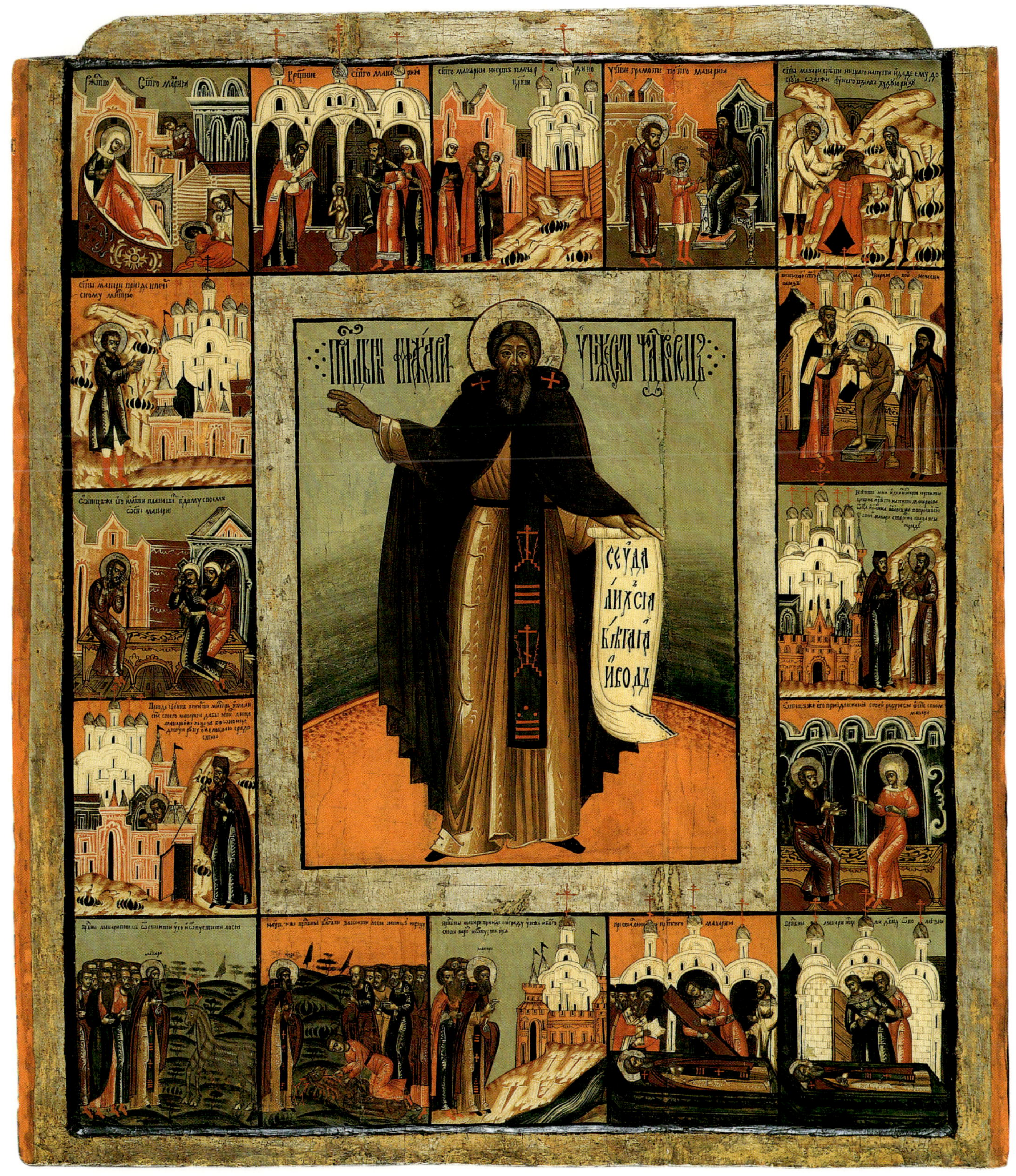

39
Nikon de Radonège
Fin XVIIe siècle. Moscou
90×33 cm
Acquis en 1930
Inv. 14752

Exposition:
Exposition consacrée au 600e anniversaire de la mort de saint Serge de Radonège. Galerie nationale Tretiakov, Moscou, 1992 (sans catalogue)

Le vénérable Nikon, hégoumène de la laure de la Trinité, disciple et successeur de Serge de Radonège, fit reconstruire le monastère après qu'il eut été dévasté par les Tatars en 1408. Au cours de ces travaux, il fit ériger la cathédrale en pierre et, pour la décorer, fit appel à Andreï Roublev et au moine Daniil. Sous son ministère, la laure de la Trinité devint un centre spirituel, intellectuel et artisanal, réputé pour sa production d'ouvrages manuscrits enluminés. Sa *Vie hagiographique* fut rédigée par Pacôme, s'inspirant des récits contemporains, au milieu du XVe siècle.
L'image de Nikon apparaît peu après sa disparition sur les icônes, fresques et objets du culte. Après sa canonisation, on la trouve dans la rangée de la Déisis, à l'instar de celle de Serge de Radonège.

I. Kotchetkov, E. Gousseva

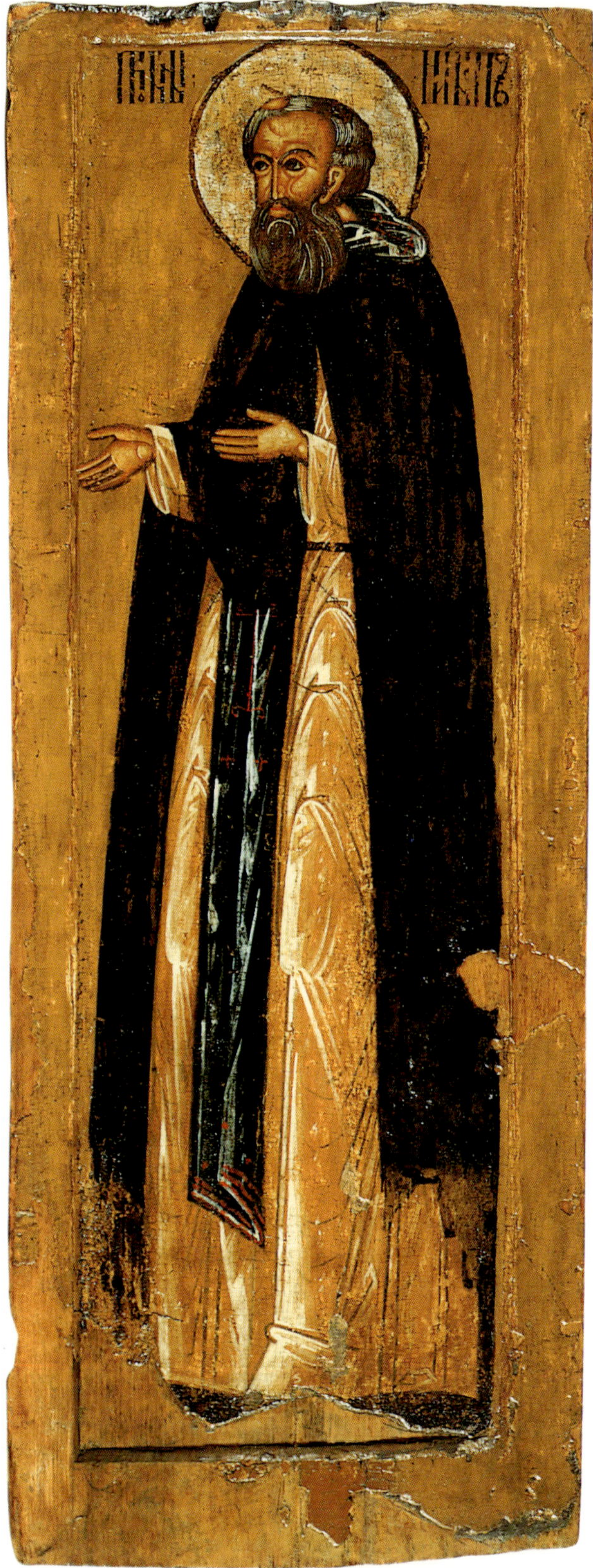

40

Saint Alexandre de la Svira, avec scènes hagiographiques
Icône (XVIIe siècle), caisse (début du XVIIIe siècle),
volets (seconde moitié du XVIIIe siècle)
Icône: 21,8×19,3 cm
Caisse: 53,5×39,6 cm
Volet gauche: 53,5×20,6 cm
Volet droit: 53,5×19 cm
Inv. 14646/1-4

Expositions:
La peinture russe des XVIIe et XVIIIe siècles. Moscou-Leningrad, 1977 (cat. p. 83)
L'or des tsars. Trésors russes. Icônes et arts décoratifs du XIe au début du XXe siècle des collections de la Galerie nationale Tretiakov et des Musées du Kremlin de Moscou. Retretti, Finlande, 1996 (cat. n° 27)

Le vénérable Alexandre de la Svira (Amos avant la prononciation des vœux) fut un éminent ascète russe du XVIe siècle (1448-1533), fondateur du monastère de la Svira, le seul saint russe qui fut honoré, comme en témoigne sa *Vie hagiographique*, de l'apparition de la Sainte Trinité.
La source littéraire des images des compartiments fut *La Vie du vénérable Alexandre de la Svira*, rédigée en 1545 par l'hégoumène Hirodion sur l'ordre de l'hiérarque Macaire, ainsi que des légendes plus récentes sur des miracles qui se produisirent près du tombeau du saint. En 1547, la vénération locale fut instaurée, et l'office religieux composé puis mis en musique. Après l'invention des reliques, une fête, célébrée par toute l'Eglise, fut instituée en 1641 (commémoration le 30 avril et le 12 septembre).
Au milieu de la caisse du *skladen*[1] est placée l'icône du vénérable Alexandre, datant du XVIIe siècle, dans un *oklad*[2] métallique estampé, réalisé selon les traditions du XVIe siècle. L'icône est entourée de compartiments plus récents (début du XVIIIe siècle) relatant les événements de la vie du saint avant son exil volontaire du monastère de Valaam vers le fleuve Svir, où il fondera un monastère. Le sommet sculpté de la caisse renferme l'image de l'événement le plus important de la vie du saint: l'apparition de la Sainte Trinité. Sur les volets du *skladen* sont disposées les scènes de la vie du vénérable Alexandre, réalisées durant la seconde moitié du XVIIIe siècle dans un style pictural différent, et relatant la vie du saint dans le monastère qu'il avait fondé, les miracles, la construction d'églises, son décès et l'invention de ses reliques. La simplicité de la composition, la disposition des compartiments en deux cycles (avant l'éloignement de Valaam et après l'arrivée dans les forêts de la Svira) permettent de supposer qu'à l'origine tous les compartiments de la partie centrale des volets avaient été réalisés par un seul maître iconographe. A cause de la mauvaise conservation de leur peinture, les volets furent remplacés, probablement vers la seconde moitié du XVIIIe siècle, par de nouvelles images reprenant les anciens schémas. Simultanément, des rénovations secondaires de la peinture de la caisse furent effectuées.
La particularité fort intéressante de la composition iconographique des compartiments est la mise en relief par le peintre des événements de la vie du saint, qui montrent le vénérable Alexandre en sa qualité de fondateur du monastère et de bâtisseur d'églises. Des ouvrages d'architecture de l'époque sont représentés dans les compartiments, avec une foule de détails extrêmement précis: le mur du monastère en pierre et en brique, construit de 1677 à 1689, le clocher en pyramide de l'église Saint-Zacharie, datant de 1668, les appartements de l'évêque, rappelant les bâtisses en bois du palais de Kolomenskoïe, ainsi que, probablement, l'église de la Trinité. La représentation de ces bâtisses permet de préciser la date de la création de l'icône; c'est incontestablement un précieux témoignage, offrant la possibilité de mieux connaître l'architecture russe du XVIIe siècle.
Conformément aux écrits, en 1718, le monastère, qui se trouvait toujours sous la protection de Moscou, accueillit un groupe de peintres appelés pour décorer l'église de la Trinité. Les particularités du style pictural de l'auteur des compartiments du *skladen*, sa connaissance évidente des modèles occidentaux de représentation d'intérieurs permettent d'établir un lien entre la création de l'icône et celle de ses compartiments, et l'arrivée d'artistes de la capitale dans ce monastère situé très au nord.

M. Cheredega

[1] Icône pliante.
[2] Revêtement métallique d'une icône qui, à la différence de la *basma* et de la *risa*, ne laisse plus à découvert que les carnations et restitue les couches inférieures de peinture par des aplats.

Sujets des compartiments:
1. Les pieux Stephan et Vassa prient dans le monastère de la Sainte-Vierge, en suppliant de leur donner un enfant, et ont une vision miraculeuse leur annonçant la naissance prochaine d'un fils. 2. Naissance de l'enfant Amos le 15 juillet 1448, jour du prophète Amos. 3. Baptême de l'enfant Amos. 4. Amos adolescent en prière au monastère, devant l'icône de la Vierge, aspirant à l'entendement des Saintes Ecritures. 5. Rencontre d'Amos avec les moines du monastère de Valaam, entretien avec l'ermite; Amos ne désire pas se marier et aspire à la vie monacale. 6. Entretien de l'ermite avec les parents d'Amos. Ce dernier quitte en secret la maison parentale. 7. Amos en prière sur le bord d'un lac. Révélation dans son sommeil, éclairée d'une lumière miraculeuse. 8. L'ange amène Amos au monastère du Sauveur sur Valaam. 9. Entretien de l'hégoumène du monastère avec Amos. Prise de l'habit en 1474 sous le nom d'Alexandre. 10. Entretien de l'hégoumène du monastère avec le père d'Amos (Alexandre). Entretien du vénérable Alexandre avec son père, au cours duquel il le persuade de la nécessité de devenir moine. 11. Prière du vénérable Alexandre devant l'icône de la Vierge. De la fenêtre de sa cellule, Alexandre voit la lumière lui indiquant le lieu où il doit se retirer. 12. L'hégoumène bénit le vénérable Alexandre et l'autorise à quitter le monastère. Alexandre quitte Valaam en 1484. 13. Apparition d'un miraculeux cerf blanc au noble Zavalichine au cours d'une chasse. 14. Andreï Zavalichine poursuit le cerf avec ses camarades et ses chiens. 15. Disparition du cerf miraculeux sur le haut d'une montagne. En 1493, rencontre d'Andreï Zavalichine avec le vénérable Alexandre. 16. Tentation du vénérable Alexandre, dans son ermitage, par des troupes diaboliques. 17. En 1508, apparition de la Sainte Trinité à Alexandre, sous l'aspect de trois hommes vêtus de blanc, des bourdons dans les mains. Le Seigneur ordonne à Alexandre de construire une église consacrée à la Sainte Trinité, et de fonder un monastère. 18. Apparition à Alexandre d'un ange en habit de moine (mandyas et cuculle), qui lui indique l'endroit de la construction de l'église de la Sainte-Trinité. 19. Ordination du vénérable Alexandre, qui devient prêtre. 20. En 1508, installation de la première église de la Sainte-Trinité. 21. Apparition miraculeuse de deux anges au marchand malade Daniel, sous l'aspect d'adolescents lumineux, qui emportent son âme dans les cieux. 22. Sur la demande de Daniel, les anges lui montrent une ville miraculeuse, la «Jérusalem céleste», en or et pierres précieuses, avec des hommes ailés qui chantent. Au centre de la ville, on voit le vénérable Alexandre sur le trône, vêtu de blanc et coiffé d'une couronne d'or, entouré de disciples en liesse. 23. Entretien du vénérable Alexandre avec son disciple Athanase; le saint le prévient qu'un phénomène miraculeux doit se produire très prochainement. 24. Le vénérable Alexandre voit un rayonnement au-dessus du monastère, et son disciple Athanase est prostré, terrassé par la peur. 25. Apparition miraculeuse de la Vierge à Alexandre. Elle est assise sur le trône, avec l'Enfant Jésus, à l'emplacement de l'autel de l'église de l'Intercession-de-la-Vierge en construction; des moines apportent des pierres et des briques. 26. Entretien du vénérable Alexandre avec Isaïe, son père spirituel; il lui raconte l'apparition miraculeuse de la Vierge. 27. Avant sa mort, Alexandre s'entretient avec ses disciples, en leur exposant son testament spirituel: leur vie doit plaire au Seigneur. Il prêche surtout contre l'ivrognerie. 28. Décès du vénérable Alexandre en 1533. 29. Inhumation d'Alexandre. 30. Invention des reliques impérissables de saint Alexandre lors de la construction de l'église de la Transfiguration en 1641. 31. En 1641, translation des reliques d'Alexandre dans l'église Saint-Nicolas, où elles resteront jusqu'en 1644, avant leur translation dans celle de la Transfiguration. 32. Guérison miraculeuse d'une femme aveugle près du tombeau de saint Alexandre.

13	
14	
16	18
21	22
25	26
29	30

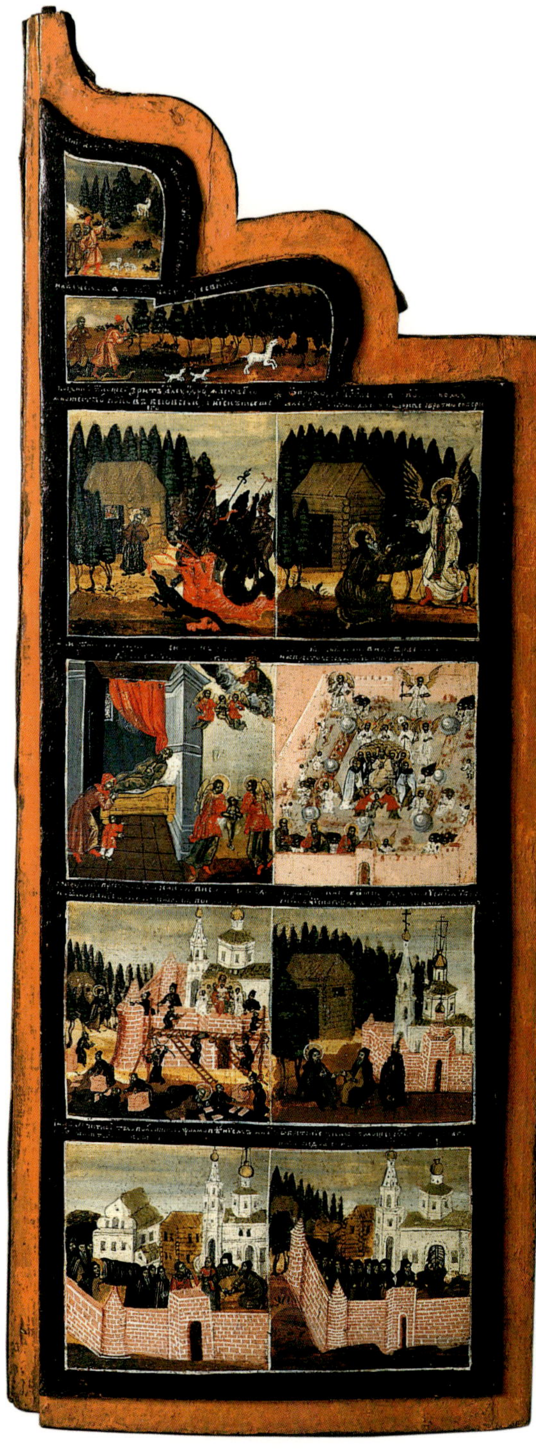

17
1 2 3 4
5 6
7 8
9 10 11 12

15
19 20
23 24
27 28
31 32

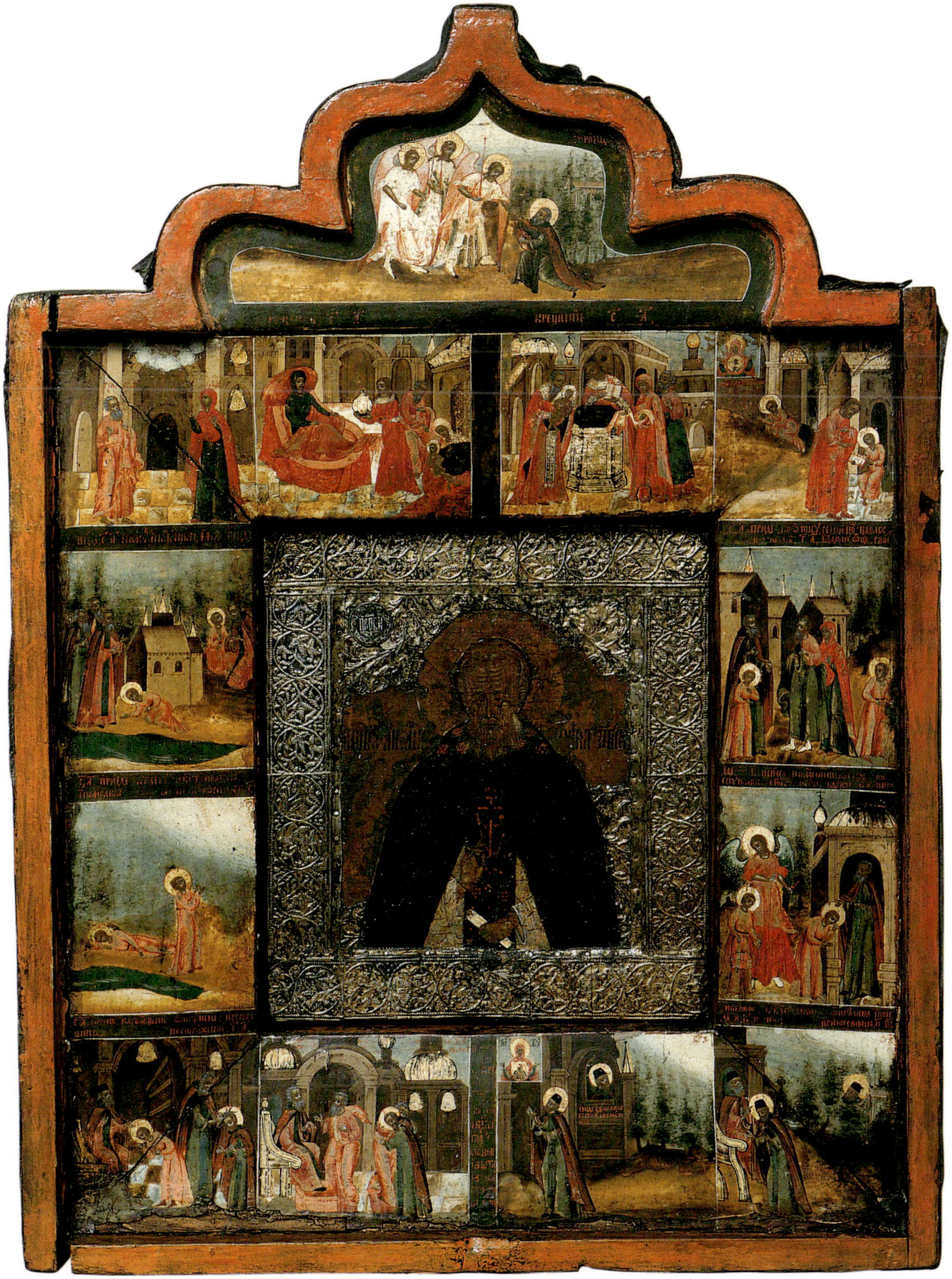

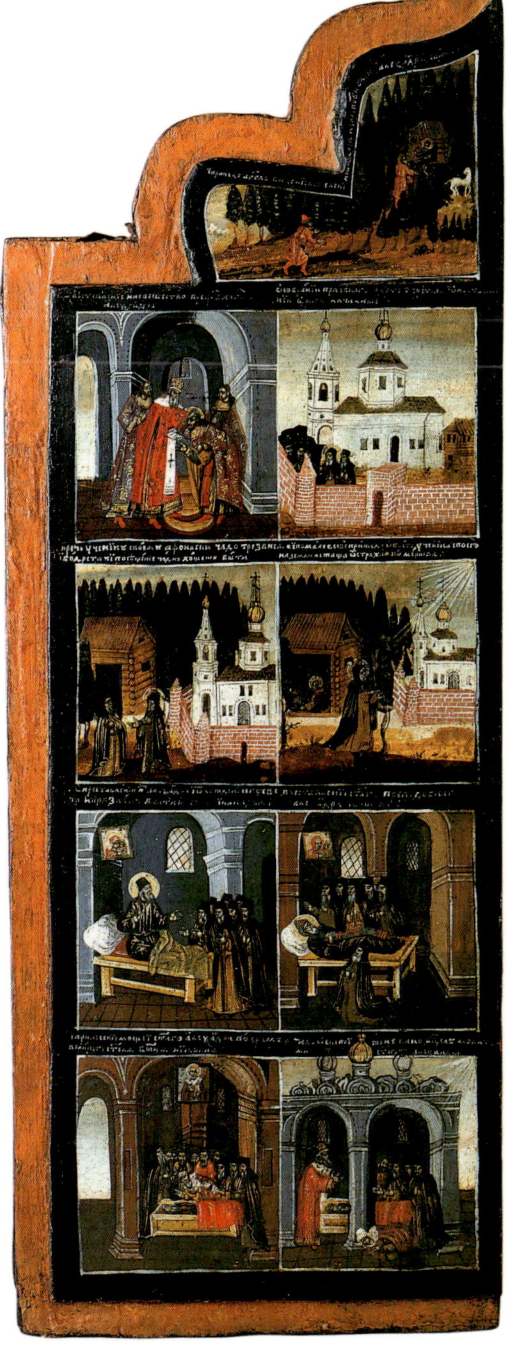

41

La Vision du sacristain Tarass

Début XVIIIe siècle. Novgorod

93×77 cm

Acquis en 1935

Inv. 14966

Expositions:

La peinture russe des XVIIe et XVIIIe siècles. Moscou-Leningrad, 1977 (cat. pp. 84-85)

1000 ans d'art russe. Académie des Beaux-Arts, Moscou, juin-août 1988; 1000 Jahre russische Kunst. Schloss Gottorp, Schleswig-Holstein, août-octobre 1988; Museum Wiesbaden, novembre 1988 - février 1989 (cat. n° 178)

Le vénérable Barlaam de Khoutyn devint célèbre dès le début du XIIIe siècle grâce à ses prédictions. Le sacristain Tarass, du monastère de Khoutyn, eut une vision en 1505 au cours de laquelle le vénérable l'aurait prévenu qu'un déluge allait frapper la ville de Novgorod et que le feu la dévasterait.

Sur cette icône, on voit le vénérable Barlaam, en tant que patron de Novgorod, prier afin que la ville soit épargnée. Le déluge, symbolisé par le lac Ilmen, et le feu sont représentés sous forme de deux nuages menaçant la cité, par ailleurs dépeinte de manière détaillée: le *kremlin*, le monastère, le marché, la rivière Volkhov avec ses ponts... Sur les bordures supérieure et inférieure figurent des inscriptions relatant la vision de Tarass.

G. Sidorenko

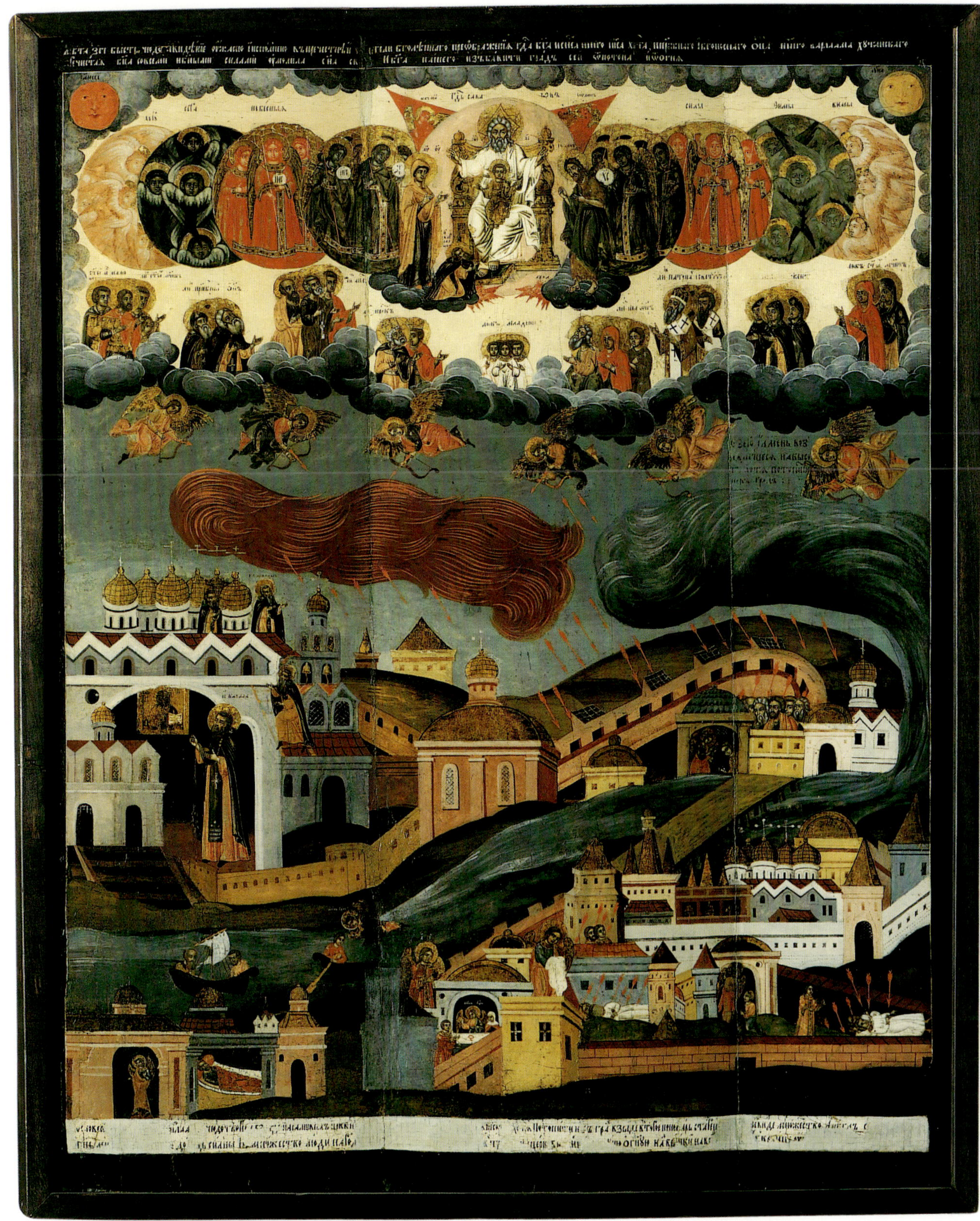

42
Saint Nicétas de Pereïaslavl, avec sa vie
Début XVIIIe siècle
118×88 cm
Acquis en 1962
Inv. DR-116

Exposée et reproduite pour la première fois

Cette icône a été restaurée par I. Averina en 1999 pour la présente exposition dans les ateliers de la Galerie Tretiakov

Nicétas, le stylite de Pereïaslavl, saint russe du XIIe siècle, fut un des ascètes célèbres du Moyen Age. La légende dit que Nicétas aurait été soit collecteur d'impôts, soit trésorier du prince, réputé pour sa cruauté et son amour de l'argent. Après une révélation soudaine, il décida de changer son mode de vie. Pris de remords et voulant sauver son âme, il s'adressa à l'hégoumène d'un monastère. Il se confessa devant tous les pèlerins aux portes du monastère. En guise de pénitence, il décida de passer trois jours dans un marais, parmi les nuisibles. Peu après, il prit l'habit.
Au monastère, il choisit d'être ermite. En prenant exemple sur saint Siméon Stylite, l'Ancien (vers 390 - vers 459), ascète syrien, et sur son disciple Daniel (Ve siècle), il devint stylite à son tour.
Deux puits creusés par Nicétas sur le territoire du monastère contenaient de l'eau miraculeuse. Il avait le don de faire des miracles et de chasser les démons.
D'après la légende, Nicétas aurait été tué pour les grandes croix de fer qu'il portait, ses assassins les ayant prises pour des croix en argent. Les chroniques mentionnent deux dates pour sa mort: 1186 et 1193.

A. Loukachov

Sujets des compartiments:
1. Nicétas vient voir l'hégoumène du monastère pour confesser ses péchés
2. Nicétas se repent devant les portes du monastère
3. Nicétas dans les marais
4. L'hégoumène introduit Nicétas dans le monastère
5. L'hégoumène fait prendre l'habit à Nicétas
6. Nicétas chasse de sa cellule un démon qui a pris l'apparence d'un serpent
7. Nicétas creuse deux puits dans le monastère
8. Le prince Michel dépêche son boyard à Pereïaslavl, chez Nicétas
9. Un démon ayant pris l'apparence d'un moine annonce au boyard la mort et l'inhumation de Nicétas
10. Arrivée du boyard chez Nicétas. Celui-ci donne son bâton miraculeux au boyard pour qu'il le remette au prince malade
11. Guérison du prince Michel
12. Le prince se rend chez Nicétas pour obtenir sa bénédiction. Nicétas chasse un démon par la prière
13. Le prince fait dresser une croix à l'endroit de sa guérison dans le monastère
14. Inhumation de saint Nicétas
15. Vénération des reliques de saint Nicétas
16. Saint Nicétas apparaît au sage Siméon et lui ordonne de mettre des croix de fer sur sa tombe

1 2 3 4 5
6 7
8 9
10 11
12 13 14 15 16

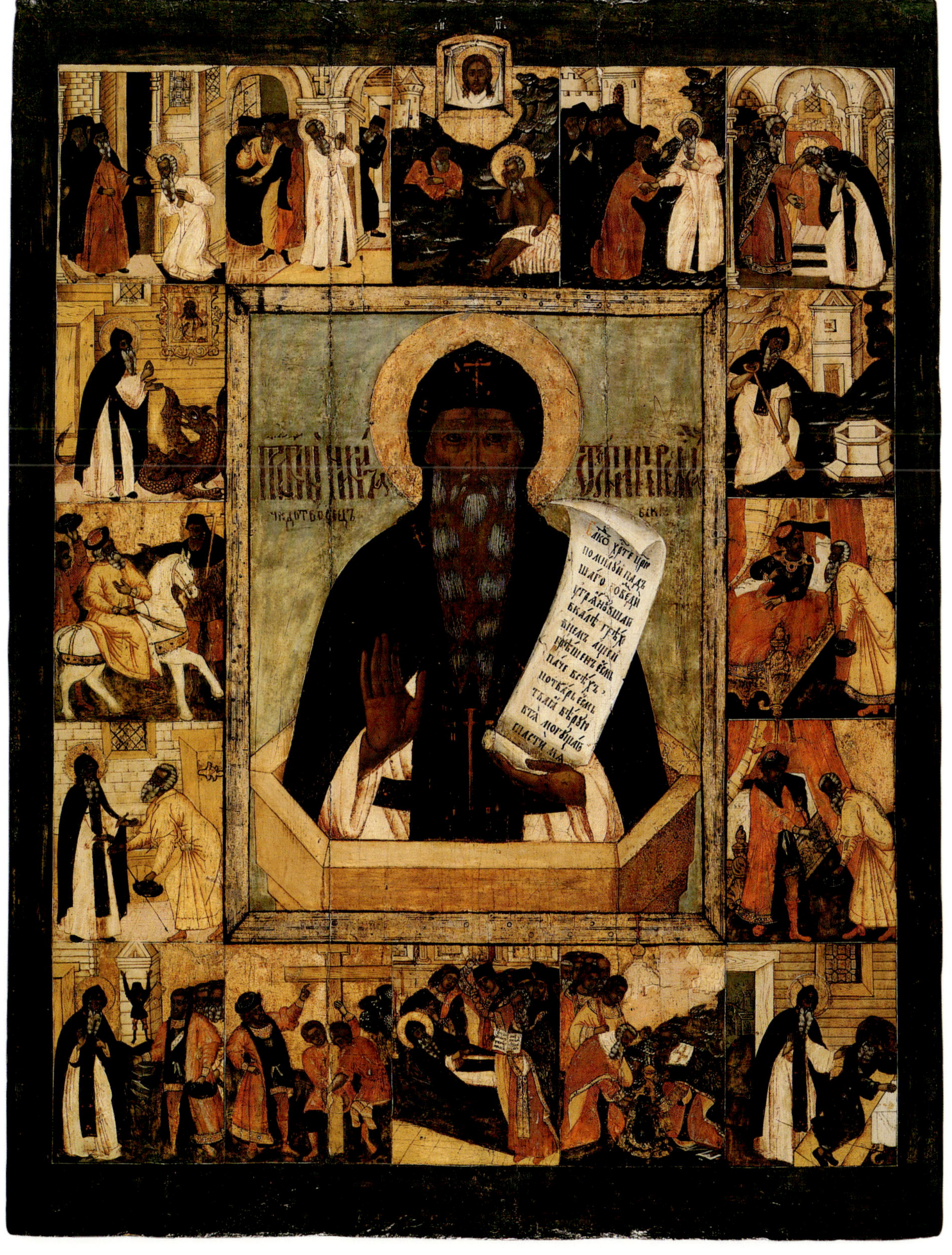

43
La Vierge de Petchora
Ivan Alexandrov
1728
71,5×41,5 cm
Acquis en 1930
Inv. 12853

Exposée et reproduite pour la première fois

Sur cette icône sont représentés Antoine et Théodose de Petchora, fondateurs du plus ancien monastère de Russie: la laure des Catacombes de Kiev. Ils prient la Vierge assise sur un trône avec l'Enfant.

Antoine, à gauche, est figuré dans son habit de grand ermite, qui témoigne de son détachement total du monde. Son disciple Théodose était l'hégoumène et le père spirituel de la laure des Catacombes.

Les deux saints tiennent des manuscrits dont les inscriptions ont été parfaitement conservées. Antoine porte le texte qui rappelle aux moines les règles d'abstinence et qui raconte sa révélation: chaque personne qui sera enterrée sur le territoire de la laure évitera les tourments éternels. Théodose tient le parchemin contenant la prière au Christ lui demandant de bénir le monastère et de donner la vie éternelle à ses frères.

L'icône exposée est une des rares œuvres dont le nom de l'auteur et la date sont connus. En bas, à gauche, figure une inscription mentionnant qu'elle a été peinte en 1728 par le maître Ivan Alexandrov, dont on ne connaît rien de la vie.

Cette icône est caractéristique de la peinture russe du XVIIIe siècle, car elle montre un éloignement certain des traditions iconographiques.

E. Gladycheva

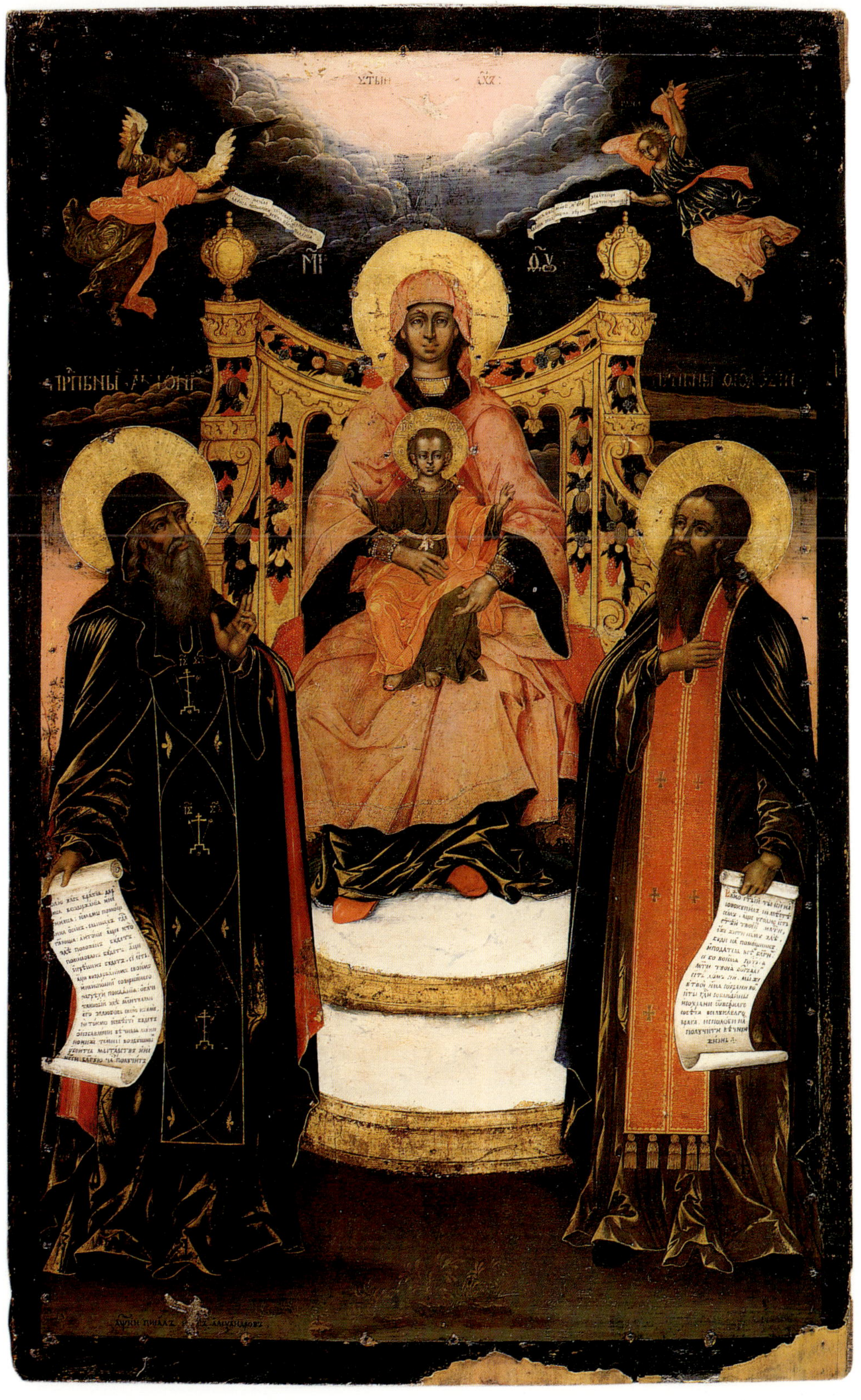

44

Le Vénérable Nil des Stolby

Première moitié du XVIIIe siècle. Ostachkov

54,3×39 cm

Acquis en 1931

Inv. 28612

Expositions:

La peinture russe des XVIIe et XVIIIe siècles. Moscou-Leningrad, 1977 (cat. p. 11)

1000 ans d'art russe. Académie des Beaux-Arts, Moscou, juin-août 1988; 1000 Jahre russische Kunst. Schloss Gottorp, Schleswig-Holstein, août-octobre 1988; Museum Wiesbaden, novembre 1988 - février 1989 (cat. n° 193)

Les origines et la date de naissance de Nil des Stolby nous sont inconnues. Ayant pris l'habit au monastère Krypetski, dans les environs de Rostov, il décida de se retirer du monde et de vivre en ermite sur l'île Stolobnoïe, au milieu du lac Seliguer, non loin d'Ostachkov. Selon la légende, il aurait possédé des dons de voyance. Il mourut en 1554 et ses reliques furent découvertes en 1667. Sa *Vie* fut rédigée à la fin du XVIe siècle sur la base des rares témoignages encore disponibles.

Sur cette icône, on voit le monastère construit sur les lieux mêmes de son ermitage, au centre la cathédrale de la Théophanie érigée en 1667 sur l'ordre du tsar Alexis, l'église Saint-Nil, au-dessus des portes d'entrée. Dans la partie supérieure, un médaillon, tenu par des anges, symbolise la Théophanie.

G. Sidorenko

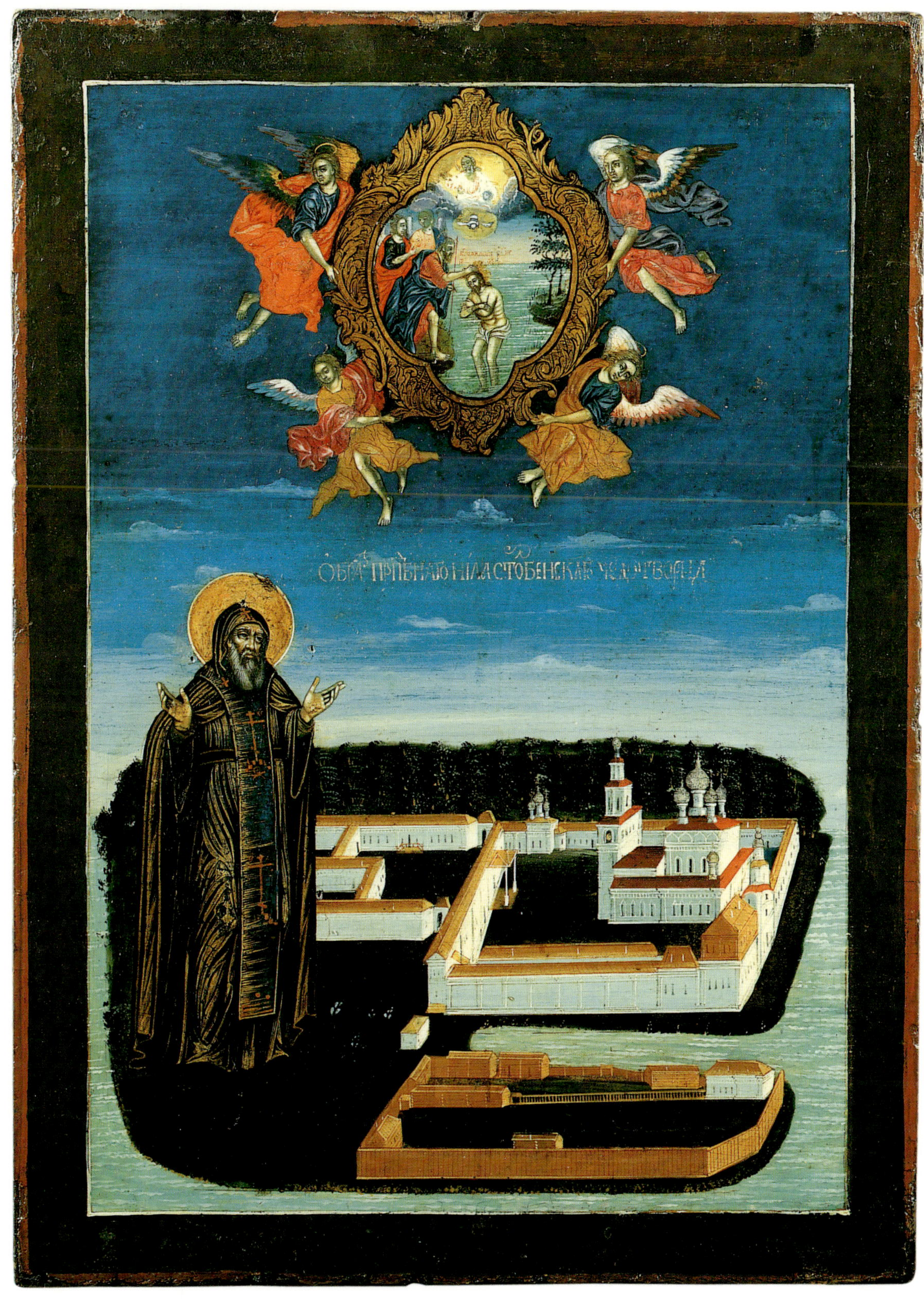
ОБРА ПРПБНАГО НИЛА СТОБЕНСКАГ ЧДОТВОРЦА

45

Le Grand-Prince Alexandre Nevski et le prince Féodor

Ivan Grekov
Milieu du XVIIIe siècle
63,5×49,5 cm
Acquis en 1930
Inv. 14362

Exposée et reproduite pour la première fois

L'icône, divisée en deux parties, présente un cadre baroque, peu habituel dans l'art religieux russe. Dans la partie supérieure, on remarque le grand-prince Alexandre Nevski et son frère aîné, le prince Féodor, tous deux représentés en pied et portant leurs atours de guerre. Au-dessus d'eux, le zôgraphe a peint la Sainte Trinité, les anges apportant les couronnes de laurier, l'apôtre Pierre et sainte Catherine, les patrons célestes de Pierre le Grand et de son épouse, Catherine Ire. La partie inférieure montre le monastère Alexandre-Nevski avec, au centre, la cathédrale de la Trinité, flanquée de l'église Saint-Féodor et de celle de l'Annonciation. Du point de vue historique, cette icône est intéressante, car elle nous donne une idée de ce qu'était le monastère avant les changements importants dont il fut l'objet. C'est sur l'initiative de Pierre le Grand qu'il fut construit, pour commémorer la victoire d'Alexandre Nevski sur les Suédois en 1240. Ses reliques y furent solennellement transférées en 1724. En 1755, la cathédrale de la Trinité fut profondément remaniée, de même que les bâtiments annexes.
Au bas de l'icône, un texte fournit des explications sur son contenu. On peut y lire la signature d'Ivan Grekov. Son nom figure dans les chroniques de 1753, où l'on apprend qu'il était peintre indépendant et qu'il réalisait aussi des décors de théâtre, ce qui explique le côté pittoresque de l'œuvre.

N. Rozanova

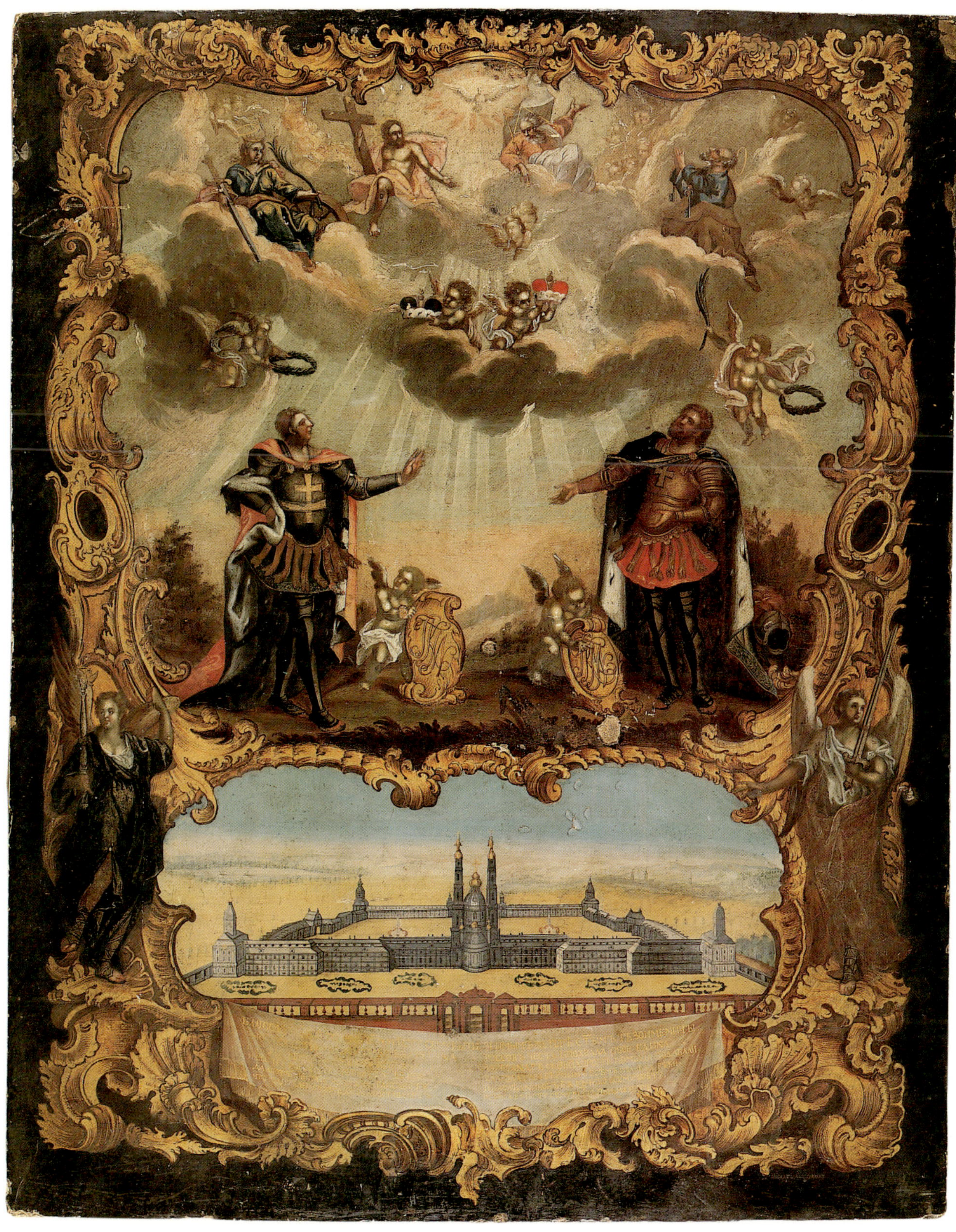

46
Saint Dimitri de Rostov
Seconde moitié du XVIIIe siècle
104×84 cm
Acquis en 1930
Inv. 28604

Exposée et reproduite pour la première fois

Cette icône a été restaurée par V. Mingalev en 1997 dans les ateliers de la Galerie Tretiakov

Saint Dimitri (1651-1709) naquit en Ukraine dans une famille de cosaques. Son père, Savva Touptalo, le prénomma Daniil. A l'âge de 17 ans, il entra au monastère Kirillovski, près de Kiev, et prit le nom de Dimitri.
En 1684, il se rendit à la laure des Grottes de Kiev, où il commença la rédaction de l'œuvre principale de sa vie: les *Tcheti Minei* (vies de saints rédigées sous forme d'épopées). Il y consacra vingt années de sa vie.
Ses talents d'homme de lettres et sa vaste érudition furent hautement appréciés par Pierre le Grand. En 1701, le tsar souhaita vivement que Dimitri acceptât la fonction de métropolite de Tobolsk et de Sibérie. A cause de sa santé fragile, il dut décliner cette offre. L'année suivante, il devint néanmoins métropolite de Rostov et de Iaroslavl, poste qu'il occupa jusqu'à sa mort. Selon ses dernières volontés, il fut inhumé au monastère Iakovlevski.
En 1752, ses reliques furent découvertes au cours des travaux de rénovation de la cathédrale de la Conception-de-la-Vierge. Dimitri fut canonisé en 1757.
Dans cette œuvre, Dimitri est représenté dans sa charge de métropolite, intercédant auprès de la Vierge dont l'image figure sur une icône qui lui était chère et qu'il emportait toujours avec lui. Le zôgraphe a pris soin de le peindre tel qu'il était, en conservant les traits caractéristiques de son visage.

G. Sidorenko

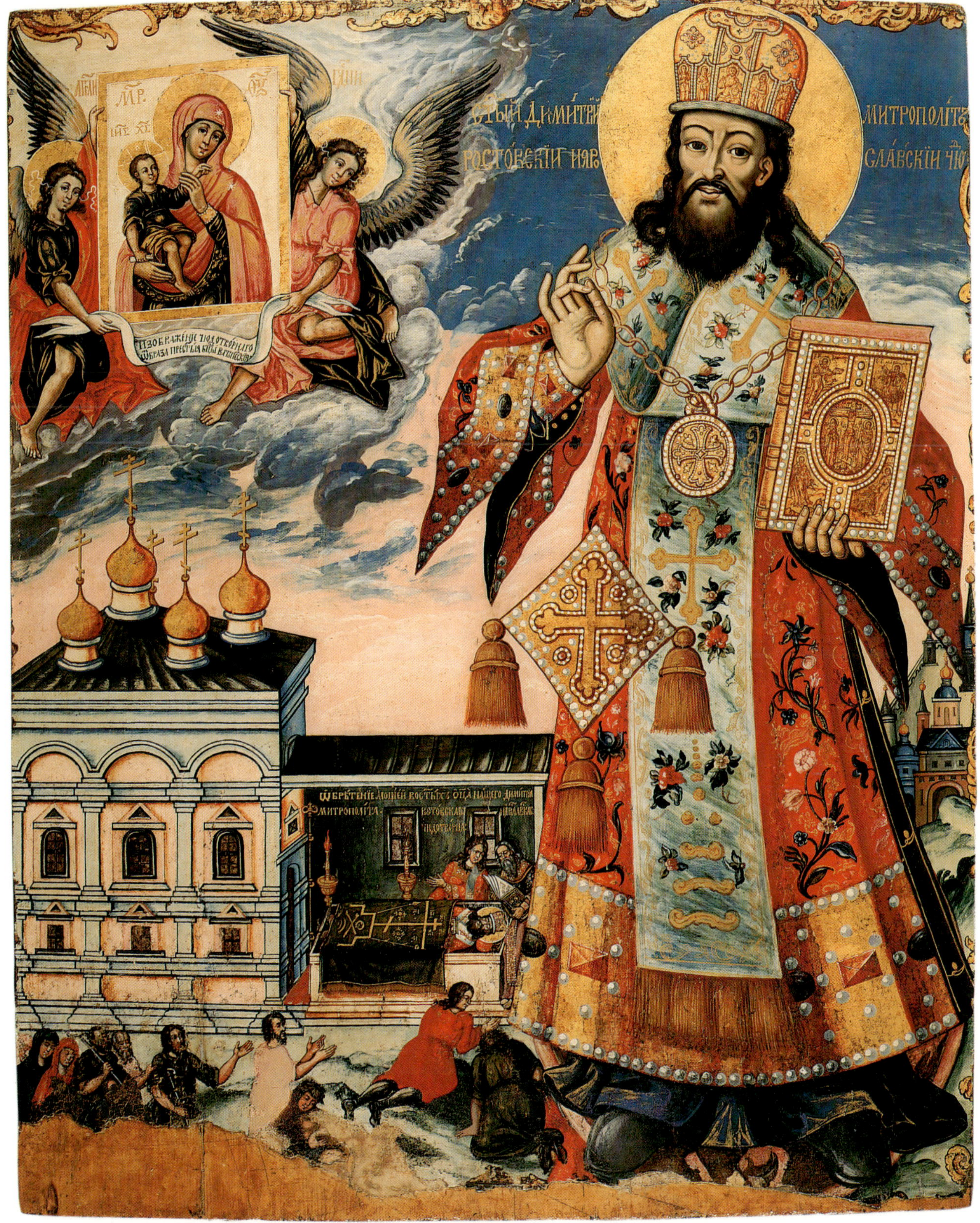

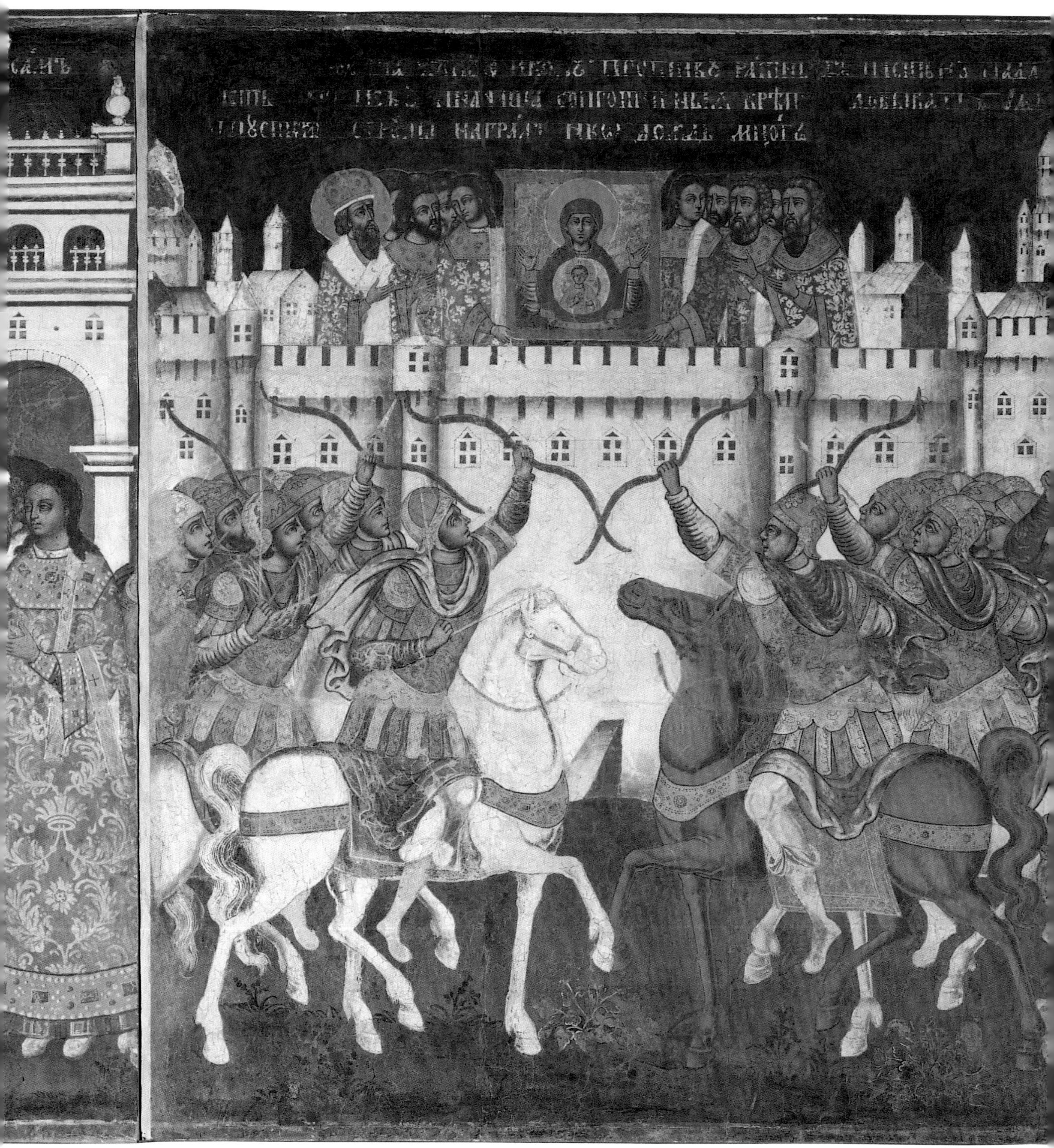

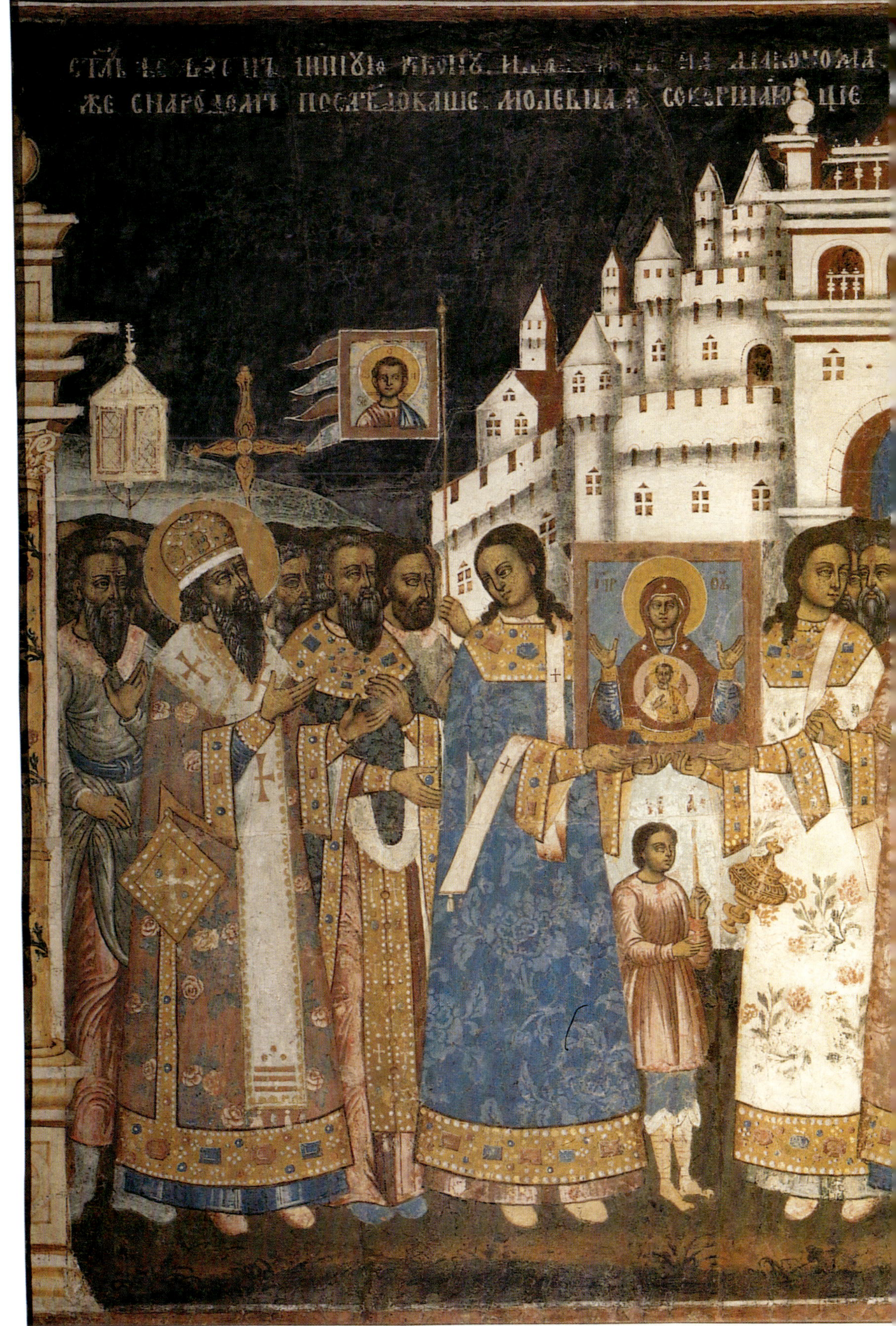

47

Bataille des défenseurs de Novgorod contre les Souzdaliens
1742-1743. Iaroslavl
Fresque, enduit calcaire, détrempe
Composée de quatre parties, 214×636 cm
Provient de l'église de la Vierge-de-l'Incarnation («du Signe») à Iaroslavl (plus communément appelée Varvarinskaïa, d'après le nom d'une chapelle latérale consacrée à sainte Barbara Mégalomartyre)
Acquis en 1930
Inv. 22358/1-4

Exposée et reproduite pour la première fois

Cette fresque est une narration monumentale d'un haut fait de l'histoire (1169-1170) décrit dans «La légende de la Vierge du Signe», extrait des *Chroniques russes* (*Chroniques de Novgorod* I, II, V, etc.).
Les premières œuvres picturales consacrées à ce thème apparaissent au milieu du XVe siècle (voir n° 7 dans ce catalogue), durant la période de la lutte acharnée de Novgorod pour son indépendance contre le pouvoir de Moscou qui se renforce à cette époque.
La fresque représente une suite de scènes relatant la succession des événements. Tandis que, sur l'icône, ils sont disposés dans des registres horizontaux les uns au-dessus des autres, ici, ils sont réunis dans une seule composition. Le texte, partiellement effacé, en occupe la partie supérieure; il explique la signification des différents épisodes de la bataille.
Le premier fragment raconte comment l'icône de la Vierge de l'Incarnation, palladium de la ville, est transférée dans le *detinets (kremlin)* de Novgorod. On y voit l'archevêque Jean l'Hiérarque, à la tête de la procession, transmettre l'icône à deux diacres. Le sujet suivant est consacré au début de la bataille. Les troupes de Souzdal assaillant la ville n'hésitent pas à viser la sainte image avec leurs flèches. Le troisième épisode «raconte» le désarroi dans les rangs de l'ennemi. L'obscurité s'abat sur les Souzdaliens sacrilèges, emplis de frayeur. Ne voyant rien autour d'eux, ils commencent à s'entretuer. La dernière partie de la composition montre la contre-offensive des Novgorodiens: à gauche, sortant des portes de la ville grandes ouvertes, ses défenseurs, armés de glaives, mettent les Souzdaliens en déroute.
Les événements aux portes de la ville assiégée sont montrés avec le rempart pour toile de fond, où est solennellement exaltée l'icône de la Vierge de l'Incarnation, entourée des défenseurs de Novgorod.
L'architecture de la ville ainsi que les armures des protagonistes ne sont pas authentiques, mais telles que les imaginaient les maîtres iconographes de l'époque. Dans l'iconographie traditionnelle, les combattants étaient revêtus d'armures romaines stylisées (c'était la tenue des guerriers des premiers siècles du christianisme). En outre, on sait que les peintres russes des XVIIe et XVIIIe siècles imitaient souvent les gravures d'Europe occidentale, en y empruntant le traitement des costumes des guerriers. Sur cette fresque, les armures sont un amalgame fantasque d'images de l'Antiquité et de chevaliers moyenâgeux. Les peintres maîtrisent également à merveille tout l'arsenal des moyens d'expression picturale de leur époque, comme en témoigne, en premier lieu, la disposition libre des figures, réalisées en parfaite connaissance des proportions anatomiques.
L'apparition du thème de Novgorod sur la terre de Iaroslavl s'explique par les liens historiques unissant les villes situées sur la Volga, et surtout ceux de Iaroslavl avec Novgorod. Après l'«exil» des nobles de Novgorod organisé

par Ivan IV le Terrible dans les années 1560, bon nombre d'entre eux se sont installés à Iaroslavl.

C'est une des plus anciennes et une des plus belles villes de Russie, fondée durant le premier quart du XIe siècle, à l'époque de Iaroslav le Sage, dont elle porte le nom.

L'église de la Vierge-de-l'Incarnation (Varvarinskaïa), d'où provient la fresque, fut construite en 1668.[1] En 1742-1743, elle fut décorée de fresques, réalisées par des maîtres locaux dirigés par Alexeï Sopliakov.

Au milieu du XVIIe siècle, Iaroslavl était devenue une grande ville russe, fortement orientée vers le commerce et l'industrie, et un important centre culturel. Pas moins de cinquante églises y furent construites à cette époque. Ces églises aux multiples coupoles, richement parées, ornées de fresques resplendissantes, sont entrées dans l'histoire de l'ancienne architecture russe comme les monuments les plus éblouissants du XVIIe siècle.

Les peintres iconographes de Iaroslavl, en étudiant la peinture des zôgraphes du tsar et des artistes de l'école Stroganov, ainsi que les œuvres des maîtres étrangers, ont su adapter à leurs propres particularités les canons esthétiques d'un long vécu culturel, en les modifiant à tel point qu'il devint tout à fait possible de les considérer comme leur propre réalisation. Le style qu'ils avaient créé est une tendance fort originale dans la peinture monumentale de l'ancienne Russie. La fresque exposée, réalisée dans les années 1740, porte l'empreinte du «style riche» de la Iaroslavl du XVIIe siècle. Citons ici I. Grabar, grand connaisseur de l'art russe: «Les peintures murales, même les plus récentes, témoignent de l'extraordinaire instinct décoratif et du sens du monumental des iconographes russes, longtemps après que les meilleurs hymnes de cet art éblouissant furent composés… Ce fut le chant du cygne d'un grand art qui disparaissait…[2]»

V. Oukhanova

[1] Cette église exista jusqu'en 1929-1930. Avant sa démolition, une partie des peintures murales furent enlevées et montées, avec du mortier à base de gypse, dans des cadres en bois. Ce travail fut réalisé dans les ateliers de restauration de Iaroslavl, d'où la composition de la *Bataille* fut transférée à la Galerie Tretiakov (quelques fragments de la peinture murale sont toujours conservés à Iaroslavl). En 1990, la fresque fut restaurée dans les ateliers de restauration de peintures monumentales de l'Ecole supérieure d'arts plastiques (ex-Stroganov).

[2] Grabar I., *Histoire de l'art russe*, t. VI, M., 1915, p. 534.

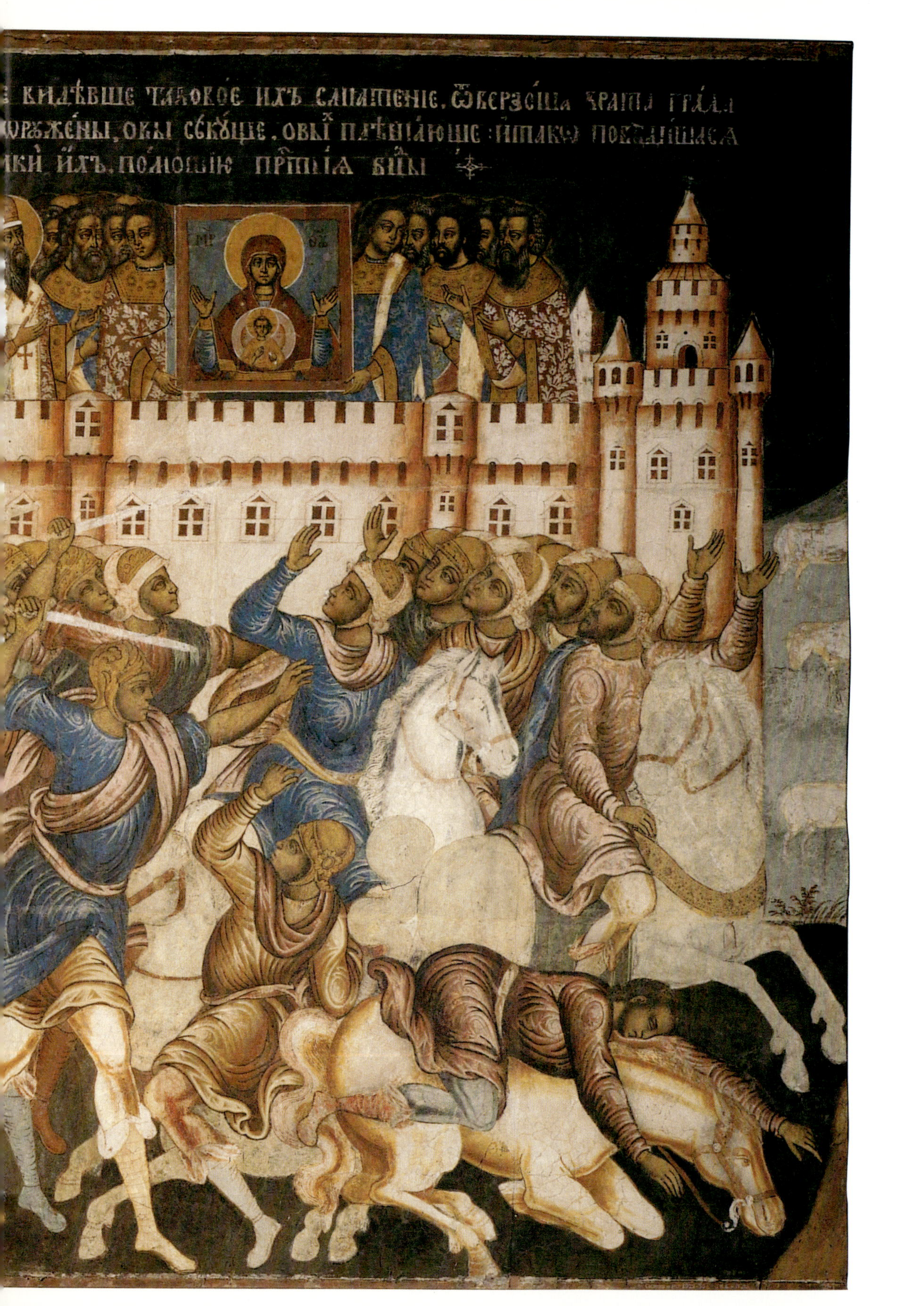

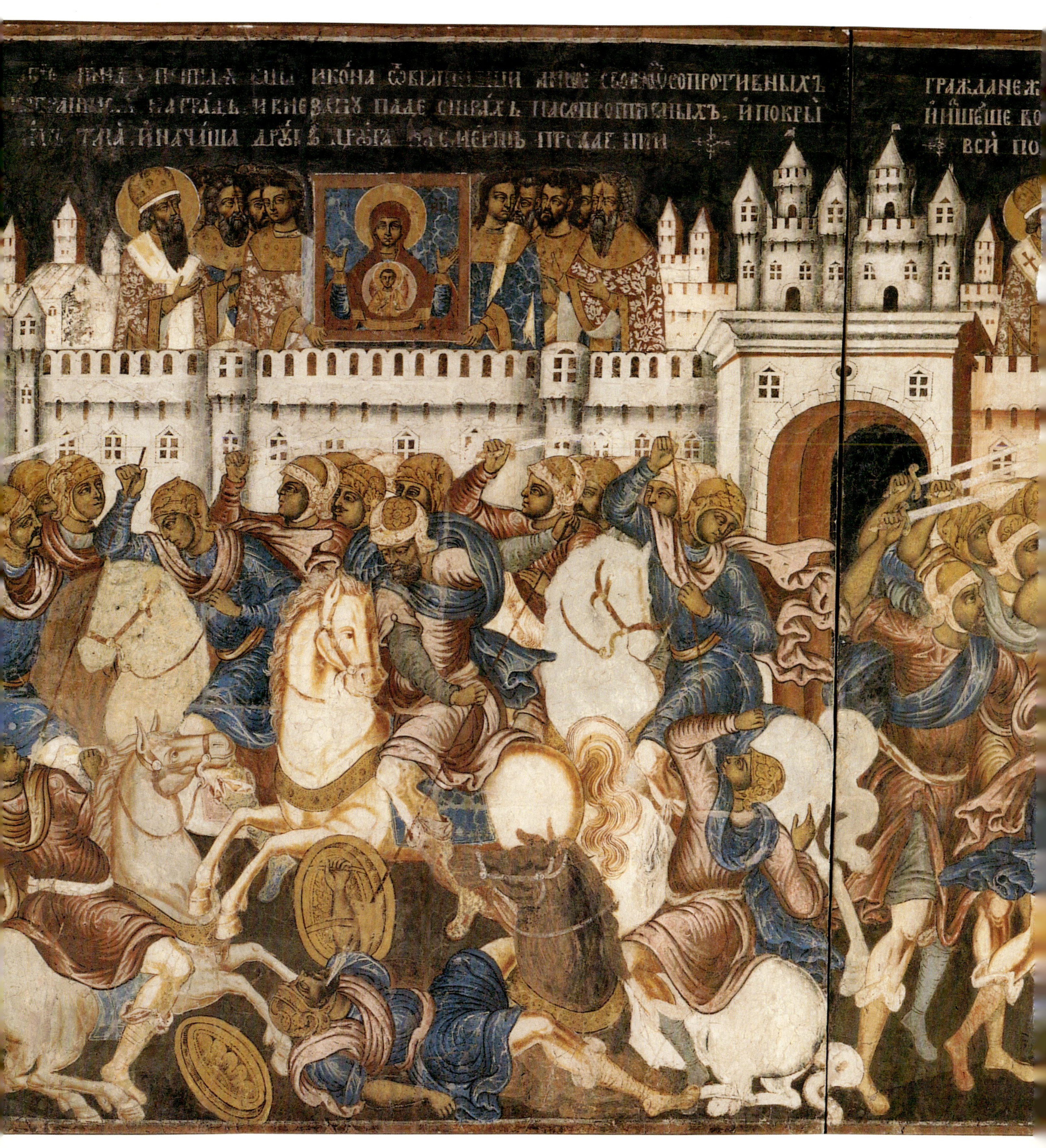

48

Les Princes Féodor, David et Constantin de Iaroslavl

Seconde moitié du XVIIIe siècle
53,5×43,8 cm
Acquis en 1985
Inv. DR-1457

Exposée pour la première fois

Le prince Féodor, en habit monastique, est entouré de ses deux fils, David à gauche et Constantin à droite.

Le prince Féodor de Smolensk et de Iaroslavl, également appelé Féodor le Noir, vécut au XIIIe siècle, à l'époque troublée de l'invasion des Tatars. En 1260, il épousa la princesse Marie, fille unique du prince Vassili Vsevolodovitch de Iaroslavl. Féodor perdit très tôt sa femme et son jeune fils. Devant se rendre souvent en mission chez les Tatars dans la Horde d'Or, il rencontra la fille du khan, l'épousa et de ce mariage naquirent deux fils: David et Constantin. Le prince Féodor devint célèbre pour son caractère très pieux et son travail de missionnaire dans la Horde. Il sut se faire respecter aussi bien des Russes que des Tatars, et dirigea la principauté de Iaroslavl jusqu'à un âge avancé. Sentant sa mort approcher, il prit l'habit et se fit ermite. C'est la raison pour laquelle on le représente toujours en moine. Son fils David lui succéda.

L'Eglise orthodoxe considère le prince et ses fils comme les protecteurs de la province de Iaroslavl. Leurs fêtes sont respectivement célébrées le 2 octobre, le 18 mars et le 5 juin.

N. Bekeneva

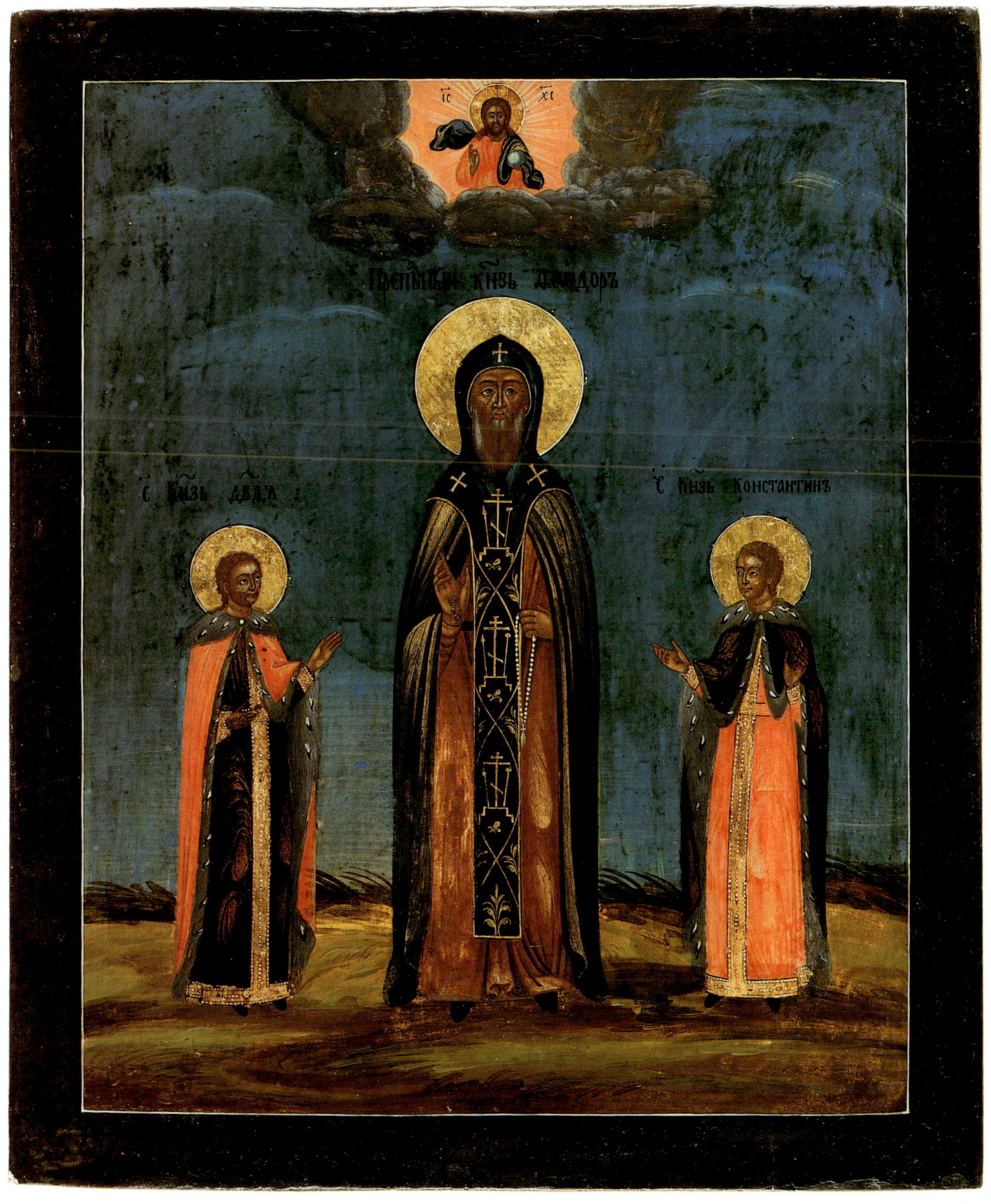
IC XC
С КНЗЬ КОНСТАНТИНЪ

49
Saint Macaire de Jeltovodsk
XVIIIe siècle
52,7×43,9 cm
Trouvée en 1966 lors de l'expédition de la Galerie Tretiakov au village de Klioutchi, région de Nijni-Novgorod
Acquis en 1966
Inv. DR-961

Exposition:
Image et Transfiguration dans l'art. Salle d'exposition «Nouveau Manège», Moscou, 2000 (sans catalogue)

Bien que cette icône ait été trouvée dans la région de Nijni-Novgorod, il nous est difficile d'en déterminer l'origine. Sur la vie de saint Macaire, voir cat. n° 38.
La particularité de cette œuvre est que saint Macaire s'adresse directement au Sauveur, alors qu'on le représente habituellement intercédant auprès de la Sainte Trinité.

N. Bekeneva

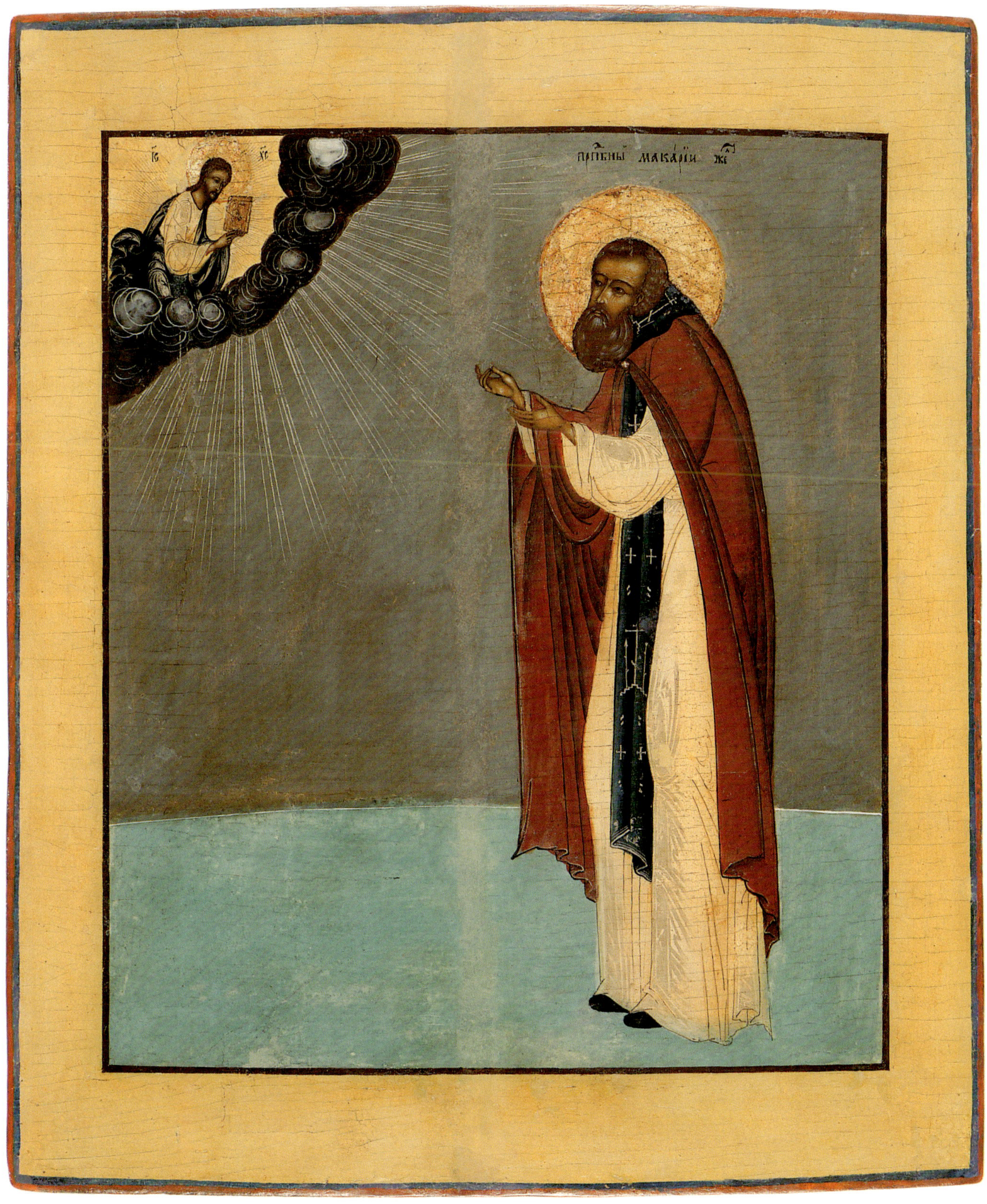
ІС ХС
ПРПБНЫ МАКАРІИ ЖЕ

50
Maxime le Bienheureux
XVIIIe siècle. Moscou
144×86 cm
Provient de l'église Maxime-le-Confesseur sur la rue Varvarka, à Moscou
Acquis en 1934
Inv. 20695

Exposition:
Moscou dans la peinture russe et soviétique. Galerie nationale Tretiakov, Moscou, 1980 (cat. p. 28)

Maxime le Bienheureux, mort en 1434, fut canonisé en 1547.
Sur cette icône, Maxime est représenté en pied, dans un style propre à la peinture du XVIIIe siècle.
Derrière la figure du saint, on remarque des personnages longeant les murs du Kremlin, avec la tour Spasskaïa coiffée d'un aigle bicéphale, les églises, les palais des tsars et le clocher d'Ivan le Grand, portant ses reliques à l'église Saint-Maxime, construite en 1698.
Cette procession a les caractéristiques d'une scène de genre. En bas, à gauche, figure un texte relatant l'invention des reliques de saint Maxime.

G. Sidorenko

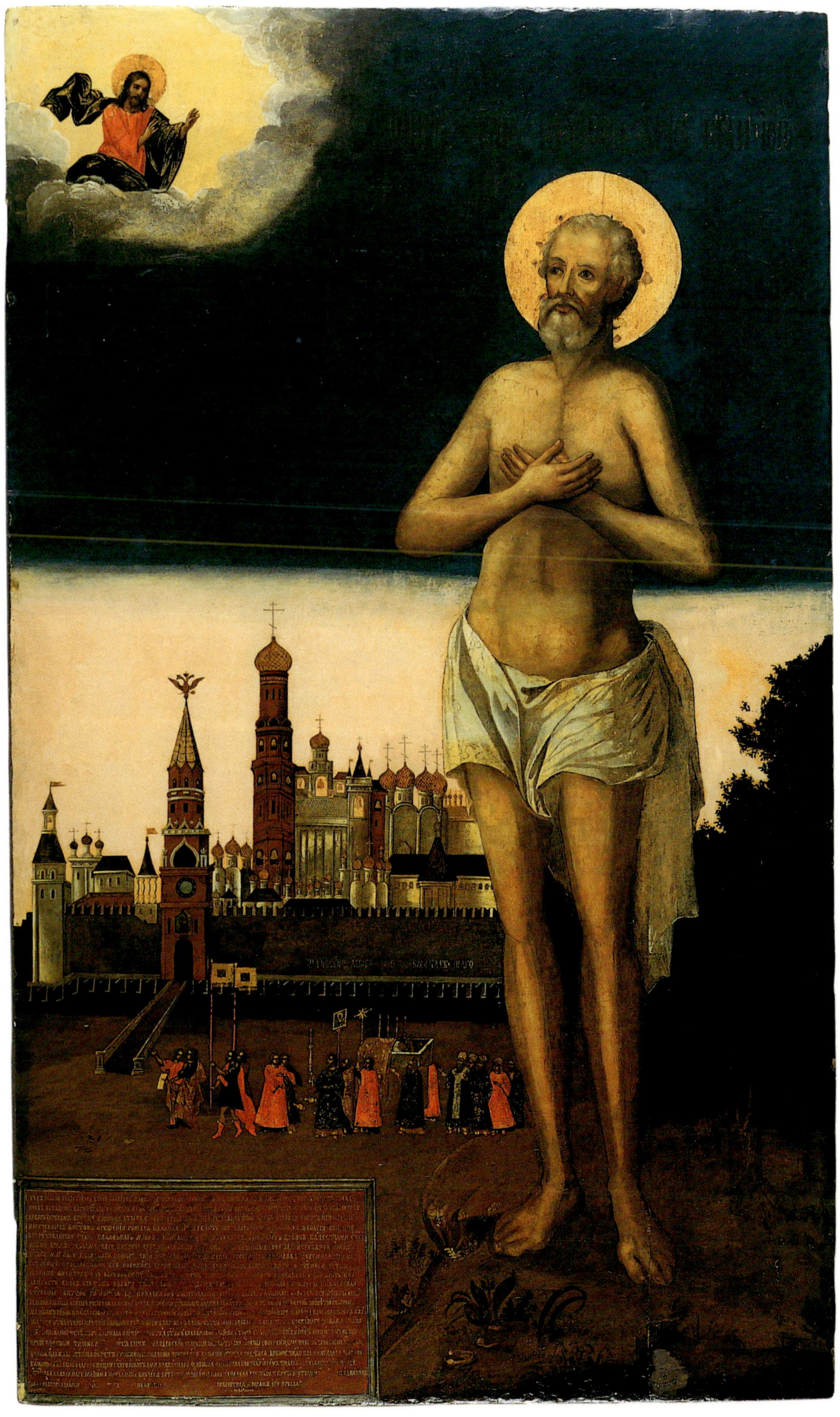

51
Icône à deux rangées:
1. Saints Zosime et Sabbatius des Solovki, Antoine le Romain, Barlaam de Khoutyn
2. Nil des Stolby sur fond de monastère; miracle de saint Georges terrassant le dragon
Début XIXe siècle (?)
88×68 cm
Acquis en 1982
Inv. DR-1854

Exposée et reproduite pour la première fois

Cette icône a été restaurée par A. Stepanov, sous la direction d'I. Averina, en 1997 pour la présente exposition dans les ateliers de la Galerie Tretiakov

Dans la partie supérieure, sous l'image du Christ, sont représentés, dans les habits traditionnels des moines, à gauche, Zosime et Sabbatius des Solovki, à droite, Antoine le Romain et Barlaam de Khoutyn. Zosime tient dans la main un manuscrit avec les premiers mots de l'instruction des moines.
Dans la partie inférieure, à gauche, est peint Nil des Stolby avec le monastère dont il était le fondateur (voir cat. n° 44). En accord avec la tradition iconographique du XIXe siècle, le monastère est reproduit de façon exacte et non de manière conventionnelle, comme dans les icônes des époques précédentes.
Toujours dans la partie inférieure, mais à droite, est représenté le miracle de saint Georges terrassant le dragon.
L'iconographie de cette icône est relativement originale, d'une part, à cause de sa disposition et, d'autre part, parce qu'elle met en présence des saints dans une relation vraisemblablement souhaitée par les commanditaires-donateurs de l'œuvre.

L. Nersessian

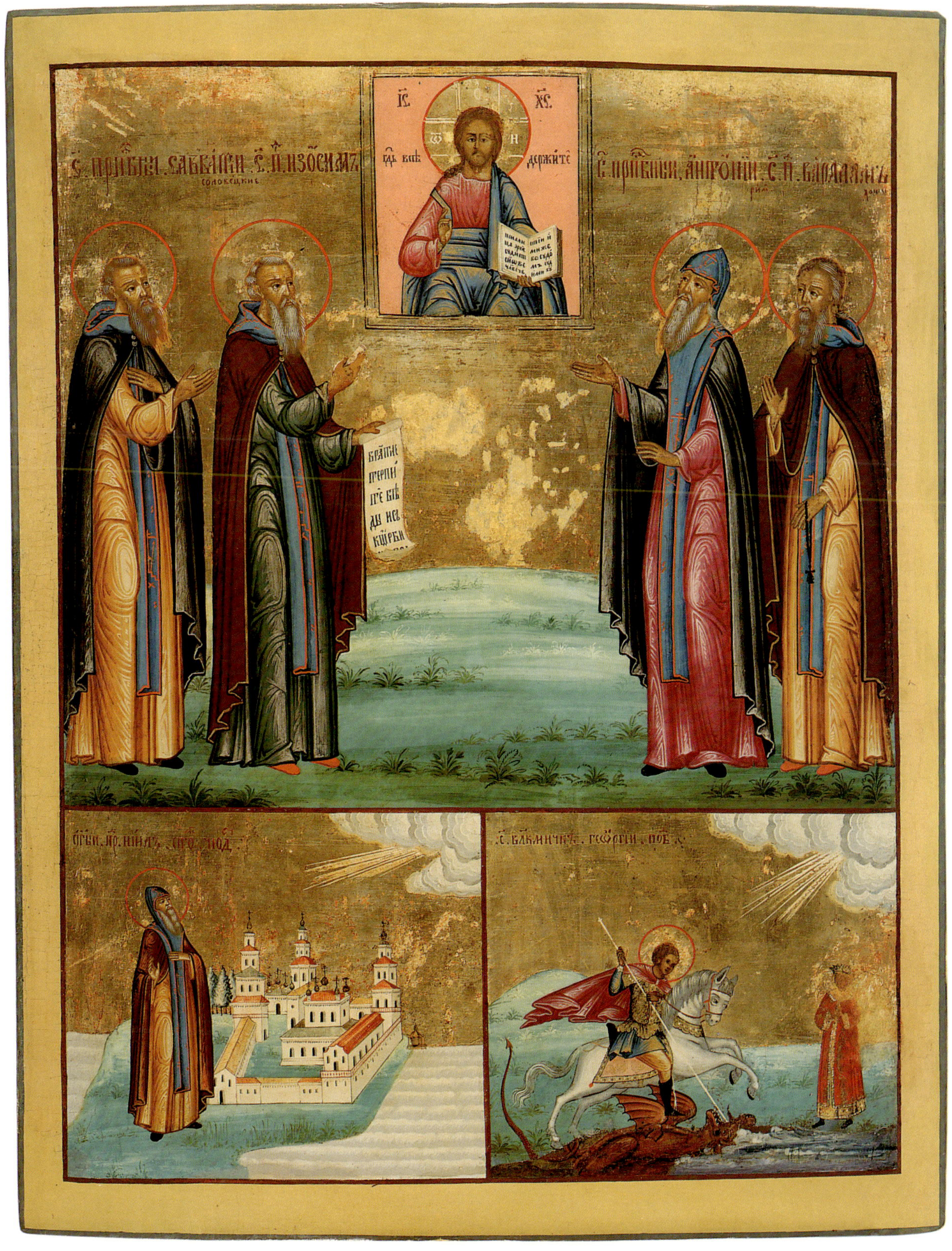

52
Synaxe des saints russes
(«Image de tous les saints de la terre russe»)
Seconde moitié du XIXe siècle
54×47,5 cm
Trouvée en 1969 lors de l'expédition de la Galerie Tretiakov au village de Tchajenga, dans la région de Kargopol, province d'Arkhangelsk
Inv. DR-528

Exposée et reproduite pour la première fois

Les icônes représentant les saints dans un ordre hiérarchique sont très répandues en Russie entre le XVIIe et le XIXe siècle. Il existe plusieurs variantes iconographiques (voir cat. n° 53).
Sur l'icône exposée, on trouve, au centre, la représentation de la Sagesse de Dieu (sophia): composition à la symbolique complexe prenant sa source dans l'annonce de la venue du Christ dans l'Ancien Testament. Plus bas est figuré un autel avec une croix et les instruments de la Passion: c'est en même temps un symbole liturgique et eschatologique (l'autel étant prêt pour le Jugement dernier). En haut, dans les nuages, est peinte la Sainte Trinité (selon l'iconographie de l'«Hospitalité d'Abraham»).
Les saints, sur les côtés, sont disposés en rangées selon la classification suivante: en haut, à gauche, les hiérarques (les saints archevêques), les fols en Christ et les justes; à droite, les princes et les princesses, les vénérables et les femmes justes. En bas, deux grands groupes de saints moines.
Les noms des saints étaient écrits sur leurs nimbes, mais presque toutes les inscriptions sont aujourd'hui malheureusement effacées ou abîmées.

L. Nersessian

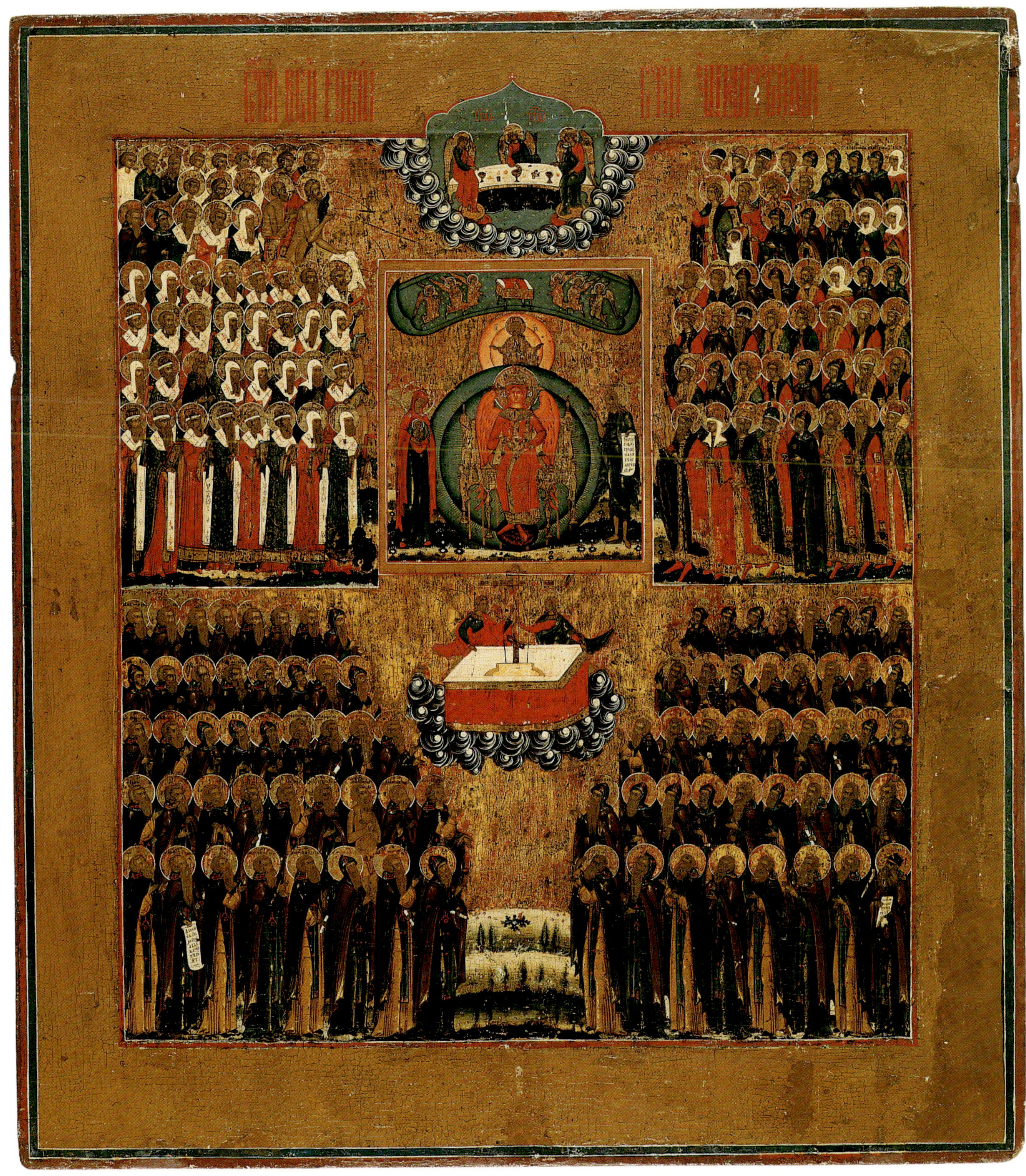

53
Synaxe des saints russes
(«Image de tous les saints de la terre russe»)
XIXe siècle
50,7×42,8 cm
Acquis en 1971
Inv. DR-563

Exposée et reproduite pour la première fois

Comme l'indique l'inscription sur la bordure supérieure de l'icône, elle représente les «saints thaumaturges russes», placés en rangées selon la classification suivante: les martyrs, les saintes femmes, les bienheureux (les innocents), les saints princes, les vénérables, les hiérarques. Ils intercèdent devant l'image de la Trinité du Nouveau Testament en gloire tricolore, entourée de cohortes d'anges et placée dans les nuages de la partie supérieure de l'icône. La Trinité est représentée par Dieu le Père – Sabaoth, Dieu le Fils –, Jésus-Christ, assis côte à côte sur des trônes célestes formés de séraphins aux ailes flamboyantes, sous la colombe du Saint-Esprit.
Le texte de l'icône atteste de la situation réelle de l'Eglise russe durant des siècles: le principal argument pour la canonisation d'un saint et pour sa glorification liturgique était les témoignages des miracles qu'il avait accomplis durant sa vie ou après sa mort.
La représentation des saints «par rangées» relève de la tradition byzantine, qui disposait les personnages sacrés en bordure, autour de l'image principale centrale, et qui était largement répandue dans l'art des pays orthodoxes des XIIe et XIIIe siècles. Au centre, on pouvait voir Jésus-Christ, la Vierge à l'Enfant, ainsi que l'une des fêtes liturgiques majeures ou l'un des saints les plus vénérés. Sur la bordure supérieure, on plaçait habituellement le Trône présagé, image symbolique du siège où trônera Jésus-Christ durant le Jugement dernier, ou bien la Déisis. Parfois, les saints élus étaient placés dans la partie centrale, au-dessus de l'image principale, sous cette dernière, ou de part et d'autre.
La structure iconographique de ces monuments était consacrée aux thèmes de l'unité et de l'intégrité de l'Eglise chrétienne, dans l'attente du Second Avènement, et à celui de l'intercession permanente des saints dans les cieux pour le genre humain. L'ordre de représentation pouvait varier, surtout sur les icônes peintes avant le XIVe siècle. La majorité des chercheurs y voient un rapport avec les prières liturgiques d'intercession, adressées aux saints. Il existait également une multitude de sujets symboliques très complexes incluant dans l'iconographie la représentation des rangées de saints: «le Jugement dernier», «Toute créature Te glorifie», «Il est digne», etc.

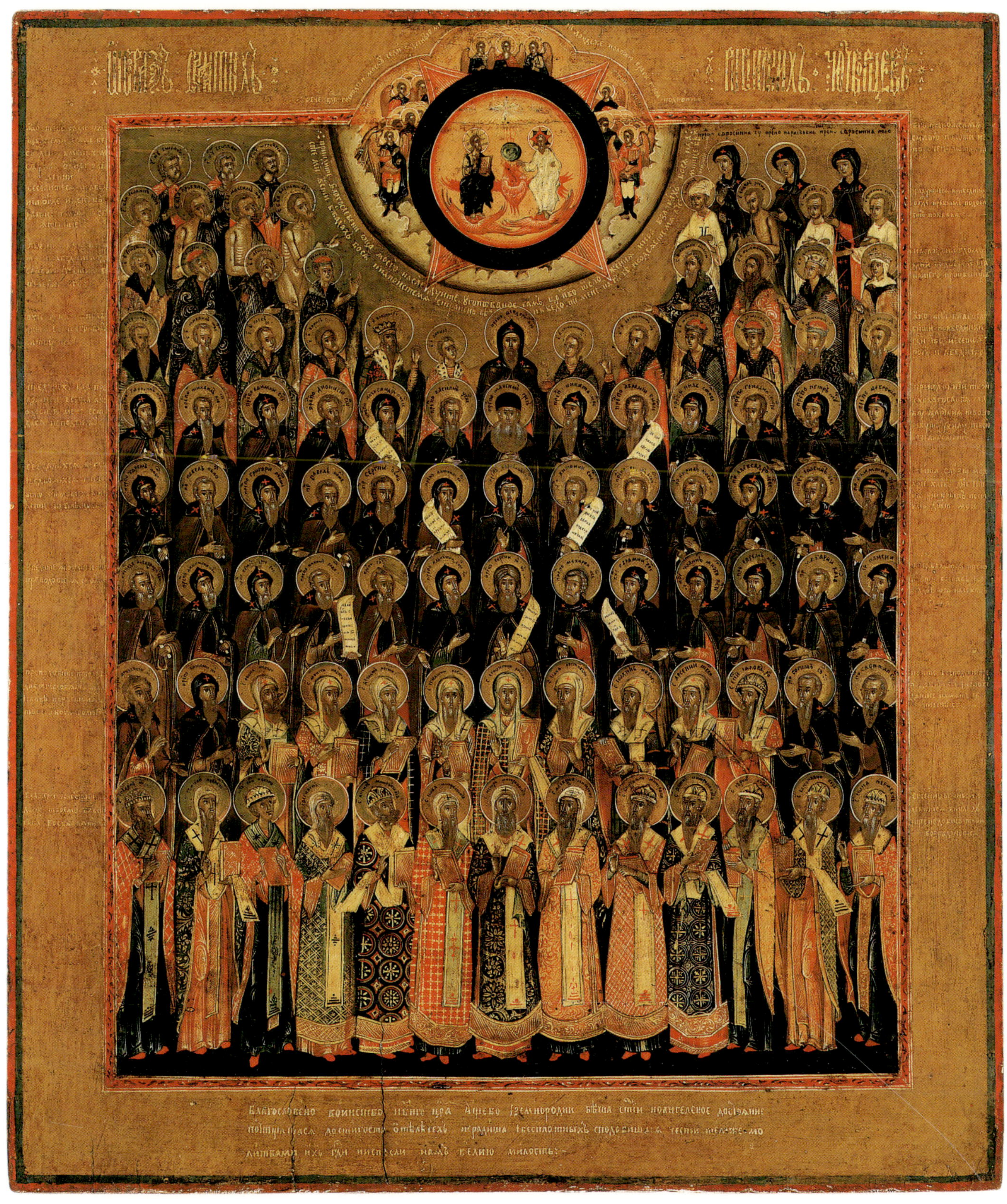

Les icônes aux saints élus, byzantins et russes, présentés dans la partie centrale, sont très répandues en Russie dès le XVe siècle. En règle générale, leur nombre augmente dans l'iconographie des XIVe-XVIIe siècles; ils peuvent être placés sur plusieurs rangées. C'est à cette époque qu'apparaissent des icônes sur lesquelles, à côté des saintes images vénérées (par exemple la Vierge Bogolubskaïa ou la Vierge Vladimirskaïa), on voit des saints russes en prière, disposés «selon leur importance». La création de ces monuments était liée au thème de la protection divine de la Russie en général, et d'un lieu quelconque en particulier: par exemple, de Moscou, centre principal du royaume, ou d'un monastère célèbre; la synaxe des saints russes glorifiés sur ces icônes était leur intercesseur devant Dieu.

Les icônes avec l'image de «tous les saints de la terre russe» apparaissent dans les Temps modernes. Malgré le fait que, outre les représentations picturales, on connaisse de nombreuses églises des XVIIIe et XIXe siècles consacrées à «tous les saints», la fête de «Tous les saints de la terre russe» n'a été officialisée qu'en 1917-1918, au Concile des hiérarques de l'Eglise orthodoxe russe. A cette occasion, on releva que cette «introduction» confirmait la coutume, qui existait déjà auparavant, de vénérer tous les serviteurs de Dieu, glorifiés et méconnus. Les visages des saints et leur rapport «quantitatif» sur l'icône relatent l'histoire de l'Eglise russe, ainsi que les particularités de la mentalité nationale des Temps modernes. La Russie se percevait en premier lieu comme sauvée à travers la prière monacale, invisible au monde, et les préceptes pastoraux des prêtres, comme une monarchie venant du ciel et sanctifiée par des siècles de gouvernement de princes justes.

E. Gladycheva

Indication de l'ordre de représentation des saints sur l'icône:

I/A. *Les saints martyrs:*
1. Jean de Lituanie
2. Eustache de Lituanie
3. Mercure de Smolensk

I/B. *Les saintes femmes:*
4. Euphrosinie de Souzdal
5. Parascève de Polotsk
6. Euphrosinie de Polotsk

II/A. *Les bienheureux (les fols en Christ):*
7. Jean d'Oustioug
8. Procope d'Oustioug
9. Maxime de Moscou
10. Basile de Moscou

II/B. *Les bienheureux:*
11. Jean le Grand Bonnet
12. Isidore de Rostov
13. Jacques de Borovitsk
14. Arthème de Verkola

III/A. *Les très chrétiens princes:*
15. Ignace (Jean) d'Ouglitch
16. André de Smolensk
17. Théodore de Mourom
18. Romain d'Ouglitch

III/B. *Les très chrétiens princes:*
19. Basile de Iaroslavl
20. Constantin de Iaroslavl
21. Le tsarévitch Dimitri
22. Olga

IV. *Les saints très chrétiens princes:*
23. Vsevolod (Gabriel) de Pskov
24. Mikhaïl Iaroslavitch (Michel de Tver)
25. Gleb de Mourom
26. Boris de Rostov
27. Vladimir égal aux apôtres
28. David de Iaroslavl
29. Théodore de Iaroslavl
30. Constantin de Iaroslavl
31. Constantin de Mourom
32. Mikhaïl de Mourom
33. Théodore de Mourom
34. Mikhaïl de Tchernigov
35. Théodore, boyard de Tchernigov

V. *Les vénérables:*
36. Euphrosine de Pskov
37. Mikhaïl de Klopsk
38. Euthyme de Souzdal
39. Denis de Glouchitsa
40. Alexandre d'Ocheven
41. Cassien d'Ouglitch
42. Maxime le Grec
43. Nicétas Stylite de Pereïaslavl
44. Abraham de Smolensk
45. Nil des Stolby
46. Guénnadi de Kostroma
47. Pierre de Mourom
48. Fébronie de Mourom

VI. *Les vénérables:*
49. Ephrème de Novy Torjok
50. Paul d'Obnora
51. Grégoire de Pelchma
52. Paul de Komel
53. Serge d'Obnorsk
54. Antoine le Romain
55. Barlaam de Khoutyn
56. Antoine de la Siya
57. Cyrille de Belozersk
58. Cyrille de Novoezersk
59. Alexandre Nevski
60. Joseph de Volotsk
61. Alimpi (Alipi) de Petchora

VII. *Les vénérables:*
62. Alexandre de la Svira (?)
63. Dimitri de Priloutsk
64. Pierre le Tsarévitch Ordynski
65. Nikon de Radonège
66. Sabbas de Storoji (?)
67. Paphnuce de Borovsk
68. Serge de Radonège

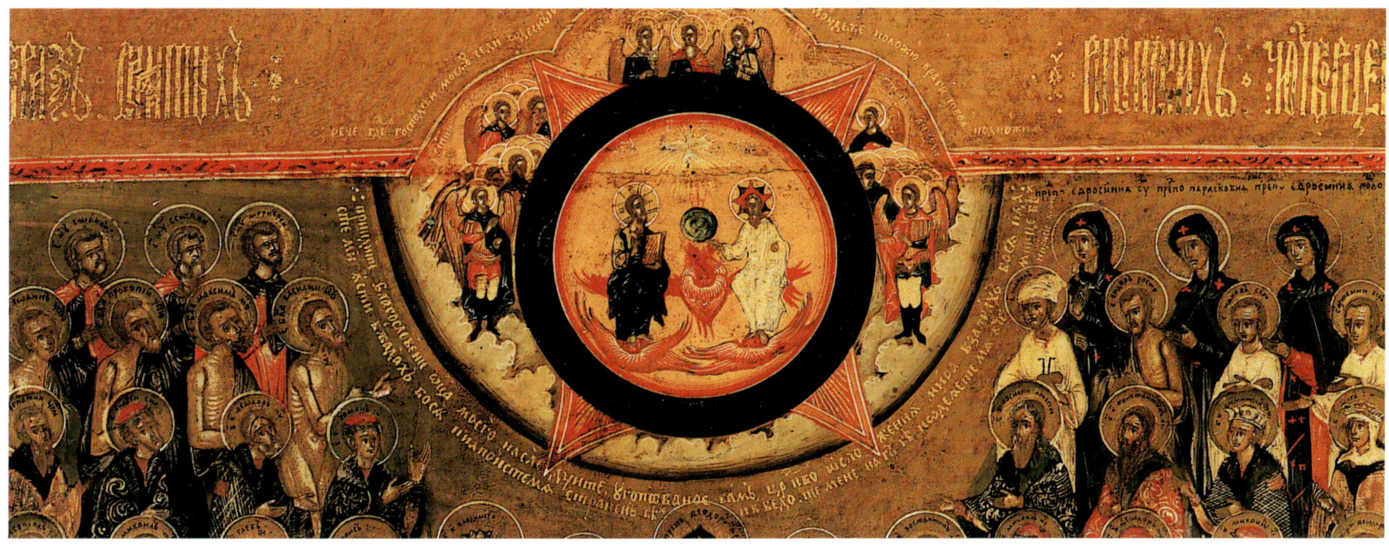

69. Macaire de Jeltovodsk et d'Ounjen
70. Abraham de Rostov
71. Jean Mégalomartyr de Petchora
72. Ephrème de Petchora
73. Macaire de Kaliazine
74. Paissios de Galitch

VIII. *Les vénérables et les saints:*

75. Le vénérable Théodose de Petchora
76. Le vénérable Antoine de Petchora
77. Jonas, archevêque de Novgorod
78. Moïse, archevêque de Novgorod
79. Théodore, archevêque de Rostov
80. Ignace, évêque de Rostov
81. Léonce, évêque de Rostov
82. Isaïe, évêque de Rostov
83. Jean, archevêque de Novgorod
84. Arsène, évêque de Tver
85. Jacques, évêque de Rostov
86. Le vénérable Zosime des Solovki
87. Le vénérable Sabbatius des Solovki

IX. *Les saints:*

88. Stéphane, évêque de Perm
89. Euphime, archevêque de Novgorod
90. Nicétas, évêque de Novgorod
91. Théognost, métropolite de Kiev et de toutes les Russies
92. Philippe, métropolite de Moscou et de toutes les Russies
93. Jonas, métropolite de Moscou et de toutes les Russies
94. Pierre, métropolite de Moscou et de toutes les Russies
95. Alexis, métropolite de Moscou et de toutes les Russies
96. Cyprien, métropolite de Kiev et de toutes les Russies
97. Photius, métropolite de Kiev et de toutes les Russies
98. Gourias, archevêque de Kazan
99. Barthonuphe, évêque de Tver
100. Jonas, évêque de Perm

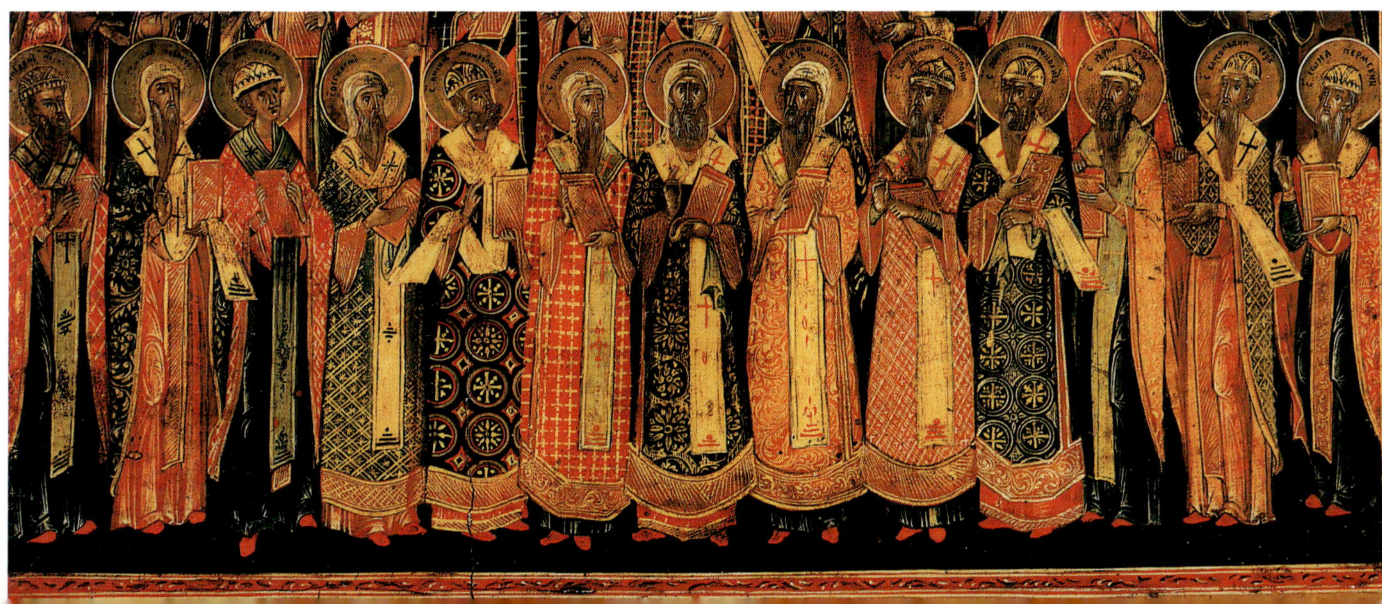

54

Saint Siméon de Verkhotourié, avec scènes hagiographiques

Fin XIXe - début XXe siècle
58×45 cm
Acquis en 1981
Inv. DR-1404

Exposée et reproduite pour la première fois

La partie centrale représente, sur fond de paysage, saint Siméon faisant le signe de croix de la main droite; dans la gauche, il tient un rouleau de parchemin qui s'adresse aux chrétiens orthodoxes. Cette partie centrale est entourée de onze compartiments illustrant la vie du saint, accompagnés d'inscriptions partiellement effacées.
Siméon le Juste de Verkhotourié naquit au début du XVIIe siècle dans une famille noble. Il quitta très tôt le domicile de ses parents, voyagea beaucoup. Evitant l'agitation du monde séculier, il mena une vie d'ascète, indiquant aux hétérodoxes de Sibérie le chemin de la dévotion chrétienne. Sa *Vie hagiographique* le décrit comme affable avec son entourage, aidant et aimant tout le monde, préférant la solitude, extrêmement tempérant. Selon la légende, sa mort même (en 1642) aurait été la conséquence d'une abstinence et d'un jeûne exagérés. Il fut enterré dans le village de Merkouchino, dans les environs de la ville de Verkhotourié.
En 1692, les reliques impérissables de Siméon le Juste furent retrouvées; c'est à cette époque que commencèrent les guérisons miraculeuses par le saint. En 1704, les reliques de Siméon de Verkhotourié (ou de Merkouchino) furent transférées au monastère Saint-Nicolas-l'Hiérarque à Verkhotourié. Des informations sur l'invention des reliques et sur les miracles de Siméon furent incorporées en 1695 dans le *Recueil des chroniques sibériennes* (connues sous l'appellation «Description de la fondation des villes et des prisons en Sibérie»). Sa *Vie hagiographique* fut rédigée au tournant des XVIIe et XVIIIe siècles.
Cette icône est un exemple typique de l'iconographie paysanne de la fin du XIXe siècle et du début du XXe.

V. Oukhanova

1 2 3 4
5 6
7 8
9 10 11

Sujets des compartiments:

1. Errance de Siméon
2. Invention et glorification des reliques de Siméon le Juste
3. Saint Siméon prie dans la forêt
4. Saint Siméon pêchant à la ligne
5. Guérison (d'un adolescent?) par Siméon le Juste
6. Siméon le Juste guérit Denissov
7. Apparition de Siméon le Juste au moine-ermite Jacob ou au prêtre Maxime
8. Siméon le Juste guérit l'enfant Ratchev
9. Office commémoratif sur le tombeau de Siméon le Juste
10. Les fidèles tombant au pied de la châsse contenant les saintes reliques de Siméon le Juste au monastère Saint-Zosime
11. Rencontre avec Siméon le Juste dans la forêt

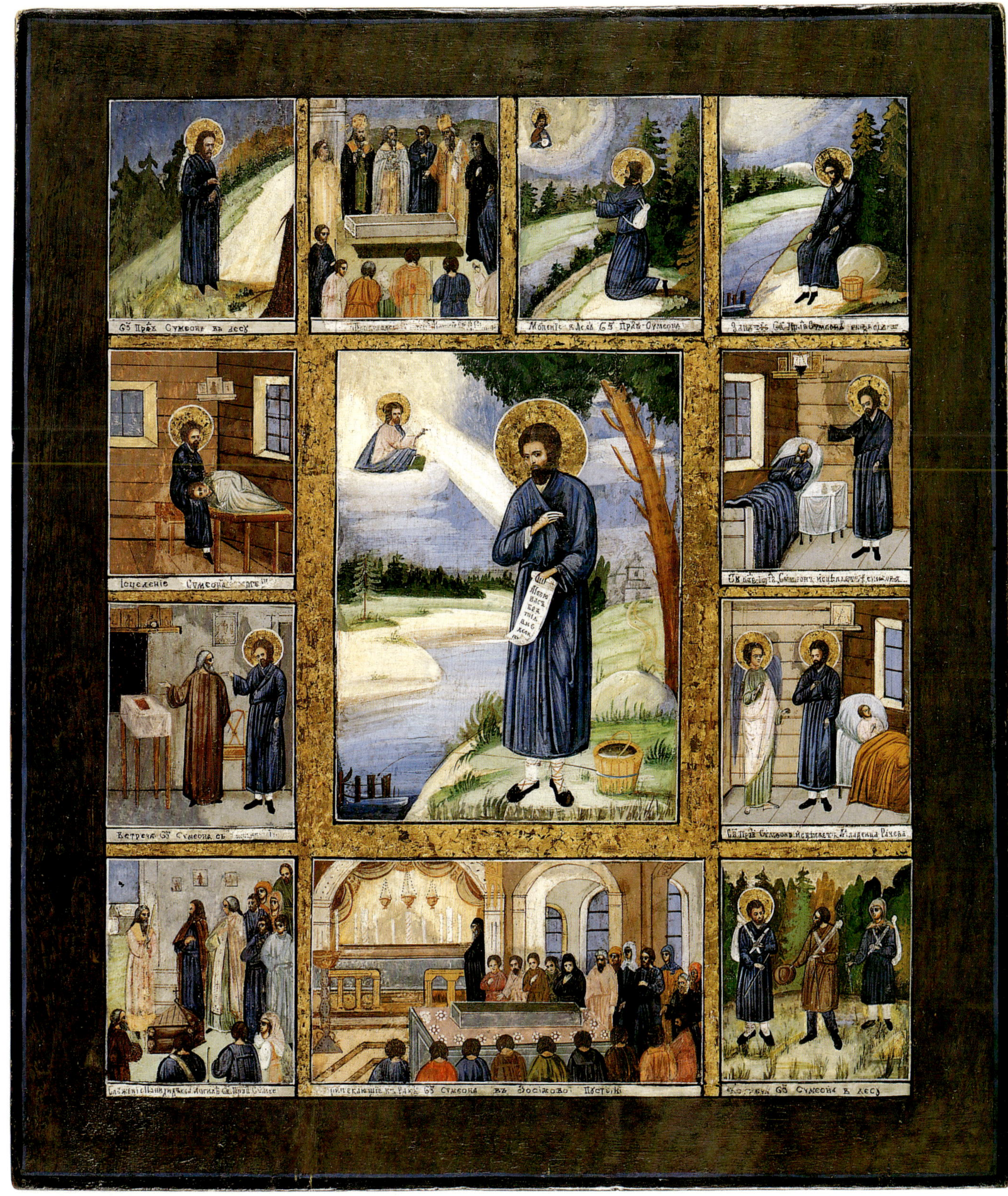

55
La Princesse Anne de Kachine
Viktor Vasnetsov
1910
Huile sur bois
Icône: 35,7 × 26 cm
Caisse: 70,5 × 43 cm
Acquis en 1988
Inv. DR-2287

Expositions:
Viktor Mikhaïlovitch Vasnetsov (1848-1926). Galerie nationale Tretiakov, Moscou, 1990 (cat. n° 123)
Style de vie – Style de l'art. Pour le 150e anniversaire de la naissance de V. M. Vasnetsov. Galerie nationale Tretiakov, Moscou, 1998 (cat. n° 26)

La princesse Anne (vers 1279-1368), épouse de Mikhaïl, prince de Tver, qui trouva la mort dans la Horde d'Or en 1318 (voir cat. n° 29), eut cinq enfants: une fille et quatre garçons. Les fils aînés moururent, eux aussi, dans la Horde. La princesse décida alors de se retirer au couvent Sainte-Sophie, à Tver, et prit le voile sous le nom d'Euphrosine ou de Sophie, selon les sources.
En 1364, sur les instances de son fils cadet, Basile, prince Kachinski, Euphrosine/Sophie quitta Tver pour se rendre au couvent de la Dormition, à Kachine. Elle y mena une vie d'ascète et se fit appeler de nouveau Anne. Ses reliques furent découvertes en 1650. En 1677, sur l'ordre du patriarche, son nom fut rayé du calendrier liturgique. Malgré l'interdiction de vénérer la princesse Anne, les gens de Kachine continuèrent à lui vouer un culte. Le 12 juin 1909, elle fut canonisée pour la seconde fois, ce qui incita le peintre V. M. Vasnetsov à créer l'œuvre que nous présentons à la Fondation Gianadda.
Sur cette icône, la princesse Anne est représentée en nonne, dans sa cellule du couvent de la Dormition. Elle esquisse un geste de bénédiction de la main droite et, dans la gauche, elle tient un livre de prières.

G. Sidorenko

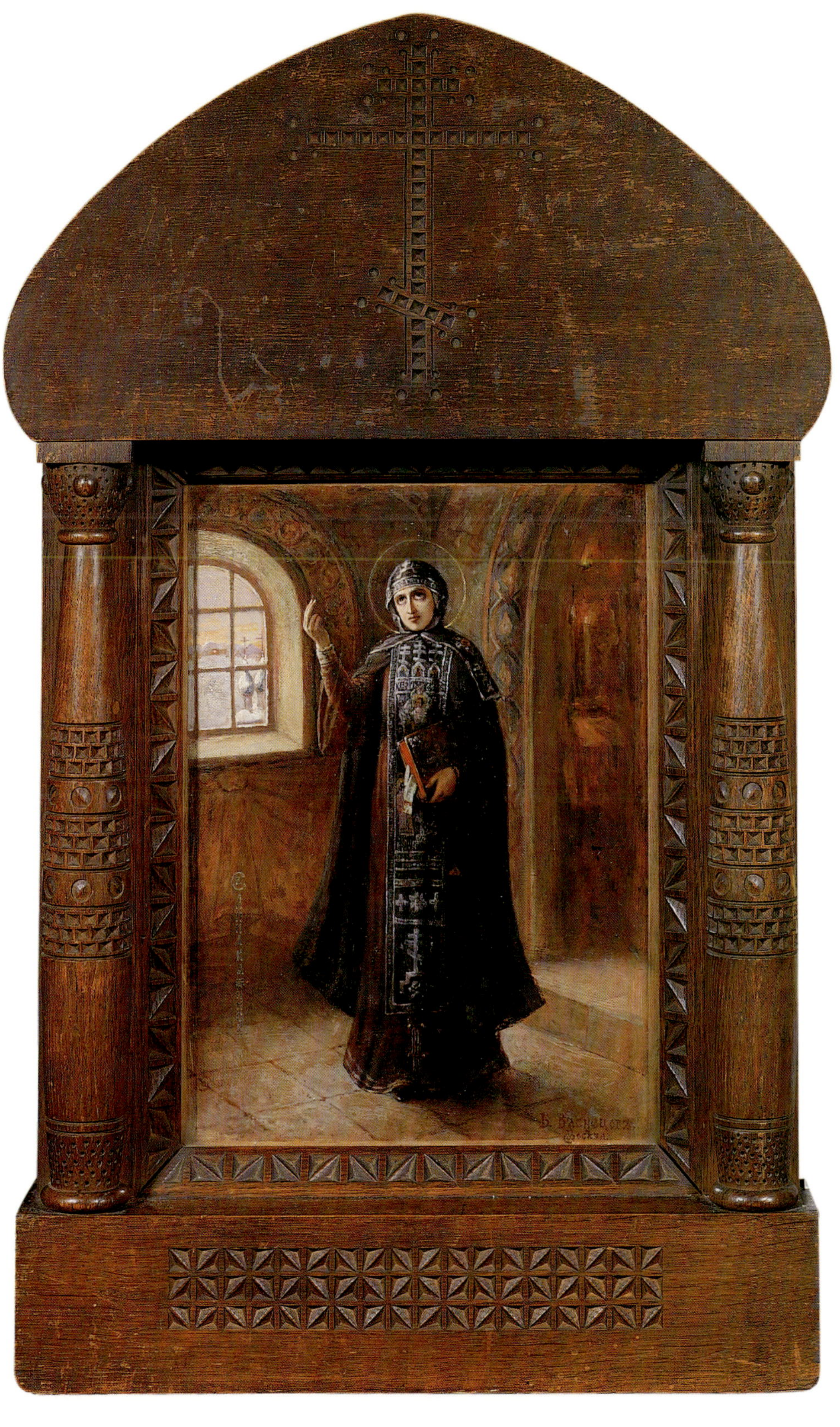

56
Saint Arthème de Verkola
Fin XVIIe siècle. Moscou (?)
Voile tissé et brodé en soie et fils d'or et d'argent
45,5×31,5 cm
Provient de l'église Sainte-Parascève, à Moscou
Acquis en 1933
Inv. 20927

Exposé et reproduit pour la première fois

Cette œuvre a été restaurée par N. Sotskova en 1999 pour la présente exposition dans les ateliers de la Galerie Tretiakov

Ce voile, dans les années 1840, fut offert à l'église Sainte-Parascève dont une des nefs était consacrée à Arthème de Verkola (voir cat. n° 31).
Le saint y est représenté les bras en croix. Ce geste se réfère, d'une part, à la manière de placer le corps dans la bière et, d'autre part, il symbolise une grande dévotion. Arthème est montré dans ses habits de saint et non pas dans ses vêtements d'enfant, comme le voulait la tradition.
Sur le bord du tissu est brodé un texte consacré à Arthème.
Ce voile est un brillant exemple du tissage décoratif en Russie, pratiqué dans les couvents ainsi que dans l'entourage féminin du tsar. Cette technique, très perfectionnée, exigeait une maîtrise parfaite du tissage et de la couture.

G. Sidorenko

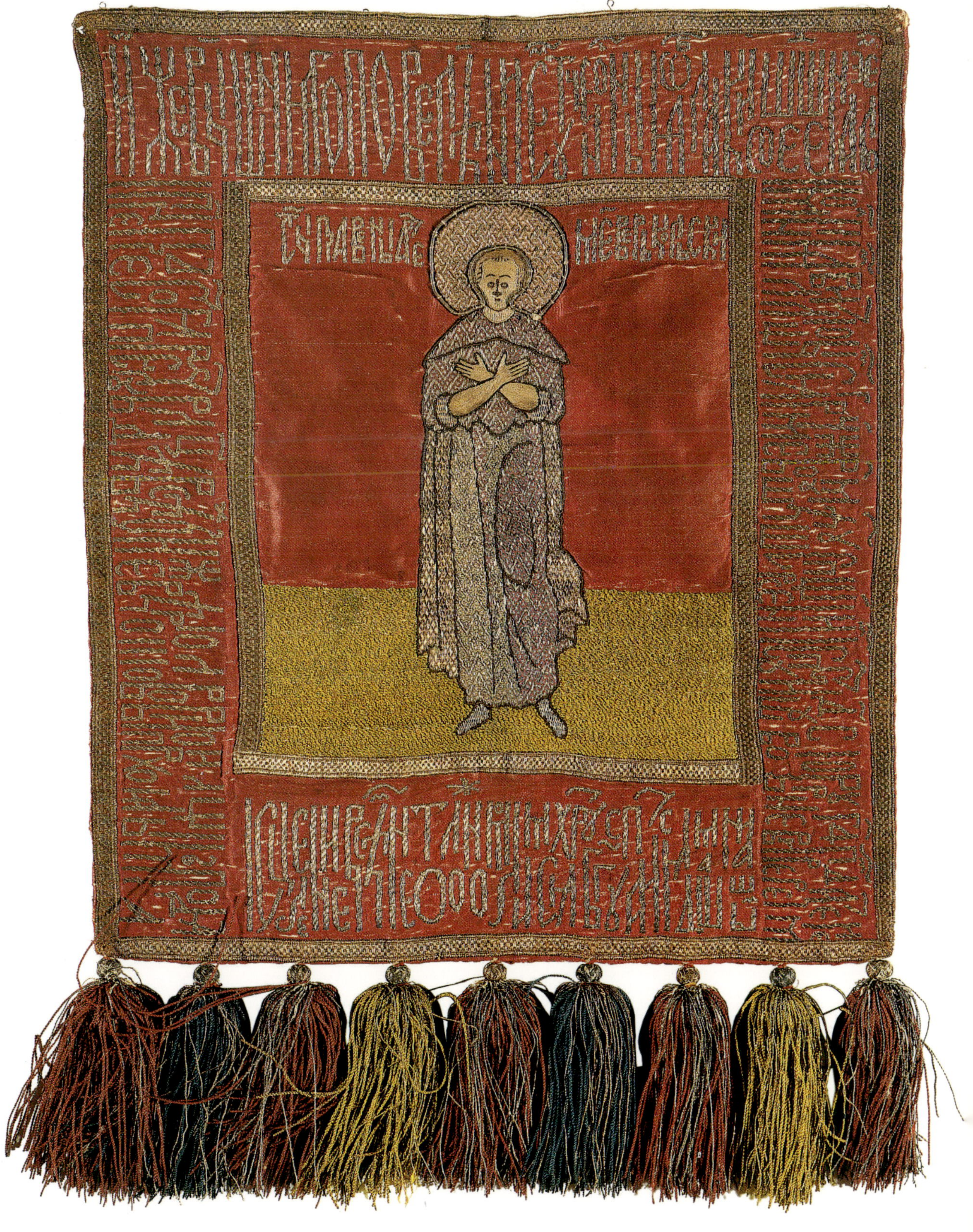

Index

avec brèves notices biographiques
(Les dates sont données d'après le calendrier grégorien; les icônes consacrées à un saint ou à plusieurs saints élus sont marquées d'un astérisque.)

Traduit par Eléna Lavanant

Abraham de Rostov (†1010 ou 1077), vénérable, révéré en Russie pour avoir propagé le christianisme et baptisé des païens dans la région de Rostov. D'après la légende, l'apôtre Jean le Théologien serait apparu à Abraham et lui aurait transmis miraculeusement un bâton, avec lequel ce dernier aurait brisé l'idôle de pierre Vélès. A l'endroit où elle se serait dressée, Abraham érigea une église consacrée à Jean le Théologien et, non loin, sur les bords du lac Néro, il fonda le monastère de la Théophanie, dont il fut l'archimandrite jusqu'à la fin de ses jours. Il est vénéré depuis le XVe siècle, époque à laquelle il fut probablement canonisé. Fête le 5 juin (Synaxe des saints de Rostov et de Iaroslavl) et le 11 novembre. N° 53.

Abraham de Smolensk (fin XIIe siècle - première moitié du XIIIe), vénérable. Moine et prêtre, il se rendit célèbre parmi la population de Smolensk grâce à ses dons de prédicateur. Persécuté par le clergé de la ville, il fut accusé d'hérésie et soumis au jugement de l'évêque. Après une horrible sécheresse qui cessa grâce à ses prières, il fut acquitté et élevé à la dignité d'archimandrite du monastère de la Vierge à Smolensk. Sa *Vie hagiographique* fut rédigée au XIIIe siècle; sa vénération locale date de la même époque. La canonisation du saint par toute l'Eglise fut proclamée au Concile de 1549. Fête le 3 septembre. N° 53.

Agapit de Petchora (†1095), vénérable, moine de la laure des Grottes de Kiev, disciple du vénérable Antoine de Petchora. Il fut révéré comme médecin et guérisseur soignant à titre gracieux. Sa *Vie* fait partie du *Recueil de vies des saints de la laure des Grottes de Kiev.* Fête le 14 juin. N° 52.

Alexandre d'Ocheven (1427-1479), vénérable, fondateur du monastère Ochevenski de Kargopol. Il entra en religion au monastère de Cyrille à Belozersk, le quitta peu de temps après pour fonder une nouvelle communauté à proximité des terres de son père Nicéphore Ocheven. Alexandre fit bâtir le monastère Saint-Nicolas à Ocheven, où il fut inhumé. En 1567, Théodose, hiéromoine de cette communauté, rédigea sa *Vie hagiographique* et l'office en souvenir du vénérable. Fête le 3 mai. N° 53.

Alexandre de la Svira (1448-1533), vénérable, Amos avant la prononciation des vœux, éminent ascète russe du XVIe siècle, fondateur du monastère de la Svira, le seul des saints russes ayant été honoré, d'après sa *Vie*, de l'apparition de la Sainte Trinité. Fête le 30 avril (invention des reliques en 1641) et le 12 septembre. N°s 40*, 12*, 18*.

Alexandre Nevski, grand-prince, né en 1220. La victoire qu'il remporta en 1240 contre les Suédois sur les rives de la Neva, près de l'embouchure de l'Ijora, lui valut le surnom de «Nevski». En 1242, il défit les chevaliers Porte-Glaive, libéra Pskov et remporta la victoire du lac Tchoudskoïe. Il consacra ensuite sa vie à la difficile lutte contre les Tatars. Il mourut le 14 novembre 1263. Le corps du prince Alexandre fut inhumé à Vladimir. En 1547, l'Eglise russe canonisa le grand-prince Alexandre; sous le règne de Pierre Ier, ses reliques furent transférées à la laure Saint-Alexandre-Nevski (1724). En 1753, sur un édit de l'impératrice Elisabeth, une châsse destinée à contenir ses reliques fut fabriquée à partir du premier lot d'argent extrait et produit sous son règne. L'Eglise célèbre quelques jours consacrés à sa mémoire: le 5 juin (Synaxe des saints de Rostov et de Iaroslavl), le 12 septembre (translation des reliques) et le 6 décembre. N°s 45*, 52.

Alexis, métropolite de Moscou, qui dirigea la métropolie pendant vingt-quatre ans, mourut en 1378. Fête le 25 février (jour du décès), le 2 juin (invention des reliques en 1431) et le 18 octobre (fête des hiérarques de Moscou). N°s 32*, 35*, 52.

Alimpi (Alipi) de Petchora (†1114), vénérable, moine et prêtre au monastère des Catacombes de Kiev. Il fut le premier peintre russe d'icônes. Il apprit l'art de la peinture auprès de maîtres grecs qui ornaient l'église de la Dormition du monastère. La légende lui attribue la participation à la création de plusieurs icônes miraculeuses, «qui se seraient peintes toutes seules», avec l'aide d'anges. Sa *Vie hagiographique*, rédigée durant le premier tiers du XIIIe siècle et incorporée dans la partie la plus ancienne du *Recueil de vies des saints du monastère des Catacombes de Kiev*, relate notamment la guérison miraculeuse d'un riche habitant de Kiev atteint de la lèpre, après que le vénérable eut oint le visage du souffrant de couleurs pour icônes. Fête le 30 août et le 11 octobre (Synaxe des saints des Catacombes de Kiev). N° 52.

Anastasie Mégalomartyre, sainte de tous les chrétiens. L'Eglise orthodoxe russe vénère la mémoire de quatre saintes femmes nommées Anastasie. L'une d'entre elles, Anastasie Libératrice des prisonniers († vers 303), jouissait d'une grande popularité et d'une adoration toute particulière (fête le 4 janvier). Le père d'Anastasie était païen et maria sa fille de force. Mais Anastasie, prétextant une maladie imaginaire, sut faire respecter son vœu de chasteté. A l'insu de son époux, elle secourait les prisonniers chrétiens, ce qui lui valut d'être persécutée et de périr sur le bûcher. N° 33.

André de Smolensk († vers 1390), le très chrétien prince, thaumaturge de Pereïaslavl. Les reliques impérissables du prince André de Smolensk furent retrouvées en 1539 à Pereslavl-Zalesski avec, à leur côté, des liens en fer, une chaîne en or et l'anneau du prince. Les chroniques ne donnent aucun renseignement à son sujet, mais la légende dit que, ne voulant pas participer aux luttes intestines, il aurait quitté le trône et se serait retiré à Pereslavl-Zalesski, où il aurait vécu trente ans incognito en tant que sacristain de l'église Saint-Nicolas. Après l'invention de ses reliques à proximité de cette église, devenue à l'époque une partie du monastère Saint-Nicolas, ce dernier fut rebaptisé en l'honneur du prince André. Fête le 9 novembre. N° 53.

Anne de Kachine (vers 1279-1368), princesse de Tver et de Kachine, nonne de stricte obédience (pour plus de détails, voir n° 55*). Fête le 25 juin (invention des reliques en 1650 et seconde glorification) et le 15 octobre (jour du décès).

Antipas de Pergame († vers 68), évêque, mégalomartyr, saint de tous les chrétiens. Selon saint Jean l'Evangéliste, le Seigneur Lui-même appela Antipas «le témoin fidèle» (Apoc. 2:12-13). Contemporain de Néron, il détournait les habitants de Pergame du paganisme. Il fut jugé par des prêtres et mis à mort. Fête le 24 avril. N° 33.

Antoine de la Siya (†1556), vénérable, fondateur de plusieurs monastères dans le nord de la Russie, iconographe. Fils d'un laboureur, il naquit dans un village près d'Arkhangelsk, étudia l'iconographie, se maria. Après la mort de sa femme, il décida de se retirer du monde. Devenu moine et ordonné prêtre, il choisit un lieu isolé pour y construire une église consacrée à saint Nicolas et y fonder un monastère. Quelques années plus tard, Antoine quitta cet endroit et, ayant obtenu une lettre d'investiture du grand-prince Vladimir III, fonda le monastère de la Trinité sur la rivière Siya. C'est là qu'il passa les trente-sept dernières années de sa vie en qualité d'hégoumène de cette communauté. L'icône de la Trinité qu'il avait créée fut glorifiée en tant que miraculeuse. Sa *Vie hagiographique* fut rédigée en 1578, un office religieux composé un an après. Fête le 20 décembre. N° 53.

Antoine de Petchora (†1073), vénérable, fondateur du premier monastère des Catacombes (de Petchora) à Kiev. Dans le calendrier orthodoxe, il est désigné comme «chef de tous les moines russes». Aspirant dès l'adolescence à une vie retirée, il décida de quitter sa ville natale de Lubetch pour aller sur le mont Athos, célèbre pour la sainteté de ses ermites. Là-bas, Antoine se fit moine et vécut un certain temps reclus dans une grotte. Ensuite, ayant été béni, il retourna en Russie pour s'installer près de Kiev, dans une grotte sur les rives du Dniepr. Malgré son ermitage, les gens se précipitèrent en masse pour voir le vénérable, pour prendre l'habit sous sa direction et s'installer dans des grottes voisines; des princes venaient demander sa bénédiction. Peu de temps après, grâce aux efforts de la communauté, une église souterraine et des cellules pour les moines furent aménagées. Ayant confié le monastère à l'hégoumène qu'il avait désigné, Antoine le quitta pour s'enfermer dans une grotte isolée où il vécut jusqu'à sa mort. Sa *Vie hagiographique*, connue au XIIIe siècle, n'est pas parvenue jusqu'à nous. Fête le 23 juillet, le 15 septembre et le 11 octobre (Synaxe des saints des Catacombes de Kiev). N°s 43*, 52.

Antoine le Romain (†1147), vénérable, fondateur du monastère de la Nativité-de-la-Vierge (monastère d'Antoine) à Novgorod (mentionné pour la première fois dans les chroniques en 1117). Selon la légende, Antoine aurait été un ermite italien, arrivé à Novgorod de Rome par la mer, debout sur une énorme pierre suivie d'un tonneau rempli de trésors, qui auraient servi à payer la construction du nouveau monastère. Dans sa *Vie hagiographique*, le voyage miraculeux qu'il entreprit date de 1105, mais il ne fut élevé à la dignité d'hégoumène de son monastère qu'en 1131. Canonisé en 1597. La version la plus ancienne de sa *Vie hagiographique* fut rédigée probablement dans les années 1570-1580. Fête le 16 août. N° 51*.

Arsène de Tver (†1409), évêque. Il prit l'habit au monastère des Catacombes de Kiev. Peu de temps après, le métropolite Cyprien, demeurant provisoirement à Kiev, l'invita à se rendre à Moscou pour aider à l'installation de la métropolie. En 1390, Arsène fut élevé à la dignité d'évêque de Tver, où il fonda un monastère consacré à la Dormition de la Vierge. Ses reliques furent retrouvées impérissables en 1483; des miracles en jaillirent. Canonisé au Concile de 1547. Fête le 15 mars. N° 53.

Arthème de Verkola (1532-1544), adolescent juste, fils de paysans, natif du village de Verkola sur la rivière Pinega. Il mourut foudroyé pendant qu'il travaillait dans les champs avec son père. Son corps fut déposé «dans un endroit désert» d'une forêt épaisse, car, selon les règles de l'Eglise orthodoxe, les cimetières étaient interdits aux personnes mortes foudroyées. Trente-trois ans après, le corps d'Arthème fut retrouvé intact dans une auréole de lumière, et des miracles jaillirent près de lui. Canonisé en 1577. Fête le 6 juillet et le 2 novembre. N°s 31*, 56.

Barlaam de Khoutyn (†1193), vénérable, natif de Novgorod (Alexa Mikhaïlevitch avant la prononciation des vœux), ermite et ascète, l'un des saints les plus vénérés de Novgorod l'Ancienne. Fondateur du monastère de la Transfiguration (de Khoutyn) situé à 10 kilomètres au nord de Novgorod, sur la rive droite de la rivière Volkhov, sur la colline de Khoutyn. Vénération panrusse depuis le XVe siècle. Les textes les plus anciens sur sa *Vie* furent rédigés au tournant des XIIIe et XIVe siècles. Une rédaction détaillée fut établie par Pacôme le Serbe au milieu du XVe siècle. Fête le 19 novembre (jour du décès). N°s 41*, 12, 13-14, 34.

Barthonuphe (†1576), évêque de Tver et de Kazan. La grande œuvre de sa vie fut de convertir au christianisme les Tatars de Kazan. Dans sa jeunesse, il se retrouva en captivité chez les Tatars de Crimée dont il apprit la langue. Après sa libération, il prit l'habit au monastère Andronikov de Moscou. Lorsque, en 1555, après la conquête du khanat de Kazan, le Concile des évêques procéda à l'élection d'hiérarques pour Kazan, Barthonuphe fut nommé, sur l'ordre du tsar Ivan le Terrible, archimandrite de cette ville. Il y fonda le monastère de la Transfiguration et affermissait la foi chrétienne parmi la population locale. Ses sermons étaient fort prisés grâce à sa connaissance de la langue tatare et à son art de soigner les maladies. En 1567, il fut sacré évêque de Tver, mais, peu avant sa mort, il retourna à Kazan, au monastère de la Transfiguration qu'il avait fondé. Fête le 17 octobre. N° 52.

Basile le Bienheureux (†1557), fol en Christ moscovite. Dès sa jeunesse, ayant quitté la maison de ses parents, il errait, vêtu de haillons, dans les églises de Moscou. Se tenant à l'écart des gens, il devint cependant célèbre grâce à ses sermons adressés aux habitants de la ville et fut très respecté à la cour du tsar Ivan le Terrible. Le métropolite Macaire célébra son office funèbre, en présence de tout Moscou; le tsar en personne, avec ses boyards, porta son cercueil. Il fut inhumé sur la place où, sur l'ordre d'Ivan le Terrible, fut érigée l'église de l'Intercession-de-la-Vierge (connue aujourd'hui sous le nom de l'église Basile-le-Bienheureux sur la place Rouge), en commémoration de la conquête de Kazan. En 1588, lorsque des miracles jaillirent sur le tombeau de Basile, la glorification de sa mémoire fut instaurée par l'Eglise (le 15 août). N° 33.

Basile Vsevolodovitch de Iaroslavl (†1249), le très chrétien prince, gouverna la principauté de Iaroslavl durant l'invasion des Tatars. Fils aîné du prince Vsevolod tué en 1238 lors de la bataille contre les Tatars sur la rivière Syt, le prince Basile essaya de réorganiser la vie de la principauté, mais son règne fut bref. Il mourut après une soudaine maladie et fut inhumé dans la cathédrale de la Dormition de Iaroslavl. En 1501, après l'incendie qui dévasta la cathédrale, les reliques impérissables du prince Basile et de son frère Constantin *(voir sous ce nom)* furent découvertes, après quoi ils furent canonisés, probablement au XVIIe siècle. Fête le 5 juin (Synaxe des saints de Rostov et de Iaroslavl), le 21 juin et le 16 juillet. N° 53.

Blaise de Sébaste († vers 316), évêque, hiéromartyr, saint de tous les chrétiens. Il fut élu évêque de Sébaste par le peuple tout entier. Ayant vécu à l'époque des persécutions contre les chrétiens sous le règne des empereurs Dioclétien et Licinius, saint Blaise fut obligé de se cacher dans une grotte où venaient sans crainte des bêtes sauvages. Après qu'on l'eut trouvé, il fut torturé, puis exécuté. Le peuple russe vénérait Blaise, le considérant en premier lieu comme le saint patron des troupeaux, lui demandant dans ses prières de veiller à la santé du bétail et de le prévenir des maladies et de l'épizootie, mais aussi comme protecteur de la veuve et de l'orphelin, le priant d'intercéder en faveur des faibles et des abandonnés. Fête le 24 février. N° 33.

Boris et Gleb (nommés Roman et David dans le baptême), princes, premiers saints russes canonisés, fils cadets de Vladimir, grand-prince de Kiev, qui christianisa la Russie en 988. Peu après la mort de leur père en 1015, ils furent perfidement assassinés par Sviatopolk, leur frère aîné, qui éliminait ses rivaux dans la lutte pour le trône du grand-prince de Kiev. Les deux frères étaient vénérés comme saints défenseurs de la Russie; on les désignait comme «notre arme, la protection et l'appui de la terre russe, nos glaives à double tranchant». Leur culte fut extrêmement répandu, ce dont témoignent de multiples icônes à leur image et des églises et monastères érigés en leur honneur à travers toute la Russie. Canonisés en 1037. Fête le 15 mai (translation des reliques en 1072 et 1115) et le 6 août. N°s 2*, 4*, 5-6*, 8*, 12, 21, 33, 52.

Cassien d'Ouglitch (†1504), vénérable, d'origine grecque. Il arriva en Russie dans la suite de la princesse byzantine Sophie Paléologue, fiancée du grand-prince Ivan III. Il décida de se retirer du monde, entra en religion au monastère de Théraponte sur le lac Beloïe, et s'installa ensuite dans une cellule, aux environs de la ville d'Ouglitch. Avec la bénédiction de l'archevêque, Cassien y construisit une église et fonda un monastère, transféré à un autre endroit pour cause d'inondations. Le vénérable mourut à un âge très avancé et fut inhumé dans la communauté qu'il avait fondée. Fête le 3 juin, le 5 juin (Synaxe des saints de Rostov et de Iaroslavl) et le 15 octobre. N° 53.

Constantin de Mourom (†1129), le très chrétien prince, thaumaturge. Les chroniques ne donnent aucun renseignement à son sujet. Selon la légende, il aurait été accueilli avec hostilité par la population lorsqu'il arriva avec ses fils Mikhaïl et Théodore pour régner dans la ville de Mourom, qui restait fidèle au paganisme. Après la prise de la ville, au cours de laquelle le prince Mikhaïl fut tué, Constantin y fonda la première église de l'Annonciation, où il inhuma le corps de son fils. Ensuite, il construisit de nombreuses cathédrales et civilisa le peuple tout entier par le baptême. Après leur mort, Constantin et Théodore furent également inhumés dans l'église de l'Annonciation. Dès le XIVe siècle, des miracles jaillirent des tombeaux des princes et, en 1557, lors de la reconstruction de l'église, leurs reliques furent découvertes impérissables. La vénération locale des saints princes fut établie au Concile de 1547. Fête le 3 juin. N° 53.

Constantin le Grand (entre 270 et 288-337), empereur, égal aux apôtres, saint de tous les chrétiens. Premier empereur byzantin ayant accepté le christianisme comme religion officielle. Fête le 3 juin. N° 33.

Constantin Vsevolodovitch de Iaroslavl (†1257), le très chrétien prince, frère de Basile de Iaroslavl *(voir sous ce nom)*, lui ayant succédé, après sa mort en 1249, à la tête du gouvernement de la principauté. Il fut tué au combat, lors du siège de Iaroslavl par les Tatars, et fut inhumé dans la cathédrale de la Dormition de la ville. En 1501, lorsqu'elle fut détruite par un incendie, les reliques impérissables des princes Basile et Constantin furent découvertes. Cet événement détermina leur canonisation, qui date probablement du XVIIe siècle. Fête le 5 juin (Synaxe des saints de Rostov et de Iaroslavl), le 21 juin (invention des reliques) et le 16 juillet. N° 53.

Constantin, prince de Iaroslavl (XIIIe siècle), fils du prince Théodore Rostislavitch de Iaroslavl et de Smolensk *(voir sous ce nom)*. Fête le 18 mars (invention des reliques en 1463), le 5 juin (Synaxe des saints de Rostov et de Iaroslavl) et le 2 octobre. N°s 48*, 13-14, 52.

Cosme (Côme) et **Damien** (III), saints de tous les chrétiens, frères jumeaux, anargyres qui professaient la foi chrétienne et soignaient les pauvres. La vénération des anargyres en Russie commença aux XIe et XIIe siècles. Le culte de Cosme et Damien se répandit surtout à Novgorod et dans le nord de la Russie, où ils étaient considérés comme saints patrons des médecins et des forgerons. L'Eglise orthodoxe célèbre trois «couples» d'anargyres (d'Asie, d'Arabie et de Rome) ayant une ressemblance iconographique et des noms identiques (Cosme et Damien). Les Russes vénéraient particulièrement les frères martyrs d'Asie. Fête le 14 novembre. N° 12.

Cyprien (†1406), métropolite de Moscou et de toutes les Russies, éminent homme d'église, grand connaisseur de la littérature religieuse et homme de lettres. D'origine serbe, il fut durant de longues années moine au mont Athos. En 1376, Cyprien fut sacré métropolite de Russie par Philophée, patriarche de Constantinople, mais Dimitri Donskoï, grand-prince de Moscou, refusa sa candidature pour des raisons politiques. Cyprien vécut à Kiev, dirigeant le clergé lituanien. Accueilli en 1381 à Moscou, il en fut chassé peu de temps après. En 1389, il s'affirma définitivement comme métropolite de Moscou et de toutes les Russies. Son corps fut inhumé dans l'église de la Dormition du Kremlin de Moscou, où ses reliques furent découvertes en 1472, lors de la reconstruction de la cathédrale. Il fut canonisé peu après. Fête le 9 juin (translation des reliques en 1472) et le 29 septembre. N°s 13-14, 24, 52.

Cyrille d'Alexandrie (seconde moitié du IVe siècle - 444), patriarche, saint de tous les chrétiens. L'Eglise orthodoxe célèbre sa mémoire le 31 janvier et le 22 juin. N° 19*.

Cyrille de Belozersk (?-1472), vénérable, fondateur et hégoumène du monastère de Cyrille à Belozersk (1397) (pour plus de détails, voir n° 19*). Fête le 22 juin. N°s 19*, 52.

Cyrille de Novoezersk (†1532), vénérable. Il entra en religion au monastère de Cornélius à Vologda et, quelques années plus tard, se retira dans un lieu désert où il vécut dans la solitude la plus totale. Après une révélation miraculeuse, il se rendit au lac Novo, où il aménagea, sur l'île Krasny, une cellule, puis l'église de la Résurrection, qui devint la première du monastère de Novoezersk. Il fut inhumé dans la communauté qu'il avait fondée, où ses reliques impérissables furent découvertes en 1649. Peu de temps après, il fut canonisé. Fête le 17 février et le 20 novembre (invention des reliques). N° 53.

Damian Anargyre – voir Cosme.

David le prince (XIIIe siècle), fils de Théodore Rostislavitch, prince de Smolensk et de Iaroslavl *(voir sous ce nom).* Fête le 18 mars (invention des reliques en 1463), le 5 juin (Synaxe des saints de Rostov et de Iaroslavl) et le 2 octobre. N°s 48*, 13-14, 52.

Denis de Glouchitsa (†1437), vénérable, fondateur du monastère de la Glouchitsa. Quelques années après la prise de l'habit, il entreprit de chercher un lieu isolé pour vivre. Tout d'abord, il rénova une communauté abandonnée à proximité de son ancien monastère, puis il se rendit sur les berges de la rivière Glouchitsa, où il fonda en 1403 un nouveau monastère consacré à l'Intercession de la Vierge. Lorsque la communauté compta de nombreux cénobites, le vénérable la quitta, en quête de silence, remonta la rivière et y installa une cellule, autour de laquelle se constitua progressivement une nouvelle communauté appelée Sosnovets, qui devint une partie de l'ancien monastère de l'Intercession. Durant les dernières années de sa vie, Denis construisit dans ces lieux plusieurs églises et y fonda un couvent. Le saint s'illustra également comme iconographe, ayant orné de nombreuses icônes les églises qu'il avait fondées. Canonisé au Concile de 1547. Fête le 14 juin. N° 53.

Dimitri de Priloutsk (†1391), vénérable, fondateur de plusieurs monastères, thaumaturge de Vologda. Un des compagnons de Serge de Radonège, il fut révéré par le grand-prince Dimitri Donskoï. Il fonda une communauté consacrée à saint Nicolas à Pereslavl-Zalesski, puis, en quête d'une vie de silence, il choisit des lieux inhabités pour y aménager le monastère du Sauveur, à Priloutsk, dans les environs de Vologda. Fête le 24 février. N° 53.

Dimitri de Rostov (1651-1709), hiérarque, Daniil Touptalo avant la prononciation des vœux, auteur des *Tcheti Minei* (vies de saints rédigées sous forme d'épopées). Fête le 4 octobre (invention des reliques en 1752) et le 10 novembre. N° 46.

Dimitri de Thessalonique, mégalomartyr, saint de tous les chrétiens. Pour avoir confessé la foi chrétienne, il fut arrêté et mourut en martyr le 26 octobre 306. En Russie, de Kiev, le culte de Dimitri de Thessalonique s'affirma sous le règne du prince Iziaslav Iaroslavitch (nom de baptême Dimitri). Dans l'art russe, l'image la plus ancienne de Dimitri est celle du bas-relief *Deux chevaliers* (vers 1062, collection de la Galerie Tretiakov). Dimitri devint l'un des noms de baptême de prédilection des princes russes, dont le très chrétien Dimitri Donskoï, grand-prince ayant remporté en 1380 la victoire sur les Tatars lors de la bataille de Koulikovo. Fête le 8 novembre. N° 12.

Dovmont (Timothée dans le baptême), prince de Pskov. Le règne de Dovmont (1266-1299) marqua le début de l'indépendance politique de Pskov vis-à-vis de Novgorod, qui ne fut entérinée par un traité qu'en 1348. Dovmont contribua à élargir les relations commerciales de Pskov. Plusieurs églises magnifiques en pierre furent construites sous son règne et un mur d'enceinte érigé pour protéger la ville (aujourd'hui encore, on appelle cette forteresse «la cité de Dovmont»). Canonisé au XIVe siècle. Fête le 2 juin. N° 15*.

Eléazar d'Anzer (fin XVIe siècle - 1656), vénérable, fondateur du scété[1] d'Anzer au monastère des Solovki (pour plus de détails, voir n° 27*). Fête le 26 janvier.

Elie le prophète (IXe siècle av. J.-C.), saint de tous les chrétiens. De son vivant, il fut enlevé au ciel dans un char de feu. Fête le 2 août. N° 27*.

Ephrème de Novy Torjok (†1053), vénérable. D'origine hongroise (ougrienne), il servit comme écuyer chez les princes Boris et Gleb *(voir sous ces noms).* Selon la légende, après leur assassinat en 1015, il aurait pris l'habit et construit un hospice près de la ville de Torjok. Lorsque les reliques impérissables des saints princes furent découvertes, Ephrème érigea une cathédrale consacrée à Boris et Gleb, et fonda une communauté qu'il appela «monastère de Boris et Gleb de Novy Torjok». Ses reliques impérissables furent découvertes dans cette communauté en 1572, sous le règne du tsar Ivan le Terrible. Fête le 10 février et le 24 juin (translation des reliques en 1572). N° 53.

Ephrème de Perekom (†1492), vénérable, thaumaturge de Novgorod. Durant quelques années, il vécut en novice

[1] Cellule, ermitage. Primitivement, cellule d'un ermite construite plus ou moins loin d'un monastère, dont elle dépendait.

près du monastère, puis, après une révélation miraculeuse dans un songe, il arriva dans la communauté du vénérable Savva de Vichera et y prit l'habit. Puis, avec la bénédiction de Savva, il se retira dans un lieu désert, sur le lac Ilmen, et y fonda un monastère appelé de Perekop ou Perekom. Au XVIe siècle, à cause de fréquentes inondations, le monastère fut déplacé à un autre endroit, plus éloigné du lac. En 1545, les reliques d'Ephrème y furent transférées. Canonisé pour la vénération panrusse au Concile de 1549. Fête le 29 mai (translation des reliques) et le 9 octobre. N° 53.

Euphrosine de Pskov (1386-1481), vénérable, entra en religion sous le nom d'Euphrosine au monastère de Snetogorsk à Pskov. Quelques années plus tard, il se retira dans un lieu désert à proximité du lac de Pskov. Là-bas, dans un endroit qui lui avait été indiqué dans une vision, il fonda un monastère consacré aux Trois Hiérarques, qui reçut l'appellation d'Eléazar (nom de baptême d'Euphrosine). Ayant refusé la direction de la communauté, il se consacra à l'abstinence et à la prière solitaire. Canonisé au Concile de 1549. Fête le 28 mai. N° 53.

Euphrosinie de Polotsk (†1173), vénérable. Fille de Sviatoslav Georges Vsevolodovitch, prince de Polotsk. Ayant pris le voile, elle s'installa dans la localité de Seltso aux environs de Polotsk, où elle bâtit une église et fonda un couvent, puis un monastère. Sur sa demande, et avec la bénédiction du patriarche Luc Chrysoverge, l'empereur byzantin Manuel Ier Comnène lui envoya une icône miraculeuse de la Vierge d'Ephèse, réalisée selon la légende par Luc l'évangéliste. Souhaitant visiter les lieux saints, la vénérable se rendit en Palestine et mourut à Jérusalem, au monastère Saint-Théodose. Plus tard, ses reliques impérissables furent transférées à la laure des Grottes de Kiev. On connaît la *Vie hagiographique de sainte Euphrosinie*, rédigée avant l'invasion de la Russie par les Tatars en 1237. Fête le 5 juin. N° 52.

Euphrosinie de Souzdal (†1250), vénérable. Fille du prince Mikhaïl de Tchernigov, elle fut fiancée, sur l'ordre de son père, au prince Mina de Souzdal. Lorsqu'elle arriva chez son fiancé, celui-ci était décédé. La princesse prit alors le voile sous le nom d'Euphrosinie, au couvent de la Déposition-de-la-Robe-de-la-Très-Sainte-Vierge à Souzdal, où elle finit ses jours. Lorsque, en 1238, la ville de Souzdal fut pillée par Batu Khan, le couvent fut épargné, grâce à l'intercession d'Euphrosinie. En 1699, ses reliques furent découvertes impérissables et transférées à la cathédrale du couvent. Pendant longtemps, la sainte fut vénérée localement. Sa canonisation panrusse eut lieu après les conciles du milieu du XVIe siècle. Fête le 8 octobre. N° 53.

Eustache, martyr lituanien, supplicié à Vilno en 1347 avec les frères Antoine et Jean *(voir sous ce nom)*. La glorification de la mémoire des trois martyrs par toute l'Eglise a lieu le 27 avril. N° 53.

Euthyme de Novgorod (†1458), archevêque de Novgorod. Fils de prêtre, il prit l'habit à 15 ans, devint moine, puis hégoumène des monastères de Khoutyn et de la Vierge à Novgorod. En 1435, il fut élevé à la dignité d'archevêque de Novgorod. Euthyme érigea et orna plusieurs églises, contribua à l'affermissement de la principauté de Novgorod, et fut partisan de l'indépendance spirituelle et politique vis-à-vis de Moscou. Ses reliques furent découvertes impérissables; des miracles en jaillirent. Canonisé au Concile de 1547. Fête le 24 mars. N° 52.

Euthyme de Souzdal (1316-1404), vénérable, fondateur et archimandrite du monastère du Sauveur-d'Euthyme à Souzdal. Il entra en religion au monastère de Petchora à Nijni-Novgorod. En 1352, sur la demande de Boris, prince de Souzdal, il fut envoyé dans cette ville pour y fonder un monastère. Euthyme fut élevé à la dignité d'archimandrite et dirigea la communauté pendant plus de cinquante ans. Le vénérable menait une vie exemplaire d'ascèse: il s'infligeait des jeûnes et portait des chaînes à même le corps. Durant toute sa vie, il jouit de l'amour et de la vénération des habitants de la principauté. Ses reliques furent découvertes impérissables en 1507, lors de la reconstruction de la cathédrale de la Transfiguration-du-Sauveur du monastère. Canonisé pour la vénération panrusse au Concile de 1549. Fête le 14 avril et le 17 juin (invention des reliques). N° 53.

Fébronie de Mourom (†1228), la très chrétienne princesse (pour plus de détails, voir n° 30*). Fête le 8 juillet.

Féodor Iaroslavitch, prince, frère aîné d'Alexandre Nevski, fils du prince Iaroslav II Vsevolodovitch de Kiev, né en 1219, participa à la campagne contre les Mordves. En 1233, il mourut subitement. L'Eglise russe canonisa le prince Théodore après l'invention de ses reliques en 1614. Fête le 18 juin. N° 45.

Féodor Rostislavitch, le très chrétien prince de Iaroslavl et de Smolensk, surnommé le Noir (XIIIe siècle). Il fut vénéré avec ses fils Constantin et David *(voir sous ces noms)*. Fête le 18 mars (invention des reliques en 1463), le 5 juin (Synaxe des saints de Rostov et de Iaroslavl) et le 2 octobre. N°s 48*, 13-14, 52.

Georges Mégalomartyr, saint de tous les chrétiens. Prince de Cappadoce, soldat dans les armées de Dioclétien, il fut décapité en 303 à Lydda, en Palestine, pour sa profession de foi chrétienne. Le culte de Georges se répandit en Russie, de Kiev en particulier, dès la première moitié du XIe siècle, à l'époque du règne du prince Iaroslav le Sage (Georges dans le baptême). Les plus anciennes icônes russes à l'image de Georges Mégalomartyr datent du XIIe siècle. Il fut révéré en Russie comme le saint patron des princes et des généraux, qui prête assistance dans la bataille. De nombreux princes russes furent baptisés en mémoire de saint Georges, par exemple Iouri (Georges) Dolgorouki, fondateur de Moscou. En Russie, Georges Mégalomartyr fut également nommé Georges le Victorieux. Dans le calendrier orthodoxe, on le fête le 6 mai, le 16 novembre (consécration de l'église à Lydda), le 23 novembre (supplice de la roue en 303) et le 9 décembre (consécration de l'église à Kiev). N° 12.

Germain de Kazan (†1568), archevêque de Kazan, prit l'habit au monastère de Joseph à Volokolamsk. Il dirigea plusieurs monastères, dont celui de la Dormition de Sviajsk. Dès 1564, il eut la charge du diocèse de Kazan. En 1568, appelé à Moscou pour être sacré métropolite, sa candidature fut écartée par Ivan le Terrible. Il mourut à Moscou lors d'une épidémie de peste; ses reliques furent découvertes en 1595 et transférées au monastère de la Dormition à Sviajsk. Fête le 6 juillet, le 8 octobre (translation des reliques en 1595) et le 19 novembre. N° 52.

Gleb – voir Boris.

Gourias de Kazan (†1563), premier archevêque de Kazan. Dans sa jeunesse, il fut condamné à tort et passa plusieurs années en prison. Après sa libération, il décida de se retirer du monde et entra dans les ordres au monastère de Joseph à Volotsk, dont il devint l'hégoumène peu après. En 1555, après la conquête du khanat de Kazan par le tsar Ivan le Terrible, Gourias fut élevé à la dignité d'archevêque du nouveau diocèse. Il convertissait les Tatars au christianisme, fonda pour leur éducation deux monastères avec des écoles et érigea à Kazan la cathédrale de l'Annonciation. En 1595, ses reliques furent découvertes et transférées à la cathédrale. Célébré par l'Eglise dès le XVIIe siècle. Fête le 17 octobre (invention des reliques en 1595) et le 18 décembre. N° 52.

Grégoire de Pelchma (†1442), vénérable, thaumaturge de Vologda. Après être entré en religion, il rejoignit Denis de Glouchitsa au monastère, où il passa dix ans dans une cellule isolée à recopier des livres saints. En 1426, avec la bénédiction de Denis, il partit pour les terres de Vologda, fonda une communauté dans un endroit désert, sur la rivière Pelchma, et construisit une église consacrée à la Synaxe de la Mère de Dieu. C'est là qu'il vécut jusqu'à sa mort, en qualité d'hégoumène du monastère. Canonisé au Concile de 1549 pour être célébré par toute l'Eglise. Fête le 13 octobre. N° 53.

Guénnadi de Kostroma (†1565), vénérable, Lituanien de naissance. Ayant regagné les terres russes, il s'y fit moine et fonda, avec le vénérable Cornélius de Komel, une communauté à proximité de la rivière Kostroma, connue ensuite sous le nom de monastère de Guénnadi. Ses reliques impérissables furent découvertes en 1646, lors de la reconstruction de l'église de la Transfiguration du monastère. Le saint fut canonisé peu après. Fête le 5 février et le 5 juin (Synaxe des saints de Rostov et de Iaroslavl). N° 53.

Hélène de Constantinople (†327), égale aux apôtres, mère de l'empereur Constantin le Grand, sainte de tous les chrétiens. Fête le 19 mars (invention de la vraie Croix et des clous à Jérusalem en 326) et le 3 juin. N° 33.

Ignace (Jean) d'Ouglitch (†1523), le très chrétien prince, thaumaturge de Vologda. Jean (Ignace en religion) était le fils du prince André d'Ouglitch, qui fut jeté au cachot avec ses deux enfants en bas âge par Ivan III, grand-prince de Moscou. Le lieu de leur réclusion changea: de Pereïaslavl, ils furent envoyés au nord, sur le lac Beloïe, où le prince André décéda. Ses enfants Jean et Dimitri furent transférés à Vologda. Dimitri mourut peu de temps après et Jean passa plus de trente ans en prison. Il entra en religion peu avant sa mort. Sa vénération est connue dès le XVIe siècle. Fête le 1er juin et le 5 juin (Synaxe des saints de Rostov et de Iaroslavl). N° 53.

Ignace de Rostov (†1288), évêque de Rostov, archimandrite du monastère de la Théophanie à Rostov. En 1262, il fut sacré évêque et dirigea le diocèse pendant vingt-six ans. Ignace fut très respecté par les princes locaux et les réconciliait, en apaisant leurs querelles intestines. Ses reliques, illustrées par des miracles, furent placées à l'église de la Dormition de Rostov. La glorification d'Ignace par l'Eglise est connue depuis le XIVe siècle. Fête le 10 juin. N° 52.

Ignace de Sar (de Lomov) (?-1591), vénérable. Fête le 10 janvier. N° 37*.

Ignace portant en lui Dieu (†107), évêque d'Antioche, hiéromartyr, saint de tous les chrétiens. Fête le 2 janvier et le 11 février (translation des reliques en 107). N° 37*.

Isaïe de Rostov (†1090), un des premiers évêques de Rostov. Il entra en religion à la laure des Grottes de Kiev, puis se vit confier la chaire du diocèse de Rostov en 1077. Isaïe affermissait le christianisme sur les terres de Rostov et de Souzdal, où il y avait encore beaucoup de païens, en écrasant l'idolâtrie. Ses reliques furent découvertes impérissables en 1160. La vénération du saint se répandit dès le XVe siècle. Fête le 28 mai et le 5 juin (Synaxe des saints de Rostov et de Iaroslavl). N° 52.

Isidore de Rostov (†1474), bienheureux, thaumaturge de Rostov. Né en Allemagne, il fut élevé dans la religion catholique. Devenu fol en Christ, il parcourut plusieurs pays, adopta la foi orthodoxe et choisit Rostov comme lieu de résidence. Il vivait dans une masure où il priait pendant la nuit et, dans la journée, il errait dans la ville. Bon nombre de ses prophéties se réalisèrent et, lorsque les habitants de Rostov apprirent sa mort, ils l'enterrèrent près de sa masure et, avec la bénédiction de l'évêque, construisirent une église. Des miracles jaillirent des reliques du saint. Fête le 27 mai et le 5 juin (Synaxe des saints de Rostov et de Iaroslavl). N° 53.

Jacques de Borovitsk, bienheureux, thaumaturge. Il n'existe aucun renseignement sur sa vie. Selon la légende, il aurait été batelier, serait devenu fol en Christ et aurait été terrassé par la foudre. Sa *Vie hagiographique* nous apprend qu'en 1440 son corps avait été porté vers les rapides de la rivière Msta, sur un bloc de glace voguant à contre-courant. Les habitants le déposèrent sur la rive, mais le corps resta impérissable; des miracles en jaillirent. Aux environs de 1540, les reliques de Jacques furent transférées à la cathédrale du Saint-Esprit de Borovitsk. En 1657, le patriarche Nikon fit transporter une partie de ses reliques au monastère Iverski, sur le lac Valdaï. Fête le 5 novembre (translation des reliques). N° 53.

Jacques de Rostov (†1392), évêque de Rostov. Elevé à la dignité d'évêque en 1385 par le métropolite Cyprien *(voir sous ce nom)*. Peu de temps après, Jacques fut chassé du siège épiscopal par les habitants de Rostov pour avoir grâcié une femme adultère, condamnée à mort par le prince et les boyards. Il quitta la ville pour s'installer sur les bords du lac Néro, y aménageant une petite cabane. Lorsque les habitants des villages avoisinants commencèrent à venir le voir, il construisit des cellules pour la confrérie et une petite église consacrée à la Conception d'Anne, marquant ainsi le début de la création du nouveau monastère. Les habitants de Rostov, repentis, supplièrent Jacques d'accepter de nouveau le siège épiscopal, mais lui, tout en leur ayant pardonné, ne quitta pas la communauté. Il fut canonisé pour la glorification par toute l'Eglise au Concile de 1549. Fête le 10 décembre. N° 52.

Jean (†1347), martyr lituanien. Avec son frère Antoine et leur disciple Eustache, ils entrèrent au service du prince lituanien Olgherd. Antoine et Jean adoptèrent la religion chrétienne. L'ayant appris, le prince païen les fit jeter dans une geôle et les tortura personnellement, pour les forcer à abjurer leur foi. Ayant échoué, il ordonna, à l'instigation des prêtres, de les mettre à mort. Après Antoine et Jean, ce fut au tour d'Eustache d'être torturé et exécuté. La glorification par l'Eglise de la mémoire des trois martyrs, établie sous le métropolite Alexis (1345-1378), a lieu le 27 avril. N° 53.

Jean d'Oustioug (†1494), bienheureux (pour plus de détails, voir n° 20*). Fête le 11 juin.

Jean Damascène († vers 753), vénérable, saint de tous les chrétiens, Syrien, docteur de l'Eglise, adversaire des iconoclastes, fervent défenseur de l'iconolâtrie, auteur de plusieurs ouvrages contre l'hérésie. Soupçonné de trahison, il eut la main droite coupée, mais, après avoir prié devant l'icône de la Vierge, il fut guéri par la Mère de Dieu. Auteur de l'hymne glorifiant la Vierge «Nous te célébrons, nous t'exaltons…». L'Eglise orthodoxe russe le surnomme «saint Jean l'Hymnographe», et les Russes lui adressent leurs prières, sollicitant la protection des chantres, l'assistance pour les chants liturgiques et les lectures. Fête le 17 décembre. N° 34.

Jean de Moscou et de Rostov, le Grand Bonnet (†1589), bienheureux. Il devait son surnom à son habitude de porter en permanence un lourd bonnet de fer et des chaînes à même le corps. Invention des reliques en 1672. Fête le 16 juillet. N° 27*.

Jean de Novgorod (†1186), vénérable, archevêque (pour plus de détails, voir n° 16*). Fête le 20 septembre. N°s 16*, 12*, 7, 47, 52.

Jean le martyr de Petchora, vénérable. On connaît peu de choses sur sa vie, mais on suppose qu'il serait mort vers 1160. Il se glorifia par sa vie d'ascète, faite de mortifications de la chair: durant trente ans, il vécut dans une caverne avec le vénérable Antoine *(voir sous ce nom)*, passant des jours et des nuits en prière devant son cercueil; il portait de lourdes chaînes, s'enfouissant dans la terre jusqu'aux épaules. Les reliques de Jean restèrent impérissables. Fête le 31 juillet et le 11 octobre (Synaxe des saints des Grottes de Kiev). N° 53.

Jonas de Novgorod (†1471), archevêque de Novgorod. Il prit l'habit au monastère d'Oten près de Novgorod. Après le décès de l'archimandrite Chariton, il en devint l'hégoumène. En 1458, il fut élevé à la dignité d'archevêque de Novgorod et de Pskov. Sur son ordre, plusieurs églises en bois et en pierre furent construites à Novgorod. Fête le 18 novembre. N° 52.

Jonas de Perm (†1470). Il fut élevé à la dignité d'évêque de Perm après l'assassinat par des païens du précédent hiérarque. Jonas entreprit de convertir au christianisme les tribus faisant partie du Grand Perm, et la campagne de conquête des troupes du grand-prince de Moscou de 1458 favorisa le succès de son action. Jonas est vénéré en tant que civilisateur des peuples de Perm. Fête le 11 février. N° 53.

Jonas (†1461), métropolite de Moscou et de toutes les Russies. Adolescent, il prit l'habit dans une communauté de Galitch, puis rejoignit le monastère de Siméon à Moscou. En 1437, il fut élevé à la dignité d'évêque de Riazan. Très rapidement, le Concile des hiérarques russes élut Jonas métropolite de Moscou et de toutes les Russies, mais sa confirmation définitive n'eut lieu qu'en 1449. Etant le chef de l'Eglise pendant la période des luttes acharnées pour le titre de grand-prince, Jonas devint en fait le premier personnage de l'Etat, dirigeant le pays tout en défendant son unité. Les reliques du saint, découvertes en 1472, furent placées dans l'église de la Dormition de Moscou. Canonisé par le Concile de 1547. Fête le 13 avril, le 9 juin (translation des reliques en 1472), le 28 juin et le 18 octobre. N° 52.

Joseph de Volotsk (1439/40-1515), vénérable, fondateur et hégoumène du monastère de Volokolamsk, théologien et prêcheur, homme de lettres et homme d'église éminent. En 1459, le vénérable Paphnuce de Borovsk *(voir sous ce nom)* le fit moine, et Joseph vécut près de vingt ans dans sa communauté. En 1479, il fonda un nouveau monastère près de Volokolamsk, y introduisant des règles extrêmement strictes. Lorsque, dans les années 1470, l'hérésie des «judaïsants» apparut à Novgorod, trouvant des sympathisants à Moscou même, Joseph conduisit la lutte contre cette secte et réussit à obtenir la condamnation et l'exécution de plusieurs hérétiques. Canonisé en 1579. Fête le 22 septembre et le 31 octobre. N° 52.

Le très chrétien Gueorgui Vsevolodovitch (1188 ou 1189-1238), grand-prince de Vladimir (pour plus de détails, voir n° 25*). Fête le 17 février.

Le tsarévitch Dimitri (1582-1591), dans les écrits de l'Eglise, est également appelé le très chrétien prince d'Ouglitch, de Moscou et de toutes les Russies, le Thaumaturge. Fils d'Ivan le Terrible et de Maria Feodorovna Nagaïa. Le tsar donna en apanage à son fils puîné la ville d'Ouglitch «[...] grande et peuplée, spacieuse et glorieuse...». C'est là que furent envoyés Dimitri et sa mère après la mort du tsar Ivan, par crainte d'émeutes (non sans fondement, comme le montra l'histoire). Sur l'ordre du frère aîné, le nouveau tsar Fédor Ioannovitch, une cérémonie solennelle d'adieux, avec tous les fastes dus à son rang, fut organisée pour le départ de Dimitri de Moscou. En 1591, le tsarévitch disparut à l'âge de 9 ans. Sa mort reste toujours une énigme pour les historiens. Selon la version la plus répandue, il aurait été assassiné, et ce crime fut associé au nom du tsar Boris Godounov, qui pouvait voir dans le dernier descendant des Riourikides un rival dangereux, capable de compromettre ses chances de monter sur le trône. Le tsarévitch Dimitri fut canonisé en 1606, à l'époque des troubles dans l'histoire de l'Etat russe, lorsque des imposteurs usurpèrent le nom de Dimitri pour justifier leurs prétentions au trône (le Premier Faux Dimitri et le Second Faux Dimitri). Un manuscrit rédigé par Dimitri de Rostov, relatant les circonstances de la mort tragique du tsarévitch et les miracles jaillissant de ses reliques, fut conservé dans l'église de la Transfiguration d'Ouglitch. La châsse contenant ses reliques fut placée d'abord dans la même église, puis transportée à l'église des Archanges du Kremlin de Moscou. Fête le 28 mai (jour du décès), le 5 juin (Synaxe des saints de Rostov et de Iaroslavl) et le 16 juin (translation des reliques en 1606). N°s 17*, 26*.

Léonce de Rostov, évêque de Rostov. Les renseignements sur sa vie sont laconiques et contradictoires. D'origine grecque, il vécut au XIe siècle et fut probablement le premier des moines de la laure des Grottes de Kiev à être sacré évêque. Arrivé à Rostov pour prêcher la religion chrétienne, Léonce fut confronté à une résistance acharnée des païens; il fut battu, torturé et faillit même être exécuté. Mais son caractère paisible et son respect des préceptes moraux surent convaincre plusieurs idolâtres d'accepter le baptême. En 1164, ses reliques furent découvertes impérissables et transférées à la cathédrale de Rostov. Sa vénération est connue depuis le XIVe siècle. Fête le 5 juin (invention des reliques en 1164 et Synaxe des saints de Rostov et de Iaroslavl). N° 52.

Macaire de Jeltovodsk et d'Ounjen (1349-1444), vénérable, originaire de Nijni-Novgorod. Son nom avant la prononciation des vœux nous est inconnu (il reçut le nom de Macaire lors de son entrée en religion). Fondateur de plusieurs monastères, dont deux parmi les plus célèbres – de la Trinité de Jeltovodsk et de la Trinité d'Ounjen –, il fut inhumé dans ce dernier. Le monastère de Jeltovodsk fut particulièrement populaire: dès le XVIIe siècle et jusqu'au XIXe, la foire de Saint-Macaire se déroulait tous les ans dans ses murs. Macaire fut extrêmement vénéré par les habitants de Nijni-Novgorod et de Galitch dès le XVIe siècle. D'après les informations que nous possédons, des églises et des monastères furent érigés en son honneur. Selon la légende, Michel Fedorovitch, premier tsar de la dynastie des Romanov, accompagné de sa mère, la religieuse Marthe, aurait effectué, sur l'insistance de son père, le patriarche Filarète, des pèlerinages au monastère du Macaire d'Ounjen. A l'initiative de Filarète, le monastère de Jeltovodsk, pillé par les Tatars en 1439, du vivant de Macaire, fut également réhabilité (après quoi le nonagénaire fut obligé de se retirer dans les forêts de Kostroma, sur la rivière d'Ounja). Canonisé en 1619. Fête le 7 août. N°s 38*, 49*, 52.

Macaire de Kaliazine (†1483), vénérable, fondateur du monastère de Kaliazine. Après la mort de ses parents et de son épouse, il se retira au monastère Saint-Nicolas de Kachine, où il entra en religion. Peu de temps après, il choisit, avec sept religieux, un endroit isolé pour y fonder un monastère consacré à la Sainte Trinité, et dont il fut l'hégoumène jusqu'à sa mort. L'appellation «de Kaliazine» est due à un certain Ivan Kaliaga, qui possédait les terres environnantes. Tout d'abord, il fit obstacle à la construction du nouveau monastère, puis il se repentit et devint moine. En 1521, les reliques impérissables du vénérable Macaire, transférées à la cathédrale de la communauté, furent découvertes. Canonisé au Concile de 1547. Fête le 30 mai et le 8 juin (invention des reliques). N° 53.

Marc des Grottes (fin XIe siècle), vénérable, moine de la laure des Grottes de Kiev. Sa *Vie hagiographique* fait partie du *Recueil de vies des saints de la laure des Grottes de Kiev*. Fête le 11 janvier et le 11 octobre (Synaxe des saints des Grottes de Kiev). N° 52.

Marie la princesse (†1300), sainte de Pskov, épouse du prince Dovmont. Après le décès de son mari, elle prit le voile sous le nom de Marthe, au couvent Saint-Jean-le-Précurseur à Pskov, où elle fut inhumée et où sa fête est célébrée le 21 novembre. N° 15*.

Maxime de Moscou, bienheureux (pour plus de détails, voir n° 50*). Fête le 26 août (invention des reliques en 1547) et le 24 novembre.

Maxime le Grec (vers 1470-1556), vénérable (pour plus de détails, voir n° 36*). Fête le 3 février et le 4 juin (invention des reliques en 1996).

Mercure de Smolensk (†1237), martyr, guerrier supplicié lors du siège de Smolensk par les troupes de Batu Khan. Selon la légende, il aurait entendu une voix émanant de l'icône miraculeuse de la Vierge Hodigitria, qui lui aurait ordonné d'affronter le plus fort des guerriers tatars. Mercure remporta ce combat singulier puis, pendant la nuit, tua une multitude d'ennemis. Mais lorsqu'il s'assoupit, épuisé, un guerrier tatar le décapita. Batu Khan fut obligé de battre en retraite, et les habitants de Smolensk, reconnaissants, inhumèrent le corps de Mercure dans la cathédrale de la Vierge. La canonisation du saint fut proclamée au Concile de 1549. Fête le 7 décembre. N° 53.

Mikhaïl de Klopsk (†1453/56), vénérable, fol en Christ, thaumaturge de Novgorod. Fils de nobles, il devint fol en Christ, puis se rendit au monastère de Klopsk, près de Novgorod, pour y entrer en religion. Peu après, les moines de la communauté commencèrent à le considérer comme un saint. Les nobles origines de Mikhaïl furent révélées lorsque le prince Constantin, frère du grand-prince de Moscou Basile Ier, visita le monastère et reconnut en lui son proche parent mystérieusement disparu. Selon la légende, le vénérable aurait prédit la chute de la principauté indépendante de Novgorod et sa soumission à Moscou. Mikhaïl passa au monastère plus de quarante ans et fut inhumé dans son église. Canonisé par le Concile de 1547. Fête le 24 janvier. N° 53.

Mikhaïl de Mourom (†1192), le très chrétien prince, thaumaturge. Fils du prince Constantin Sviatoslavitch, civilisateur de Mourom *(voir sous ce nom)*, tué lors du siège de la ville. Canonisé par le Concile de 1547, avec Constantin et Théodore, en tant que saint révéré localement. Fête le 3 juin. N° 53.

Mikhaïl de Tchernigov (†1245/46), le très chrétien prince, martyr et confesseur. Il fut prince de Tchernigov, mais régna également à Novgorod, conquit Galitch et prit plusieurs fois la ville de Kiev. Lors du recensement de la population de Tchernigov par des dignitaires du khan, ayant pour objectif l'imposition du tribut au peuple, il fut convoqué à la Horde d'Or, sur l'ordre de Batu Khan. Arrivé sur place, refusant catégoriquement d'observer les rites païens – s'incliner devant le feu sacré et les idôles –, le prince fut torturé et exécuté avec son serviteur, le boyard Fédor. Leurs corps furent inhumés à Tchernigov et, en 1578, leurs reliques transférées à la cathédrale des Archanges du Kremlin de Moscou. Leur vénération est connue dès le XIVe siècle. Fête le 27 février (translation des reliques) et le 3 octobre. N°s 13-14, 52.

Mikhaïl de Tver – voir Mikhaïl Iaroslavitch (Michel de Tver).

Mikhaïl Iaroslavitch (Michel de Tver) (1271-1318), prince de Tver (pour plus de détails, voir n° 29*). Fête le 5 novembre.

Moïse de Novgorod (†1362), archevêque de Novgorod. Il entra en religion au monastère d'Otrotch à Tver, fut ensuite archimandrite du monastère de Iouri à Novgorod. En 1325, Moïse fut élevé à la dignité d'archevêque de Novgorod par Pierre, métropolite de Moscou. Il se retira au monastère quelques années plus tard, mais, en 1352, il fut de nouveau appelé à exercer la fonction d'archevêque. Il fonda plusieurs monastères, veilla à la propagation de l'éducation spirituelle, entretint à ses frais des scribes dont la tâche était la transcription de livres. Peu avant sa mort, il se retira au monastère de Skovoroda qu'il avait fondé, où ses reliques furent découvertes en 1686. Sa glorification liturgique est connue dès le XVIIe siècle. Fête le 7 février. N° 52.

Moïse Ougrine (†1043), vénérable. Dans sa jeunesse, il fut l'un des compagnons d'armes du saint prince Boris. En 1018, lors de la prise de Kiev par Boleslas Ier, roi de Pologne, il fut fait prisonnier et envoyé en Pologne. Sur l'ordre d'une noble Polonaise qui tenta en vain de le séduire, Moïse fut châtré. Revenu à Kiev, il entra en religion à la laure des Grottes, où il mourut. Fête le 8 août et le 11 octobre (Synaxe des saints des Grottes de Kiev). N° 52.

Nicétas de Novgorod, ermite à la laure des Grottes de Kiev, dès 1096 évêque de Novgorod. Il s'illustra de son vivant comme faiseur de miracles. Il mourut en 1108 à Novgorod et fut inhumé à la cathédrale Sainte-Sophie, où ses reliques furent découvertes. Son image sur l'icône *Les Saints élus* de 1560 est probablement l'une de ses premières représentations iconographiques. Nicétas de Novgorod fut vénéré comme le saint patron des guerriers. Lorsque, en 1563, le tsar Ivan IV le Terrible entreprit la conquête de Polotsk, l'archevêque de Novgorod Pimen lui envoya une missive dans laquelle il appelait différents saints, dont «le thaumaturge Nicétas nouvellement apparu», à aider les armées russes. Canonisé en 1547. Fête le 13 février (invention des reliques en 1558) et le 27 mai. N°s 12*, 52.

Nicétas de Pereïaslavl (†1186), vénérable, stylite (pour plus de détails, voir n° 42*). Fête le 5 juin (Synaxe des saints de Rostov et de Iaroslavl).

Nicolas de Myra (†345), hiérarque, archevêque, grand saint chrétien. En Russie, la vénération de Nicolas fut largement répandue dès le XIe siècle. Les Russes vénèrent ce saint «diligent en aide», «égal aux apôtres», sollicitent sa protection lorsqu'ils entreprennent un long et périlleux voyage, surtout en bateau. Dès la fin du XIe siècle, l'Eglise orthodoxe russe instaure le 22 mai une fête spéciale en souvenir de la translation des reliques du saint (de Myra en Lycie à Bari), sa seconde fête étant célébrée le 19 décembre (jour du décès). N°s 12*, 22.

Nicolas Kotchanov (†1392), fol en Christ, habitant de Novgorod. Il faisait le fou à Novgorod, dans le quartier de Sainte-Sophie, et ne se hasardait jamais dans le quartier marchand, car c'était le «territoire» de Théodore, autre fol en Christ de la ville. Les «batailles» de divertissement qu'organisaient les fous de Novgorod sur le pont Volkhov parodiaient la rivalité qui existait entre les différents quartiers de la ville, et servaient à appeler à l'unité les habitants. Lors d'une de ces «batailles», Nicolas passa du quartier marchand à celui de Sainte-Sophie en «marchant sur les eaux». Fête le 9 août. N° 52.

Nikon de Radonège (†1426), vénérable (pour plus de détails, voir n° 39*). Fête le 30 novembre.

Nil des Stolby (†1554), vénérable (pour plus de détails, voir n° 44*). Fête le 9 juin (invention des reliques en 1667) et le 20 décembre. N°s 44*, 51*.

Niphont de Novgorod (†1157), évêque de Novgorod. Originaire de Kiev, c'est dans cette ville qu'il prit l'habit, à la laure des Grottes. En 1131, il fut élevé à la dignité d'archevêque de Novgorod et de Pskov. En 1147, il refusa de reconnaître le métropolite Clément, sacré sans la bénédiction du patriarche de Constantinople, et fut enfermé au monastère de Petchora par Iziaslav Mstislavovitch, prince de Kiev (libéré par son successeur Gueorgui Vladimirovitch, qui avait également restitué à Niphont le diocèse de Novgorod). Sur l'ordre de Niphont, plusieurs églises en bois et en pierre furent érigées à Novgorod. Fête le 21 avril et le 11 octobre (Synaxe des saints des Grottes de Kiev). N° 52.

Olga (†969), la très chrétienne princesse. Elle fut vénérée en Russie comme régente sage et première princesse chrétienne. Selon la légende, elle aurait été amenée de Pskov pour épouser le grand-prince Igor. Après l'assassinat de ce dernier en 945, elle devint régente du pays et se vengea cruellement de la tribu des Drevlianes, responsables de la mort de son époux. Conformément aux premières chroniques manuscrites russes, datées du début du XIIe siècle, Olga se fit baptiser sous le nom d'Hélène, à Constantinople, en 955. A la fin du Xe siècle ou au début du XIe, ses reliques impérissables furent découvertes sous le règne du prince Vladimir, qui christianisa la Russie. La célébration liturgique d'Olga est connue dès le XIVe siècle. Fête le 24 juillet. N° 52.

Paissios de Galitch (†1460), vénérable, archimandrite du monastère de la Dormition de Paissios situé près de la ville de Galitch. Dans cette communauté, on pouvait admirer l'icône trouvée miraculeusement de la Dormition de la Vierge, devenue célèbre par les miracles qui en jaillirent. Il est notoire que Paissios s'était rendu à Moscou vers le milieu du XVe siècle, avec une copie de l'icône, pour demander au grand-prince d'accorder sa protection au monastère. Il fut reçu avec tous les honneurs dus à son rang et obtint une lettre d'investiture contenant une promesse de protection de la communauté contre toutes attaques. Après la mort de Paissios, le monastère fut rebaptisé en son honneur. On connaît la *Vie hagiographique* du saint écrite au XVIIe siècle. Fête le 5 juin. N° 53.

Paphnuce de Borovsk (†1478), vénérable, fondateur du monastère de Paphnuce à Borovsk. Entré en religion, il devint hégoumène du monastère de l'Intercession de Vyssotsk, dans la ville de Borovsk. Peu après, devenu moine de stricte obédience, Paphnuce s'installa dans les environs, ayant choisi un endroit désert. En 1444, avec la bénédiction du métropolite Jonas, il y fonda le monastère consacré à la Nativité de la Vierge, qui plus tard portera son nom. Canonisé au Concile de 1547. Fête le 14 mai. N° 52.

Parascève (IIIe siècle), mégalomartyre, sainte de tous les chrétiens. Née un vendredi (d'où son nom), elle fit vœu de chasteté et mourut en martyre, ayant consacré sa vie aux missions religieuses. En Russie, elle fut vénérée comme la sainte patronne du commerce (les foires du vendredi furent très populaires dans l'ancienne Russie) et de l'eau: selon la légende, si son image apparaissait dans un puits ou une rivière, son eau devenait bienfaisante (c'est pourquoi on plaçait souvent ses icônes près des sources). Le peuple adressait ses prières à Parascève en demandant la préservation du cheptel, la guérison des maladies et la protection de la famille. Fête le 10 novembre. N° 33.

Parascève de Polotsk, vénérable. Dans le calendrier ecclésiastique russe, on ne connaît qu'une seule sainte nommée Parascève, la princesse de Polotsk, mais elle n'y est citée que très rarement. D'après des sources polonaises, elle fonda à Polotsk le couvent de la Transfiguration, vécut ensuite sept années à Rome, mourut en 1239 et fut canonisée en 1273. La majorité des chercheurs russes considèrent que la princesse Parascève de Polotsk n'a jamais existé; ce nom aurait été attribué à la vénérable Euphrosinie de Polotsk, qui vécut à la même époque *(voir sous ce nom)*. N° 52.

Paul de Komel (d'Obnorsk) (1317-1429), vénérable. Après être entré en religion, il alla au monastère de Serge de Radonège *(voir sous ce nom)* et devint son disciple spirituel. Avec la bénédiction de Serge, il s'installa loin de la communauté et passa quinze ans dans son ermitage, après quoi il se retira dans la forêt de Komel et vécut trois ans dans un creux d'arbre. Le vénérable partit ensuite pour les terres d'Obnorsk et s'installa dans une cellule sur la montagne. En 1414, avec la bénédiction du métropolite Photius, il fonda à proximité le monastère de la Trinité d'Obnorsk, tout en restant sur la montagne, abîmé dans ses prières solitaires. Il mourut dans sa 112e année et fut inhumé dans son monastère. Ses reliques impérissables furent découvertes en 1546. Canonisé au Concile de 1547. Fête le 23 janvier. N° 53.

Philippe (1507-1569), métropolite de Moscou et de toutes les Russies. En 1537, il prit l'habit au monastère des Solovki, en devenant par la suite l'hégoumène. En 1566, le tsar Ivan le Terrible, à l'époque tristement célèbre pour avoir exécuté de nombreux représentants de la grande noblesse, fit venir Philippe à Moscou pour l'élever à la dignité de métropolite. Après le sacre, Philippe, ne supportant pas les effusions de sang, montra de la réprobation face aux agissements du tsar. Ce dernier proféra d'abord des menaces puis, après avoir organisé une fausse dénonciation, obtint un jugement privant Philippe de la chaire de métropolite. Incarcéré d'abord dans un monastère de Moscou, exilé ensuite à celui d'Otrotch à Tver, il y fut étranglé par Maliouta Skouratov, favori du tsar. Les reliques du saint furent transférées en 1591 au monastère des Solovki et, en 1652, à la cathédrale de la Dormition-de-la-Vierge du Kremlin de Moscou. La vénération liturgique du saint est connue dès la première moitié du XVIIe siècle. Fête le 22 janvier et le 16 juillet (translation des reliques en 1652). N° 52.

Photius (†1431), métropolite de Moscou et de toutes les Russies. D'origine grecque, il entra en religion dans sa jeunesse, devint ensuite métropolite de Monemvasia et fut ordonné à la chaire de métropolite russe par Matthias, patriarche de Constantinople. En 1410, Photius arriva à Moscou. Durant toutes les années de son ministère, il fut l'intermédiaire spirituel des princes qui se livraient à d'incessantes querelles; il est l'auteur de plusieurs sermons adressés aux princes, ecclésiastiques, moines et laïques. Les reliques de Photius, qui se trouvaient à la cathédrale de la Dormition-de-la-Vierge du Kremlin de Moscou, furent découvertes en 1472. Sa glorification liturgique panrusse se répand dès le début du XVIIe siècle, mais sa vénération locale est connue bien avant cette date. Fête le 9 juin (translation des reliques en 1472) et le 15 juillet. N° 52.

Pierre de Mourom (†1228), le très chrétien prince (pour plus de détails, voir nº 30). Fête le 8 juillet.

Pierre le Tsarévitch Ordynski (†1290), vénérable. Il fut un tsarévitch tatar, mais, ayant entendu les enseignements du christianisme, il partit en secret pour Rostov s'y faire baptiser. Peu de temps après, Pierre y construisit une église consacrée aux apôtres Pierre et Paul, et fonda un monastère auprès de cette dernière. Obéissant aux souhaits du prince et de l'évêque de Rostov, il se maria, mais prit l'habit après le décès de son épouse. Il fut inhumé dans la communauté qu'il avait fondée. La glorification liturgique du saint est connue dès le XVIe siècle. Fête le 5 juin (Synaxe des saints de Rostov et de Iaroslavl) et le 13 juillet. Nº 53.

Pierre (†1326), métropolite de Moscou et de toutes les Russies. Originaire de Volyn, au sud de la Russie, il fut sacré métropolite de toutes les Russies en 1308. Il soutenait les princes de Moscou dans leur lutte intestine contre Tver, ces deux principautés prétendant à la primauté sur les autres seigneuries russes. En 1324, il déplaça sa résidence de Vladimir à Moscou et y fonda la cathédrale de la Dormition, ce qui contribua à affermir la position de la principauté de Moscou. Il fut inhumé dans cette cathédrale; sa glorification par toute l'Eglise commença dès son décès. Fête le 3 janvier et le 6 septembre (translation des reliques en 1479). Nos 33, 52.

Procope d'Oustioug (†1303), bienheureux (pour plus de détails, voir nº 20). Fête le 21 juillet. Nos 20*, 33, 52.

Romain d'Ouglitch (†1285), le très chrétien prince. Dès 1249, il fut le prince de la ville d'Ouglitch, mourut sans descendance et fut inhumé dans l'église de la Transfiguration. En 1486, lors de la reconstruction de la cathédrale, ses reliques impérissables furent découvertes, examinées en 1596 sur l'ordre de Job, premier patriarche russe. La glorification du saint par l'Eglise est connue dès le début du XVIe siècle. Fête le 16 février et le 5 juin (Synaxe des saints de Rostov et de Iaroslavl). Nº 53.

Sabbas de Storoji (†1406), vénérable. Saint Serge de Radonège *(voir sous ce nom)* lui fit prendre l'habit et devint son père spirituel. Durant un certain temps, Sabbas fut hégoumène de la communauté du vénérable. Puis il se retira dans un lieu désert sur la Moskova et y vécut en ermite. Ayant entendu parler de Sabbas, le prince de Zvenigorod Gueorgui Dmitrievitch le choisit comme confesseur et le supplia de construire au lieu dit «Storoji», près de Zvenigorod, une église consacrée à la Nativité de la Vierge. Autour d'elle se constitua un monastère dont le vénérable fut l'hégoumène pendant trente ans. En 1682, ses reliques impérissables furent découvertes dans la communauté de Sabbas de Storoji qu'il avait fondée. Canonisé au Concile de 1547. Fête le 1er janvier (invention des reliques) et le 16 décembre. Nº 53.

Sabbatius des Solovki (†1435), vénérable, premier moine du monastère des Solovki. Fête le 21 août (translation des reliques en 1566 et 1992) et le 10 octobre. Nos 22*, 51*, 12, 33.

Sérapion de Novgorod (†1516), archevêque de Novgorod. Il entra en religion au monastère de la Dormition de Doubna, et fut élu hégoumène de la laure de la Trinité-Saint-Serge en 1493. En 1506, sur l'ordre du grand-prince Vassili III, il fut élevé à la dignité d'archevêque de Novgorod et de Pskov. Séparé de ses ouailles en 1509 par le métropolite de Moscou, Sérapion se retira au monastère du Sauveur-d'Andronic à Moscou; il vécut ensuite à la laure de la Trinité-Saint-Serge. Fête le 29 mars. Nº 52.

Serge d'Obnorsk (de Nourma) (†1412), vénérable. D'origine grecque, venant du mont Athos, il se rendit à la communauté de Serge de Radonège *(voir sous ce nom)* et devint son disciple spirituel. Aspirant à une vie d'ermite, il se retira dans les terres d'Obnorsk et s'installa non loin de Paul d'Obnorsk, sur les rives de la Nourma. Peu à peu, une quarantaine de frères le rejoignirent. Il fonda alors un monastère consacré à la Transfiguration, connu sous le nom du Sauveur-de-Nourma, dans lequel il fut inhumé. Canonisé à la fin du XVIe siècle. Fête le 20 octobre. Nº 53.

Serge de Radonège (vers 1314-1392), vénérable, le plus grand saint de la Russie, fondateur de monastères cénobitiques. Sa vénération commença peu après l'invention de ses reliques en 1422; il fut canonisé en 1452. Serge (Barthélemy avant la prononciation des vœux) naquit à Varinitsa, domaine familial situé dans la région de Rostov-le-Grand. Ses parents, de nobles boyards, furent ruinés et obligés de s'installer à Radonège, petite ville des environs de Moscou. Après leur mort, le vénérable se retira au monastère de l'Intercession-de-la-Vierge à Khotkov. Ensuite, en quête de la solitude nécessaire à la prière, il s'éloigna encore plus du monde pour vivre dans la forêt. Son exemple suscita un nombre extraordinaire de vocations monastiques, des ascètes affluèrent vers lui, et le vénérable fonda alors le monastère de la Trinité, devenu plus tard la célébrissime laure de la Trinité-Saint-Serge. Ayant pris l'habit sous le nom de Serge, il en devint l'hégoumène dès 1354. Soucieux du renforcement de la principauté de Moscou, le vénérable Serge, conseiller des princes, savait par ses paroles douces et tranquilles apaiser l'hostilité et réconcilier les ennemis. Grâce à lui, les princes russes se réunirent sous la bannière de Dimitri Donskoï et remportèrent en 1380 la victoire de Koulikovo sur les troupes de la Horde d'Or. Le vénérable Serge fonda plusieurs monastères aux environs de Moscou; ses disciples et adeptes en fondèrent près d'une quarantaine dans la Russie du Nord-Est. La première *Vie hagiographique du vénérable Serge* et son *Panégyrique* furent rédigés en 1417-1418 par son disciple Epiphane le Sage, célèbre écrivain de l'ancienne Russie; ensuite, ces textes furent remaniés pour devenir l'office religieux complet. Au milieu du XVe siècle, le Serbe Pacôme Logophète y ajouta des miracles posthumes accomplis par le saint. L'iconographie du vénérable Serge se forma au début du XVe siècle. Sa vie en images, créée d'après des sources littéraires, est connue dès le milieu du XVe siècle sous forme de fresques, d'icônes, de miniatures et de broderies. Fête le 18 juillet (invention des reliques en 1422) et le 8 octobre (jour du décès en 1392). N°s 9*, 10*, 12, 13-14, 34.

Siméon de Verkhotourié ou de Merkouchino (?-1642), juste (pour plus de détails, voir n° 54*). Fête le 25 septembre (translation des reliques en 1704) et le 31 décembre (glorification en 1694).

Siméon Stylite d'Antioche (†459), archimandrite, saint de tous les chrétiens. Ayant renoncé à toutes les joies terrestres, il chercha durant toute sa vie un lieu solitaire pour prier. Dans ce but, il érigea une colonne de quatre mètres sur laquelle il passa quarante-sept ans. De nombreux païens furent convertis au christianisme par Siméon. Les Russes lui adressaient leurs prières, sollicitant le retour à l'Eglise de ceux qui s'en détournèrent à la suite des menées du Diable. Fête le 14 septembre (d'après le calendrier orthodoxe, c'est le 1er septembre, le Nouvel-An ecclésiastique). N° 33.

Stéphane de Perm (†1395/96), premier évêque du Grand Perm. Dans sa jeunesse, il apprit des langues orientales et la théologie, prit l'habit, puis décida de rejoindre Perm pour convertir ses habitants au christianisme. En 1375, il inventa l'alphabet de la langue permienne, grâce auquel il put traduire les principaux livres de l'Eglise. Les païens locaux, l'ayant accueilli avec méfiance, commencèrent peu à peu à se faire baptiser. Lorsque le nombre des néoconvertis devint suffisamment important, Stéphane érigea la première église de l'Annonciation. Afin de prouver la supériorité de la religion chrétienne, il se mit à briser les idôles et même vainquit, dans un face-à-face spirituel, le mage local Pam. En 1387, le nouveau diocèse de Perm fut fondé; plusieurs églises y furent bâties, des écoles ecclésiastiques et un monastère virent le jour grâce à Stéphane. Canonisé au Concile de 1549. Fête le 9 mai. N° 53.

Théoctiste de Novgorod (†1310), archevêque de Novgorod. Hégoumène du monastère de l'Annonciation de Novgorod, il fut élevé à la dignité d'archevêque de Novgorod et de Pskov en 1300. Durant les dernières années de sa vie (1308-1310), il vécut au monastère de l'Annonciation, en respectant le vœu de silence. Fête le 5 janvier (jour du décès en 1310) et le 5 février (translation des reliques en 1786). N° 52.

Théodore de Mourom (XIIe siècle), le très chrétien prince, thaumaturge. Fils du prince Constantin Sviatoslavitch, civilisateur de Mourom *(voir sous ce nom)*. Canonisé par le Concile de 1547 avec Constantin et Mikhaïl, en tant que saint révéré localement. Fête le 3 juin. N° 53.

Théodore de Rostov (†1394), premier archevêque de Rostov. Fils de Stéphane, frère aîné du vénérable Serge de Radonège *(voir sous ce nom)*. Devenu fils spirituel de Serge, il prit l'habit, puis devint prêtre. Plus tard, quand Théodore voulut fonder son propre monastère, il choisit un endroit sur les rives de la Moskova. L'aménagement du monastère fut reporté jusqu'à son retour de Constantinople, où il s'était rendu en 1381 pour discuter de problèmes religieux, à la demande du grand-prince Dimitri Donskoï. Celui-ci avait choisi Théodore comme confesseur. Elevé à la dignité d'archimandrite par le patriarche, il s'occupa dès son retour des affaires du monastère qui, désormais, portait le nom de Saint-Siméon. Dans les années 1389-1390, Théodore se rendit encore une fois à Constantinople et y fut élevé à la dignité d'archevêque de Rostov. Ayant dirigé son diocèse pour une courte période, il fut inhumé dans la cathédrale de Rostov. La vénération liturgique du saint est connue dès le XVIe siècle. Fête le 11 décembre. N° 52.

Théodore Stratilate d'Hêraklion (†319), hiéromartyr, saint grec. Il fut chef de l'armée (c'est-à-dire stratilate), vivant à l'époque des persécutions des chrétiens par l'empereur Dioclétien et son cogouverneur Licinius. Pour avoir propagé la foi chrétienne parmi les païens, Théodore fut soumis à d'atroces tortures et crucifié. Mais, la nuit tombée, un ange fit descendre saint Théodore de la croix et guérit ses blessures. Grâce à ce miracle, plusieurs païens épousèrent la foi chrétienne. Licinius ordonna alors de décapiter saint Théodore. Fête le 21 février et le 21 juin. N° 33.

Théodore, boyard de Tchernigov, martyr et confesseur, assassiné par les Tatars en 1245 avec son seigneur, le prince Mikhaïl de Tchernigov *(voir sous ce nom)*. Sa vénération est connue dès le XIVe siècle. Fête le 27 février (translation des reliques en 1578) et le 3 octobre. N°s 13-14.

Théodose de Petchora (†1074), vénérable, l'un des fondateurs de la laure des Grottes de Kiev. Dans sa jeunesse, ayant quitté secrètement la maison de ses parents, il rejoignit le vénérable Antoine de Petchora *(voir sous ce nom)* dans les catacombes, fut accueilli par ce dernier et prit l'habit. Plus tard, Théodose fut ordonné prêtre et élu hégoumène de la laure des Grottes de Kiev, où il restera jusqu'à la fin de ses jours. De son vivant, il fut adoré et vénéré par les moines de son monastère, mais aussi par ceux de Kiev et de toute la Russie du Sud. En 1091, ses reliques impérissables furent découvertes, puis transférées à l'église de la Dormition-de-la-Vierge du monastère, achevée après la mort de Théodose, ce qui témoigne de la vénération locale du saint qui existait déjà à cette époque. Canonisé en 1108. Fête le 16 mai et le 27 août (translation des reliques en 1091). N° 43*.

Théognost (†1353), métropolite de Kiev et de toutes les Russies. D'origine grecque, il arriva en Russie en 1328, juste après son sacre par le patriarche de Constantinople. Il savait trancher les litiges opposant les villes russes aux diocèses, faisant parfois preuve de dureté et soumettant à sa volonté les parties hostiles. Lors du voyage, extrêmement pénible, de 1342 dans la Horde, Théognost réussit à obtenir du khan Djanibek la confirmation des privilèges de l'Eglise dans la levée du tribut. Grâce à ses efforts, la nouvelle traduction en russe de l'euchologe, un des principaux livres liturgiques, fut réalisée. En 1471, ses reliques furent découvertes impérissables dans la cathédrale de la Dormition-de-la-Vierge du Kremlin de Moscou. Canonisé dans la seconde moitié du XVIIe siècle. Fête le 27 mars. N° 53.

Varus († vers 307), saint grec, guerrier, mort en martyr pour la foi chrétienne. Fête le 1er novembre. N° 31*.

Vassa de Pskov (†1473), vénérable, épouse de Jona, bâtisseur du monastère de Pskov et de Petchora. Devenue veuve, elle finit ses jours au couvent et fut inhumée au monastère construit par son époux. Fête le 1er avril. N° 52.

Vladimir égal aux apôtres (†1015), dès 980 grand-prince de Kiev. En 988, il se baptisa lui-même (sous le nom de Basile) et imposa le christianisme en tant que religion officielle en Russie. La date exacte de sa canonisation n'est pas connue mais, selon toute probabilité, il fut élevé au rang de saint après 1240. A la même époque, l'office fut rédigé et le jour de commémoration (le 28 juillet) fixé. Cependant, les premiers panégyriques du XIe siècle comparent déjà le prince Vladimir à Constantin, empereur de Byzance, proclamé égal aux apôtres pour avoir accepté le christianisme et s'être baptisé lui-même. C'est pourquoi les textes des offices invoquant le prince Vladimir le célèbrent comme égal aux apôtres. N°s 3*, 8*, 12, 21, 52.

Vsevolod (Gabriel) de Pskov (†1138), le très chrétien prince, nommé Gabriel dans le baptême. Durant presque toute sa vie, il régna sur Novgorod et mena plusieurs campagnes militaires contre les Tchoudes, tribus finnoises païennes. Vsevolod est connu comme fondateur d'églises et de monastères, comme défenseur des opprimés. Les relations du prince avec la ville de Novgorod furent compliquées: tantôt il fut sollicité, tantôt il fut chassé. En 1137, il accepta de devenir le seigneur de Pskov, où il finit ses jours. En 1192, ses reliques furent découvertes, glorifiées par des miracles qui en jaillirent. Elles furent transférées solennellement à la cathédrale de la Trinité de Pskov, construite par le prince. Au Concile de 1549, Vsevolod fut canonisé en tant que saint de toute la Russie. Fête le 24 février et le 5 mai (translation des reliques). N° 53.

Zosime des Solovki (†1478), vénérable, premier hégoumène du monastère des Solovki. Fête le 30 avril et le 21 août (translation des reliques en 1566 et 1992). N°s 22*, 27*, 51*, 12, 33.

Quelques récits sur les saints russes

par Guénnadi Rousski
Traduits par Eléna Lavanant

Arthème de Verkola – L'exploit non accompli

Nous allons vous parler d'un saint enfant. Sa vie commence comme presque toutes celles des saints russes: né dans une famille pieuse, il délaissa très tôt ses jeux d'enfant pour l'adoration de Dieu… et voilà, c'est tout. Apprenant le travail du laboureur, le petit Arthème aidait son père dans les champs quand, soudain, «un énorme nuage noir comme la nuit apparut dans le ciel, la pluie s'abattit sur la terre, la foudre éclata, avec de violents coups de tonnerre. Terrassé par ce bruit terrible, Arthème fut saisi d'un tel effroi qu'il en mourut, et rendit son âme à Dieu.» Il avait 12 ans. Conformément à sa *Vie hagiographique*, cela se passa sur la rivière Pinega, près du village de Verkola, en 1544.

Selon la coutume locale, vestige de paganisme, le garçon tué par la foudre ne fut pas enterré au cimetière, mais dans la forêt, loin du village. Peu de temps après, les gens remarquèrent un rayonnement au-dessus de sa tombe. Son corps fut alors inhumé près de l'église Saint-Nicolas, au village. Des miracles s'accomplirent près de la sépulture du bienheureux adolescent. Les reliques d'Arthème furent découvertes impérissables, ce qui, avec les miracles, favorisa sa canonisation. Puis fut fondé le monastère d'Arthème de Verkola, que les paysans locaux accueillirent d'abord avec méfiance. Le célèbre Athanase Packhov, futur persécuteur d'Avvakoum et à l'époque (1635) voïvode de Kevrolsk, participa à la création de cette communauté, ayant fait un vœu pour la guérison de son fils Erémeï (connu également grâce à la *Vie* d'Avvakoum).

Si Barlaam de Keret, ayant accompli l'exploit de repentir, ne fut honoré que de la vénération populaire, et si Eléazar d'Anzer, avec son don de voyance, resta un saint révéré localement, l'adolescent Arthème, n'ayant accompli, semble-t-il, aucun exploit et ne possédant aucun don, fut élevé au XVIIe siècle au rang de saint national. L'attestent, outre les témoignages écrits, deux magnifiques icônes (conservées à la Galerie Tretiakov): *Basile le Bienheureux et Arthème* (première moitié du XVIIe siècle) et *Saint Varus et saint Arthème de Verkola* (seconde moitié du XVIIe siècle), cette dernière étant particulièrement remarquable.[1]

Notre conscience moderne nous empêche de comprendre la perception de la sainteté par l'homme russe de l'époque. La glorification d'un enfant n'ayant rien accompli d'exceptionnel nous étonne; en ces temps anciens, on voyait dans la pureté infantile l'éclat de la sainteté (selon les paroles du Sauveur «si vous n'êtes pas comme des enfants…» et la bénédiction qu'Il leur accorda), et on vénérait les enfants élus par Dieu avec une tendresse toute particulière. Le XVIIe siècle nous en donne quelques exemples: le tsarévitch Dimitri et Arthème de Verkola, qui vécurent au XVIe siècle, mais qui furent canonisés au XVIIe. Tout en haut rayonne l'image de l'innocent tsarévitch Dimitri, un enfant de 9 ans sauvagement assassiné. Dans la même ville d'Ouglitch, un enfant de 7 ans avait été poignardé (1663).[2] On connaît aussi l'histoire d'un garçon prénommé Gabriel, de

[1] Le duo Varus le guerrier et Arthème l'adolescent pourrait paraître bizarre; il s'explique pourtant par le miracle posthume de Varus. Ce dernier était un chef d'armée égyptien ayant souffert le martyre pour sa foi en Jésus-Christ. Son corps fut jeté aux chiens. Une veuve pieuse prénommée Cléopâtre inhuma Varus dans son village et fit bâtir une église à son nom. Elle avait un fils de 12 ans, malade. La veuve adressa une prière au saint, sollicitant son assistance, mais l'adolescent mourut la nuit même. La mère reprocha au saint le décès de son fils. Alors Varus lui apparut, tenant le garçon par la main, et lui annonça qu'il prenait son fils dans les armées célestes. Le garçon dit à sa mère: «Mère, dorénavant je fais partie des armées du Christ, et j'intercède avec des anges célestes, et toi tu supplies de m'accorder la médiocrité à la place du royaume des cieux.» (Prologue, 19 octobre.) Il s'agit donc d'un adolescent de 12 ans frappé de mort subite, comme Arthème.
En plus, derrière l'image du saint martyr Varus, se profilait celle du tsarévitch Dimitri, qui naquit le jour célébrant la mémoire de saint Varus. Le chroniqueur explique: «Son premier prénom doit être Varus.»

[2] «Jean Nikiforovitch Tchepolossov, ‹souffre-passion› d'Ouglitch, fils d'un habitant d'Ouglitch, âgé de 7 ans, fut frappé à coups de couteau par un ouvrier de son père qui voulait se venger de ce dernier.» (Goloubinski E., *Histoire de la canonisation des saints par l'Eglise russe*, M., 1903, p. 328.)

Sloutsk, qui aurait été tué par des Juifs «à des fins rituelles» (1690).[3] Chacun de ces crimes fut perpétré par une volonté malfaisante, une volonté humaine. Ce sont des enfants martyrs, semblables aux premiers saints russes, les jeunes princes «souffre-passion» Boris et Gleb. Ils glorifièrent le Christ «non en paroles, mais par leur mort». Pourtant, l'adolescent Arthème ne mourut pas à cause de la méchanceté humaine: il fut foudroyé par les forces incontrôlables de la nature. Pourquoi, alors, cet adolescent de 12 ans, fils d'un paysan d'un lointain village du nord, fut-il vénéré en Russie et honoré d'une représentation sur l'icône d'un maître de l'école Stroganov?

Il est évident, dirons-nous, que ce fut un garçon extraordinaire dont il émanait une sainte pureté infantile, et qui était «marqué» par Dieu. Notre imagination nous fait voir un certain «adolescent Barthélemy». Il est devant nous, avec sa frêle silhouette et son regard bleu, étranger à notre monde, dans un champ, sur une colline au-dessus d'une rivière, entouré d'un simple paysage du nord, sous un gros nuage noir menaçant…

Il est certain que l'on pouvait rencontrer des enfants étonnants par leur aspect et leur caractère ailleurs que sur la Pinega, et que, autre part aussi, des enfants furent parfois terrassés pendant un orage. Mais la mort d'un adolescent hors normes, si plein de promesses, foudroyé par une intervention céleste, provoqua un choc dans ce pays reculé, à la faible population, qu'était la Pinega du XVIe siècle, et elle resta gravée dans la mémoire collective.[4]

Cette considération paraît vraisemblable, mais uniquement d'une optique «terrestre». Essayons de voir les choses différemment.

Presque tous les ascètes du Pomorie interviennent en qualité de bâtisseurs de monastères. L'enfance du vénérable Alexandre d'Ocheven, fils de paysans, est comparable à celle du bienheureux adolescent Arthème. Mais le destin d'Alexandre fut d'installer une communauté, après avoir éprouvé de grandes afflictions et essuyé de nombreuses vexations. Arthème, lui, mourut subitement à l'âge tendre, mais un monastère lui étant consacré fut néanmoins fondé. Cela signifie que sa mission, son exploit spirituel furent accomplis.

A l'échelle humaine, nous disons souvent de quelqu'un mort prématurément qu'il n'a pas réalisé tout ce qu'il aurait pu faire s'il avait vécu plus longtemps. Ainsi, nous connaissons plusieurs enfants particulièrement doués, dont les talents artistiques se révélèrent très tôt et qui promettaient beaucoup, mais qui, à la suite d'un hasard tragique, disparurent sans satisfaire nos attentes.

Aussi parlons-nous, en méditant sur leur destin terrestre interrompu, de faits qui auraient dû se concrétiser par des actions matérielles, donc éphémères. Une œuvre matérielle, toute géniale qu'elle soit, malgré l'admiration qu'elle peut susciter et son importance dans l'histoire, c'est-à-dire dans le temps, ne peut, hélas, être éternelle. Elle peut, certes, traverser les siècles, mais son impact restera limité. L'éternité est quelque chose de supérieur dont la dimension temporelle est absente; elle a ses propres valeurs, qui ne sont plus terrestres. Et l'âme appartient à l'éternité.

Dans la compréhension de l'homme, l'exploit spirituel de la foi ne pourrait être accompli par un jeune paysan analphabète, et la vie humaine ne pourrait être considérée comme achevée sans avoir franchi toutes les étapes. La sainteté, elle, est d'une autre dimension. Dans la conception spirituelle, le jeune âge de l'élu ne peut être un obstacle à sa sanctification, c'est-à-dire à la révélation de l'éternel dans le temporel. Si l'on réfute cette conception, les exploits spirituels des anachorètes nous paraissent une singulière humiliation volontaire; d'autant plus singulier nous paraît alors l'exploit inaccompli du saint enfant.

Mais l'éternel peut se manifester dans le temporel. Il est impossible de dire comment cela se produit, et il serait absurde d'essayer de comprendre: «L'esprit se trouve là où il souhaite être», et il reconnaît ses élus. La vie du saint adolescent prouve que l'âme pure d'un enfant peut, elle aussi, être admise à la béatitude.

---

[3] «Gabriel Zabloudovski, enfant en bas âge, selon le jugement populaire confirmé par le verdict du tribunal, fut sauvagement assassiné par des Juifs le 20 avril 1690 et inhumé dans la localité de Zabloudov (gouvernement de Grozny, district de Belostok); ses reliques furent découvertes en 1740 et se trouvent actuellement au monastère de la Trinité de Sloutsk (gouvernement de Minsk)…» (Goloubinski E., *op. cit.*, p. 320.) Sous prétexte que le saint enfant Gabriel avait été «torturé à mort par des Juifs», le Père Alexandre Men proposait de le «décanoniser», à l'instar de saint Eustrate de la laure des Catacombes de Kiev, qui avait souffert de son patron juif (voir *Bulletin du Mouvement chrétien russe*, n° 117, Paris, 1976). Dans ce cas, le sentiment national, extrêmement sensible, prévalait sur la notion orthodoxe de la sainteté. Nous ne connaissons pas les circonstances exactes de ces événements lointains, mais nous pensons que la rumeur populaire ne glorifiait pas le saint enfant parce qu'il avait été martyrisé par des Juifs ou des Tatars, ou par des gens d'autres ethnies, mais parce que c'était un enfant innocent mis à mort (ce que confirme l'exemple ci-dessus avec Jean Tchepolossov). Il s'agit de la chaleureuse vénération du peuple pour les enfants saints. Ce même sentiment populaire ne fut-il pas traduit par Dostoïevski dans ses paroles sur «un enfant innocent assassiné», sur «la larme d'un enfant», dans ses réflexions sur «l'enfant-héros»?

[4] Notons aussi la tendance générale des anciens Russes à vénérer la mémoire des gens morts accidentellement. Ainsi, en 1554, un cercueil sans couvercle arriva dans le village de Borovitsk par la rivière Msta, flottant sur un bloc de glace et contenant la dépouille mortelle d'un homme. Apparu en rêve à quelques habitants, l'inconnu se présenta sous le nom de Jacques. Il était autrefois marinier ou batelier. Les habitants de Borovitsk l'enterrèrent et érigèrent une chapelle sur sa tombe. Des miracles s'y accomplirent bientôt. Le métropolite Macaire de Novgorod n'autorisa pourtant pas l'instauration d'un culte au défunt révéré (voir Goloubinski E., *op. cit.*, pp. 87, 89).

Le bâtisseur

Des rumeurs couraient sur un nouvel ascète et thaumaturge, le starets[1] hégoumène Serge. Elles se répandaient jusque dans les endroits les plus éloignés, les foires où se retrouvaient de riches marchands, les bourgades, les faubourgs, les villes, sur toute la terre. Les gens rapportaient ce qu'ils avaient entendu, et d'autres ce qu'ils avaient, selon leurs dires, vu de leurs propres yeux:

Ce starets, alors qu'il était encore jeune, installa une cellule sur une colline dans la forêt et vécut tout seul parmi les bêtes sauvages qui lui obéissaient. Même l'ours mangeait du pain dans sa main. Lorsque d'autres moines en eurent connaissance, ils vinrent le rejoindre et érigèrent un monastère, pas bien grand mais célèbre, et des princes et des boyards arrivèrent pour s'incliner devant le starets, tandis que les simples d'esprit et les humbles affluaient de tous côtés. Le starets recevait tout le monde, grands et humbles, faibles et puissants, disait à chacun une bonne parole, consolait et réchauffait, conjurait le mauvais sort et apaisait les souffrances. Il apposait ses mains sur les malades. Il fit un grand miracle en ressuscitant un adolescent. On racontait des choses encore plus prodigieuses: des anges servaient dans l'église du starets. Il n'y avait pas encore eu en Russie un tel élu: un homme saint vivait parmi le peuple.

Le bourg où demeurait Ivan était situé juste à côté de la route, et la rumeur le traversa. Ivan fut pris d'un désir ardent d'aller voir ce starets, qui était un ange terrestre, sinon un envoyé de Dieu. Le starets était grand par sa sainteté, et ses prières étaient exaucées. Mais Ivan ne voulait pas lui demander la richesse, ni la réussite, car c'était un péché que de vouloir plus qu'il n'a été donné à un homme, mais une explication, pour comprendre sa vie, pourquoi Dieu la donnait-il à l'homme? Il vivait tranquillement, travaillait la terre, faisait ses récoltes, fauchait l'herbe, allait chercher le miel sauvage dans la forêt; sa maison lui suffisait, ses enfants étaient déjà grands et indépendants, et les temps étaient enfin devenus paisibles, les Tatars n'inquiétaient plus les gens, les aînés du canton n'abusaient pas de leur autorité – on n'avait pas à se plaindre. Cependant, depuis l'enfance, il y avait quelque chose qui troublait Ivan et le tourmentait: Sa vie était-elle juste? Faisait-il ce qu'il fallait? De telles pensées auraient dû le conduire à entrer en religion, mais tel n'était pas son destin.

La terre est notre mère à tous, elle nous fait vivre et nous nourrit, c'est là que nous revenons après notre mort. Et pourquoi l'homme vit-il sur la terre? Pourquoi laboure-t-il, sème-t-il, construit-il sa maison, élève-t-il ses enfants? Uniquement pour assurer sa descendance? Et la descendance, à quoi sert-elle? On nous dit: c'est le cours habituel des choses. Cela est vrai, mais on aimerait bien en savoir davantage. Et Dieu dans tout ça? Et notre âme? Et le Jugement dernier? Que dire lorsqu'il faudra répondre de nos actes?

Ivan n'avait fait ni trop de mal, ni trop de bien, il vivait comme tout le monde. Mais cette vie lui paraissait bien triste, il avait le cœur gros. Si l'on regarde le monde que Dieu a créé, le pré, la rivière, le ciel où bouillonnent les nuages, l'âme aspire à quelque chose, une tristesse indicible serre la poitrine, on aimerait bien être un oiseau et s'élancer vers le ciel bleu…

Comment retrouver la paix de l'âme?

Ivan le demanda au pope, mais celui-ci se fâcha: «Tu es un ignare, villageois, tous ces problèmes ne te concernent pas. Tu n'as qu'à travailler la terre.»

Il n'y avait que le starets qui pouvait l'aider. Il savait tout, il accueillait tout le monde, il répondrait à ses questions. Il fallait aller le voir, il n'y avait personne d'autre.

A la fin de l'été, lorsque les travaux des champs permirent un répit, il se décida à aller trouver le starets.

Il emprunta la grande route qui menait vers le Moscou des grands-princes, en traversant Rostov et Pereslavl-Zalesski. Il vit des collines et des vallées, des forêts et des champs, des lacs et des rivières, chemina par tous les temps, tantôt à pied, tantôt sur une charrette, aidé

[1] Ancien, moine d'un certain âge ayant une longue expérience de la vie monastique qui dirige les novices.

par de braves gens… Et au quatrième jour, il arriva à son but.
Le monastère, situé à proximité d'un grand village, était en bois. Il était érigé sur une hauteur qui surplombait une petite rivière, dans une forêt de pins; les champs de blé jetaient leurs reflets d'or sur les collines avoisinantes, les forêts verdoyaient, on apercevait çà et là des villages. Les alentours récemment peuplés avaient l'air paisibles et radieux.
Des murs carrés et solides entouraient le monastère. On remarquait, par-dessus la porte, une petite église couronnée d'une croix. Le paysan se signa et entra.
A l'intérieur de l'enceinte, il y avait des cellules, d'autres bâtisses et une église. On ne voyait presque personne: c'était le matin, tout le monde était au travail. De temps en temps, un moine affairé passait, sans lever les yeux. Ivan demanda à l'un d'eux: «Où est donc votre hégoumène, le starets Serge?» «Là-bas», répondit l'autre avec un geste vague. Le nouveau venu ne comprit pas. Il attendit un autre moine: «Dis-moi, frère, comment trouver votre hégoumène Serge. J'ai à lui parler d'une affaire très importante.» Le moine eut pitié de lui: «Viens, je vais te le montrer.»
Il l'amena jusqu'à la palissade qui entourait une plantation de choux, et lui dit: «Le voilà.» Le moujik regarda à travers une fente: un homme vêtu d'une vieille soutane retournait la terre avec une pioche. Il ne payait pas de mine, le pauvre hère!
Le moine se serait-il moqué de lui?
Il le rattrapa et s'en prit à lui: «Qui est-ce que tu m'as montré? Où est-il, ce grand starets? J'ai hâte de voir un prophète, et tu me montres un miséreux!»
«Tu verras, tu verras», promit le moine renfrogné en retournant à ses occupations.
Le moujik se promena dans la cour, observa les dépendances: tout était construit comme il faut, bien entretenu, l'œil du maître veillait à tout. Ivan le savait d'après sa propre expérience: dans une propriété, il faut toujours construire ou réparer, toujours s'affairer. Et là, près de l'église, deux laïques munis de haches montaient une cage avec des rondins préparés. L'odeur des copeaux de pin embaumait le monastère.
Le moujik s'approcha des charpentiers. «Que Dieu vous aide!» dit-il quand ils marquèrent une pause. «Vous bâtissez?» «Oui», répondirent les ouvriers. «Ce n'est donc pas assez? Si l'on regarde votre propriété, elle est pareille à celle d'un prince.» «C'est toujours *lui*, le bâtisseur», expliquèrent-ils avec respect. «Il construit partout. Chez nous, cela ne lui paraît pas assez, il va dans d'autres endroits. Récemment, il est parti vers le Kirjatch. Il voulait y rester, on l'a convaincu avec peine de rentrer. Le bâtisseur, oui!» et ils retournèrent à leurs haches.
Le moujik les regarda faire, puis il s'avança vers la palissade, regarda de nouveau à travers la fente: le pauvre diable travaillait toujours, sans relâche, pourtant il n'était plus très jeune. Voilà qu'il laissa la pioche, prit une bêche pour retourner la terre, puis s'arrêta pour essuyer les gouttes de sueur ruisselant sur son visage – il faisait chaud au soleil, c'était l'un des derniers jours de l'été – et se baissa encore une fois. Prévoyant, il préparait la terre pour l'automne, on reconnaissait en lui un maître diligent.
Le moujik décida de l'attendre: le vieil homme n'allait pas le tromper, il lui indiquerait où trouver le grand starets. Le son de la cloche retentit, il était midi. Les moines et les travailleurs se dirigèrent vers le réfectoire.
Le portillon de la palissade s'ouvrit, le vieillard à la pauvre soutane raccommodée sortit. Il marchait lentement, on voyait que le labeur l'avait fatigué, mais il avait l'air satisfait, le visage calme, le regard joyeux.
Il aperçut le moujik et s'avança droit vers lui. Ivan se réjouit: on devinait tout de suite un homme bon, il dirait tout, ne cacherait rien.
On pourrait penser que l'autre avait compris, car il demanda doucement:
«Tu arrives de loin?»
«Comment dire… mon chemin ne fut pas très long, mais pas court non plus. J'arrive des terres de Rostov, du bourg d'Ivanovski, c'est là que je suis né.»
«Quel est ton besoin?»
«Une affaire importante, qui concerne mon âme. Je veux la raconter au starets Serge, je le cherche, mais ne le trouve pas.»
«Tu le trouveras, puisque tu es là. Viens, mon frère, mangeons ensemble, puis nous aviserons.»
Ils se dirigèrent vers le réfectoire à côté de l'église, se lavèrent les mains dans un bassin en argile, puis entrèrent dans la salle. Les moines rassemblés se levèrent, récitèrent une prière et se mirent à manger en silence, l'un d'eux faisant la lecture. Le vieillard s'installa au bout de la table et invita le moujik à s'asseoir à côté de lui. On ne pouvait pas savoir qui était le supérieur, ils étaient tous semblables, très humbles d'aspect, vêtus de bures usées. Pendant le repas, les startsy ne se parlaient pas, ils mangeaient très vite. Le moujik fut étonné: il avait aperçu des réserves pleines de provisions dans la cour, pourtant la nourriture était bien frugale, même pour un jeûne. Mais le kvas était excellent, il n'en avait jamais bu d'aussi bon, ils savaient bien le préparer.
Les moines terminèrent de manger en silence, puis partirent. Et le moujik ne reconnut pas le starets parmi eux. Le vieillard remarqua sa peine et demanda: «Pourquoi es-tu triste?»
L'autre répondit: «Je suis venu ici pour Serge et je ne l'ai pas vu, il doit être ailleurs.»
«Et comment te l'imagines-tu?»
«Je me le figure en vêtements somptueux, une multitude d'adolescents intercédant auprès de lui, une foule de serfs

à son service. Je ne vois rien de tel, c'est là mon chagrin.»
«Ne sois pas triste, cet endroit est tel que personne n'en sort affligé, et Dieu t'accordera ce que tu cherches.» Et il demanda encore: «Ton affaire, est-elle importante? Tu parlais de ton âme. Pourquoi es-tu inquiet? Raconte-moi.»
«Je suis laboureur, je travaille la terre», dit le moujik au vieil homme sans rien lui dissimuler, comme s'il parlait à Serge lui-même. «Je suis venu pour voir le starets et lui ouvrir mon cœur, je n'ai personne à part lui. Les gens disent que c'est un saint, qu'il sait tout. Je suis préoccupé. Je m'interroge sur l'âme. Qu'est-ce que c'est? Pourquoi l'homme vit-il? Je suis, tu es, nous sommes – pourquoi l'homme est-il sur cette terre? Pour labourer le sol, faire des enfants? Ou bien aurait-on une autre prédestination? Le salut ne serait-il réservé qu'à vous autres moines? Je pense à la mort. Qu'est-ce que c'est? Comment est-ce possible? On te permet d'admirer la beauté terrestre, puis on t'en prive sans aucune pitié? Comment vit notre âme dans l'au-delà, se souvient-elle de ce qu'elle a ‹vu› sur terre? C'est tout cela que je veux demander à Serge…»
Quelqu'un accourut tout à coup en criant: «Le prince arrive!» Plusieurs moines se précipitèrent vers la porte.
Le starets répondit lentement, ne prêtant aucune attention au bruit: «Tu veux avoir la réponse en un seul mot, mais qui te le dira? Dieu a donné l'existence à toute créature et aux hommes, c'est là le mystère de Sa volonté, et la réponse ne viendra pas des hommes, mais de Dieu. Et toi tu essaies d'arracher à un homme ce que Dieu seul connaît…»
«Même Serge ne le sait pas?»
«Serge lui aussi est un homme…»
«Lui? C'est un homme saint, donc un élu, Dieu lui ouvre Ses desseins, il sait tout…»
En une minute, la grande cour du monastère se remplit d'hommes en armures et, près de la porte, on vit le prince en personne, vêtu de blanc et d'une cape écarlate.
Les serviteurs du prince se jetèrent sur le moujik et le repoussèrent si violemment qu'il faillit tomber. Il ne comprit pas pourquoi on le traitait de cette façon, il n'avait commis aucune faute. Les guerriers et les gens du monastère se pressèrent autour du prince en disant: «Il est venu le voir en personne… Demander sa bénédiction…» «Mais où est-il, où est Serge?» demanda le moujik en essayant de s'avancer. «J'aimerais tant le voir, ne serait-ce que du coin de l'œil!» «Mais tu lui as parlé!» lui reprocha l'un des moines.
Se dressant sur la pointe des pieds, entre têtes et épaules, le moujik contempla une scène extraordinaire: le vieillard qui était son interlocuteur tout à l'heure se tenait seul devant la foule, tout petit, avec sa soutane usée et rapiécée, et le prince s'avançait vers lui dans ses vêtements somptueux, accompagné d'autres hommes tout aussi richement habillés. Et le modeste petit moine l'attendait tranquillement. Le prince s'approcha de lui, s'agenouilla et lui tendit les bras. Le starets s'avança et prit le prince par les mains. Celui-ci baisa les mains du vieil homme. L'hégoumène le releva, lui donna sa bénédiction et l'embrassa à son tour. Ils parlèrent à voix basse, les autres n'entendirent pas leur conversation.
«Qu'est-ce que c'est?…», murmura doucement le moujik. «Je lui parlais comme à un indigent, et le prince en personne s'incline devant lui!»
Un moine l'entendit et sourit: «Toi alors…»
N'était-ce pas un miracle? Le prince tout-puissant demandant la bénédiction d'un humble moine!
Mais où était-il, ce miséreux? Un starets majestueux, au regard droit, à la posture noble, au visage rayonnant d'une force surnaturelle, se tenait devant le prince! Et tandis que les deux interlocuteurs se parlaient, un silence total régna, on n'entendit que le croassement des corbeaux qui volaient d'un pin à l'autre.
Puis le starets prit le prince par la main; ils marchèrent côte à côte en direction de l'église, et tout le monde les suivit.
L'église ne pouvant contenir toute cette foule, le moujik resta près du seuil et écouta les chants.
Le prince sortit avec le starets et sa suite. Le moine l'accompagna jusqu'à la porte. On entendit le bruit des sabots des chevaux, la poussière retomba derrière les cavaliers.
Le moujik était affligé: comment avait-il pu commettre un impair pareil! Se traînant misérablement, la tête basse, il s'en alla.
Un jeune novice le rattrapa derrière la porte du monastère. «Le père hégoumène te prie de venir», dit-il essoufflé.
Le starets, toujours vêtu de sa soutane reprisée, était assis sur des rondins et le regardait avec douceur.
Le moujik s'approcha en tremblant d'émotion. Il voulut se jeter aux pieds du starets, mais ce dernier s'inclina devant lui.
Le moujik en fut stupéfait. Il ne put prononcer qu'un seul mot: «Pourquoi?»
«Tout le monde est fasciné par moi, sauf toi», répondit le moine, qui prit amicalement Ivan par la main et le fit asseoir à côté de lui.
«Je le suis moi aussi», dit le moujik contrit. «J'imaginais que mon chagrin était grand, et maintenant je vois ma médiocrité.»
«Pour Dieu, il n'y a ni grandeur ni faiblesse, tout est égal à Ses yeux: la grande cause de la terre tout entière et chaque âme humaine. Il est Seul et Unique pour tous et pour tout.»
Le moujik réfléchit.
«Tu t'attendais à une parole particulière, poursuivit le starets, mais qui te la dira? Tu n'es pas le seul à venir en quête de ces paroles, vous êtes nombreux, mais que

puis-je? Une seule chose: prier. On me le demande – je prie, je ne peux rien d'autre.»

«Et l'homme, pourquoi vit-il?»

«Dieu a introduit l'homme dans le monde pour que chacun puisse comprendre à travers soi-même, par sa vie. Ce n'est pas à toi de demander, c'est Dieu qui pose des questions. Tu dois donner la réponse par ta vie à Celui qui t'a envoyé dans le monde.»

«Et l'âme?»

«L'âme, elle, se bâtit, se construit en traversant le monde. Elle se construit comme une maison…»

«Se construit…», le moujik regarda la cage en rondins commencée.

«L'âme est solide, telle une maison. Et cette solidité s'appuie sur la Vérité. Notre âme, notre maison, et toute la terre sont solides, lorsqu'elles se fondent sur la Vérité de Dieu.»

Puis le starets lui posa des questions sur ses proches, sa femme et ses enfants, comment s'appelaient-ils, comment étaient sa maison et ses dépendances, vivait-il dans l'aisance? Il se renseigna sur beaucoup de choses, et le moujik lui raconta tout en détail, comme à un ami très cher. L'hégoumène écoutait attentivement et avec compassion, d'égal à égal. Ce n'était plus le grand starets recevant les honneurs d'un prince, mais un petit vieux rayonnant de bonté dont les paroles étaient simples et consolantes.

Le moine bénit Ivan, lui promit de prier pour lui et pour ses proches. Il ordonna de donner à son visiteur du pain en viatique – c'était la coutume du monastère. Le moujik s'inclina de nouveau devant le starets, et celui-ci devant lui; puis il se signa en se tournant vers la croix de l'église et reprit le chemin de son village.

Aux portes du monastère, il se retourna: le starets avait repris sa hache dont les coups réguliers résonnèrent loin à la ronde; il les entendit longtemps après que la communauté fut hors de vue. La route était aisée, il retrouvait la paix et le silence dans son âme.

Il n'était pas bête, notre moujik, il avait compris: le starets était un grand bâtisseur. Il ne construisait pas une cage, il bâtissait les âmes humaines, en recevant tous ceux qui venaient à lui, princes et moujiks, et c'est ainsi qu'il prenait soin de toute la terre, afin qu'elle reposât sur la Vérité.

Ivan poursuivit son chemin, il vit des lacs, des rivières et des marécages; il monta sur des collines et descendit dans des vallées; il traversa des villes et des bourgades – toute la terre s'étalait devant lui, toute la Russie si chère à son cœur, cette Russie des espaces lointains et des forêts, avec son éternel pressentiment d'une menace, mais forte de l'Espoir et de la Foi. Il marchait sous le ciel russe, sur sa terre natale, et il lui semblait entendre les coups réguliers de la hache. Il bâtissait, construisait! Il bâtissait l'âme, la terre tout entière. Le vent apportait l'odeur fraîche des copeaux de pin – c'était l'hégoumène, le starets Serge, le bâtisseur de toute la Russie!

Tchourilka l'hégoumène

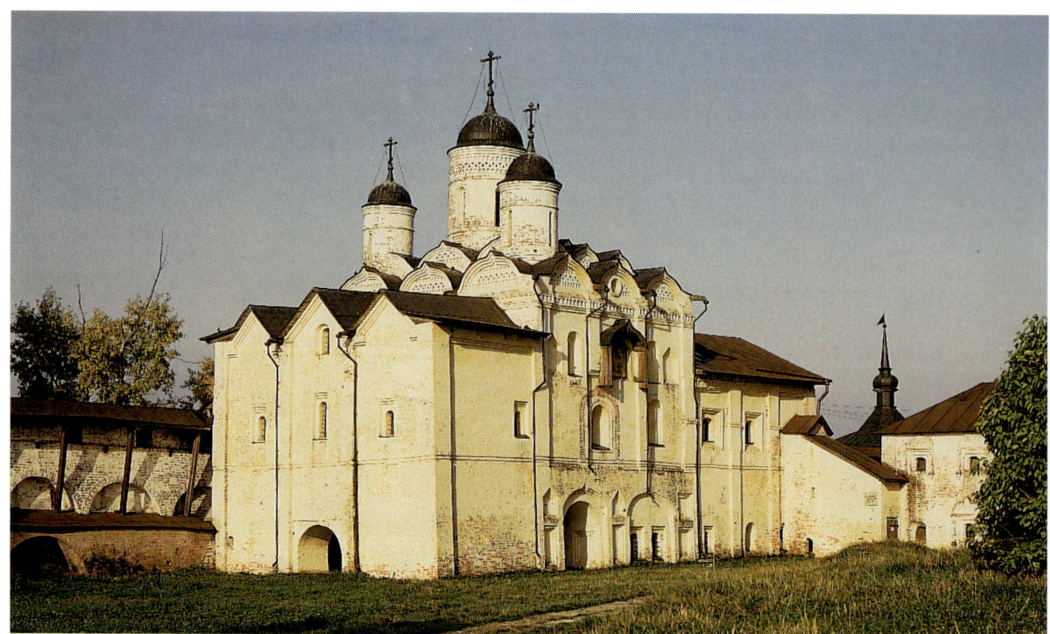

Le monastère Saint-Cyrille-de-Belozersk.

Plusieurs communautés étaient installées sur les rives de la rivière Cheksna, mais une seule devint célèbre: celle de saint Cyrille sur le lac Siverskoïe.
C'était peut-être dû à la renommée du starets, originaire de Moscou, ancien hégoumène du monastère Saint-Siméon, ou à la protection du grand-prince, à sa situation à proximité de grandes voies marchandes, ou encore au fait que ses frères étaient laborieux et unis. En tout cas, les gens affluaient vers le monastère – certains pour voir un nouveau lieu saint, d'autres pour essayer d'entrer parmi les élus.
Ainsi, le clerc d'église Théodore, devenu veuf, décida dans son chagrin de se retirer du monde et arriva au nouveau monastère.
Il savait lire et écrire, connaissait le règlement de l'Eglise; il fut donc bien accueilli, entra en religion et fut placé sous les ordres d'Ignace, ascète expérimenté, connu pour sa vie particulièrement sereine et silencieuse.
La règle du monastère était travail et silence. Les paroles vaines et les déplacements sans but n'étaient pas autorisés. Le repas devait se dérouler en silence. Après le travail et le service religieux, chacun se retirait dans sa cellule, sans communiquer avec les autres frères, priait tout seul, puis s'endormait, pour recouvrer ses forces. Les membres de la communauté ne mangeaient pas à leur faim. Les vieux moines en avaient l'habitude, mais les jeunes se plaignaient en cachette et reprochaient au starets de ne pas demander de l'aide à ses bienfaiteurs – il n'avait qu'un mot à dire… Puisque le starets avait interdit de quémander, on ne pouvait qu'accepter de bon cœur les dons des fidèles.
Tout paraissait bien et juste, il n'y avait qu'à vivre en essayant de sauver son âme. Théodore, cependant, ne trouva pas la paix dont il rêvait.
Il se dissimula d'abord à lui-même ses pensées hostiles, mais petit à petit elles se transformèrent en une sorte de rancœur, à un point tel qu'il ne supportait plus la vue même du starets.
Tout en lui le répugnait: son aspect disgracieux – le starets était de petite taille, trapu, avec une grosse tête, ressemblant à un bolet avec son chapeau grec du mont Athos –, sa démarche trottinante, agitée; il parlait trop vite, en zézayant, comme s'il avait peur que personne ne l'écoute, en regardant toujours ailleurs, puis il partait sans finir sa phrase. Tout cela semblait laid et insupportable au nouveau moine.
Ce qui l'étonnait par-dessus tout, c'est que cet homme insignifiant et ridicule était à la tête d'une communauté dont la gloire se propageait dans toute la terre septentrionale. Comment les frères pouvaient-ils le vénérer et obéir à sa volonté? Il n'y avait aucune raison pour cela, excepté peut-être son âge avancé; et pourtant il était révéré et porté aux nues. Avait-il de puissants protecteurs, des gouverneurs omnipotents? Oui, ce devait être cela: il y avait beaucoup de monastères dans la région de Belozersk, mais la communauté de Cyrille était dans les bonnes grâces du grand-prince de Moscou et de son frère, le prince de Mojaïsk, qui voyaient en elle un appui dans leur lutte pour les terres du Nord qui opposait Moscou au grand Novgorod.
L'hégoumène Cyrille était également proclamé prophète et thaumaturge, mais il semblait au nouveau moine, n'ayant jamais vu aucun de ses miracles, qu'il devait cette gloire aux simples d'esprit et aux superstitieux. Des malades arrivaient, on amenait des faibles et des gâteux. Le starets et les frères priaient pour eux, les enduisaient

d'huile; les malades et les gâteux s'en retournaient, on disait que cela avait produit de l'effet, mais personne n'avait vu de miracles et de guérisons de ses propres yeux. Théodore demandait aux gens s'il y en avait eu auparavant. On lui répondait que oui, et on mentionnait même des noms et des lieux, qui se trouvaient toujours très éloignés – personne n'irait vérifier.
Tout ce qui venait du starets accroissait son hostilité. Il proclamait qu'il fallait vivre dans la pauvreté, et lui-même, comme les autres frères, était dans un dénuement extrême; il enseignait aux religieux à ne pas accumuler de richesses et à ne pas imiter les puissants de ce monde, et acceptait pourtant des villages et des terres offerts par des princes.
Théodore ne voyait aucune des qualités du starets, et son animosité grandissait.
Parfois, dans des moments de lucidité, après une prière purificatrice, il se rendait compte que sa haine était gratuite et inutile, que le starets ne l'offensait en rien, qu'il ne convenait pas à un moine de juger l'hégoumène, et que c'était un péché que de jalouser un homme, quel qu'il soit, «ce n'est pas toi le juge, mais Dieu». Il comprenait tout, et il connaissait les Saintes Ecritures, mais dès qu'il apercevait le starets, sa haine se réveillait de nouveau, et les propos les plus blessants lui venaient à l'esprit. Il comparait le starets à un champignon ainsi qu'à un épouvantail, et le surnomma «Tchourilka».
Un jour, occupé par son travail, il aperçut de loin le starets et, ne pouvant se contenir, dit en ricanant: «Et voici notre Tchourilka l'hégoumène qui arrive!» Les frères le regardèrent avec désapprobation, et Théodore se reprit immédiatement: «Pardonne-moi, Seigneur, mon esprit est perturbé. Dans notre village, Tchourilka est un diminutif de Cyrille.» Les moines ne répondirent rien et se détournèrent de lui.
Après cet épisode, sa haine contre l'hégoumène augmenta encore. L'animosité l'étouffait, il ne pensait qu'à offenser et à humilier le détesté Tchourilka.
Il n'y avait qu'un seul moyen de se délivrer de cette haine: quitter le monastère. Elle disparaîtrait quand il ne verrait plus l'hégoumène. Alors Théodore décida de se confesser à son supérieur, le starets Ignace.
Ce dernier ne le blâma pas, expliquant que Dieu avait voulu cette obsession, qu'elle était due aux calomnies de l'Ennemi, et que beaucoup de novices l'éprouvaient. La vie en communauté étant très difficile, il fallait renoncer aux sentiments personnels et porter sur les autres un regard impassible, mais cela ne pouvait se faire en un seul jour; c'est pourquoi il accorda à Théodore une année pour l'éprouver, afin que le temps effaçât la méchanceté et guérît les plaies de son âme, car le chemin d'un moine est un combat éternel contre l'Ennemi, qui s'introduit en lui à travers ses pensées et l'induit au péché.
Théodore, convaincu, accepta de tenter l'expérience durant un an. En plus, l'hiver approchait, il lui fallait patienter, et Dieu seul déciderait de la suite.
Une année s'écoula, et la haine était toujours bien présente, tantôt se calmant, tantôt s'attisant, tel un feu, et Théodore ne pouvait rien contre cela. Il se maudissait, mais la vue du détesté Tchourilka et le son de sa voix lui faisaient oublier ses résolutions, et il retombait dans son ressentiment. Il lui semblait, dans son acharnement, que le starets partageait son hostilité et qu'il le détestait lui aussi.
Pendant l'été, cette situation devint réellement insupportable, et Théodore décida de partir, mais il voulait voir l'hégoumène au préalable, afin de se brouiller avec lui pour de bon en l'offensant par des propos grossiers.
Cet été septentrional était bien triste. Dès le matin, le ciel était couvert, et il pleuvait. Le moine sortit de l'enceinte de la communauté, regarda autour de lui les champs de blé couché: il fallait de nouveau s'attendre à une mauvaise récolte… Le monastère paraissait bien piteux, avec ses cellules noires ruisselantes d'eau, sa petite église toute grise sous le ciel de plomb, et le lac dont les vagues froides roulaient vers la rive. La mélancolie l'envahit, il ne désirait qu'une chose: quitter ces lieux, éteindre la haine dans son âme, effacer la tristesse dans son cœur, aller là où il y avait de la chaleur et de la lumière, où il pourrait avoir le cœur léger… Mais comment trouver cet endroit?
Il lui était impossible de continuer à vivre avec ce poids dans l'âme. Il fallait en finir une fois pour toutes, et partir pour de bon.
Il se dirigea d'un pas décidé vers la cellule du starets. Les paroles blessantes qu'il allait lui dire trottaient dans sa tête. Il les prononcerait et partirait, détesté mais soulagé.
La cellule du starets était pareille à celles des autres frères. Il n'y avait pas de serrure, chacun pouvait y entrer.
Il y pénétra brusquement, et le starets, qui se tenait debout, un livre dans les mains, près de la fenêtre, se retourna et le regarda avec désarroi. Il était petit, les cheveux gris, ridé, et les paroles méchantes, prêtes à s'échapper de ses lèvres, ne venaient plus, devenues inutiles. Théodore sortit de la cellule aussi précipitamment qu'il y était entré.
Il quittait le starets, il quittait le monastère.
Il descendait la petite colline en courant, s'éloignant de la cellule, quand, tout à coup, il entendit derrière lui: «Théodore!» Se retournant, il aperçut le starets qui se hâtait à petits pas. «Attends, Théodore!» dit le starets, essoufflé. Théodore s'arrêta, silencieux.
«Parle», dit doucement l'hégoumène.
«J'ai voulu, mais j'ai changé d'avis», répondit le moine.
«Ne pars pas, Théodore!» dit brusquement le starets.
Théodore tressaillit intérieurement à ces mots.
«Ne pars pas, mais dis-moi ce que tu as sur le cœur.»
«Je ne peux pas, mon père, la parole m'a quitté.»

«Je sais, frère, que je te répugne. Je le vois depuis longtemps, et les autres frères l'ont aussi remarqué. Je ne te juge pas, car tu as raison. Parle, soulage ton âme, ne sois pas indulgent, fustige-moi, je suis encore plus méprisable que tu ne le crois.»
L'hégoumène était vieux et plus embarrassé que le moine lui-même.
Théodore n'arrivait pas à parler. Il avait tellement de choses à dire quelques instants auparavant que maintenant il regardait le vieil homme et s'étonnait: d'où venait donc cette haine?… et l'illusion absurde disparut.
«Je le reconnais, je me sens coupable vis-à-vis de toi.» L'hégoumène prononça les mots exacts que le moine avait à l'esprit. «Je le voyais, mais je ne suis pas venu à toi. J'ai péché.»
«Tout est ma faute», répondit le moine.
«Nous sommes tous fautifs les uns vis-à-vis des autres. Et la première source du mal est le manque de sincérité entre les hommes. Si nous avions été sincères entre nous, comme devant le Seigneur, le commandement de Dieu se serait réalisé. Tu sais lequel?»
«Oui! ‹Aimez-vous les uns les autres!› Cela est vrai, mon père! s'écria le moine. Si nous pouvions confesser nos moindres pensées, il n'y aurait pas de haine entre les hommes. Maintenant que tu me parles, étonnamment c'est comme s'il ne s'était rien passé.»
«Parle, Théodore, soulage ton âme. Pourquoi est-ce que je te dégoûte autant? C'est mon aspect qui est repoussant? Je sais, je suis indigne, répugnant, tel un excrément puant. Tu as eu raison de me haïr, mon aspect est odieux.»
«Non, tu as tort. Depuis tes paroles, j'ai honte.»
«Maudis-moi, blâme-moi. Tes paroles me feront du bien.»
«D'accord, je vais te le dire. Les gens t'appellent faiseur de miracles, mais cela fait presque deux ans que je suis ici, et je n'en ai vu aucun.»
Le starets eut un geste d'impuissance et se crispa, envahi de chagrin: «Ce ne sont que des mensonges! Qui suis-je? Un ver de terre. Moi, ton Tchourilka. C'est bien comme ça que tu m'as surnommé?»
«J'avoue ma faute, mon père, pardonne-moi!» s'écria le moine contrit, prêt à se jeter aux pieds de l'hégoumène. Mais le starets le retint d'un geste et continua:
«Mais tu as raison. Qui suis-je devant Dieu? Rien qu'un Tchourilka. Tout le monde a été fasciné par cette illusion, sauf toi. Tu es le seul à avoir vu juste. Continue, je t'en supplie.»
«Cela me rend perplexe, mon père. Comment est-ce possible? Je t'ai entendu dire, et les autres frères rapportaient tes paroles, que la vertu d'un moine n'est pas dans la convoitise. Je le sais, tu refusais toujours de posséder des propriétés, et d'acheter quoi que ce soit, n'acceptant que le fruit de ton travail. Mais, aujourd'hui, tu as agréé les dons du prince, avec des villages et des terres, et tu as toi-même acheté des villages aux laïques. Est-ce vrai?»
«Oui, confirma humblement l'hégoumène. J'ai péché. Mais je ne le voulais pas. J'ai quitté Moscou pour me faire ermite, mais la méchanceté de ce monde m'a rattrapé. Des frères sont arrivés de Moscou, puis d'autres encore. Où devais-je aller? Je ne pouvais plus continuer mon chemin, je suis vieux, je ne le supporterais pas. Je suis donc resté. Les frères réunis, les ennuis ont commencé. Il est dit: à chaque jour suffit sa peine. Nos forces sont limitées, nous vivons de l'assistance de bonnes gens; ils nous ont érigé notre église, ils nous nourrissent. Le prince Andreï nous protège. Il nous demande d'accepter un don: des villages. Comment refuser à un prince! Son offre est sincère; en la repoussant, on l'offenserait inutilement. J'ai accepté et pris sur moi ce péché. Et les frères disent encore: il nous faut les villages voisins, avec leurs champs, sinon nous allons être confrontés à des querelles avec les paysans, et cela peut être évité grâce à un achat en bonne et due forme. Je l'ai autorisé, et j'ai encore péché. Et voilà le résultat: je me suis retiré dans un ermitage, et je vis en communauté; je recommandais le renoncement à la convoitise, et je suis devenu un acquéreur. Tu as eu raison de me haïr, je ne pouvais pas faire face au monde, il est plus fort que moi, il est venu à bout de moi-même. Il est dit: l'homme s'agite inutilement. La vanité du monde m'a rattrapé, et comment pourrais-je me justifier à présent? Le juste a un faible espoir de salut, et moi qui suis-je? Maudis-moi, tu as raison.»
«Non! répliqua le moine avec fermeté. C'est toi qui as raison, tu t'es acquitté. Tu as érigé ce monastère.»
A ce moment, le rideau de nuages s'écarta, et un rayonnement extraordinaire se répandit sur les environs. Le starets se jeta à genoux et, tendant les mains, les yeux rivés vers le ciel, murmura: «Notre Mère…» Et Théodore rêva – mais s'agissait-il d'un rêve? – que, dans l'auréole éblouissante, la Dame céleste était apparue. Il n'aurait pas su dire comment elle était, cela surpassait tout ce qui aurait pu être imaginé. Elle envahit tout de sa personne, le monde visible tout entier, se dressa au-dessus du monastère et prononça ces mots: «Ceci est Ma Maison.» Puis la vision disparut, et tout s'éclaira autour d'eux. Le vaste lac devint étincelant, le mont verdoyant aux blancs bouleaux irradia, la communauté elle-même devint joyeuse: sa petite église au toit de chantignoles, les cellules dispersées, les potagers, la cour… Partout s'activaient des hommes affairés, occupés par le travail destiné à Sa Maison.
«Et moi… Pourquoi ai-je mérité cela?…», dit le moine, pleurant de bonheur.
«Ce n'est pas à nous d'en juger…, murmura le starets. Garde ce que tu as vu pour toi seul… Tais-toi…»
Depuis ce jour et jusqu'à sa mort, le moine ne prononça plus une seule parole. Sur sa pierre tombale, on écrivit: «Théodore le silencieux».

G. R.

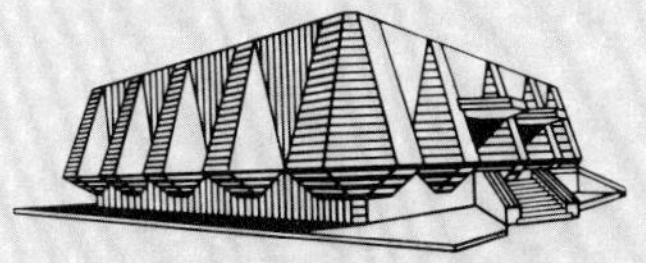

Nous tenons à témoigner notre gratitude aux Amis de la Fondation et aux généreux donateurs qui, par leur contribution, nous permettent la mise sur pied de notre programme de concerts et d'expositions.

Nous remercions tout particulièrement:

La Commune de Martigny
L'Etat du Valais

Banque Cantonale du Valais
Banque Edouard Constant
Les Caves Orsat SA, Martigny
Champagne Moët et Chandon
Credit Suisse Private Banking
Les Chemins de fer fédéraux suisses
CSS Assurance
Edipresse Imprimeries Réunies Lausanne s.a.
Groupe Mutuel, Martigny
Mme H. M.-B., Berne
M. J. J. et Mme A. La B., Belgique
Journal Le Temps
Mme Brigitte Mavromichalis, Martigny
Nestlé SA, Vevey
UBS SA
Le Nouvelliste et Feuille d'Avis du Valais
Rentenanstalt Swiss Life
Swissair
Touring Club Suisse Valais
Le Tunnel du Grand-Saint-Bernard

ainsi que:

La Loterie romande

La Fondation Pierre Gianadda

Temple de Platine à Fr. 5000.–

Alpwater, eau minérale naturelle, Saxon
Burrus Charles et Bernadette, Boncourt
Caves Orsat SA, Martigny
Distillerie Louis Morand et Cie, Martigny
Expositions Natural Le Coultre SA, Genève
Genevoise Assurances, Genève
Gras Savoye, Neuilly-sur-Seine
Henniez SA, eaux minérales, Henniez
Hôtel des Bains de Saillon
Hôtel du Parc SA, Martigny
Hôtel Seiler, Zermatt, et Hôtel La Porte d'Octodure, Martigny-Croix
La Mobilière, Assurances & prévoyance, Martigny
Le Gourmet, Hôtel du Forum, Martigny
Marti P. Holding SA, Martigny
Nardin Pierre-Antoine, Le Locle
Pour-cent culturel Migros
Provins Valais, Sion
SGA, Kurt Domig, Sion
Société de Développement, Martigny
Veuthey & Cie SA, Martigny

Chapiteau d'Or à Fr. 1000.–

Abriel Aline, Martigny
Air Kanal SA, Martigny
Air-Confort, Buchard Olivier, Martigny
Allianz Assurances, Martigny
Anken P.-A., directeur pour la Suisse romande de la Nationale Suisse Assurances, Genève
Anonyme, Paris
Ascenseurs Schindler SA, Lausanne, succursale de Sion
Bachmann Roger, Cheseaux-Noréaz
Bâloise Assurances, Boulnoix Jean-Michel, agence de Martigny
Barbier Marie-Christine, Villars
Bauknecht SA, appareils ménagers, Crissier
Berrut G. et J., Hôtel Bedford, Paris
Betondrance SA, Martigny
Bétrisey Edouard, gypserie-peinture-vitrerie, Martigny
Billieux SA, Martigny
Bloemsma Marco P., Lausanne
Bobst SA, Lausanne
Bonhôte Anne, journaliste, Anières
Borgnana SA, papiers peints, Lausanne
Bugnon Gérald, Verbier
Bugnon Gérald, Verbier
Café «Les Platanes», Subilia Etienne, Martigny
Café de la Place, Martigny
Cappi-Marcoz SA, agence en douane, Martigny
CART - La Compagnie des Arts, Lonay
Caves Orsat SA, Martigny
CF&C, Corporate Finance SA, Staübli Jürg, Genève
Charles Lucienne, Epalinges
Conforti Monique, Erval SA, Martigny
Conforti Roger SA, Martigny
Constantin Martial, Vernayaz
Coop Valais, Châteauneuf-Conthey
Corboud Gérard, Blonay
Couchepin Jean-Jules, Martigny
Couchepin Pascal, Conseiller fédéral
Cretton Georges-André, Photo-Express, Martigny
D. A. (Mme), Martigny
D'Ambrosio Vincenzo, Rome
De Kalbermatten Bruno, Prilly
D'Ormesson André, Paris
Ducrey Guy, Martigny
Dumas-Hermes Thierry et Odile, Genève
F.-P. M., France
Favre SA, transports internationaux, Martigny
Fidag SA, fiduciaire, Martigny
Fondation du Grand-Théâtre de Genève, Guy Demole, Genève
Fournier Daniel, agencements d'intérieurs, Martigny
Galerie Latour, Martigny
Gandur Jean-Claude, Tannay
Gianadda François et Sakkas Yannis, avocats et notaires, Martigny
Gianadda Mariella, Martigny
Givel Jean-Claude, Lonay
Givel Roger, Lonay
Glassey SA, matériel industriel électro-technique, Martigny
Grande Dixence SA, Sion
Grieu Maryvonne, Bussigny
Gross Christophe, Allianz Assurances, Martigny
Hôtel-Restaurant Transalpin, Martigny
Imprimerie Cassaz-Montfort, Martigny
Imprimerie Montfort, Jean-Jacques Pahud, Monthey
Kaufman Katherine, Chamonix, France
Kutluoglu Inès et Mehmet Tay Fun, Gstaad
La Plâtrière SA, Sion
La Poste Suisse, Car postal Valais Romand - Haut-Léman, Anne-Marie de Andrea, Sion
Lagonico Pierre et Carmela, Cully
Lambrecht Barbara, Clarens
Lenoble Chantal, Rome
Levy James et Mireille, Lausanne
Leyvraz Jacques, Agence Michaud & Burkhard, Lausanne
Lonfat Raymond et Amely, Crans-sur-Sierre
Losinger Holding SA, Jacky Gillmann, Berne
Luyet Michel, électricité, Martigny
M. K. G., Suisse
Manor AG, Bâle
Marcie-Rivière Jean-Pierre, Paris
Massimi-Darbellay Jacques et Lilette, Martigny
Matériaux Buser & Cie SA, Martigny
Mayer Hermann, Gstaad
Mayer Sara, Genève
Meditec, Dubuis Jacquy, Bercher
Meditec, Dubuis Jacquy, Bercher
Morand Mireille, Martigny
Moret Serge & Fils, primeurs, Martigny
Nicod Bernard SA, Lausanne
Noetzli Rodolphe, Neuchâtel
Nordmann Monique, Vandœuvres
Nouvelles Imprimeries Pillet - St-Augustin SA, M. Schwéry, Martigny
Odier Patrick, Lombard Odier & Cie, Genève
Odier Patrick, Lombard Odier & Cie, Genève
Optigal SA, Martigny, Lausanne
Orgamol SA, fabrication de produits chimiques, Evionnaz
P.S.I., espaces publicitaires, Jean-François Simond, Cluses, France
PAM SA, Martigny, Sion, Eyholz
Peluso Assunta Sommella, Ada et Romano I., in memory of Ignazio Peluso, New York
Pharmacies de la Gare, Centrale, de la Poste, Lauber, Vouilloz et Zurcher, Martigny
Piaget Yves G.
Pot Philippe et Janine, Mollie-Margot
Publicitas Valais
Resto-Bar «Le Loup Blanc», Maria et Fred Faibella, Martigny
Restaurant «Les Touristes», Maria et Fred Faibella, Martigny
Reynard Jacques et Consorts, stores, Savièse
Rossa Jean-Michel, chauffage et sanitaire, Martigny
Rügländer Elsbeth et Pierre, Lucerne
Rykiel Sonia, Paris
Sanval SA, Jean-Pierre Bringhen, Martigny
Saudan Les Boutiques, Martigny
Secura Assurances, Bron Joseph, Martigny
Secura Assurances, Bron Joseph, Martigny
Schellenberg Helen et Jean-P., La Tour-de-Peilz
Schnyder Erika, Küsnacht
Téléverbier SA, Verbier
Torrione Jean-Pierre, Rizerie du Simplon, Martigny

Touring Info Service SA, Genève
Tunnel du Grand-Saint-Bernard
Varnoux Gisèle, La Tour-de-Peilz
Vocat Olivier, avocat-notaire, Martigny
VS Etanchéité 2000 SA,
étanchéité-asphaltage, Sion
Wallrath Renata, Carouge
Weber & Broutin, Berra Bernard, Martigny
Winterthur Assurances,
Vincent Mussler, Lausanne
Zurcher Jean-Marc, dentiste, Martigny
Zurich Compagnie d'Assurances,
Pierre Voutaz, Martigny
Zwissig Victor & Armand SA, transports,
Sierre

Stèle d'Argent à Fr. 500.–

AGF / PHENIX, Jean-Bernard Pitteloud,
Sion
Alpina Assurances, J.-M. Broccard,
Martigny
Alvarez de Miranda Hélène,
Chêne-Bougeries
Ambassade de la Principauté de Monaco,
Berne
Amis du Musée des Beaux-Arts de Nancy,
Charoy Catherine, Nancy, France
Amon Albert, Lausanne
Arcusi Jacques, Vacqueyras, France
Arsidi Victor, Ruvigliana
Artedition R. + E. Reiter, Hinwil
Association du Personnel Enseignant
Primaire et Enfantine de Martigny
Atelier Jeca, Catherine Vaucher-Cattin,
Carouge
Auberge du Vieux-Stand, Helmut Schneider,
Martigny
Auzan Elizabeth, Fribourg
B. A., Riehen
Bernheim Catherine, Genève
Bernheim Claude et André, Paris
Besançon Anne, Genève
Bestazzoni Umberto, Martigny
BNP Paribas Suisse SA, Genève
Boucherie de la Place, José Riesco,
Martigny-Bourg
Boucherie Peter Nessier, Münster
Bourcart J.-P., IDEAC SA, Ecublens
Bourgeoisie de Martigny
Boutique Cédrine, Martigny
Bruchez SA, électricité, Martigny
Bugnon Gérald, Verbier
Burgener Emmanuel, médecin-dentiste,
Martigny
Café Moccador SA, Louis Chabbey,
Martigny
Cavé Jacques, Martigny
Cellier du Manoir, vinothèque, Martigny
Centre du Parc, Martigny
Chambovey André, menuiserie, Martigny
Champrenaud Lina, Pully
Chappaz Claude, avocat et notaire,
Martigny
Chaudet Marianne, Chexbres
Chavaz Denis, architecte, Sion
Chevron Jean-Jacques, Bogis-Bossey
Chopard Brigitte, CB Porcelaine, Moudon
Cipag SA, Puidoux-Gare
Claivaz Willy, Haute-Nendaz
Classe 1935, Martigny
CNW, Chatton, Noël, Widmer &
Partners SA, Genève
Couchepin Bernard, avocat et notaire,
Martigny
Couchepin Olivier, Martigny
Crans-Montana Tourisme, Crans-Montana
Darbellay Michel, atelier photo, Martigny
De Haller Yves E., Pully
de Montmollin Violaine, Neuchâtel
De Saint Blanquat Evelyne, Villars
Debiopharm SA, Mauvernay Rolland-Yves,
Lausanne
Del Don Gemma, Gorduno
Delaloye Gaby & Fils SA,
Delaloye Jean-Pierre, Ardon
Deneef Jacques, Bruxelles
Derveloy Gérald, Martigny
Dufour Marcel, Lausanne
Edipresse SA, Direction générale, Lausanne
Egger Heinz, Zurich
Electro-Technique du Rhône SA, ETR,
moteurs électriques, Martigny
En souvenir d'Edouard et de Berthe
Anderhub-Zimmermann, Krienz/Lucerne
Entreprise Dénériaz SA, génie civil,
béton armé, charpentes, Sion
Etrasa, entreprise de travaux SA, Martigny
Feldschlösschen AG, E. Albrecht, Sion
Fischer Edouard-Henri, Rolle
Franc Robert, Martigny
Friedli Anne, Martigny
Galerie Daniel Malingue, Paris
Gastaldo Yvan, boulangerie, Martigny
Georg Waechter Memorial Foundation,
Genève
Gerberding Horst F. W., La Tour-de-Peilz
Gétaz Romang SA, Vevey
Givel Edouard et Jacqueline, Anières
Goldschmidt Léo et Anne-Marie, Val-d'Illiez
Grand Gabriel et Chantal, Vernayaz
Grandchamp Claude, Martigny
Grimm Walter, Wallisellen
Hahnloser Bernhard et Mania, Berne
HCB, Ciments et Bétons, Holderbank,
Eclépens
Héritier & Cie, bâtiments et travaux publics,
Sion
Hôtel du Rhône, Genève
Hôtel du Rhône, Otto Kuonen, Martigny
Huber Suzanne, Genève
Hug Hans-Jürg, Küsnacht
IMD, Tille Richard, Yens
Inoxa Perolo et Cie, Centre Magro, Uvrier
Kaufman Karen, Zermatt
Kearney-Stevens Kevin et Shirley, Charmey
Lacchini Luigi, Lafin Spa, Crémone, Italie
Lacrouts Roger et Monica, Genève
Lafarge-Cretton Patricia et Roland,
Saint-Maurice
Lambercy Jean-Luc, appareils ménagers,
Martigny
Lemonnier Pierre, Lens
Levy Evelyn, Jouxtens
Lion's Club Sion, Valais romand
Lüscher Monique, Clarens
Luy Hannelore, médecin, Martigny
Magnin Gabriel et Maryvonne, Sion
Maillard Alain, Lausanne
Maison Fardel, Martigny
Manz Privacy Hotels, Manz-Lurje Ljuba, Zoug
Masson Louis et Nicolette, Pully
Maus Bertrand, Genève
Meditec, Dubuis Jacquy, Bercher
Meldem Energie SA, Meldem René,
Martigny
Meyer François et Hélène, Montreux
Michellod Gilbert et Fils, Monthey
Möbel-Transport AG, Zurich
Morard Jacques-Antoine, Genève
Moreillon Marie-Rose, Genève
Moret Samuel, atelier de décoration,
Martigny
Municipalité de Salvan
Murisier Enseignes, Martigny
Neuwerth & Cie SA, ascenseurs,
monte-charge, Ardon
No Comment, Gianadda Laurent, Martigny
Nordmann Serge et Annick, Vésenaz
Nunes Eduardo et Isabel, Martigny
Nydegger Simone-Hélène, Lausanne
Nyhart-Erni Frida et Eldon, Indianapolis
Odier Patrick, Lombard Odier & Cie,
Genève
Pache Jean-Michel, Vernayaz
Pain Josiane, Londres
Pâtisserie «La Louve», Martigny
Peppler Wilhelm, Collonge-Bellerive
Perolo Raymond, Restorex, Uvrier-Sion
Perrin Albert et Simone, Martigny
Pfister Paul, Bülach
Picard-Billi Bianca, Chevreuse, France
Piota SA, combustibles, Martigny
Pivarski Georges et Liouba, Paris
Pradervand & Cie, Martigny
Primatrust SA, Philippe Reiser, Genève
Restaurant «Sur-le-Scex»,
Werner Ammann, Martigny-Croix

Restaurant «Le Pont de Brent»,
Gérard Rabaey, Brent
Restaurant «Le Bourg-Ville», Martigny
Reverdin Laurence, Collex-Bossy
Rhône-Color SA, Sion
Ribet André, professeur en médecine, Verbier
Ribordy Guido, Martigny
Ribordy Jacques-Louis, avocat et notaire, Martigny
Ricklefs Rolf, Ayent-Fortunoz
Righini Charles et Robert, serrurerie, Martigny
Rochat Catherine, Pully
Roduit et Michellod, appareils ménagers, Martigny
Romerio Arnaldo, Verbier
Rouxel Pierre, Meyrin
S.I.P. Sécurité SA, Vernayaz
Salmon Pharma, Salmon-Klaus Peter et Annick, Bâle
Salvadori Giovanna, Bergame, Italie
Schneider Eulalie, Genève
Schober Bruno, Ascona
Schroder J. Henry Banque SA, Luc Denis, Genève
Sellerie Grandchamp, Grandchamp Claude, Martigny
Société des Vieux-Stelliens Vaudois, Lausanne
SOS Surveillance, Glassey SA, Martigny
Taverne de la Tour, Martigny
TCM Accessoires, Cavada Tullio, Martigny
Tissières Bernard, Martigny
TPG Publicité SA, Genève
Treves François, Paris
Tripet-Ruchti Jacqueline, Hauterive
Troillet SA, transports, Martigny
Varrin SA, plâtrerie-peinture, Prilly
Vêtement Monsieur, Martigny
Visentini Nato et Angelo, Martigny
Visuel de Communication, Dayer Michel, Martigny
Vocat Colette, Martigny
Von Ro - Echafaudages, Charrat
von Tscharner Catharina, Gryon
Vuilloud Pierre-Maurice, médecin dentiste, Monthey
Wartmann Karl, Thônex
Yerlès Cécile, Martigny
Yerlès Fernande, Martigny
Zwahlen & Mayr SA, charpente métallique, Aigle

Colonne de Bronze à Fr. 250.-

A. Varone SA, vitrerie, Martigny
Adoc Nettoyage Entretien s.à r.l., C.-G. Jaquemet, Le Landeron
Aebi Edith H., Aebi Atelier de l'Etain, Saxon
Aebischer Jean-Pierre, Bienne
Aepli André & Fils, tableaux électriques, Dorénaz
Air-Glaciers SA, transports aériens, Sion
Alesia SA, atelier de précision pour l'industrie automobile, Martigny
Alksnis Karlis, Genève
Allemann-Krieger A., Saint-Légier
Allisson Jean-Jacques, Yverdon-les-Bains
Amherd Jean, Mase
Amrein Franz, Genève
Andenmatten Arthur, Genève
Andenmatten Michel et Stéphane, bureau d'ingénieurs SA, Sion
Andenmatten Roland, Martigny
Anonyme, Commugny
Anonyme, Genève
Anonyme, Lausanne
Anonyme, Martigny
Anonyme, Sion
Antonioli Claude-A., médecin dentiste, Genève
Ardin-Scheibli Maria-Pia, Gingins
Argi Maurice, commerçant, Pully
Art Lover, Londres
Arts et Vie, Résidence de Loisirs, Samoens, France
AS Ascenseurs SA, Châtel-Saint-Denis
Assal Patrick, médecin dentiste, Lausanne
Atib SA, bureau technique, Martigny
Aubert Jacqueline, Evian-les-Bains
Avoyer Pierre-Alain, Ravoire
B. M.-H., Sierre
Bachelard Jocelyne, Nyon
Bacou Roseline, Villeneuve-lès-Avignon
Badoux Jean-René, Martigny
Baier Nelly, Stein am Rhein
Baitman Elena, Bâle
Ballenegger Marcel, Lausanne
Balmer André et Friedy, Küsnacht
Balmer Jean-Claude, Epautheyres
Balzan & Immer étanchéité SA, Lausanne
Bamberger Béatrice, Neuchâtel
Banderet Georges, revêtements de sols, nettoyages, Martigny
Barbey Daniel, Genève
Barbier-Reusen André et Carla, Saint-Pierre-de-Clages
Barcelona Christiane, Les Plans-sur-Bex
Bareiss Gerd, Onex
Barruel-Brussin Patric, artiste lyrique, Bourgoin-Jallieu
Bartholdi Paul et Irène, Nyon
Baruh Micheline, Cologny
Baudry Gérard, Grand-Lancy
Baumgartner Marc, Genève
Baylé Alain, pharmacien, Paris
Beaufils Jacques, Paris
Beck Henri et Jeannine, Pully
Belet Louis-Ph., Vendlincourt
Belgrand Jacques, Belmont
Bellini Bruna, Bergame, Italie
Bellini E. Milena, Arzier
Bellon Jean-Daniel, Ravoire
Bellosta Carlo, Briga Novarese, Italie
Benczi Françoise, Zurich
Bender Emmanuel SA, paysagistes et Garden-Center, Martigny
Bender Yvon, serrurerie, Martigny
Beney Jean-Michel, Venthône
Berclaz Fernand, Randogne
Berclaz Jean-Paul, Sierre
Berguerand Anne, Martigny
Berlie Jacques, Miex
Bernasconi Giancarlo, Agno
Bernasconi Sylvie, Troinex
Berne Jacques et Annick, Le Havre, France
Berthoud Jackie, Genève
Berti Nicole, Villars-sur-Ollon
Bertrand Catherine, Genève
Bessero Marianne, Martigny
Biaggi André, directeur UBS SA, Crans
Bich Sabine, Nyon
Bietry Philippe, La Conversion
Billaud Sophie, Yverdon
Bircher Carole, Verbier
Bischof Louis et Jeannette, Muntelier
Bischofberger Irmgard, Chêne-Bourg
Blanc Jacky, Monthey
Blank Sanford, Fishers Island, USA
Blaser André et Marie-Jeanne, Prangins
Bloch Raymond C. et Monique, médecin dentiste, Berne
Blum Jean et Tatiana, Gstaad
Boccoz Michele, Genève
Bohner Rudolf, Münchenbuchsee
Boissier Marie-Françoise, Verbier
Boissonnas Jacques et Sonia, Thônex
Bolinger Jean-Marc, Lausanne
Bollin Dorothée, Martigny
Bolomey Marianne, Trimbach
Boncompagne Michel, Nyon
Bonvin Roger, architecte, Martigny
Bonvin Venance, Lens
Bordet Gaston, Besançon, France
Bordoni Silvia, Association Farmacista, Lugano
Boreux Gaston, Genève
Borloz Claude-Alain, Verbier
Boucherie Valésia, Michel Pysarevitch, Martigny
Bourban Narcisse, ingénieur, Haute-Nendaz
Bourgeois Huguette, Genève
Boven Nicole, Coppet
Bovier Josiane, Clarens
Bozzi Aldo, Corsier-sur-Vevey

BP Suisse SA, BP Strato
Brabeck Carolina, L'Oréal, Carouge
Brandt Yvonne, Evilard
Brenner Joseph, Les Diablerets
Bretz Carlo et Roberta, Martigny
Broekman-van der Linden Queenie, Hilversum, Pays-Bas
Brünisholz Lynda, Vevey
Brunner + Partner, Albert Brunner, Biel-Benken
Buchs Jean-Gérard, Haute-Nendaz
Bucofi SA, Saint-Maurice
Bureau Technique Moret SA, Martigny
Burki Marcel, Lausanne
Burner Marcel, Epalinges
Burri-Dumrauf Irma et Pierre, La Croix-de-Rozon
Burrus Yvane, Crans
Buser Niklaus et Michelle, Le Bry
Butler Angela, Genève
C. J., Lyon, France
Café-Restaurant de Plan-Cerisier, Terrettaz Roger, Martigny-Croix
Caille Suzanne, Prangins
Calandra Micheline et Pierre-Marie, Peseux
Caloz Monique, Collombey
Campanini Claude, cabinet médical FMH, La Chaux-de-Fonds
Campeanu Maria, Vétroz
Camporini Yolande, Bossey, France
Cand Jean-François, Yverdon-les-Bains
Canonica Margrit, Pully
Carbonnelle Paule et Victor, Tournai
Cardana Cristiano, Verbania-Pallanza, Italie
Carenini Plinio, Bellinzone
Carron Anita, Coutellerie Carron, Martigny
Carron Josiane, Fully
Carruzzo Georges, Pully
Cart Madeleine, Besançon, France
Cartier Jacqueline, Genève
Cattori Giuseppe, avocat et notaire, Locarno
Cavallero Yolande, Vandœuvres
Caveau des Ursulines, Dorsaz Gérard, Martigny-Bourg
Centre Jean Franco, Chamonix, France
Cerez Jean-Pierre et Gisèle, Chancy
Cert SA, Martigny
Cesaris Filippo, Milan
Chabal Régis, Saint-Rémy, France
Chabbey et Voillat, architectes, Martigny
Chable Daniel et Laurence, Chexbres
Chanton Josef-Marie et Marlis, Viège
Chapatte Francis, Grandvaux
Chapon Jean, médecin, Triors, France
Chappot SA, Solutions informatiques, Martigny

Charton Pierre-André, Les Diablerets
Charvet Jacques, Dampierre, France
Chastonay Pierre, Sierre
Chatillon Françoise, Laconnex
Chaussures Alpina SA, Martigny
Chavaillaz Roberto, Corcelles-près-Concise
Chevalley-Vouilloz Annette, Onex
Chouet Odile, Genève
Cidel SA, Jean-Pierre Girard, Lutry
Ciocca-Ruchet Mary-Claude, Lausanne
Citroen Olga, Villars-sur-Ollon
Cligman Léon, Paris
Clivaz Fabienne, Genève
Clivaz Marlyse, Chermignon-Dessus
Closuit Jean-Marie, avocat et notaire, Martigny
Closuit Léonard, Martigny
Collège de Bagnes, Le Châble
Collin Robert, Les Rousses, France
Collombin Gabriel, Les Granges
Colomb Geneviève et Gérard, Bex
Comba Ina, Nyon
Commune de Bagnes, Le Châble
Commune de Martigny-Combe
Compagnies de Chemins de Fer, Martigny-Châtelard, Martigny-Orsières
Comptoir Suisse, Lausanne
Comte Geneviève et Hervé, Pharmacie de la Gare, Martigny
Comte Philippe, entrepreneur, Genève
Coninco SA, Vevey
Constantin Jean-Claude, Pépinière et Jardinerie, Martigny
Constantin Nadia, Montana
Coppey Charles-Albert et Christian, bureau d'architecture, Martigny
Copt Aloys, Martigny
Copt Marius-Pascal, avocat et notaire, Martigny
Cosme-Felix Lucilia, Crans (VD)
Couchepin François, Lausanne
Cousin Bernard, Fleurier
Cravino Luigi, Frassinello, Italie
Crettaz Arsène, Auxilia Caisse-maladie et Allianz, Martigny
Crettenand Dominique, vitrerie-encadrements, Riddes
Crettex Bernard, droguerie-herboristerie, Martigny
Crettex Germaine, Petit-Lancy
Crettex Reber Evelyne, Sous-Préfet du District de Sion, Sion
Cretton Bernard, Monthey
Crot Eric, médecin dentiste, Yverdon
Cuendet J.-F., professeur honoraire FMH ophtalmologie, Pully
Cuennet Marina, Echallens

Cuenod & Payot SA, entreprise de génie civil et bâtiment, Lausanne
Cunningham-Reid Helene, Gstaad
Curchod Liliane, Onnens
Cusani Josy, Martigny
Cuypers Marc et Maret Roland, bureau d'ingénieurs, Martigny
D. G, Neuilly-sur-Seine, France
Dallèves Anaïs, Salins
Dapples-Chable Françoise, Boudry
Darbellay Jean-Paul, architecte, Martigny
Darbellay Roland, Martigny
Davis David E., Lyndhurst, USA
de Buman Jean-Luc et Marie-Danièle, Epalinges
De Haller Emmanuel B., Thalwil
De Kalbermatten Isabelle, Salvan
De Mercurio Edith, Lonay
de Muralt André et Sabine, Monnaz
De Peyer Béatrice, Onex
De Torrenté Bernard, Sion
De Traz Cécile, Martigny
de Tscharner Nelly, Aubonne
Debrunner SA, Philippe Darbellay, Martigny
Décaillet Charles-Henri, Troistorrents
Decker-Albasini Pierrette, Thônex
Defago Daniel, Veyras
Delacretaz Bernard, Lausanne
Delamuraz Carole, Lausanne
Delco Maria Luisa, Ruvigliana
Délez Charly, Martigny
Della Torre Carla, Arzo
Deller Maurice, Mollie-Margot
Demierre Mireille, Martigny
Denis Paulette, Genève
Deruaz Anne, Cologny
Desbois Gérard, Saint-Louis, France
Diacon Philippe, Clarens
Diener-Carton Robert, Montreux
Diethelm Roger, Carbona SA, Sion
Dirac Georges-Albert, Martigny
Donadieu Colette, Coppet
Donette Levillayer Monique, Orléans, France
Dorsaz François, bureau technique, Martigny
Dorsaz Pierre, architecte, Verbier
Dovat Viviane, Cointrin
Doy Jacques et Nella, Anières
Dreyfus Pierre et Patricia, Bâle
Driancourt Catherine, Genève
Droz Marthe, Sion
Ducrey Jacques, médecin, Martigny
Dukhina Victoria, Moscou
Dumollard Danièle, Gex
Duplirex, L'Espace Bureautique SA, Martigny
Durand Benoît, Lausanne
Durand Dominique, Paris

Duriaux André, Genève
Eberhard Michael et Gunda, Chamoson
Eckert Jean-François, Les Marécottes
Ecol'Arts, Giroud Nicole, Martigny
Editions Scriptoria, Lyon, France
Egger Erwin, Elvia Assurances, Fribourg
Eggimann Jean-Claude, consultant en droit, Ballens
Ehrbar Ernest, Lausanne
Ehrsam Jean-Pierre, Aigle
Eicher Peter, Paderborn, Allemagne
Eisenhardt Christoph et Anne, Zurich
Elalouf Alain, Le Mont-sur-Lausanne
Electricité d'Emosson SA, Martigny
Electro-Industriel SA, Martigny
Elettricità Cavalli SA
Emonet Joseph SA, commerce de fers, Martigny
Emonet Philippe, médecin, Martigny
Entreprise Gay SA, Gay Gérard, Choëx
Etienne Régis, Dardilly, France
Evreinow Alexandra, Sion
Falciola Jean-Claude, Genève
Falkenburger Paul, Grimisuat
Fallou Pierre-Marie, Artenay
Fanchamps Nadine, Zermatt
Farage Vincent, Fribourg
Farine Serge, architecte, Delémont
Fauquex Arlette, Genève
Faure Isabelle, Lausanne
Favre Myriam, Genève
Favre Roland R., Stallikon
Favre Sieglinde, Chesières
Favre-Crettaz Luciana, Riddes
Favre-Emonet Jean-Bernard et Michelle, Sion
Febex SA, Brunner Paul, Bex
Feiereisen Josette, Bulle
Ferrari Olivier, Jongny
Ferrari Pierre, Martigny
Ficasion, matériel incendie, Anne-Brigitte Balet Nicolas, Riddes
Fiduciaire Duc-Sarrasin & Cie SA, Martigny
Fiduciaire Laurent Bender SA, Martigny
Fiechter Michèle, Conches
Filliez Bernard, Martigny
Fischer Alain, Cortaillod
Fischer Hans-Jürgen, médecin-chef, Alle
Fixap SA, entretien d'immeubles, Monthey
Florut Guia, Paris
Flückiger Fabienne, Martigny-Croix
Foire du Valais, Martigny
Fondazione Orchidea, Regazzoni Mauro, Riazzino
Fontan Tessaur Serge, Montana
Fortini Christiane, La Rippe
Frachebourg Jean-Louis, Sion
Franzetti Fabrice, architecte, Martigny
Franzetti Joseph, architecte, membre de la SIA, Martigny
Froidevaux Anne-Claude, Onex
Fumex Bernard, Evian, France
Furrer Jean-François, Chêne-Bougeries
Fustinoni Andrea, Lausanne
Gagneux Eliane, Bâle
Gaillard Herrera Pérez María et Christophe, Martigny
Galerie du Rhône SA, Pierre-Alain Crettenand, Sion
Galerie Laforêt, Weibel Silvia, Verbier
Garage Auto Bob, Buthey Philippe, Martigny
Garage Check-Point, Martigny
Garage de Verdan, Fully
Garage Olympic, A. Antille, Martigny
Garage Transalpin, Roland Pont, Martigny-Croix
Garance Gabriel, Meyrin
Gaspoz Pierre, Ostermundigen
Gaucher Elisabeth, Paris
Gaudin Georges, Sion
Gay Daniel, Genève
Gay-Crosier François, Verbier
Gebhard Charles, Küsnacht
Gebruers Frédéric, Carouge
Gedon Jacques, Martigny
Geel Brix Rita, Clarens
Geiser Clinton E., Blonay
Geissbuhler Frédéric, Auvernier
Genoud Antoine, Sion
Genton Etienne, Monthey
Georg Jean-William, Grandson
Georges André, Chêne-Bougeries
Geuss Joan et William, Nyon
Gianadda Géraldine, Martigny
Gianadda Gilberte, Martigny
Gianella-Berry Marietta, Zumikon
Gibbs Sandra, Mont-sur-Rolle
Giclo s.à r.l., peinture, Martigny
Gilliéron Michel, Bevaix
Gips-Union SA, Martigny
Girod Dominique, Genève
Girod Erika et Charles, Zurich
Giroud Léon, transports et terrassements, Martigny
Giroud Pierre, Martigny
Gisler Marianne, Sion
Glenz Marie-Thérèse, Sion
Gloor Mario, Genève
Golay Brigitte et André, Martigny
Golaz Edmond, Genève
Gontard-Delvermoz Anne-Marie, Saint-Didier-au-Mont-d'Or
Gonvers Serge, Vétroz
González Manuel, Villars-sur-Glâne
Gorgerat Philippe et Brigitte, Vevey
Goyon-Segura Danièle, Evian, France
Graf Max, Bâle
Gram SA, René Beck, Villeneuve
Grandguillaume Pierre et Cécile, Grandson
Grandjean Claude, Le Mont-sur-Lausanne
Granges Jean-Claude, Tea-room «Les Arcades», Fully
Grasso Carlo, peintre, Calizzano, Italie
Grimler Pierre, Fonds de prévoyance, Chêne-Bourg
Gudefin Philippe, Verbier
Guelat Laurent, Martigny
Guex Electricité, concessionnaire Bosch, Martigny
Guex Pascal, Martigny
Guex-Crosier Jean, Martigny
Guggenheim Josi, Zurich
Gugler Edouard, Kehrsatz
Guigoz Françoise, Vex
Guinchard Jean-Marc, Genève
Guinnard Fabienne, Prilly
Günther Alfred, Filisur
Gurtner Sylvie, Chavannes-de-Bogis
Haechler Peter et Inge, Attalens
Haenny Rodolphe, Lausanne
Hajji Import-Export, Maroc
Halperin Noemi, Genève
Hart-Albertini Karen, Verbier
Hauser Aude, Versoix
Heintz Bertha, Monthey
Henchoz Michel, Aïre
Henneberger Christiane, Lausanne
Herrli Walter, Seewen
Hervé Jacques et Evelyne, Maurecourt, France
Heyd Pascale, Genève
Hintermeister James, Lutry
Holmes Inez, Ferney-Voltaire, France
Hôtel Beau-Site, Vock Jonathan, Morgins
Hôtel Bristol, Verbier
Hôtel de la Poste, Famille Claivaz, Martigny
Hôtel de Ravoire, Ravoire
Hôtel Eden, Barras Patrick, Crans-sur-Sierre
Hôtel-Club Sunways, Marie-Christine et Marc Laurant, Champex
Hôtel-Restaurant du Catogne, Famille Favez, La Douay, Orsières
Hottelier Jacqueline, Plan-les-Ouates
Hübscher Manuela, Collex
Huet Marika, Versoix
Huguenin Rose-Marie, Neuchâtel
Hugon Renée, La Tour-de-Peilz
Hummel Charles, ancien ambassadeur, Saxon
Hunziker Ruth, Veyrier
IBC, courtier en assurances, Lloyd's agree
Impresa di Pittura, Cossi Attilio, Ascona
Imprimerie Commerciale de Martigny SA
Imprimerie Schmid SA, Sion
INGESCO SA, Air Center, Vernier

Invernizzi Fausto, Quartino
Iori Ressorts SA, Charrat
Irisarri Marie-Elisabeth, Genève
Jaccard Francis, physiothérapie, Martigny
Jaccard Jacqueline, Chêne-Bougeries
Jaccard Marc, Morges
Jackson Marie-Christine, Lausanne
Jacquérioz Alexis, vins du Valais, Martigny
Jallut SA, peinture et vernis, Bussigny
James Roundell Ltd, Jocelyne Keller, Genève
Jan Gloria, Lausanne
Jaques Chantal, Lausanne
Jaquet Albert et Isabelle, Clarens
Jawlensky Angelica, Minusio
Jeanneret Claude, Fiduciaire de Malagnou SA, Genève
Jegerlehner-Oettli Silvia, Moudon
Joehr Jean-Pierre, Ardon
Joly Marie-Laure, Riedikon
Jones Terry, Crassier
Joris Françoise, Agence du Lac, Champex
Jovanovic Jovan et Vukica, Genève
Jules Rey SA, Crans
Jullien Yann, Paris
Jung Chantal et Urs, Chapelle (Glâne)
Kaiser Peter et Erica, Saint-Légier
Kapsopoulos Théophanis, chef d'orchestre, Fribourg
Kaufmann Peter G., Pully
Kegel Sabine, Winkel B., Bülach
Keim Alain, Martigny
Kerstin Karbe, Petit-Lancy
Kilp Winfried et Angelika
Kindler Philippe et Anne-Marie, La Conversion
King Lina, Vésenaz
Kirchhof Sylvia, Carouge
Klaus André, Arweg SA, Epalinges
Kleiner Max, Staufen
Kocher Sylvaine, Pully
Koeppel Catherine, Fully
Krafft Pierre, Lutry
Krattinger Gilbert, Gryon
Krayenbühl Thomas, Oberrieden
Kuendig Bluette, Cormoret
Kuntschen François, Monthey
Kuonen Claude, Success Communications SA, Pully
Kurmann Jean-Paul, Monthey
Kwong Ming, restaurants chinois, Martigny et Lausanne
La Genevoise, Quinodoz Guy, agent général, Sion
La Semeuse, Marc Bloch, La Chaux-de-Fonds
Lacombe François, Chambéry
Lacroix Rolande, Gryon
Lambert Magaly, Martigny
Langraf Madeleine, Vevey
Lanthemann Bernard et Claudine, Cournillens
Lanzoni Rinaldo, Genève
Latour Claude, La Conversion
Lauber Joseph, Martigny
Lauber Marcello, Locarno
Laubhus AG, Rüfenach
Le Rocheray
Lefebvre Dibon Sophie, Genève
Lejeune Jean-François, Bellevaux, France
Lendi Beat, cabinet médical, Prilly
Léonard Gary, Ravoire
Leonardon Dominique, Zurich
Les Frères Ausoni SA, Lausanne, Montreux, Villars
Lévy Guy, médecin, directeur de la CRS, Fribourg
Lévy May, Lausanne
Lewis-Einhorn Rose N., Begnins
Liechti Rolf et Sylvia, Berne
Lilla Marcelle, Genève
Limacher Florence et Stern Richard, Eysins
Linsig-Marti Elsa, Val-d'Illiez
Livio Annie, Le Mont-sur-Lausanne
Locher-Frey Anna-Vera, Spiegel b. Bern
Locht Jean-Louis, Veyras
Lonero Pimpi, Rome
Lonfat Juliane, Martigny
Lorenz Claudine et Musso Florian, Sion
Loretan Barthélemy, L'Atelier de Saillon, Saillon
Losmaz Jacqueline, Le Lignon
Lucchesi Serenella, Monaco
Lucchini & Fils, fabrique de peinture, Genève
Luce Fabrice, Galmiz
Lugon Bernard, médecin dentiste, Martigny
Lüscher Bernhard et Marianne, Winterthur
Lustenberger-Zumbühl Werner et Annelies, Littau
M. F., Sion
Mabilon Frédérique, Genève
Machado Sousa Botelho Fernando Manuel, Vila Real, Portugal
Maier Walter, Roche
Maillard Gaston-François, Lausanne
Malard Raoul et Brigitte, Martigny
Mamon Delia, Verbier
Marbach-Alzate Sofia, Oftringen
Marchand Yves-Olivier, Onex
Marchetti Jean-Charles, Monthey
Marin Bernard, Martigny
Martin André-Pierre, Divonne-les-Bains, France
Martin Isabelle, artisane, Apples
Martin Nicole, Paris
Marty Béatrice, Sion
Massard Rita, Martigny
Masson André, avocat et notaire, Martigny
Masson Freddy, Martigny
Maurer Willy et Jacqueline, Riehen
Maurer Yolande, Martigny
Mauris Bernard, Plan-les-Ouates
Mayor Philippe et Thérèse, Lully
Mechta Nasria-Myriam, Association Les enfants de personne, Sion
Méga SA, traitement de béton et sols sans joints, Martigny
Menétrey-Henchoz Jacques et Christiane, Porsel
Meredith Marit, Grand-Saconnex
Méribé, service d'entretien d'ascenseurs et monte-charge, Riddes
Méric Marie-Noëlle, Verpillières-sur-Ource, France
Merz Otto, pasteur, Uitikon
Mestdjian Marie Amahid, Genève
Métrailler Mario, Martigny
Métral Raymond, Ravoire
Mettler Alfred, Möhlin
Meyer Caline, Montreux
Meyer Daniel, La Tour-de-Peilz
Meyer Urs, Founex
Miauton Pierre-Alex, ingénieur agronome, Bassins
Michellod Guy, chauffage et sanitaire, Martigny
Miglioli-Chenevard Magali, Pully
Misteli Yvette Rachel, Neuchâtel
Mittelheisser Marguerite, Illzach, France
Moillen Monique, Martigny
Mollard André, Genève
Mommeja Bernard, Genève
Monnard Christian et Gabrielle, Martigny-Croix
Monnet Bernard, Martigny
Monnet Gertrude, Genève
Montfort Evelyne, Hauterive
Morand Mathilde, Genève
Moret Georges, Martigny
Morosani Steiner Edith, Zurich
Mosch Silvio, isolations, Martigny
Moser Jean-Pierre, créations publicitaires, Lutry
Mosimann Delia, Genève
Motel des Sports, E. Grognuz-Biselx, Martigny
Mottu Monique, Chêne-Bougeries
Mouchet Arlette, Paris
Mouthon Anne-Marie, Neuchâtel
Müller Christophe et Anne-Rose, Berne
Murith Renée, Villars-sur-Glâne
Murith-Descloux Jean et Christine, Fribourg
Nagovsky Tatiana, Genève
Nahon Philippe, Structural 700, Courbevoie

Neu Jean-François, Ollon
Nickel-Darbellay Liliane, Vernayaz
Nicollerat Combustibles, Martigny
Noir Dominique, Monthey
Noisard Marie-Thérèse, Moutier
Noordenbos-Huber Marianne, Eindhoven, Pays-Bas
Nosetti Orlando, Gudo
Novarina Catherine, Thonon
Novarina Philippe, Versoix
Novati Manuela, Peschiera Borromeo, Italie
Obrist Reto, médecin, Sierre
Odier Jacques, Genève
Oertli Barbara, Genève
Oggier Denise, Zurich
OLF SA, Corminbœuf
Oliva Olivia, Lausanne
Olsburgh Nelly et John, Pully
Omedia SA, Martigny
Ott Pierre-Alain, médecin dentiste, Genève
Pabsch Elisabeth, Bonn
Paccolat Fabienne, Martigny
Panigas Magda, Hôtel-Restaurant-Pizzeria de la Douane, Martigny
Papilloud Jean-Claude, CREACTIF, Martigny
Parchet Maria, Clarens
Pâris-Hamelin Annette, Boulogne, France
Pasquier André, médecin, Saxon
Pasquier Jean et Bernadette, Martigny
Pasquier Noël, Paris
Paul François, Ollon
Pefferkorn Jean-Paul et Michèle, Limoges, France
Pegurri Simone, Lausanne
Pellaud Charly, Restaurant La Boveyre, Epinassey
Pellaud René, Martigny
Pellouchoud Janine, Martigny
Pépinières Bollin, arbres fruitiers et d'ornement, Martigny
Perréard Patrick, Genève
Perret Alain, Vercorin
Perrin Bernard, Boudry
Perrin Charly, relieur-encadreur, Martigny
Perroton Eric, Satigny
Peten Evelyne, Lauenen
Petite Jacques et Marie-Françoise, Martigny
Petitpierre Marie-Pierre, Binningen
Petit-Tahier Jacqueline, Beaune, France
Pfändler Simone, La Chaux-de-Fonds
Pfister Germaine, Ayer
Pfyffer Marie-Christine, Neuchâtel
Phenix Assurances, Lausanne
Philippin Bernard, Transports Emosson-Barberine, Finhaut
Phillips Monique, Lausanne
Pignat Daniel, Plan-Cerisier, Martigny-Croix
Pilet Jean-Marie, historien d'art, Lausanne
Pillet Georges, Martigny
Pillonel Bernard, Kuala Lumpur, Malaisie
Pilloud Adelaïde, Marchissy
Pitteloud Anne-Lise, Sion
Pittet Pierre, Vichères
Piubellini Gérard, Lausanne
Plaut Anita, Genève
Polgar Eric, Verbier
Polli et Cie SA, Martigny
Poncet Gilbert, Genève
Portianucha Alex, photographe, Genève
Pralong Jean, bureau d'ingénieurs civils, Saint-Martin
Praz Bernadette, Sion
Preisig Heinz, Photo Studio, Sion
Préperier Michel, Le Châble
Probst Elena, Lisbonne, Portugal
Prof. Dr Magnenat Pierre, Lausanne
Progin Roland, Peseux
Pufke Siegfried, médecin, Menden
Puippe Janine, Ostermundigen
Putallaz Mizette, Martigny
Raboud Bénédicte, Martigny
Radvila Andreas, Mollens
Raggenbass-Couchepin René et Florence, Martigny
Rappaport Sylvain, Paris
Rausis Maurice, Martigny
Raymond Jean, Chernex
Rebord Mario, Martigny
Redalié Tatiana, Genève
Régie Bersier & Cie, Philippe et Wiebke, Les Acacias
Reichenbach Myriam, secrétaire, Sion
Reicke Ingalisa, Bâle
Reiss Janice, Chêne-Bougeries
Reisser André, Berne
Remy Michel, Bulle
Renck Yvette, Monthey
Renout Marie-Thérèse et Pierre, Murist
Rentenanstalt Swiss Life, Clerc Jean-Michel, Martigny
Reverdin Claude, Genève
Reymond-Rivier Berthe, Jouxtens-Mézery
Richard Hélène, Sierre
Richard Hubert, Paris
Rieder Systems SA, Lutry
Ritou Jean et Hélène, Paris
Ritter Ernest et Albina, Lausanne
Riva Charles et Liselotte, Grimisuat
Rivier Françoise, Aïre
Rivier-Aviragnet Sylvaine
Robert André, Neuchâtel
Robinet André et Henry Daniel, Fontaine-lès-Dijon
Robinson-Svoboda Madeleine, Montreux
Roduit Georges, fournitures industrielles bureau et appartement, Martigny
Rollason Michèle, Genthod
Rondi-Schnydrig Marie-Thérèse, Pfäffikon
Roos Susy, médecin, Gerzensee
Rossetti Etienne, ingénieur EPFL, La Tour-de-Peilz
Roth Elisabeth, Genève
Rouiller Jean-Marie, Martigny
Rouilly Jean-Yves, Muraz
Roulin Charles, Genève
Roux Roland, Pully
Royer Elizabeth, Paris
Ruchat René Armand Louis, Versoix
Rudaz Roger et Hertha, Monthey
Rybicki Jean-Noël, luthier, Sion
S. J., Genolier
Saeger Harvy, architecte, Berne
Saint-Denis Marc, Nancy, France
Salamin Electricité, Martigny
Sandoz François et Isabelle, Chamoson
Sarrasin Olivier, Saint-Maurice
Satta Ignazia, Rome
Saudan Georges, Martigny
Saudan Pierre, Martigny
Saunier Jacques, Genève
Saur Christoph, Heidenheim, Allemagne
Sauret Huguette, Tassin, France
Sauthier Edmond et Michèle, Martigny
Sauthier Marie-Claude, Riddes
Sauty Irène, Genève
Sauty Marie, Denens
Savary Danièle, Bulle
Schaller Dominique, Arare, Genève
Scharf Anne, infirmière, La Tour-de-Peilz
Schaub Elisabeth, Chavannes-de-Bogis
Scheidegger Frédéric, Martigny
Schelker Markus, Oberwil
Schellenberg Anne, Oetwil am See
Schellenberg Marie-Claire, Sion
Schelling Ursula, Saint-Sulpice
Schenker Erna, Corsier
Scheurer Gérard, Aigle
Schiller Hans, neurologue FMH, Zurich
Schlup Hansrudolf et Juliette, Môtier
Schmid Bernard, MOM Consulting SA, Martigny
Schmid Monique, Perly
Schmidt Jürgen, Wiesbaden, Allemagne
Schmutz Aloys, Conthey
Scholer Urs, Blonay
Scholz Charlott, Zurich
Schulthess Maschinen SA, Lausanne et Chalais
Schweiger Ian, Founex
Schweizer Mariann, Berne
Senger Henry, Genève
Serex Jacques, Nationale Suisse Assurances, Montreux

Simmler Elisabeth et Claude, Selestat, France
Simonetta Anne-Lise, Ravoire
Sitbon Diana, Vessy
Sleator Donald, Lausanne
Smith Hector, Montreux
Société d'Electricité, Martigny-Bourg
Société des Cafetiers de la Ville de Martigny
Sola Didact, Martigny
Solari-Bozzi Paolo, Zollikon
Soulier Jacqueline, Genève
Sousi Gérard, Président d'Art et Droit, Lyon, France
Stahli Georges, Collonge-Bellerive
Stalder Mireille, Meyrin
Stamm Roger, Oberwil
Steeg François, Crans-sur-Sierre
Stefanini Giuliana, Bernex
Stelling Nicolas, médecin dentiste, Genève
Stephan SA, constructions métalliques, Givisiez
Stettler Martine, Martigny
Stocker Michel, Portalban
Stone Jennifer, Ferney-Voltaire, France
Stricker Marie-Claude, Vevey
Strohhecker Pierre, Gland
Strub To et Irina, Filmstudio 2S, Thoune
Strübin Peter, Viège
Stucki Nicoletta, Carona
Stucky de Quay Jacqueline, Verbier
Suchet Dominique, Toussieux, France
Sulzer Infra Romandie SA, Lausanne
Suter Herbert, Au Grizzly, Grand-Saconnex
Tabin Marie-Claire, Sierre
Taillandier René, Paris
Tartrifuge SA, A. Calderari, Ecublens
Testard Georges et Véronique, Nyon
Thermojoints s.à r.l., Lausanne
Thiébaud Alain, Peseux
Thiébaud Fred, Verbier
Thieme Werner, Bonn, Allemagne
Thomann Pierrette, Chernex
Thomas Aldo, Saxon
Thommen Hanna, Füllinsdorf
Tiemstra Johanna et Gabriel, Mayens-de-Riddes
Tissières André, médecin dentiste, Martigny
Tobias Annie, Clarmont
Tonascia Pompeo, Ascona
Töndury-Diebold Claudia, Wollerau
Tonossi Michel, Sierre
Tornay Paul-René, Le Bioley-Salvan
Torrigiotti Michel, Schernelz
Torrione Joseph, Sion
Torsa Etablissements SA, Sierre
Touzet Dominique, Verbier
Trachsel Ernst et Liselotte, Münchenbuchsee
Transelectro Sion SA
Trento Longaretti, Bergame, Italie
Triebold Pierre, médecin dentiste, Martigny
Troillet Jacques, institut de physiothérapie, Martigny
Tschan Therese, médecin, Laufen
Tscholl Heinz-Peter, Gams
Türler A. W., Genève
Ucova, Sion
Udressy Ginette, Monthey
Udriot Ernest, Martigny
Udriot-Suard Françoise, Monthey
Unverricht Arlette, Bussigny
Val Stores, Ben Salah Habib, Martigny
Vallotton Electricité, Martigny
Van Saanen Paul, praticien en médecine générale, La Tour-de-Peilz
Varenne Daniel, galeriste, Genève
Venerandi Daniella, Consul Général d'Italie, Lausanne
Venetz Annie-Moria, psychologue, Sion
Vernassière Eric, Villeurbanne
Vernaz Nathalie, Monthey
Vetsch Rose-Marie, Renens
Veyssiere Marie-Charlotte, Le Perreux, France
Viansone SA, R. + G. Dafflon et J. Noverraz, Meyrin
Videsa SA, Sion
Viglino Pierrette, Riddes
Vilchien Ingrid, Chêne-Bourg
Vincent Fernande, Lausanne
Vincent Georges, Lausanne
Vion Josette, Berne
Viotto-Sorenti M.-Cristina, Courmayeur, Italie
Vogel Pierre et Liline, Saint-Légier
Voillat François, Eaunes, France
Voirol Denis, Val-d'Illiez
Von der Weid Hélène, Villars-sur-Glâne
Von Muralt F. Peter, Zurich
Von Orelli Jacques et Barbara, Gunten
Vouilloz Claude, Saxon
Vuillaume R. SA, Robert Vuillaume, Genève-Châtelaine
Vuilleumier Denise, Genève
Wachsmuth Anne-Marie, Genève
Wadsworth Clare, Condom
Waegeli Gilbert et Pierrette, Meinier
Walewski Alexandre, Verbier
Walewski-Colonna Marguerite, Verbier
Walser Othmar, Fully
Wasem Marie-Carmen, Sion
Weisbrod Joséphine, Coinsins
Wenger Fredy, Ecublens
Werner Nelly, Pfaffhausen
Weymuth Bruno, Bremgarten
White Colette, Château-d'Œx
Widmer Karl s. à r.l., tissus d'ameublement, Killwangen
Wild Anne-Marie, Les Mosses
Winterthur Assurances, Vouilloz Philippe, Martigny
Wohlwend Chantal, Grand-Lancy
Wolff H. et de Werra X. SA, courtiers en vins, Sion
Wurfbain Elisabeth, Haute-Nendaz
Zanetti-Minikus Guido, Füllinsdorf
Zanzi Luigi, professeur, Varese, Italie
Zbinden Michelle, Crans
Zbinden Yves et Corinne, La Neirigue
Zeender Martine, Founex
Zehnder Margrit, Beat et David, Hinterkappelen
Zeller Jean-Pierre, Verbier
Zettler SA, technique de sécurité, Le Mont-sur-Lausanne
Ziegler-Suter Marianne, Küsnacht
Zufferey Marguerite, Sierre
Zumstein Monique, Aigle
Zumstein Véronique, Saint-Sulpice
Zumtobel SA, luminaires, Romanel-sur-Lausanne
Zürcher Manfred, médecin, Hilterfingen
Zwingli Jürg, Grand-Saconnex

Crédits photographiques

Galerie nationale Tretiakov, Moscou
Photographes: Aleksandr Charooukhov
Aleksandr Rozanov
Igor Kozlov
Vladimir Voronov

Auteurs des légendes pour le catalogue

N. Bekeneva – n°s 23, 26, 31, 33, 34, 38, 48, 49
E. Bourenkova – n°s 13, 14
N. Cheredega – n°s 18, 21, 40
V. Chirokov – n°s 32, 35
E. Gladycheva – n°s 43, 53
E. Gousseva – n°s 1, 10, 19, 39
I. Kotchetkov – n° 39
L. Kovtyreva – n°s 17, 26
J. Kozlova – n°s 7, 12
A. Loukachov – n°s 20, 25, 29, 36, 42
L. Nersessian – n°s 11, 21, 51, 52
V. Oukhanova – n°s 2, 3, 4, 5, 6, 8, 13, 14, 15, 37, 47, 54
N. Rozanova – n°s 9, 45
G. Sidorenko – n°s 11, 16, 22, 24, 27, 28, 30, 41, 44, 46, 50, 55, 56

Traduction

Eléna Lavanant, Ekaterina Selezneva et Alain Michet

Table des matières

Edités par la Fondation Pierre Gianadda, Martigny

Paul Klee, 1980, par André Kuenzi (épuisé)
Picasso, estampes 1904-1972, 1981, par André Kuenzi (épuisé)
Art japonais dans les collections suisses, 1982, par E. Kondo et J.-M. Gard (épuisé)
Goya dans les collections suisses, 1982, par Pierre Gassier (épuisé)
Manguin parmi les Fauves, 1983, par Pierre Gassier
La Fondation Pierre Gianadda, 1983, par C. de Ceballos et F. Wiblé
Rodin, 1984, par Pierre Gassier
Bernard Cathelin, 1985, par Sylvio Acatos (épuisé)
Paul Klee, 1985, par André Kuenzi
Isabelle Tabin-Darbellay, 1985 (épuisé)
Alberto Giacometti, 1986, par André Kuenzi
Alberto Giacometti, 1986, photographies Marcel Imsand, texte Pierre Schneider
Egon Schiele, 1986, par Serge Sabarsky (épuisé)
Gustav Klimt, 1986, par Serge Sabarsky (épuisé)
Serge Poliakoff, 1987, par Dora Vallier (épuisé)
Toulouse-Lautrec, 1987, par Pierre Gassier
Paul Delvaux, 1987
Trésors du Musée de São Paulo, 1988:
  Ire partie: *de Raphaël à Corot*, par Ettore Camesasca
  IIe partie: *de Manet à Picasso*, par Ettore Camesasca
Le Musée de l'automobile de la Fondation Pierre Gianadda, 1988, par Ernest Schmid
Jules Bissier, 1989, par André Kuenzi
Hans Erni, Vie et mythologie, 1989
Henry Moore, 1989, par David Mitchinson
Louis Soutter, 1990, par André Kuenzi et Annette Ferrari (épuisé)
Fernando Botero, 1990
Modigliani, 1990, par Daniel Marchesseau
Camille Claudel, 1990, par Nicole Barbier
Chagall en Russie, 1991, par Christina Burrus
Sculpture suisse en plein air, 1991, par André Kuenzi, Annette Ferrari et Marcel Joray
Hodler, peintre de l'histoire suisse, 1991, par Jura Brüschweiler
Mizette Putallaz, 1991
Franco Franchi, 1991
De Goya à Matisse, estampes du Fonds Jacques Doucet, 1992, par Pierre Gassier
Georges Braque, 1992, par Jean-Louis Prat
Ben Nicholson, 1992, par Jeremy Lewison
Georges Borgeaud, 1993
Jean Dubuffet, 1993, par Daniel Marchesseau

Edgar Degas, 1993, par Ronald Pickvance
Marie Laurencin, 1993, par Daniel Marchesseau
Rodin, dessins et aquarelles, 1994, par Claudie Judrin
De Matisse à Picasso, Collection Jacques et Natasha Gelman, 1994
Egon Schiele, 1995, par Serge Sabarsky
Nicolas de Staël, 1995, par Jean-Louis Prat
Suzanne Valadon, 1996, par Daniel Marchesseau
Edouard Manet, 1996, par Ronald Pickvance
Michel Favre, 1996
Les Amusés de l'Automobile, 1996, par Pef
Raoul Dufy, 1997, par Didier Schulmann
Joan Miró, 1997, par Jean-Louis Prat
Icônes russes, Galerie nationale Tretiakov, Moscou, 1997, par Ekaterina L. Selezneva
Diego Rivera et Frida Kahlo, 1998, par Christina Burrus
Collection Louis et Evelyn Franck, 1998
Gauguin, 1998, par Ronald Pickvance
Hans Erni, rétrospective, 1998, par Andres Furger
Turner et les Alpes, 1999, par David Blayney Brown
Pierre Bonnard, 1999, par Jean-Louis Prat
Sam Szafran, 1999, par Jean Clair
Kandinsky et la Russie, 2000, par Lidia Romachkova
Bicentenaire du passage des Alpes par Bonaparte 1800-2000, par Frédéric Künzi
Vincent Van Gogh, 2000, par Ronald Pickvance
Icônes russes. Les saints. Galerie nationale Tretiakov, Moscou, 2000, par Lidia I. Iovleva

Coédités par la Fondation Pierre Gianadda

Ferdinand Hodler, élève de Ferdinand Sommer, 1983, par Jura Brüschweiler (épuisé)
Gaston Chaissac, 1986
Picasso linograveur, 1988, par Danièle Giraudy
Le peintre et l'affiche, 1989, par Jean-Louis Capitaine (épuisé)
Calima, Colombie précolombienne, 1991, par Marie-Claude Morand (épuisé)
Albert Chavaz, 1994, par Marie-Claude Morand
Larionov-Gontcharova, 1995, par Jessica Boissel

A paraître

Picasso, sous le soleil de Mithra, 2001, par Jean Clair
Marius Borgeaud, 2001, par Jacques Dominique Rouiller
Kees Van Dongen, 2002, par Daniel Marchesseau
Berthe Morisot, 2002, par Ronald Pickvance, Sylvie Patin, Sylvie Patry et Hugues Wilhelm

Commissaire de l'exposition

Lidia I. Iovleva

Organisation de l'exposition

Ekaterina L. Selezneva
Léonard Gianadda

Comité d'organisation

Lidia I. Iovleva
Lidia I. Romachkova
Léonard Gianadda
Ekaterina L. Selezneva
Nadejda G. Bekeneva
Evguenia A. Gra
Valentina N. Oukhanova
Madeleine Michellod

Catalogue

Coordination: Ekaterina L. Selezneva

Editeur: Fondation Pierre Gianadda, 1920 Martigny, Suisse
Tél. +41 27 722 39 78
Fax +41 27 722 31 63
http://www.gianadda.ch
e-mail: info@gianadda.ch

Maquette: Nelly Hofmann, IRL

Composition, photolitho et impression: Edipresse Imprimeries Réunies Lausanne s.a., 2000

Couverture: *La Déposition de la tunique du Christ à la cathédrale de la Dormition du Kremlin de Moscou* (cat. n° 24)

ISBN broché 2-88443-063-6
ISBN relié 2-88443-064-4